Karten auswerten

Geschichtskarten behandeln in der Regel ein besonderes Thema und beziehen sich dabei auf eine bestimmte Zeit und einen ausgewählten Raum (z. B. ein Land).

Mögliche Leitfragen:

1. Worüber informiert die Karte? Was zeigt sie nicht?
2. Auf welche Zeit(en) und Region(en) bezieht sie sich? Zeigt sie einen Zustand oder eine Entwicklung?
3. Welche Bedeutung haben die Zeichen der Legende (Zeichenerklärung)?
4. Welche Bodenschätze, Güter o. Ä. waren wann wo in welchem Umfang vorhanden?

Wenn du alle Informationen verknüpft und im Zusammenhang betrachtet hast, kannst du das Ergebnis aufschreiben oder vortragen.

Ein Beispiel für die Arbeit mit Karten findest du auf Seite 63.

Kunstwerke betrachten

Bauten

Abbildungen von Pyramiden, Tempeln oder Palästen im Geschichtsbuch zählen wir zu den Bildquellen. Du kannst folgenden Fragen nachgehen:

1. Wer ließ das Gebäude/Bauwerk errichten, wer bezahlte es?
2. Wann war das?
3. Welche Interessen mögen der/die Auftraggeber gehabt haben?
4. Welchem Zweck sollte das Bauwerk dienen?
5. Was kennzeichnet das Bauwerk (Größe, Lage, Form und Stil)?
6. Bildet das Bauwerk mit anderen eine Einheit?
7. Wurde es später verändert? Warum?

Wie du Bauwerke untersuchen kannst, zeigen dir die Beispiele auf den Seiten 35 und 89.

Gemälde und Statuen

Kunstwerke wie Gemälde und Statuen bilden die Wirklichkeit nicht ab; sie sind aber auch nicht reine Erfindungen des Künstlers. Die Wahl des Themas und die Art der Darstellung spiegeln das Denken der Zeit ihrer Entstehung. Sie können deshalb geschichtliche Quellen sein. Uns interessieren ihre Themen und Gestaltung sowie die Aussageabsicht des Künstlers.

Antworten auf folgende Fragen sind dazu hilfreich:

1. Welche Informationen gibt uns der Bildtitel?
2. Wie ist das Kunstwerk aufgebaut?
3. Ist das Kunstwerk auffallend groß oder klein?
4. Welche Personen werden dargestellt?
5. Welche Gegenstände sind zu sehen?
6. Wie groß sind sie gemalt?
7. Aus welcher Sicht?
8. Wofür wurden welche Farben oder Materialien verwendet?

Versuche, das Kunstwerk mit Ereignissen seiner Entstehungszeit zu verknüpfen. Überlege, welche Wirkung der Künstler erzielen wollte.

1. Wer war der Künstler?
2. Hatte er einen Auftrag?
3. Aus welchem Anlass entstand das Kunstwerk? Für welchen Zweck?
4. Wo wurde es gezeigt?
5. Berücksichtige deine Kenntnisse aus dem Kunstunterricht oder informiere dich über Kennzeichen der künstlerischen Epoche, aus der das Kunstwerk stammt.

Wie du Bilder zum Sprechen bringen kannst, erfährst du auf Seite 52f.
Ein Beispiel für die Arbeit mit Statuen findest du auf Seite 129.

Geschichte erzählen

Wer über Ereignisse sachkundig und in einem sinnvollen Zusammenhang anschaulich, lebendig und spannend berichtet, der erzählt Geschichte. Dabei stehen einzelne Daten und Fakten nicht nebeneinander, sondern sie werden mit dem Denken, Fühlen und Handeln von Menschen verknüpft. Deutlich werden dabei positive und negative Entwicklungen – beispielsweise die Folgen von Entdeckungen und Erfindungen oder die Leistungen, das Scheitern und das Leiden von Menschen.
So kannst du beispielsweise die Lebensgeschichte einer bekannten Person nacherzählen oder aus einer anderen Sicht als bisher schildern. Du kannst auch Fakten und Fantasie zusammenführen, indem du erzählst, wie der Alltag eines unbekannten Menschen mit einem bestimmten Beruf an einem von dir ausgewählten Ort oder Land in der Antike und im frühen Mittelalter ausgesehen haben könnte.

Siehe die Erzählungen auf den Seiten 7, 13, 33, 61, 101 und 153.

Comics und Jugendbücher beurteilen

Comics und Jugendromane können Geschichten erzählen, historische Quellen sind sie nicht. Meist haben sie eine Hauptfigur, deren Gedanken und Gefühle die damalige Zeit veranschaulichen sollen. Aus ihrer Sicht werden dir vergangene Ereignisse vorgestellt und erklärt.
Wichtig für historische Jugendbücher und Comics ist, dass die Verfasser die Personen und Handlungen glaubwürdig darstellen. Die erfundenen Geschichten sollten so dargestellt sein, dass sie unser gesichertes Wissen über die Vergangenheit berücksichtigen.

Einen Lerntipp zu diesem Thema findest du auf den Seiten 122 f.

Bücher finden

Wenn du ein Thema gründlich erarbeiten willst, benötigst du Fachliteratur. In der Schul- oder Stadtbücherei sind Bücher alphabetisch in einem Verfasser- und in einem Sachkatalog aufgelistet. Auf einer Karteikarte oder auf einem Bildschirm erhältst du Angaben über Verfasser, Erscheinungsort und -jahr sowie die Signatur: eine Folge von Zahlen und Buchstaben, mit denen das Werk in der Bibliothek eingetragen ist. Findest du zu deinem Thema mehr Bücher, als du auswerten kannst, musst du einige auswählen. Prüfe dann anhand des Inhaltsverzeichnisses, ob das Buch für dich ergiebig sein könnte. Und das *Internet*?* Seine Bedeutung für die Beschaffung auch wissenschaftlicher Informationen, zumal aus dem Ausland, wächst. Es kann die Arbeit in der Bibliothek nicht ersetzen, aber ergänzen.

**Zum Internet siehe den Lerntipp hinten im Buch.*

Lesetipps findest du auf vielen Seiten des Buches.

Lern-tipp *Dieses Logo zeigt dir auf vielen Seiten dieses Buches weitere Lerntipps oder erinnert dich an die Informationen hier auf diesen Vorsatzseiten. Wenn du entsprechend gekennzeichnete Aufgaben bearbeitest, solltest du dich von den Anregungen auf den Vorsatzseiten leiten lassen.*

→ ***Tipp:*** *Weitere Lerntipps findest du hinten im Buch.*

Das waren Zeiten 1

Von den ersten Menschen bis zum frühen Mittelalter

herausgegeben von
Dieter Brückner
und Harald Focke

C.C.BUCHNER

Das waren Zeiten – Neue Ausgabe Bayern

Unterrichtswerk für Geschichte an Gymnasien

Band 1 für die Jahrgangsstufe 6

Herausgeber: Dieter Brückner und Harald Focke

Bearbeiter: Dieter Brückner, Harald Focke, Klaus Gast, Volker Herrmann und Franz Hohmann

Lektorat: Klaus Dieter Hein-Mooren

Gestaltung: Peter Lowin und Günter Sieling

Dieses Werk folgt der reformierten Rechtschreibung und Zeichensetzung. Ausnahmen bilden Texte, bei denen künstlerische, philologische und lizenzrechtliche Gründe einer Änderung entgegenstehen.

1. Auflage 4 3 2 2016 2015 2014
Die letzte Zahl bedeutet das Jahr dieses Druckes.
Alle Drucke dieser Auflage sind, weil untereinander unverändert, nebeneinander benutzbar.

www.ccbuchner.de

Korrektorat: Kerstin Schulbert

Einband: Artbox Grafik & Satz GmbH, Bremen
(*Kopf der „Kapitolinischen Wölfin"; siehe hier Seite 100*)

Herstellung, Grafik und Karten: Artbox Grafik & Satz GmbH, Bremen

Druck- und Bindearbeiten: Pustet, Regensburg

ISBN 978-3-7661-**4451**-5

Inhalt

Wir begegnen der Vergangenheit

Menschen in vorgeschichtlicher Zeit

Frühe Hochkulturen

Die griechisch-hellenistische Welt

Das Imperium Romanum

Von der Antike zum frühen Mittelalter

Jahrgangsstufenbezogene Vertiefungen

Grundwissen der Jahrgangsstufe 6

Mit diesem Buch erfolgreich lernen

Liebe Schülerinnen und Schüler,

Geschichte – das ist doch das, was früher war? Ja, so ist es. Eure Großeltern und Eltern haben euch sicher schon von alten Zeiten erzählt und berichtet, wie es war, als sie jung waren. Und wahrscheinlich habt ihr auch schon von den alten Ägyptern, den Griechen und den Römern gehört, von Rittern und Burgen, Königen und Schlössern, von Bauern und Handwerkern früherer Zeiten. Ihr kennt überraschende Entdeckungen und großartige Erfindungen, die unser Leben ebenso verändert haben wie Kriege und andere Katastrophen.
Im Geschichtsunterricht erfahrt ihr nun genauer, wie ganz anders das Leben in anderen Zeiten und Ländern war und wie all das entstanden ist, was unsere Welt und unseren Alltag heute prägt. Ihr lernt, Geschichte zu untersuchen, zu verstehen, darzustellen, sie zu erklären und zu beurteilen. Wir nennen das historische Kompetenz.
Wir haben das Buch so gestaltet, dass wir euch nur kurz erklären müssen, wie ihr mit ihm arbeiten könnt:

- Jedes Großkapitel beginnt mit einer Auftaktseite; sie soll euch auf das folgende Thema neugierig machen.
- Unter der Überschrift „Geschichte erzählt“ findet ihr interessante Erzählungen, die euch einen anschaulichen Eindruck von dem Leben in einer Epoche oder von einem Ereignis vermitteln.
- In den von uns verfassten Texten (der Darstellung) fassen wir zusammen, was Wissenschaftler über die Geschichte erforscht haben. Die gelb unterlegten Begriffe sind besonders wichtig. Sie gehören zum Grundwissen und sollten nicht vergessen werden. Dazu findet ihr auf vielen Seiten interessante Lese- und Exkursionstipps.
- Auf den Seiten „Mit Material arbeiten“ könnt ihr euch ein eigenes Bild über frühere Zeiten machen. Arbeitsvorschläge helfen euch dabei, ihr könnt aber auch selbst Fragen stellen und sie mit den vielfältigen „Materialien“ beantworten.
- Wie ihr dabei am besten vorgeht, erklären euch unsere Lerntipps. Vorn und hinten im Buch geben wir allgemeine Informationen zu wichtigen Arbeitsweisen im Geschichtsunterricht. Auf weiteren Seiten findet ihr Beispiele, mit denen ihr selbstständig die Grundfertigkeiten üben könnt.
- Mit den Vertiefungen machen wir euch interessante Angebote, die manchmal über den Schulstoff hinausgehen.
- Damit ihr nicht den Überblick verliert, findet ihr nach jedem Großkapitel Seiten mit der Frage Was war wichtig?. Unter dem Motto Überprüfe deine Kompetenz! könnt ihr die zentralen Daten, Begriffe und Inhalte wiederholen. Damit stärkt ihr eure *Sachkompetenz*. Am Schluss dieser Seiten findet ihr interessante Anregungen und Tipps, mit denen ihr eure *historische Kompetenz* insgesamt überprüfen und anwenden könnt.
- Das Stichwort- und das Namensregister (*Wo steht was?* und *Wer steht wo?*) helfen euch beim Nachschlagen.

Viel Freude bei der Arbeit mit diesem Buch wünschen die Herausgeber von „Das waren Zeiten“ im Namen aller, die daran mitgearbeitet haben.

Dieter Brückner und Harald Focke

Dinosaurier vor 230 bis 65 Millionen Jahren.

Vormenschen in Afrika vor über drei Millionen Jahren.

Leben im Rheinland vor etwa 7000 Jahren.

amidenfeld in Ägypten vor etwa 4 500 Jahren.

:hische Vasenmalerei vor etwa 2 400 Jahren.

Der Mittelpunkt Roms vor 1700 Jahren.

Geschichte erzählt

Was war das?

Wie betäubt versuchte Paul sich zu orientieren. Es dauerte einige Sekunden, bis er schlaftrunken merkte, dass er in seinem Bett lag. Da es stockdunkel war, musste es noch tief in der Nacht sein. Paul war schweißgebadet und ganz aufgeregt. Jetzt erinnerte er sich: Er hatte geträumt. Allmählich stiegen die Bilder wieder in seiner Erinnerung hoch. Im Traum hatte er zusammen mit seiner Schwester Anna in einer Zeitmaschine gesessen, die sie rasend schnell in die Vergangenheit geschleudert hatte. Um sich herum sahen sie spannende und zugleich fremde Bilder von Dinosauriern, Urmenschen, Pyramiden, Autos, Kirchen, Soldaten und Kindern. Die Szenen und Gestalten flogen in bunter Reihenfolge an ihnen vorbei, bis sie plötzlich merkten, wie alles langsamer wurde, so als ob die Maschine anhalten und landen wollte. Um sie herum war Rauch. Staubwolken stiegen hoch. Sie konnten nichts mehr sehen. Nach einiger Zeit, die ihnen wie eine Ewigkeit vorkam, ging ein leiser Ruck durch die Maschine. Sie stand still.
Der Rauch verzog, die Staubwolke lichtete sich und wie durch einen Schleier sahen sie Gestalten auf sich zugehen. Schon hatte eine von ihnen sie erreicht, die Hand gehoben und durch das Fenster in die Kabine ihrer Zeitmaschine geblickt, in der sie starr vor Aufregung kauerten. Und gerade in dem Augenblick, in dem Paul meinte, das Gesicht und die Kleidung der Gestalt zu erkennen, war er aus seinem Traum aufgeschreckt.
Während Paul versuchte, sich genauer zu erinnern, wurde es ihm klar: Nach dem Zubettgehen hatte er in dem neuen Buch geblättert, das er von seiner Schwester zum Geburtstag bekommen hatte, und war darüber eingeschlafen. Die Bilder im Buch hatten ihn wohl bis in den Traum verfolgt.
An Schlaf war nun nicht mehr zu denken. Die Traumbilder waren doch zu aufregend gewesen! Je länger er über sie nachdachte, umso mehr neue Gedanken gingen ihm durch den Kopf. Wäre so eine Zeitmaschine nicht etwas Tolles? Ab und zu in die Vergangenheit eintauchen, fremde und unbekannte Menschen und ihr Leben kennenzulernen und nicht nur darüber zu lesen – das hätte doch etwas. Nicht nur Bilder aus vergangenen Zeiten zu sehen, sondern selbst dabei zu sein. Wie interessant könnte es sein, einmal in einer ganz anderen Zeit zu sein? Natürlich nicht für immer. Oder?
Andererseits: Was hätte er davon, so genau zu wissen, wie es damals war? Und wenn er zurückkäme, würde er seine eigene Zeit und die Zukunft mit anderen Augen betrachten? Würde er vielleicht sogar lieber in der Vergangenheit leben? Würde er ... Doch weiter kam Paul nicht, denn während sich seine Gedanken immer mehr ineinander verwirrten, fiel er doch wieder in einen tiefen Schlaf.

Dieter Brückner

Wie unsere Zeit vergeht

Wo bleibt die Zeit?

Manchmal scheint die Zeit zu rasen. Bei einem spannenden Film oder einem lustigen Spiel vergeht sie wie im Fluge. Oft haben wir aber auch das Gefühl, dass sie nur zäh verstreicht, zum Beispiel wenn wir beim Arzt warten müssen. Dabei wissen wir, dass die Zeit immer gleich verläuft. Wir können sie weder anhalten noch beschleunigen. Unser Zeitgefühl aber ist ungenau. Wir erinnern uns oft an Ereignisse, ohne sagen zu können, wann wir sie erlebt haben.

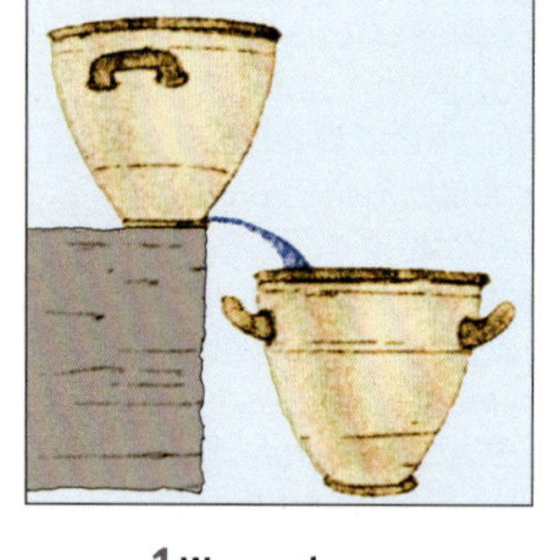

1 Wasseruhr, um 400 v. Chr.
Sie maß die Redezeit vor Gericht. Bei Beginn einer Rede zog man den Stöpsel im Boden des etwa fünf Liter fassenden Behälters. Nach rund sechs Minuten war er leer und die Redezeit vorbei. Solche „Auslaufuhren" gab es schon bei den alten Ägyptern im 2. Jahrtausend v. Chr.

Die Zeit messen

Wenn wir wissen wollen, wie spät es ist oder welchen Tag wir heute haben, sehen wir auf die Uhr und den Kalender. Dabei könnten wir uns an dem Wechsel von Tag und Nacht, am Stand der Sonne, des Mondes oder an anderen regelmäßigen Erscheinungen der Natur wie den Jahreszeiten orientieren.

Das machten die Ägypter schon vor 5 000 Jahren. Sie hatten festgestellt, dass der Nil immer dann Hochwasser brachte, wenn im Osten vor Sonnenaufgang der Stern Sirius hell am Himmel leuchtete. Mit diesem Tag begann für sie das neue Jahr. Die Zeit zwischen den Neujahrstagen teilten sie in drei Jahreszeiten zu vier Monaten von 30 Tagen. Die fehlenden fünf Tage fügten sie hinzu. Damit hatten sie einen Kalender entwickelt.

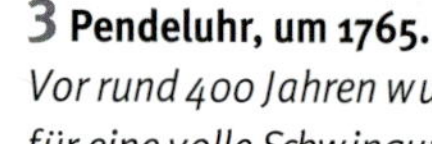

3 Pendeluhr, um 1765.
Vor rund 400 Jahren wurde entdeckt, dass ein Pendel für eine volle Schwingung (hin und zurück) immer die gleiche Zeit benötigt. Danach konnten Uhren hergestellt werden, die auf die Minute genau gingen.

Welches Jahr?

Um Jahresangaben machen zu können, brauchen wir einen Ausgangspunkt. Für uns ist das die Geburt Christi. Wir teilen die Jahre in die Zeit vor und nach ihr (*v. und n. Chr.*) ein. Diese Zeitrechnung setzte sich vor etwa 1 400 Jahren in Europa durch. Davor zählte man beispielsweise nach Regierungszeiten von Herrschern. Im heutigen Wirtschaftsleben wird weltweit die bei uns übliche Jahreszählung benutzt. Es gibt aber auch noch andere Zeitrechnungen: Für die Juden beginnt sie mit der Erschaffung der Welt. Nach der Bibel war das 3761 v. Chr. Für die Muslime setzt sie mit unserem Jahr 622 ein. In dem Jahr wurde Mohammed aus Mekka nach Medina vertrieben.*

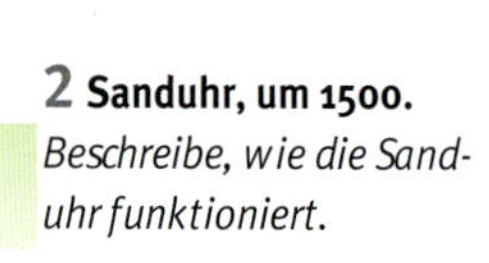

2 Sanduhr, um 1500.
Beschreibe, wie die Sanduhr funktioniert.

4 Zimmeruhr.
Solche Uhren standen bei uns bis in die 1960er-Jahre in den Wohnzimmern.

* *Lies dazu Seite 174.*

M 1 Der Kalender wird geändert

Der Journalist Winfried Schleyer schreibt über die Einführung eines neuen Kalenders im 16. Jahrhundert:

Nur alle vier Jahre steht der 29. Februar im Kalender. Geburtstag feiern, Hochzeit halten – nicht jeder würde sich dafür freiwillig diesen Tag aussuchen. Rein rechnerisch gibt es in Deutschland 55 000 „Schalttagskinder“, weltweit sollen es vier Millionen sein. [...]
Egal, wie man nun persönlich zum 29. Februar steht – Tatsache ist, dass ohne den Schalttag im Kalender ein einziges Chaos herrschen würde. „Papst Gregor XIII.* hat die Sache in Ordnung gebracht“, stellt dazu ein Professor für Astronomie** fest. Die Erdumdrehung bestimmt die Tageslänge und der Umlauf der Erde um die Sonne die Anzahl der Jahrestage, wie der Professor erklärt. Beides geht aber nicht zusammen, weil die Länge des Jahres exakt 365 Tage, fünf Stunden und 49 Minuten beträgt. Einen Ausgleich hatte schon Iulius Caesar*** im Sinn und ließ alle vier Jahre mit einem Tag schalten.
Papst Gregor XIII. passte den Kalender dann noch besser an den Verlauf der Sonne an und ordnete an, im Zeitraum von 400 Jahren 97 statt 100 Schalttage einzusetzen. So verbesserte er die Genauigkeit des Kalenders, der seitdem nicht mehr Julianischer, sondern Gregorianischer Kalender heißt.

Fränkischer Tag vom 28. Februar 2004 (vereinfacht)

*__Gregor XIII.__: *Der Papst lebte von 1502 bis 1585.*
**__Astronomie__: *Sternkunde*
***__Gaius Iulius Caesar__: *Der Feldherr, Politiker und Schriftsteller Caesar lebte 100 bis 44 v. Chr.*

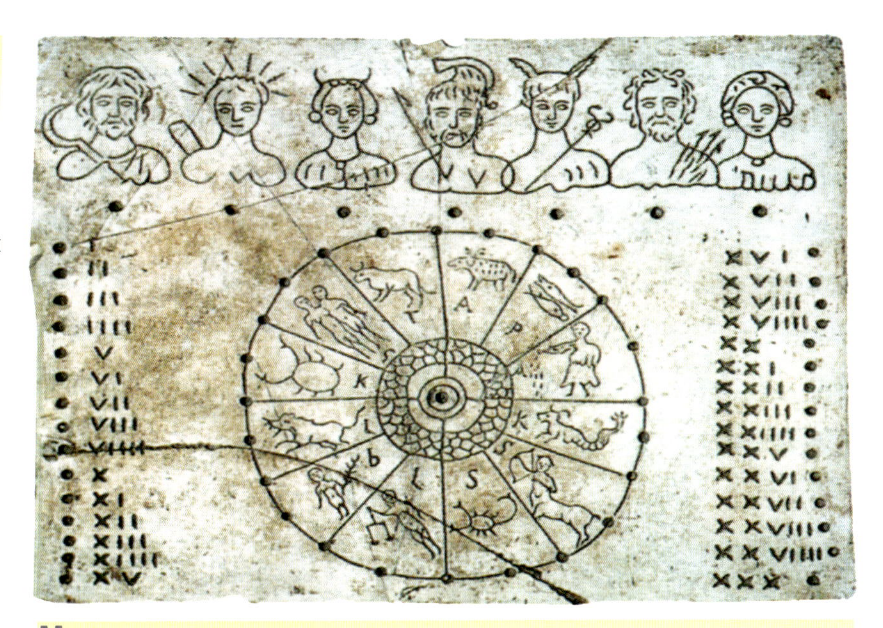

M 2 Römischer Steckkalender aus dem 4. Jh. n. Chr.
Auf diesem Kalender wurden die zwölf Monate (Kreis in der Mitte) und die 30 Tage (die römischen Ziffern links und rechts) des Monats mit kleinen Stiften abgesteckt. Außerdem konnten in der oberen Reihe die sieben Gottheiten der Woche angezeigt werden: Saturn – Samstag, Sol – Sonntag, Juno – Montag, Mars – Dienstag, Merkur – Mittwoch, Jupiter – Donnerstag und Venus – Freitag.

THE JERUSALEM
POST
INTERNATIONAL EDITION
NO. 2044 JANUARY 7, 2000 • TEVET 29, 5760 • 29 SHAABAN 1420

M 3 Kopfzeile einer Zeitung (Ausschnitt).

1. *Lies M 1 genau und erkläre, worin das Problem bestand und wie es gelöst wurde. Ahme dabei die Bewegung der Erde um die Sonne nach.*
2. *Nenne Gründe, warum der Papst sich um den Kalender kümmerte (M 1).*
3. *Finde heraus, was die Sternkreiszeichen mit dem Jahresverlauf zu tun haben und was sie bedeuten (M 2).*
4. *Prüfe, warum wir heute den römischen Steckkalender nicht mehr verwenden können (M 1 und M 2).*
5. *Nenne das Land, in dem die Zeitung erscheint (M 3), und erkläre, warum dort drei verschiedene Daten genannt werden. Lies dazu auf Seite 8 den Abschnitt „Welches Jahr?“. Einer der drei Jahresangaben liegt das Mondjahr mit nur 354 Tagen zugrunde. Welcher?*
6. *Bau dir – wenn du zu Hause die Möglichkeit hast – mit einfachsten Mitteln eine Wasseruhr, die einige Stunden läuft und bei der außerdem die Zeit hörbar abläuft! Tipp: Überlege, wie du Wasser dazu bringst, einen 10-Liter-Eimer am langsamsten zu füllen, und stelle fest, wie lange das dauert.*

Woher haben wir unser Wissen?

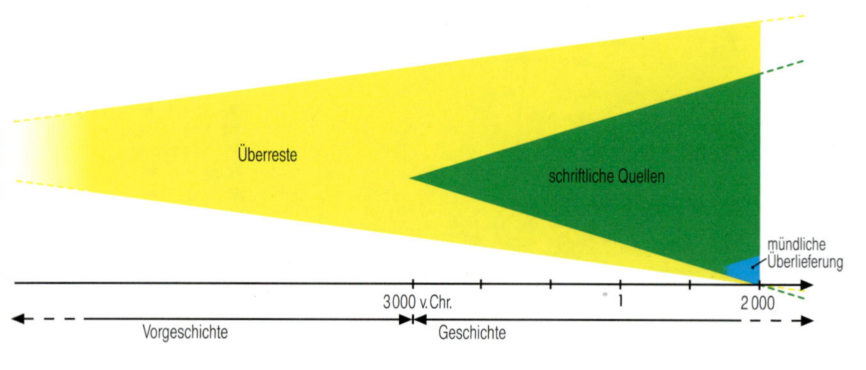

1 **Quellen der Geschichte.**

* **Geschichte** *(lat. historia): alles, was Menschen in der Vergangenheit gemacht haben und durch Quellen überliefert wurde*

Was geht uns Geschichte an?

Wir beschäftigen uns mit *Geschichte**, wenn wir fragen, wie es früher war, was Menschen in der Vergangenheit getan haben.
Du kennst Filme, deren Handlung in Zeiten spielt, die lange zurückliegen: Kolumbus entdeckt Amerika, Cowboys kämpfen gegen Indianer oder die „Titanic" versinkt im Meer. Sicher sind dir in diesen Filmen alte Stadtansichten, Kutschen, Schiffe, Perücken oder Kleider aufgefallen. Ob das Dargestellte richtig wiedergegeben worden ist, kannst du nur feststellen, wenn du viel über die jeweilige Zeit weißt. Dazu musst du in Büchern nachlesen, die von Historikern geschrieben wurden. Das sind Fachleute, die dafür an Universitäten ausgebildet worden sind.

Alles verändert sich

Vergleichen wir Altes mit Neuem, erkennen wir Veränderungen. Während sich die Kleidermode ständig wandelt, bleiben Bräuche und Verhaltensweisen der Menschen lange bestehen. Sie werden von Eltern an ihre Kinder, von Generation zu Generation weitergegeben. Wir nennen das *Tradition*. Wer sich in der Geschichte auskennt, kann vieles in der Gegenwart besser verstehen und erklären.

Quellen zum Anfassen

Fast die gesamte Menschheitsgeschichte lässt sich durch gegenständliche Quellen** („Überreste") zurückverfolgen, durch Knochen, Schmuckstücke, Münzen, Werkzeuge, Spielzeug, riesige Bauwerke oder kleine Scherben. Sie alle informieren uns über das Leben in der Vergangenheit.

** **Quellen**: *Texte, Bilder, Gegenstände (Überreste) und mündliche Überlieferungen, aus denen wir Kenntnisse über die Geschichte gewinnen. Quellen sind die Grundlage für die Geschichtsschreibung.*

Bildquellen

Auch Bilder sagen viel über die Zeit aus, in der sie entstanden sind. Zu allen Zeiten malten oder zeichneten Menschen, was sie sahen oder sich vorstellten. Das zeigen die Höhlenmalereien der Frühmenschen, die Wandbilder in den Pyramiden, die alten griechischen Vasen, die römischen Mosaike sowie Gemälde in Kirchen, Schlössern und Museen. Dazu kommen seit 150 Jahren die Fotografien.

Schriftliche Zeugnisse

Die wichtigsten Auskünfte über die Vergangenheit geben uns schriftliche Zeugnisse, die Textquellen – jahrtausendealte Inschriften in Ton und Stein, alte und neuere Zeitungen, Verträge, Tagebücher und Briefe. Die Bedeutung schriftlicher Quellen hat zu der Ansicht geführt, die eigentliche Geschichte der Menschen beginne erst mit der Schrift um etwa 3000 v. Chr.

Mündliche Quellen

Alte Sagen oder Gedichte gehen oft auf mündlich überlieferte Geschichten zurück. Aufgeschrieben wurden sie meist erst lange, nachdem sie zum ersten Mal erzählt worden waren. Noch heute gibt es Völker auf der Welt, die keine Schrift kennen. Ihre Geschichte beruht auf Erinnerungen, die über Generationen weitererzählt werden.
Zu den Zeugnissen der Vergangenheit gehören auch Berichte, die uns Eltern, Großeltern und andere Zeitzeugen von Ereignissen geben.

Erinnerung kann täuschen

Hätten wir allein die Erinnerung als Quelle, würde uns vieles fehlen. Wir behalten nur einen Teil von dem, was wir erlebt haben. Jeder, der sich erinnert, kann sich irren. Wie oft kommt es vor, dass zwei Zeugen den Ablauf eines Unfalls unterschiedlich erzählen. Nicht, weil einer lügt, sondern weil sich beide Zeugen verschiedene Dinge gemerkt haben. Um ein verlässliches Wissen über Vergangenes zu erhalten, benötigen wir mehrere Quellen. Mit ihnen können wir unsere Erinnerung vergleichen. Nur so lässt sich das Geschehen zuverlässig erfassen.

1. *Deine Großeltern und Eltern haben bestimmt etwas aus früheren Zeiten aufbewahrt: Fotos, Briefmarken oder andere Erinnerungsstücke. Fragt nach und berichtet in der Klasse über das Alter und die Bedeutung dieser „Quellen".*
2. *Gestaltet aus Bildern und Gegenständen eine Ausstellung zum Thema: „Woher wir unser Geschichtswissen haben."*

Lerntipp

Geschichte ordnen

Epochen

Um größere Zeiträume übersichtlich zusammenzufassen, unterteilen wir sie in Jahrtausende oder Jahrhunderte. Wenn wir vom 19. Jahrhundert sprechen, meinen wir die Jahre von 1801 bis 1900. Außerdem haben wir den Verlauf der Geschichte in große Einheiten gegliedert. Diese nennen wir *Epochen*. Vor über 300 Jahren machte ein Gelehrter den Vorschlag, die europäische Geschichte in drei große Epochen zu gliedern: in *Altertum, Mittelalter* und *Neuzeit*. Diese Einteilung sah die griechische und römische Geschichte zwischen 1000 v. Chr. und 500 n. Chr. als eine Einheit an. Sie ging davon aus, dass mit der Entdeckung Amerikas um 1500 etwas ganz Neues begonnen hatte. Die Zeit zwischen Altertum und Neuzeit wird als Mittelalter bezeichnet.

Diese Dreiteilung der Geschichte wurde durch zwei weitere Epochen ergänzt: die *Vorgeschichte* (auch *Ur- und Frühgeschichte* genannt) und die *Zeitgeschichte*. Die eine umfasst die Zeit bis zu den ersten schriftlichen Zeugnissen um 3000 v. Chr., die andere die jüngste Zeit, von der uns noch „Zeitzeugen" berichten können.

Zeitleisten anlegen

Den Verlauf der Zeit kannst du mit einem Zeitstrahl anschaulich darstellen. Trage auf einer Linie die Jahreszahlen ein und ordne den Daten und Jahren Ereignisse oder Bezeichnungen zu. Achte auf den Maßstab: Gleiche Zeiträume brauchen gleiche Abstände. Das ist bei langen Zeiträumen schwierig. Dann hilft oft nur ein anderer Maßstab.

Ein Zeitstrahl kann auch das Nebeneinander von verschiedenen Ereignissen verdeutlichen. Ein Beispiel dafür ist M2. Dort findest du Angaben über eine Familie und zur Geschichte.

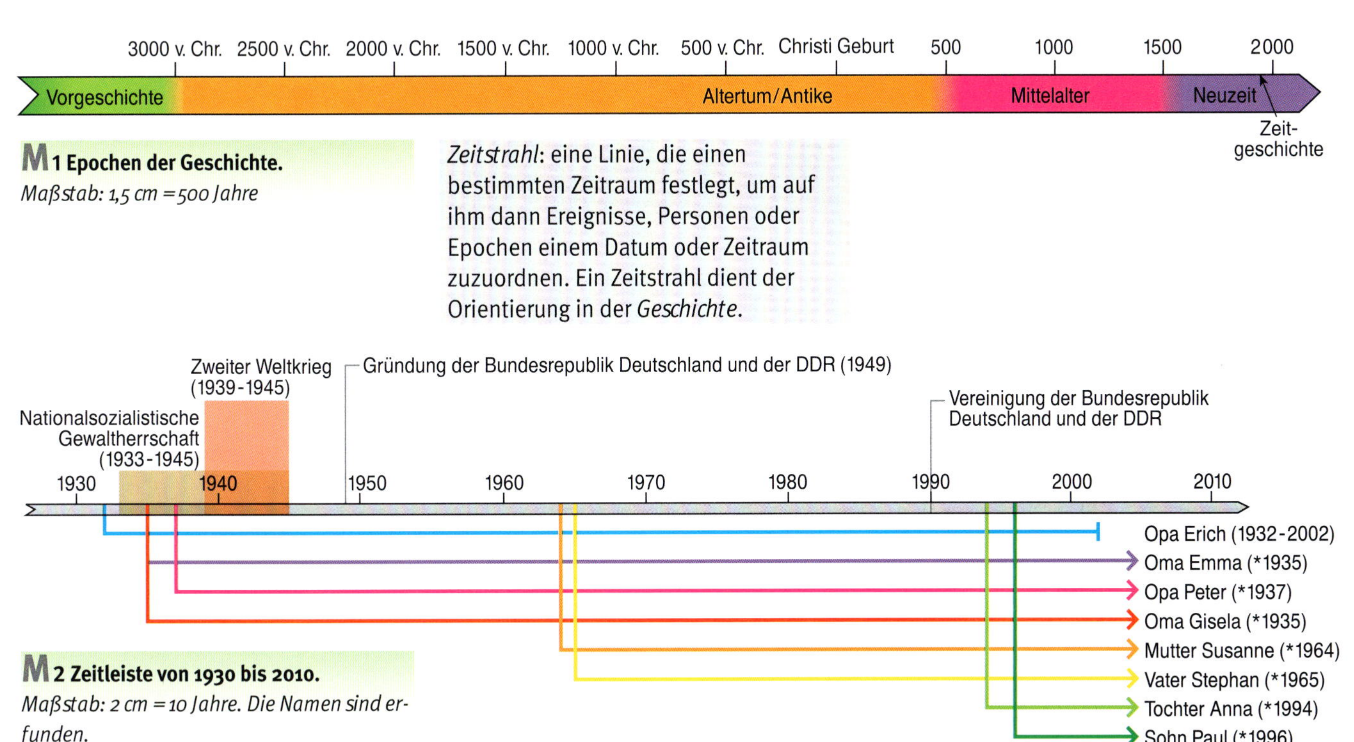

M1 Epochen der Geschichte.
Maßstab: 1,5 cm = 500 Jahre

Zeitstrahl: eine Linie, die einen bestimmten Zeitraum festlegt, um auf ihm dann Ereignisse, Personen oder Epochen einem Datum oder Zeitraum zuzuordnen. Ein Zeitstrahl dient der Orientierung in der *Geschichte*.

M2 Zeitleiste von 1930 bis 2010.
Maßstab: 2 cm = 10 Jahre. Die Namen sind erfunden.

1. *Nenne die Epoche, in der du lebst. In welchem Jahrhundert bist du geboren?*
2. *Ihr könnt vielleicht an eine Wand in eurem Klassenzimmer nach dem Muster von M1 eine 5 Meter lange Zeitleiste für die Zeit von 3000 v. Chr. bis 2000 n. Chr. befestigen (ein Meter für 1000 Jahre). Tragt die Epochen ein, das Gründungsjahr eurer Schule und anderer wichtiger Gebäude eures Schulortes wie Kirche, Rathaus und Bahnhof.*
   Im Laufe des Schuljahres könnt ihr weitere Abbildungen und wichtige Ereignisse berücksichtigen. Vielleicht malt oder bastelt ihr dazu selbst Bilder und Collagen.
3. *Lege eine Zeitleiste nach dem Muster von M2 an, ändere aber den Maßstab. Trage die Lebensdaten deiner Großeltern, Eltern und Geschwister ein. Füge dazu besondere Daten deiner Familie wie Hochzeits- oder Scheidungsjahr der Eltern, den Wechsel des Wohnortes oder andere dir wichtig erscheinende Ereignisse.*
4. *Bitte einen älteren Verwandten oder Bekannten, dir aus seinem Leben zu erzählen. Schreibe aus deinen Notizen einen kurzen Lebenslauf. Vielleicht kann dein Gesprächspartner auch auf besondere historische Ereignisse wie die Wiedervereinigung Deutschlands eingehen und sich an seine damaligen Gedanken und Gefühle erinnern.*

Menschen in vorgeschichtlicher Zeit

Dem „Neandertaler“ begegnen.
Plakat des Neanderthal Museums, Mettmann 2007 (Ausschnitt).

Geschichte erzählt

„Lucy in the Sky ...“

„So müsste es passen“, murmelte Don vor sich hin. Er hatte dem angeregten Gespräch der anderen nicht zugehört, sondern auf den Knochen eines Unterarms gestarrt, den er in der Hand hielt. „Das ist wie ein Puzzle“, meinte er schließlich und legte den Fund zu den anderen auf den Tisch. Es war der 30. November 1974. Gemeinsam mit amerikanischen und französischen Forschern suchte Don im Nordosten Äthiopiens nach Überresten aus der Vorzeit der Menschen. Im Hintergrund leierte ein Tonband unablässig einen Hit nach dem anderen. Doch niemand hörte zu. Kein Wunder, denn was vor ihnen auf dem wackeligen Campingtisch lag, war viel interessanter. – Nein: Es schien eine Sensation. „Ich kann es noch gar nicht fassen.“ Tom nahm einen kräftigen Schluck aus der Dose. „Ich hätte das auch nicht gedacht, als wir heute Morgen loszogen“, meinte Maurice. „Das Gebiet hier sah zwar ganz vielversprechend aus. Wir konnten brauchbare Funde aus einer frühen Zeit erwarten. Aber der hier übertrifft meine kühnsten Erwartungen. Ein so gut erhaltenes Skelett aus der Vorzeit hat vor uns noch keiner gefunden; rund ein Drittel aller Knochen ist erhalten.“ – „Lasst uns weitermachen“, warf Don ungeduldig ein. „Fassen wir zusammen!“ Er blickte auffordernd in die Runde: „Wir haben die Überreste eines weiblichen Lebewesens vor uns, etwa einen Meter groß, dreißig Kilogramm schwer. Der Unterkiefer und die langen Armknochen ähneln denen eines Schimpansen ...“ „Moment mal!“, unterbrach Maurice. „Dass wir das bisher noch nicht bemerkt haben! Seht euch das einmal genauer an, das sind doch keine Affenknochen.“ Auch den anderen fiel es jetzt wie Schuppen von den Augen: „Der Winkel zwischen Becken- und Oberschenkelknochen sieht ganz anders aus als beim Affen. Dieses Wesen muss sich anders fortbewegt haben als ein Schimpanse. Es muss aufrecht gegangen sein wie ein Mensch.“ Keiner sprach es aus, aber alle wussten, dass dies kein x-beliebiger Fund war. Diese Knochen eines vermutlich weiblichen Wesens würden sie berühmt machen. Nun gab es endgültig kein Halten mehr. Alle redeten durcheinander und prosteten sich gegenseitig zu. Als es zufällig für einen Augenblick ganz still wurde, hörten sie vom Tonband, das immer noch im Hintergrund lief, die Titelzeile des Beatles-Songs „Lucy in the Sky with Diamonds“. In dem Augenblick schlug jemand übermütig vor: „Nennen wir sie doch einfach Lucy!“

Dieter Brückner

Wie alt ist der Mensch?

1 Die Erdzeituhr.
Wir setzen das Alter der Erde (5 Milliarden Jahre) mit 12 Stunden gleich. Wie spät war es, als die ersten menschenähnlichen Wesen die Erde bevölkerten?

2 Schimpanse, Vormensch (wie „Lucy") und ein Mensch von heute.
Beschreibe die Unterschiede.

→Lesetipps:
- *Rainer Köthe, Der Urmensch, Nürnberg 2003*
- *Neil Morris, Die Urgeschichte, Nürnberg 2004*
- *Claudia Schnieper/Udo Kruse-Schulz, Auf den Spuren des Menschen, Luzern 2001*

Was war am Anfang?

Noch weiß niemand, wie die Erde entstand und das Leben begann. Sicher scheint, dass unser Planet bereits seit etwa fünf Milliarden Jahren die Sonne umkreist. Am Anfang hatte die Erde weder eine feste Oberfläche noch gab es Leben auf ihr. Allmählich trennten sich Gestein und Wasser. In den Meeren entwickelten sich vor drei bis vier Milliarden Jahren erste Lebewesen: Bakterien und Algen.
Weitere 1 ½ bis 2 ½ Milliarden Jahre dauerte es, bis die ersten Tiere entstanden. Das zeigen heute *Fossilien*, versteinerte Reste von Pflanzen und Lebewesen der Urwelt. Vor etwa 400 Millionen Jahren wagten sich die ersten Tiere an Land, im Erdmittelalter vor 230 bis 65 Millionen Jahren beherrschten die Dinosaurier Land und Meer. Als sie ausstarben, gab es bereits viele Säugetiere und Vögel.

Und die ersten Menschen?

Seit etwa 30 Millionen Jahren leben Menschenaffen (*Primaten*) in Afrikas Regenwäldern. Die ältesten Überreste aufrecht gehender menschenähnlicher Lebewesen (*Hominiden*) sind etwa sechs bis sieben Millionen Jahre alt. Sie wurden 2002 im Tschad in Zentralafrika gefunden. Auch wenn sicher ist, dass diese Vormenschen von den Menschenaffen abstammen, so wissen wir – trotz des etwa 3,2 Millionen Jahre alten Fundes von „Lucy" – immer noch nicht genau, wie unser letzter gemeinsamer Vorfahre aussah.* Die Entwicklung zum Vormenschen dauerte viele Millionen Jahre. Wissenschaftler erklären sie mit Veränderungen der Umwelt: Zunehmende Trockenheit hätte die tropischen Regenwälder zurückgedrängt und immer mehr Tiere mussten am Rande der Wälder leben. Einige Menschenaffen verließen sie, um an Flüssen und Seen ihre Nahrung zu finden. In Graslandschaften mit Büschen und wenigen Bäumen gewöhnten sich unsere frühesten Vorfahren an den aufrechten Gang. Sie ernährten sich wohl nur von Pflanzen und benutzten noch keine Werkzeuge.

**„Lucy" war übrigens etwa 105 cm groß und 27 kg schwer.*

3 Fundorte von Vormenschen in Afrika.

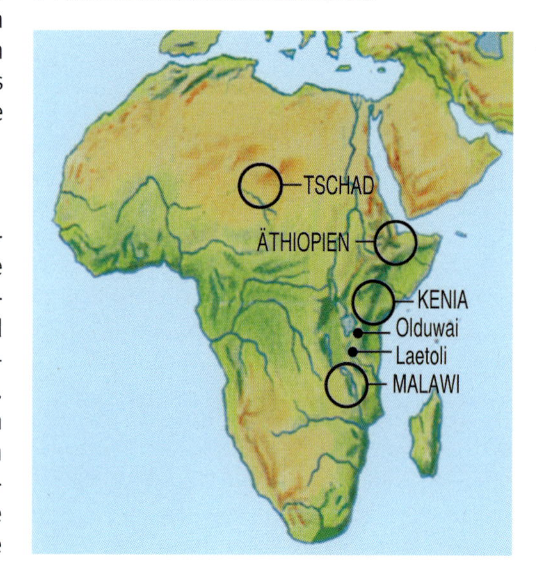

Vormensch

„geschickter Mensch" (*lat. Homo habilis*)

„aufgerichteter Mensch" (*lat. Homo erectus*)

4 Die Entwicklung des Menschen.
Nach einem Plakat aus dem Neanderthal Museum in Mettmann von 1998. Beschreibe die Kennzeichen der Entwicklung.

Vom „Homo habilis" zum „Homo erectus"

Der Vormensch konnte Nahrung und Gefahren schneller und besser erkennen. Außerdem hatte er die Hände frei. Aus ihm entwickelte sich vor etwa 2,5 Millionen Jahren der „geschickte Mensch" (lat. *Homo habilis*). Er war etwa 1,20 bis 1,50 Meter groß, lebte in kleinen Gruppen (Horden) von etwa zehn bis 20 Menschen und ernährte sich von Früchten, Nüssen, Wurzeln und Fleisch. Weil der „geschickte Mensch" Werkzeuge aus Steinen und Kieseln herstellte und benutzte, beginnt für die Historiker mit dieser Menschenart die Altsteinzeit.

Dem „geschickten" folgte der „aufgerichtete Mensch" (lat. *Homo erectus*). Er bildete im Laufe der Zeit weitere Fähigkeiten aus. Zum Beispiel begann er, das Feuer kontrolliert zu nutzen. Es schützte ihn vor Raubtieren, schuf ihm nachts Licht und wärmte ihn bei Kälte. Außerdem konnte auf dem Feuer Nahrung erhitzt und haltbar gemacht werden.

Wer Werkzeuge anfertigt, Feuer macht und Tiere jagt, muss vorausdenken. Der „Homo erectus" war dazu fähig, weil sein Gehirn größer war als das der Vormenschen. Er konnte auch schon sprechen und damit Informationen an andere weitergeben. Sicher klang seine Sprache anders als unsere, da sich Kehlkopf und Zungenfertigkeit erst langsam entwickelten.

Von Afrika nach Asien und Europa

Auf der Jagd dehnte diese Menschenart ihren Lebensbereich ständig aus. Weil sie das Feuer beherrschte und Felle als Kleidung nutzte, war sie vom warmen Klima Afrikas unabhängiger als ihre Vorfahren. Vor etwa zwei Millionen Jahren, so vermuten die Wissenschaftler, zogen diese Menschen auch nach Asien und Europa.

Zu den ältesten menschlichen Funden in Deutschland gehört ein 1907 in einer Kiesgrube in Mauer bei Heidelberg entdeckter Unterkiefer. Er ist etwa 600 000 Jahre alt. Rund 400 000 Jahre alt sind menschliche Überreste, die um 1972 in Bilzingsleben im Elbe-Saale-Gebiet in Thüringen gefunden wurden.*

Das Ende der Eiszeiten

Vor etwa einer Million Jahren war Mitteleuropa vom Nordpol bis zum Rhein mit einer dicken Eisschicht bedeckt. Die riesigen Gletscher verschwanden allmählich, als es wärmer wurde. Mehrfach wechselten sich „Kaltzeiten" mit „Warmzeiten" ab. Sie veränderten die Pflanzen- und Tierwelt. Solche Phasen hielten Tausende von Jahren an: Die letzte Eiszeit in Mitteleuropa dauerte etwa von 75 000 bis 10 000 v. Chr.

Zu den Siedlungsspuren und Wohnplätzen in Bilzingsleben siehe Seite 182, Abb. 2 und 3.

5 Faustkeil.
Alter: etwa 1,2 bis 1,4 Millionen Jahre
Höhe: 23,8 cm
Breite: 10 cm
Tiefe: 5 cm
Fundort: Olduvai-Schlucht, Tansania (Afrika)

6 Speerspitze.
Alter: etwa 400 000 Jahre
Material: Fichte
Gesamtlänge: 2,50 m
Fundort: Schöningen (Kreis Helmstedt/Niedersachsen)

Legt eine Tabelle über die wichtigsten Abschnitte der Entwicklung des Menschen an.

M 4 Werkzeug aus Stein („Chopper").
Fundort: Melka Kunturé Äthiopien
Alter: etwa 1,8 bis 2 Millionen Jahre

M 1 Eine „Steinwerkstatt" vor 1,5 Millionen Jahren.
Zeichnung von Giovanna Belcastro, um 2005.

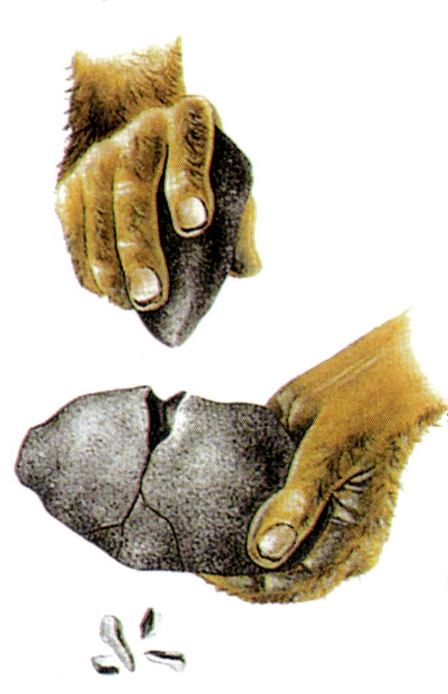

M 2 Wie ein Werkzeug aus Stein entsteht.
Zeichnung, um 1990.
Bearbeitet werden konnte nur spaltbares Gestein wie Quarzit und Feuerstein.

M 3 Leben in der Frühzeit

Der Ur- und Frühgeschichtsforscher Hansjürgen Müller-Beck beschreibt das Leben in der Olduvai-Schlucht (Tansania) vor rund zwei Millionen Jahren:

Noch einmal schaut sich die junge Oldowan-Frau um. Ihr Partner verschwindet mit seinem Freund schnellen Schrittes im hohen Steppengras. Seine neue 5 Lanze, die gestern fertig wurde und von der so viel abhängt, trägt er geschultert. Die Frau zieht ihre zweitgeborene Tochter näher an sich heran und stillt sie. Das erste Kind war nur einen Sommer 10 lang am Leben geblieben. Die junge Mutter bricht mit ihren zwei Schwestern und einem etwas älteren Mädchen zum Graben von Knollen auf, die sie in ihren Fellbeuteln zurück zu den Windschirmen 15 unter dem großen Schutzbaum bringen werden, in dem man die Nacht gemeinsam in Baumnestern verbringt. Alle drei wagen sich mit ihren beiden Kindern nicht über die Sichtdistanz zum Lager 20 hinaus. Den jungen Leoparden, der sich plötzlich an das ältere grabende Mädchen heranpirscht, bemerken sie erst, als er zum letzten Sprung ansetzt. Der abwehrende Stoß mit dem Grabstock ist 25 aber zu schwach, sodass es dem Tier gelingt, sich im Arm der Verteidigerin zu verbeißen. Doch das war sein letzter Angriff. Es verendet unter den jetzt rascheren Stößen der sich wehrenden 30 Frauen. Das Graben wird abgebrochen. Sie eilen in das Lager zurück, um die Wunde am Arm zu versorgen und die Blutung zu stillen. Die alte Mutter hat dafür einen Kräutervorrat bereit, der 35 nach einigen Stunden Auflegen wirklich hilft.

Hansjürgen Müller-Beck, Die Steinzeit. Der Weg der Menschen in die Geschichte, München [4]2009, S. 41f.

→Lesetipps:

- *Laura Feuerland, Kalla vom Löwenclan, München 2010*
- *Arnulf Zitelmann, Kleiner Weg, Weinheim 2004*

1. *Beschreibe, wie verschiedene steinerne Werkzeuge (M 4) hergestellt werden konnten (M 1 und M 2).*
2. *Was könnten die Frauen abends am Lagerfeuer den Männern berichtet haben? Erzähle die Geschichte von Hansjürgen Müller-Beck (M 3) zu Ende.*
3. *Über die Aufteilung der täglichen Arbeiten zwischen Männern und Frauen in der Frühzeit haben wir keine Quellen. Trotzdem vermuten wir bei den Geschlechtern bestimmte Verhaltensweisen und Aufgaben. Suche Erklärungen dafür.*

Lerntipp

Mit dem Spaten forschen

Wie kam die Steinzeitaxt nach ...?

Immer wieder melden Zeitungen überraschende Funde. Dann haben aufmerksame Baggerführer in Baugruben vielleicht wertvolle Zeugnisse der Vergangenheit entdeckt oder Wanderer einen besonderen Fund gemacht.
Nach Spuren menschlichen Lebens zu suchen, ist Aufgabe der *Archäologen*. Diese Forscher benutzen dazu nicht nur den Spaten. Sie setzen heute vor allem technische Geräte wie Metallsuchgeräte ein, um beispielsweise Münzen unter der Erde zu entdecken. Oder sie werten Luftbilder aus: Wachsen Pflanzen an einer Stelle auffällig anders als in der Umgebung oder lassen sich bestimmte Merkmale auf dem Erdboden erkennen, so kann dies auf menschliches Leben in weit zurückliegender Zeit hinweisen.

Aus der Erde ins Museum

Bereits während einer Grabung werden die Funde gereinigt, beschrieben und datiert. Sind Fundstücke zerbrochen oder nur teilweise erhalten, versuchen Restauratoren in Zusammenarbeit mit Archäologen sie in ihre ursprüngliche Form zu bringen. Fehlende Teile werden dabei ergänzt. Waren die Funde bedeutend, werden sie in Museen gezeigt.

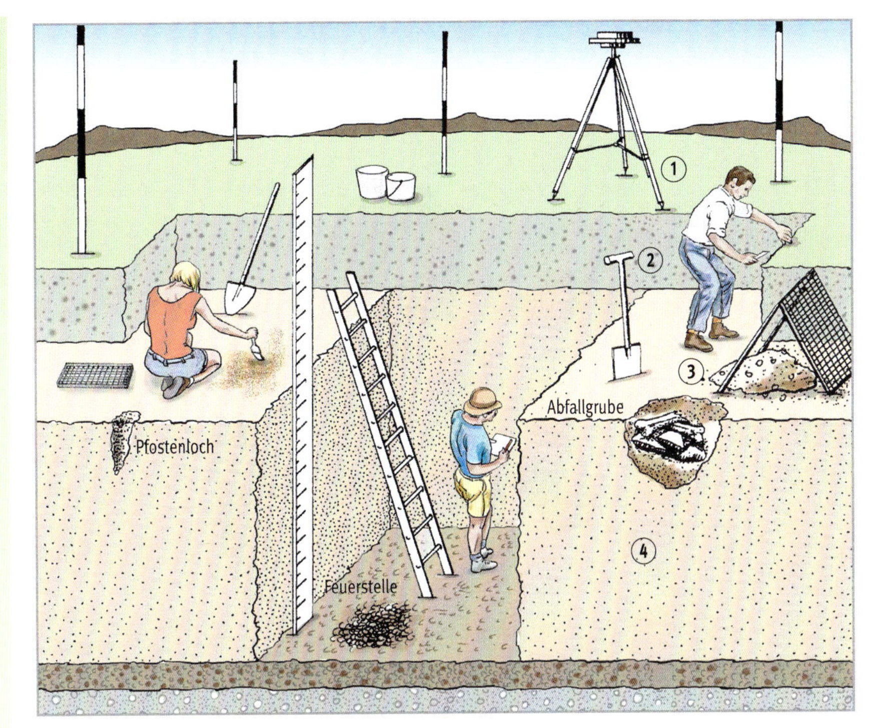

M2 Wie arbeiten Archäologen?

Das Grabungsgelände wird vermessen (1), gekennzeichnet und in Quadrate eingeteilt. Die oberen Erdschichten werden Zentimeter für Zentimeter abgetragen (2), bis erste Funde auftauchen. Die gelockerte Erde wird gesiebt (3), um auch besonders kleine Gegenstände nicht zu übersehen. Gräbt man tiefer, zeigen sich an den Wänden unterschiedliche Farben der Erde, die genau untersucht werden (4). Alle Funde werden mit feinen Werkzeugen wie Spitzkellen, Zahnarzthaken, Pinseln und Kehrblechen vorsichtig freigelegt, fotografiert, in ein Grabungstagebuch und eine Grabungskarte eingetragen sowie zur Auswertung ins Labor gebracht.
Ist die Grabung beendet, gilt es, die einzelnen Funde zu datieren, d. h. ihr Alter festzustellen. Dazu gibt es verschiedene Methoden.
Erste Hinweise auf das Alter der Funde gibt uns die Folge der Schichten im Boden. Im Allgemeinen liegen ältere Funde tiefer im Boden als jüngere. Erdforscher (Geologen) helfen dabei, das Alter der Erd- bzw. Gesteinsschichten zu bestimmen. Biologen können aus aufgefundenen winzigen Blütenstaubkörnern (Pollenkörnern) feststellen, welche Bäume, Sträucher, Gräser und Blumen in der jeweiligen Zeit wuchsen.

→Lesetipp: *Dieter Vieweger, Das Geheimnis des Tells. Eine archäologische Reise in den Orient, Wuppertal/Mainz 2005*

1. *Nenne die Hilfsmittel der Archäologen und bestimme ihre Aufgaben (M2).*
2. *Auf der Zeichnung M2 weisen mehrere Funde auf menschliches Leben hin. Nenne sie.*
3. *Bei Bauarbeiten stößt ein Bagger auf einen archäologischen Fund. Die Baufirma will weiterbuddeln, doch die Archäologen möchten die Funde mit einer Notgrabung retten.*
   Bereitet ein Rollenspiel vor, in dem sich Bauleiter und Ausgräber gegenüberstehen. Lerntipp
4. *Vielleicht läuft gerade in eurer Umgebung eine Grabung. Erkundigt euch im Rathaus oder beim Amt für Denkmalpflege.*
5. *Informiere dich, welche Ausbildung Archäologen und Restauratoren brauchen. Stelle einen Beruf der Klasse vor.*

M1 Fund und Restauration.

Die Scherben sind etwa 5000 Jahre alt. Bei der Restaurierung des Gefäßes mussten fehlende Teile ergänzt werden.

Unsere Vorfahren, die Neandertaler

1 Neandertaler.
Rekonstruktion aus dem Neanderthal Museum von Elisabeth Daynès, 1996.*

***Rekonstruktion**: *einen ursprünglichen Zustand genau nachbilden oder wiederherstellen*

Ein besonderer Fund

Im Jahre 1856 fanden Arbeiter Skelettreste in einem Steinbruch im Neandertal bei Düsseldorf. Erst Jahrzehnte später erkannten Forscher, als sie die Knochen mit älteren Funden verglichen, dass sie etwa 70 000 Jahre alt sind und zu einem frühen Menschentyp gehören. Er erhielt den Namen *Neandertaler**. Inzwischen sind in Europa und im Nahen Osten etwa 300 Überreste von Neandertalern gefunden worden. Die ältesten sind 130 000 Jahre alt.

Primitive Ungeheuer?

Die Neandertaler hatten sich den kalten Lebensbedingungen unseres Kontinents angepasst. Sie erreichten meist nur eine Größe von 1,60 m, wogen aber 75 kg. Selten wurden sie älter als 40 Jahre. Ihr Mund und ihre Zähne waren kräftiger als unsere, sie sprachen gut, verwendeten Steinwerkzeuge und bearbeiteten Knochen, Geweih und Elfenbein.
Forscher konnten anhand von Knochen nachweisen, dass einige Neandertaler für Alte und Gebrechliche sorgten sowie ihre Toten beisetzten oder verbrannten. In Gräbern fanden sich Werkzeuge, Tierschädel und Blütenpollen.

Der Jetztmensch kommt

Zur gleichen Zeit wie der Neandertaler entstand in Afrika der Jetztmensch, dessen Körperbau und Schädel unseren ähneln.* Er kam vor etwa 45 000 Jahren aus Afrika nach Europa. Beide Menschenarten lebten über Jahrtausende nebeneinander. Doch die Jetztmenschen waren fruchtbarer als die Neandertaler. Sie waren wohl intelligenter und ihnen technisch überlegen. Während sich die Jetztmenschen über die ganze Erde ausbreiteten, starben die Neandertaler vor rund 30 000 Jahren aus. Die Gründe dafür sind noch immer ungeklärt.

**Wissenschaftler schreiben den Neanderthaler wie im 19. Jh. mit „h“.*

***Der lateinische Fachname lautet: homo sapiens sapiens (dt. der einsichtige, verständige Mensch).*

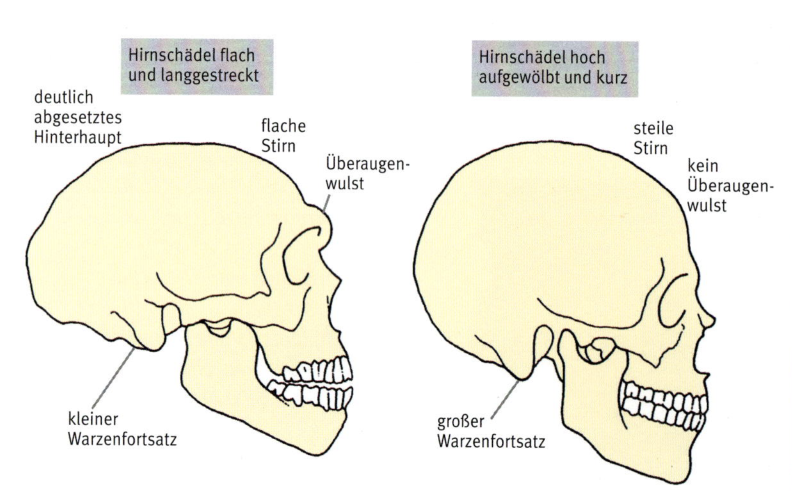

2 Der Schädel eines Neandertalers (links) und eines modernen Menschen.

1. *Erzähle, was du wohl erlebt hättest, wenn du den Neandertaler (Abb. 1) in seiner Umwelt einen Tag begleitet hättest.*
2. *Vergleiche die Schädelmerkmale (Abb. 2).*
3. *Erkläre, wie wichtig für die Menschen das Sprechen in einer Gruppe ist.*

3 Der Jetztmensch breitet sich aus.
Die modernen Menschen haben sich vor 160 000 Jahren in Ostafrika entwickelt. Die Zahlen in der Karte bedeuten Jahre vor unserer Zeit.

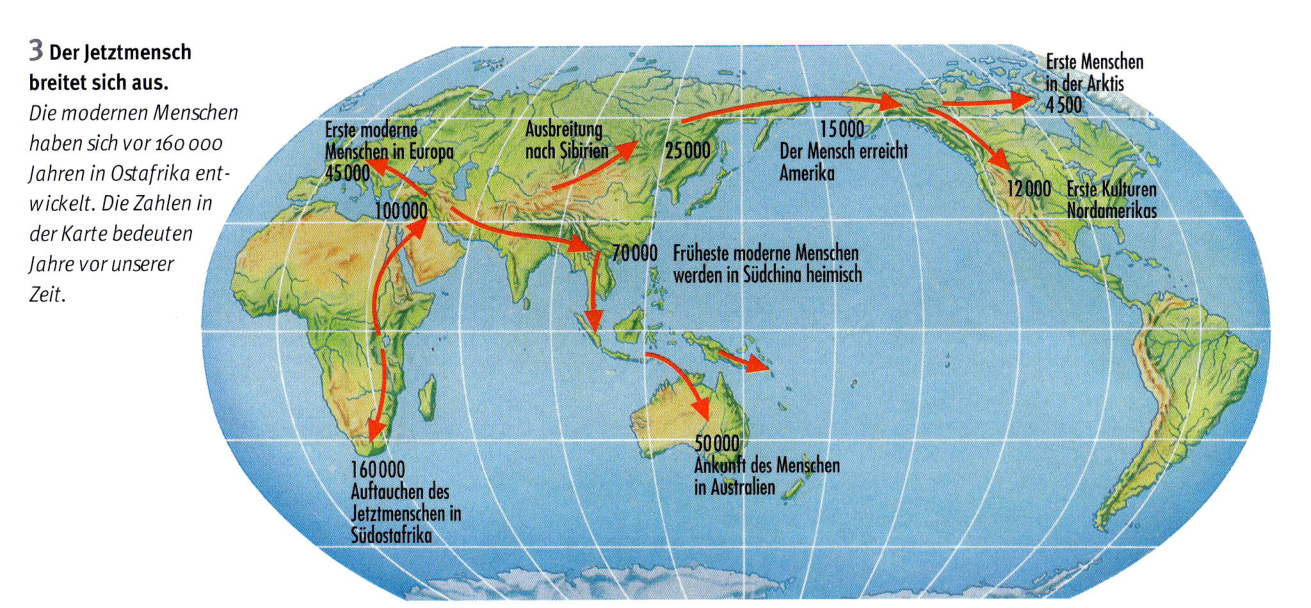

Leben mit der Natur

Die Jetztmenschen kamen in einer eiszeitlichen Umwelt als Jäger und Sammler zurecht. Damals hatten wir in Mitteleuropa wohl ein Klima und eine Pflanzen- und Tierwelt wie heute in Sibirien: Nur in geschützten Tälern wuchsen Kiefern, sonst bestimmten Birken und verkrüppelte Büsche die Landschaft. Mammuts und Wollnashörner, Elch-, Rentier- und Wildpferdherden durchstreiften das Land. Neben den Schneehasen und -hühnern waren sie die bevorzugte Beute der Menschen, die ihnen Löwen, Wölfe, Bären und Hyänen streitig machten. Fische bereicherten die Speisekarte.

Mit Speeren und Harpunen

Um überleben zu können, mussten die Menschen ausgezeichnete Jäger sein. Die Jetztmenschen erfanden Speerschleudern, Harpunen und Angelhaken sowie Pfeil und Bogen. Die größten Jagderfolge erzielten sie, wenn es ihnen gelang, ganze Herden in enge Täler zu treiben. Neben dem Jagen und Fischen sammelten die Jetztmenschen Beeren, Wurzeln, Pilze und Eier.

Wohnen und arbeiten

Die Menschen der Eiszeit folgten als *Nomaden* der Nahrung. Im Sommer lebten sie in Zelten an Seen, Flüssen und in Tälern. Im Winter suchten sie Schutz in Höhlen oder unter Felsen.
Vor und in den Höhlen fanden Forscher Knochen- und Geweihreste der erbeuteten Tiere sowie Abschläge und Klingen aus Stein. Aus Aschenresten erschlossen sie, dass die Menschen auch mit Knochen heizten, da Holz knapp war.
Vermutlich kleideten sich die Menschen während der Eiszeit mit geschlossenen Oberteilen, Hosen, Kapuzen und festen Schuhen aus Leder. Beweise für genähte Kleidung sind Nadeln aus Knochen. Grabfunde zeigen, dass die Kleidung mit Anhängern aus Elfenbein, Tierzähnen und -knochen verziert war.

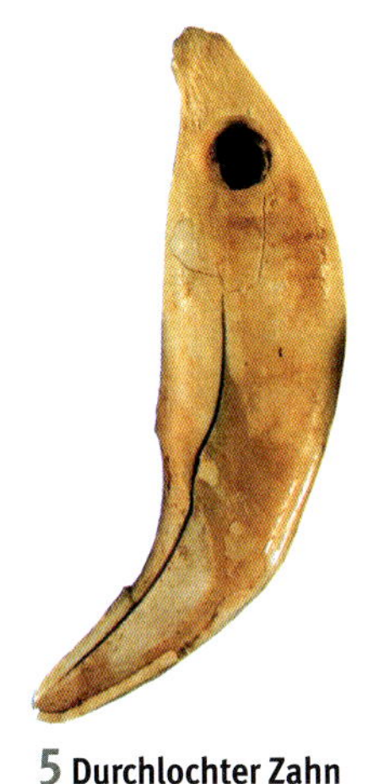

5 Durchlochter Zahn eines Bären.
Länge: 6 cm
Alter: etwa 15 000 Jahre
Fundort: Kesslerloch (wie Abb. 4)
Warum hat man den Zahn wohl an einer Halskette getragen?

4 Harpunenspitze mit Widerhaken.
Material: Knochen;
Länge: 15 cm;
Alter: etwa 12 000 Jahre;
Fundort: Kesslerloch bei Thayngen/Schweiz

M3 Vogeljagd am Rhein vor 12 000 Jahren.
Landschaftsrekonstruktion von Dietrich Evers, 1978.
Auf und am Wasser lebten Schwan, Gans und Ente. Der Jäger benutzt für die Vogeljagd eine Speerschleuder.

M1 Wie die Eiszeitjäger wohnten.
Nachbau eines Zeltes, das vor etwa 15 000 Jahren in Gönnersdorf am Rhein zwischen Bonn und Koblenz stand.

M2 Was ein Forscher herausfand

Über einen Fund in Gönnersdorf (Kreis Neuwied) schreibt der Forscher Gerhard Bosinski:

Die größeren Bauten (Durchmesser 6-8 m) hatten senkrecht aufgehende Wände und ein von einem Mittelpfosten getragenes kegelförmiges Dach. Die Abdeckung von Wand und Dach bestand wahrscheinlich aus Pferdefellen, im Inneren war eine Feuerstelle. In einer Behausung von Gönnersdorf lag neben der Feuerstelle ein Mammut-Oberschenkel, der ursprünglich aufrecht gestanden hatte und die Stütze einer Grillvorrichtung war. Dicht neben der Feuerstelle war ein Rengeweih so eingegraben, dass die Zacken der Schaufel eine Gabel über dem Feuer bildeten. Zur Beleuchtung dienten Steinlampen, in deren Höhlung sich Fett und ein Docht befanden. Der Docht bestand vermutlich aus einem Wacholderzweig. Platten aus Quarzitstein sind erhitzt worden; vielleicht um darauf Fleisch zu braten.
Im Innenraum der Häuser hat man mehrere kleine Gruben ausfindig gemacht, die vermutlich mit Leder ausgekleidet waren und als Kochgruben dienten, in denen Flüssigkeit durch erhitzte Quarzgerölle* zum Sieden gebracht werden konnte.

http://ss1000eo.fh-koblenz.de/koblenz/remstecken/rhine98/Rheinlan.../naturlandschaft.htm vom 5.5.99 (vereinfacht)

***Quarzgerölle**: Kieselsteine*

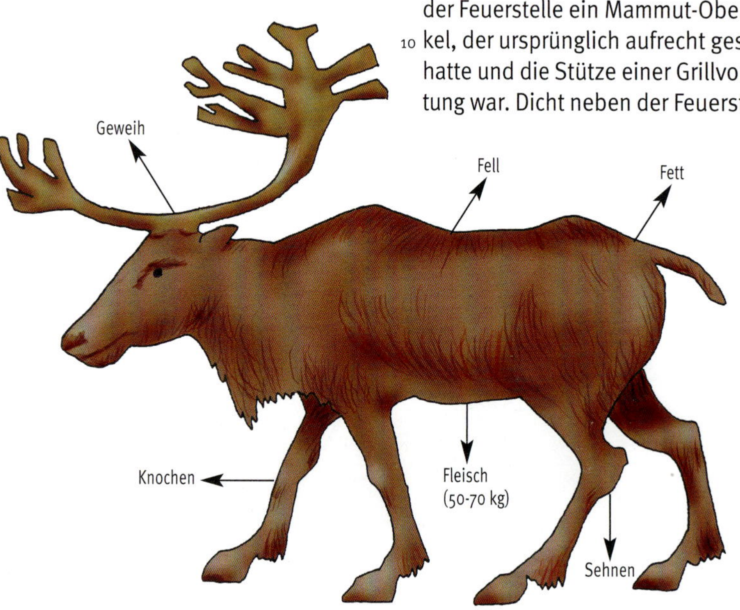

M4 Wie ein Rentier genutzt wurde.

1. *Beschreibe, wie die Eiszeitmenschen wohnten und wovon sie sich ernährten (siehe Lehrbuchtext und M1 bis M4).*
2. *Lege eine Tabelle an, in die du den Verwendungszweck von Geweih, Fell, Fett, Knochen, Fleisch und Sehnen einträgst (M4). Berücksichtige den Lehrbuchtext sowie M1 und M2.*

Lerntipp

Spielfilm oder „Dokudrama“?

Zutreffende Informationen?
Ob wir Filmen verlässliche Informationen über die Geschichte entnehmen können, hängt von der Machart des Filmes ab. Wir unterscheiden zwischen *Spiel-* und *Dokumentarfilmen*. Beide wenden sich an ein breites Publikum.
Spielfilme laufen heute im Kino und im Fernsehen. Im Mittelpunkt stehen wenige Personen, die etwas Besonderes erleben. Oft geraten sie in einen Konflikt, der spannend gestaltet wird. Die Handlung ist frei erfunden. Eher nebenbei erfahren wir etwas über die Zeit.
Dokumentarfilme erzählen Geschichte(n) nicht nur interessant, sondern auch möglichst genau. Sie bestehen normalerweise aus Einzelbildern und Filmausschnitten jener Zeit. Wenn keine alten Bildquellen vorliegen, werden Überreste in der Natur oder im Museum gefilmt und Wissenschaftler interviewt. So können neue Forschungsergebnisse einbezogen werden. Die Auswahl der Bilder und Informationen sowie die Erläuterungen, der Kommentar, machen den Wert dieser Filmgattung aus.
Dokudramen sind eine neue Form der Informationsvermittlung. Sie mischen sachliche Informationen mit spannenden Spielszenen.

M1 Vorbereitungen für die nächste Einstellung.
Szenenfoto aus der ZDF-Produktion „Der Neandertaler – Was wirklich geschah“ von 2006.
In unberührten Kalksteinhöhlen eines Naturschutzgebietes nördlich von Prag (Tschechien) haben Menschen von heute Alltagsszenen nachgespielt, die sich vor 42 000 Jahren ereignet haben könnten.

M2 Von der Idee zum Film
Über die Planung des ZDF-Films „Der Neandertaler“ heißt es:

Fast zwei Jahre hatte Autorin Ruth Omphallus [...] nachgeforscht, damit Lebensraum, Aussehen, Bewegung und Artikulation der Filmneandertaler dem
5 neuesten Stand der Forschung Rechnung tragen.
Sie war fasziniert von den Geschichten, die unser eiszeitlicher Verwandter erlebt haben musste und die noch niemals
10 verfilmt worden waren. Bisher hatten sich Filmemacher im Wesentlichen dafür interessiert, warum der Neandertaler nach dem Auftauchen des modernen Menschen ausgestorben ist. Neue For-
15 schungsansätze machen es jedoch möglich, eine Biografie des Mannes aus dem Neandertal zu versuchen.

Zitiert nach: Gabriele Uelsberg (Hrsg.), Roots – Wurzeln der Menschheit, Bonn 2006, S. 190 f. (vereinfacht)

Tipps zum Vergleich:
- *2006 strahlte die ARD einen vierteiligen Film über eine „Zeitreise in die Steinzeit“ aus.*
  13 Männer, Frauen und Kinder machen sich 2006 auf zu einer außergewöhnlichen Zeitreise ins Jahr 3003 v. Chr., um wie damals zu leben.
- *Lesetipp dazu: Rolf Schlenker/Almut Bick, Steinzeit. Leben wie vor 5 000 Jahren, Stuttgart 2007*
- *Der Film „Lapislazuli im Auge des Bären“ kam 2006 in die Kinos. Er handelt von einem Neandertaler, der ein Großstadtmädchen trifft.*

Vor einem Film:
1. *Finde heraus, welche Filmart angekündigt ist – ein Spiel- oder Dokumentarfilm oder ein Dokudrama.*
2. *Lege fest, welche Informationen du suchst.*

Nach einem Film:
3. *Nenne die Art des Filmes „Der Neandertaler“ (M 1 und M 2).*
4. *Gib die Inhalte wieder, die dein Wissen erweitert haben.*
5. *Prüfe, ob etwas Wichtiges unberücksichtigt blieb.*
6. *Beurteile, was die Darstellung glaubwürdig macht.*
7. *Schreibe auf, was dich beeindruckt hat. Begründe deine Aussagen.*

1 Höhlenbild.
Foto, um 1995.
Über 30 000 Jahre alte Höhlenmalerei in der 1994 entdeckten Grotte Chauvet/Frankreich. Heute sind mehr als 300 Höhlen mit Bildern bekannt, die meisten in Südfrankreich und Nordspanien. Für die Höhlenbilder wurde Ocker (gelb), Rötel (rot), Mangan oder Kohle (schwarz) und Kalzit oder Kaolin (weiß) verwendet, die als Pulver aufgetragen wurden.
Die meisten Malereien liegen tief in den Höhlen ohne Tageslicht. Nenne dafür Gründe.

Kunst und Zauberei

Geritzt, gemalt, geformt

Erst die Jetztmenschen wollten und konnten Dinge und Gedanken darstellen. Sie malten und ritzten vor etwa 35 000 Jahren Tiere und Menschen auf Höhlenwände, schnitzten Figuren aus Knochen und Elfenbein, schufen sie aus Stein oder formten sie aus Lehm. Diese Höhlenmalereien und Figuren sind die ersten Kunstwerke der Welt.

2 Wildpferd.
Figur aus der Vogelherdhöhle (Schwäbische Alb).
Material: Mammutelfenbein
Alter: zwischen 35 000 und 30 000 Jahre
Länge: 4,8 cm
Höhe: 2,5 cm

Viele Rätsel

Was mag die Menschen dazu veranlasst haben, sie zu gestalten? Wollten sie die Zukunft beeinflussen, das Jagdglück beschwören oder Ereignisse festhalten? Sollen die Mischwesen mit menschlichen und tierischen Merkmalen Gottheiten darstellen oder Medizinmänner? Rätselhaft sind auch Frauenfiguren aus Kalkstein, Elfenbein oder gebranntem Ton. Sie heben die weiblichen Körperteile hervor. Verehrte man mit ihnen die gebärfähige Frau oder die gesamte fruchtbare Natur?

→***Lesetipp:*** *Wolfgang Kuhn, Mit Jeans in die Steinzeit, München [24]2005*

→***Filmtipp:*** *Die Höhle der vergessenen Träume; Regie: Werner Herzog, 2011 (Dokumentarfilm über die Chauvet-Höhle in Südfrankreich)*

M1 „Tiertänzer.“
Höhlenmalerei aus Frankreich.
Die Figur rechts zeigt einen verkleideten Jäger, der ein Instrument spielt. Deute die Haltung seiner Beine.

M2 Warum ändert sich das Glück?
Einen Eindruck von den Aufgaben der Schamanen und der Bedeutung der Höhlenbilder gibt Erich Ballinger in einem Jugendbuch. Kull muss sich von einem Jäger Folgendes anhören:*

„Ja. – Du weißt, Schamane, unsere Jagd in den Bergen war schlecht. Die letzte gemeinsame Jagd war schlecht. Gerade noch, dass wir mit viel Hunger durch die kalte, weiße Zeit gekommen sind. Und die Jagd davor war auch nicht besser.“ Tl-Tl beugt sich zum Schamanen hin und flüstert: „Es ist die Halle der Bräuche drinnen im Berg. Etwas stimmt nicht mit ihr und ihren Bildern. Die Bilder haben keine Kraft, keinen Zauber mehr. Die Geister in den Bildern wollen uns nicht mehr helfen. – Schamane, denk' doch an frühere Zeiten. Eine ganze Steinbockherde haben wir zur steilen Felswand getrieben. So viele Tiere sind in die Tiefe gestürzt, dass wir nur einen kleinen Teil des Fleisches essen konnten. Die Beute hätte uns drei kalte, weiße Zeiten hindurch zu essen gegeben. Aber jetzt? – Nur mehr kleine Herden und kein Glück bei der Jagd. Die Halle der Bräuche ist nicht mehr das, was sie einmal war.“ „Vielleicht“, sagt Kull, „sind die Speere der Sim-clan auch nicht mehr das, was sie einmal waren.“

Erich Ballinger, Der Höhlenmaler, Würzburg 2002, S. 44

***Schamane**: *Medizinmann, Zauberer, Seher und Heiler; zu seinen Aufgaben gehörte es auch, Feiern durchzuführen und Rat bei wichtigen Entscheidungen zu erteilen.*

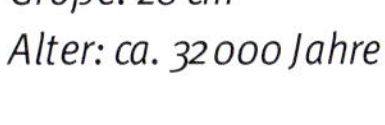

M3 „Löwenmensch.“
Figur aus einer Höhle im Lonetal bei Ulm.
Material: Mammutelfenbein
Größe: 28 cm
Alter: ca. 32 000 Jahre

M4 Flöte aus einer französischen Grotte.
Material: Vogelknochen
Alter: 10 000 bis 15 000 Jahre

1. *Nenne mit M 2 eine mögliche Aufgabe der Höhlenbilder.*
2. *Verfasse eine Antwort aus Kulls Sicht (M 2).*
3. *Untersucht, welche Informationen (Quellen) wir benötigten, um die steinzeitliche Kunst (M 1, M 3 und M 4) noch besser verstehen zu können.*

1 Leben vor etwa 7 000 Jahren im Rheinland. *Rekonstruktionsversuch von Fritz Wendler nach Ausgrabungen in Köln-Lindenthal, um 1990.*

Was erfährst du aus Abb. 1 und 2 über
- *Ernährung und Kleidung,*
- *Baumaterial der Häuser,*
- *Schutzbedürfnis der Bewohner und*
- *Arbeitsteilung zwischen Männern und Frauen?*

Ein grundlegender Wandel

Vom Jäger und Sammler zum Bauern
Mehrere hunderttausend Jahre lebten die Menschen als Jäger und Sammler. Was veranlasste unsere Vorfahren während der Jungsteinzeit vor etwa 10 000 Jahren sesshaft zu werden, Wälder zu roden, Getreide anzubauen und Vieh zu züchten? Die meisten Forscher vermuten heute, dass bei dieser Umwälzung das Klima eine Rolle spielte. Nach dem Ende der letzten Eiszeit war es bei uns so warm wie heute. Große Wälder bedeckten die Erde. In ihnen lebten Rehe, Hirsche und Bären. Da diese Wälder nur schwer zu durchwandern waren, ließen sich immer mehr Menschen dauerhaft an Fluss- und Seeufern nieder.
Die Bevölkerung wuchs. Es wurde schwieriger, Lebensmittel für alle zu beschaffen. Jäger und Sammler benötigten etwa einen Quadratkilometer Land, um einen Menschen satt zu machen, Ackerbau und Viehzucht auf derselben Fläche ernähren etwa 20 Personen. Einfach war das neue Leben nicht. Durch Vergleiche mit heutigen Sammler- und Jägervölkern wissen wir, dass diesen meist wenige Stunden pro Tag genügen, um sich genug Nahrung zu beschaffen.

2 Brunnen von Erkelenz-Kückhoven (Rheinland). *Rekonstruktionsversuch (Ausschnitt), um 1990. 1990 wurde dieser Brunnen gefunden. Aus den Baumringen ließ sich ablesen, dass die für den Brunnenkasten verwendeten Eichen 5090 v. Chr. geschlagen worden waren.*

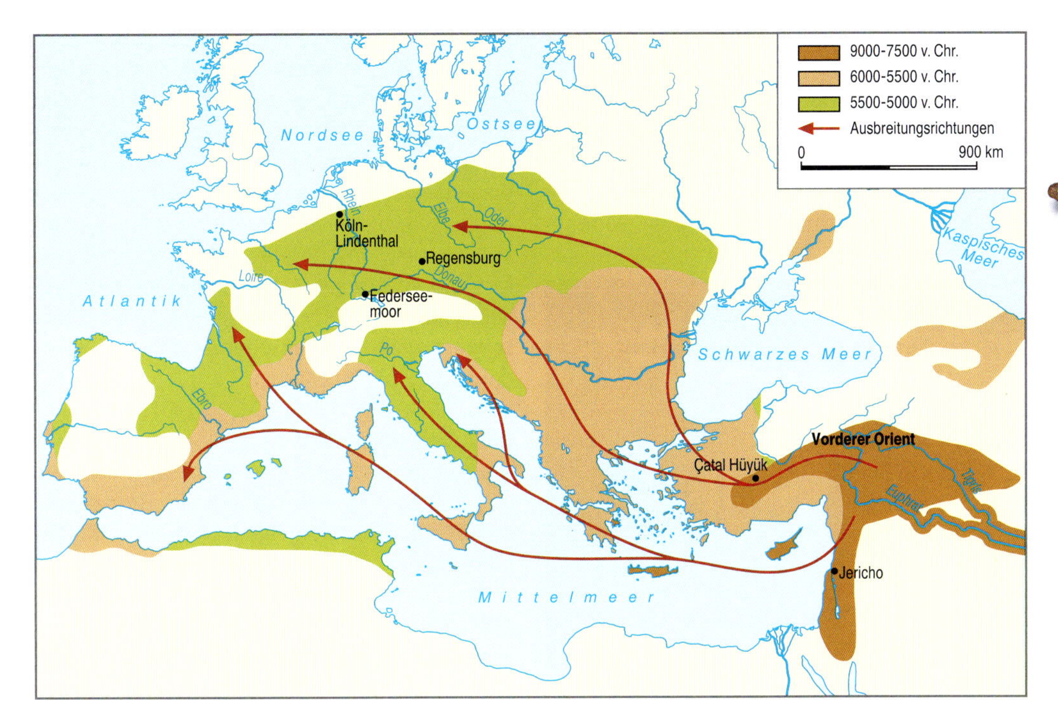

3 Ausbreitung der bäuerlichen Wirtschaftsweise.
Beschreibe den auf der Karte dargestellten Vorgang. Mit welchen Mitteln gelingt es dem Zeichner, die Veränderungen darzustellen?

4 Sichel aus der Jungsteinzeit.
Rekonstruktionsversuch von Robert Bellow nach Originalfunden von der Schwäbischen Alb, 2010. Die Sichel ist 28 cm lang. Die scharfen Feuersteinklingen wurden mit Birkenpech in die Rille des gebogenen Holzstücks eingeklebt.

Ackerbau und Viehzucht

Vor rund 12 000 Jahren entdeckte man im Vorderen Orient, dass Getreidekörner keimen, wenn sie in Erdgruben lagern. Von da war es nur ein kleiner Schritt zur Aussaat. Auch erste Viehherden und die Zucht von Haustieren lassen sich in dieser Gegend nachweisen. Wahrscheinlich hatten die Menschen bei ihren Jagden Jungtiere gefangen und erkannt, dass einige sich zähmen ließen. Neben dem Hund waren Ziegen, Schafe, Schweine und Rinder die ersten Haustiere. Sie lieferten den Menschen Fleisch, Wolle und Milch.
Aus Jägern wurden sesshafte Bauern, die Tiere hielten, und Hirten, die mit ihren Herden umherzogen. Die Lebens- und Arbeitsweise der Jäger und Sammler sowie der Ackerbauern und Viehzüchter bestanden lange Zeit nebeneinander.

Tief greifende Veränderungen

Die Menschen wohnten bald nicht mehr nur auf dem Lande. In Jericho im Westjordanland sowie in Çatal Hüyük in Anatolien ließen sie sich vor etwa 9 000 Jahren bereits in stadtähnlichen Siedlungen nieder.*
Die Neuerungen waren so umfassend und weitreichend, dass Historiker mit ihnen eine neue Epoche beginnen ließen: die Jungsteinzeit. Sie bezeichneten diese Veränderungen nach dem Vorbild der Industriellen Revolution des 19. Jahrhunderts als *Neolithische Revolution*.

Entwicklungshilfe aus dem Orient

Wir wissen aus Funden, dass die ersten Bauern und Viehzüchter vor etwa 8 000 Jahren aus dem Vorderen Orient nach Griechenland zogen. Kurze Zeit später drangen sie auf der Suche nach fruchtbaren Böden von Südosteuropa entlang der großen Flüsse ins übrige Europa vor. Erste Ackerbauern, Viehzüchter und Töpfer sind in Mitteleuropa vor 7 500 Jahren nachweisbar. Allerdings waren nicht alle Bauern Zuwanderer, denn vermutlich übernahmen einheimische Wildbeuter mit der Zeit die neuen Lebens- und Arbeitsformen.

5 Keramikgefäß.
Alter: etwa 7 000 Jahre
Höhe: 13,8 cm
Fundort: Jungfernhöhle in Tiefenellern (Landkreis Bamberg)

*Zur Stadtentwicklung siehe die Karte M 4 auf Seite 184.
Wie die Häuser in Çatal Hüyük ausgesehen haben könnten, zeigt die Abbildung M 1 auf Seite 183.*

Zahlreiche Erfindungen

Mit Ackerbau und Viehzucht erfanden die Menschen neue Geräte: Holzspaten und -pflug, Sicheln mit scharfen Feuersteinklingen für die Ernte, Hacke und Beil mit geschliffenen Steinen für die Holzbearbeitung. Das Korn und andere Vorräte lagerten nicht mehr in Gruben, sondern in Gefäßen aus gebranntem Ton, die auf Töpferscheiben geformt wurden (Keramik). Aus Schafwolle oder Flachsfasern ließen sich Fäden spinnen und mit einfachen Webstühlen Stoffe weben. Die Erfindung des Rades und rollender Wagen vor etwa 5 500 Jahren beschleunigte den Austausch von Waren und Kenntnissen. Bemerkenswert ist, dass in Moorgebieten bereits vor fast 7 000 Jahren Holzbohlenwege angelegt worden waren.* Entweder dienten sie den Menschen als Bodenbelag oder es gab bereits zu dieser Zeit rollende Karren.

Die Arbeit wird geteilt

Die Jungsteinzeit endete, als Waffen, Werkzeuge und Schmuck immer häufiger aus Bronze und später aus Eisen hergestellt wurden. In Mitteleuropa begann dies vor etwa 4 000 Jahren. Im Vorderen Orient hatte auch diese Phase der Frühgeschichte bereits früher eingesetzt.
In dieser Zeit bestand bereits eine Arbeitsteilung. Bauern produzierten nicht mehr nur für den eigenen Bedarf. Handwerker stellten mehr her, als sie selbst brauchten. Bauern und Handwerker tauschten ihre Produkte. Bald übernahmen Händler mit großen Einzugsbereichen den Austausch von Lebensmitteln, Rohstoffen und Fertigwaren.

**Siehe zu dem Thema auch die Vertiefung auf Seite 180 f.*

6 Blick in ein rekonstruiertes jungsteinzeitliches Haus vor ca. 7 000 Jahren.
*Foto aus dem Museum für Ur- und Frühgeschichte in Weimar, um 2000.
Rechts ist der Nachbau eines Gewichtswebstuhls zu sehen. Die Webgewichte, meist aus Ton oder Stein, hielten die Fäden straff. Auf dem Webstuhl konnten alle Arten von Stoffen gewebt werden, breite wie schmale und grobe wie feine.*

7 Wagen mit Scheibenrädern.
Nachbau von 2004 auf der Grundlage nordwestdeutscher Moorfunde aus dem ausgehenden 4. bzw. dem beginnenden 3. Jahrtausend v. Chr. Die Räder haben einen Durchmesser von 90 cm, die Spurbreite (von Radmitte zu Radmitte) beträgt 1,46 m, die Länge der Deichsel misst 2,44 m und der Wagenkasten ist 1,40 m lang und 1,13 breit.

→*Lesetipps:*
- *Gabriele Beyerlein / Herbert Lorenz, Die Sonne bleibt nicht stehen, Würzburg ^{8}2000*
- *Franz Hohler, Tschipo in der Steinzeit, Ravensburg ^{8}2009*
- *Dirk Lornsen, Rokal der Steinzeitjäger, Stuttgart 2007*
- *Michelle Paver, Chronik der dunklen Wälder, München 2007*

1. *Nenne Neuerungen der Neolithischen Revolution. Erläutere die Vorteile, die sie den Menschen brachten. Nutze dazu auch die Abbildungen auf den Seiten 24 bis 27.*
2. *Vergleiche M 7 mit dem syrischen Wagen aus dem 3. Jt. v. Chr. (siehe Seite 181, M 3). Beschreibe Ähnlichkeiten und Unterschiede.*
3. *Stellt euch vor, eure Klasse soll als Experiment ein Jahr wie die Menschen in früheren Zeiten leben, entweder als Jäger und Sammler oder als Bauern der Jungsteinzeit. Wofür entscheidet ihr euch?*

M 1 Weizen zum Vergleich.
Von links nach rechts: wilder Weizen – gezüchteter Weizen aus der jüngeren Steinzeit – moderner Weizen.

M 4 Die Erfindung des Brotes

Der Historiker Lewis Mumford schreibt:

Der Getreideanbau war von einer ebenso starken Neuerung in der Zubereitung von Nahrung begleitet: der Erfindung des Brotes. [...]
Das tägliche Brot brachte eine Sicherheit in der Nahrungsversorgung, wie sie nie zuvor möglich gewesen war. Der Getreideanbau sicherte dem Menschen die tägliche Nahrung, sofern er ständig und fortlaufend arbeitete, während er des Wildes und des Jagdglücks nie sicher sein konnte. Mit Brot und Öl, Brot und Butter oder Brot und Speck hatte die neolithische Kultur die Basis einer ausgewogenen, kalorienreichen Ernährung, die nur frischer Gartenprodukte bedurfte, um völlig adäquat* zu sein.

Nach: Lewis Mumford, Mythos der Maschine. Kultur, Technik und Macht, übers. von Liesl Nürenberger und Arpad Hälbig, Wien 1974, S. 166

***adäquat**: angemessen*

M 2 Reib- und Mahlstein.
Dieser Fund stammt aus dem Irak und ist zwischen 9 000 und 6 000 Jahre alt.

M 3 Haubenfladen aus der jüngeren Steinzeit.
Ausstellungsobjekt des Museums der Brotkultur in Ulm.
Zu sehen ist ein Stein, der von einem Brotteig ummantelt ist.

M 5 Backofen, etwa 4500 Jahre alt.
Rekonstruktionszeichnung nach einem Fund aus dem Moordorf Taubried (Federseemoor).
So könnte das Brotbacken vor 7000 Jahren abgelaufen sein: Zuerst wurde das Korn aus Emmer (einer Weizenart), Einkorn oder Zwergweizen zu Mehl geschrotet, also zerquetscht. Danach vermengte man es mit Wasser, Sauerteig (einer Art Hefe) und Salz zu einem Teig, der zu einem Fladen geformt und auf einen Backteller gelegt wurde.

1. *Vergleiche die Ähren (M 1).*
2. *Beschreibe die Arbeiten von der Aussaat an, die eine Familie in der Jungsteinzeit durchführen musste, bis sie Brot essen konnte (M 2, M 3 und M 5).*
3. *Besorgt euch Getreidekörner und Steine. Mahlt die Körner wie vor 7000 Jahren und berichtet von den Erfahrungen.*
4. *Nenne die besonderen Vorteile des Brotes für die Ernährung (M 4).*

→ Exkursionstipp:
Museum für Brotkultur, Ulm

M6 Ötzi – der „Mann aus dem Eis"

Erika und Helmut Simon aus Nürnberg entdecken auf einer Bergwanderung in den Ötztaler Alpen am 19. September 1991 in 3210 Metern Höhe eine Leiche, die im Eis feststeckt. Sie wird geborgen und ins Institut für Gerichtsmedizin nach Innsbruck gebracht. Es stellt sich heraus, dass der Tote zwischen 3350 und 3100 v. Chr. gelebt hat.

Untersuchungsergebnisse

Ötzi war etwa 1,60 m groß, hatte Schuhgröße 38, wog an die 50 kg und hatte braune Augen. Das dunkelbraune Haar trug er schulterlang und offen.
Er war nicht bei guter Gesundheit, als er starb: die Gelenke verschlissen, die Blutgefäße verkalkt und die Zähne abgeschliffen. Nachgewiesen wurden auch ein gut verheilter Serienrippen- und ein Nasenbeinbruch.
Sein Körper ist mit etwa 60 Tätowierungen übersät. Im Gegensatz zu modernen Tattoos entstanden sie nicht durch Stiche, sondern durch feine Schnitte. Die Zeichen befinden sich genau dort, wo Ötzi Verschleißerscheinungen hatte und vermutlich große Schmerzen litt – an der Lendenwirbelsäule, am rechten Knie, an den Waden und an den Sprunggelenken. Werden feine Nervenstränge durchtrennt, kann dies eine Schmerzlinderung bewirken. Ötzis Tattoos waren deshalb vermutlich als Schmerzlinderung und nicht als Körperschmuck gedacht.

Seine perfekte Ausrüstung

Ötzi war für das Hochgebirge perfekt ausgerüstet. Ein knielanger Fellmantel mit modischem Streifenmuster und eine Fellmütze schützten ihn gegen Wind und Kälte, Beinkleider aus Ziegenfell boten optimale Bewegungsfreiheit. Besonders raffiniert ist Ötzis Fußbekleidung: Der „Innenschuh" ist ein Grasnetz mit hineingestopftem Heu als Kälteschutz; der „Außenschuh" besteht aus robustem Hirschleder. Überkreuzte Lederriemen geben der Sohle „Profil". Alle Kleider sind präzise zugeschnitten, sorgfältig genäht und außerordentlich zweckmäßig.
Alles, was Ötzi benötigte, um ein Lagerfeuer zu entfachen oder Waffen herzustellen, führte er mit sich. In der Gürteltasche verwahrte er den Zunderschwamm zum Feuermachen sowie Klingen und Bohrer aus Feuerstein. Den Dolch im Baumbast-Etui trug er am Gürtel: jederzeit griffbereit. Im Köcher steckten Tiersehnen, ein Bündel Geweihspitzen und 14 Pfeile, zwei davon schussbereit und zwölf unfertig. Auch der 1,82 m große Bogen aus Eibenholz ist unfertig.
Ötzis bestes Stück, das Kupferbeil, ist weltweit das einzige vollständig erhaltene Beil der Urgeschichte. Wegen der weichen Klingenschneide dachte man zunächst, das Beil sei ein besonderes Zeichen der Krieger- oder Führungsschicht. Nur Anführer konnten so ein Beil tragen. Gebrauchsspuren sowie Experimente mit einem nachgebildeten Kupferbeil zeigen, dass man mit Ötzis Beil auch Bäume fällen kann.

Ötzis Tod – ein Kriminalfall?

Ötzi starb an den Folgen einer Schussverletzung. Lange Zeit blieb die Pfeilspitze aus Feuerstein unentdeckt; erst 2001 fand man sie bei der Auswertung neuer Röntgenaufnahmen. Der Pfeil war von hinten und aus größerer Entfernung abgeschossen worden. Er durchschlug das linke Schulterblatt und verletzte eine wichtige Schlagader. Der Blutverlust war beträchtlich und innerhalb kurzer Zeit tödlich.
Zudem hat der Mann aus dem Eis eine Verletzung an der Schläfe und ein Hirntrauma. Es ist unklar, ob ihn der Pfeilschuss zu Boden stürzen ließ oder ob ihn jemand niedergeschlagen hat.
Ötzi war offensichtlich auf der Flucht. Das legen u. a. unfertige Ausrüstungsgegenstände nahe. Der Mann wollte vor seinem Tod noch schnell einen neuen Bogen und mehrere Pfeile herstellen. Dass unmittelbar vor seinem Tod ein Nahkampf stattfand, zeigt eine tiefe Schnittwunde in Ötzis rechter Hand. Das Motiv für den Schuss aus dem Hinterhalt bleibt im Dunkeln. Ein Stammeskrieg? Ein persönlicher Konflikt? Ein Raubüberfall? Nichts von der Ausrüstung, nicht einmal das Kupferbeil, wurde gestohlen. Ging es um eine Schaf- oder Ziegenherde?

Zusammengestellt nach Informationen aus dem Südtiroler Archäologiemuseum in Bozen vom November 2012

M7 Rekonstruktion des Ötzi.
Foto von 2011.
Er wird hier ohne Oberbekleidung gezeigt, da wir nicht genau wissen, wie er seinen Ziegenfellmantel getragen hat.

M8 Das Beil des Ötzi.
Die 9,3 cm lange Kupferklinge war mit Baumharz und Lederriemen am Schaft befestigt.

→Lesetipp:
Erich Ballinger, Der Gletschermann, Wien 2005

1. *Nenne die Rohstoffe, aus denen Ötzis Ausrüstung bestand (M 6 bis M 8).*
2. *Erstelle eine Zeitleiste zur Frühgeschichte und ordne den Fund des Ötzi ein.*
3. *Der Text beschreibt und interpretiert einzelne Befunde. Stelle fest, welche Aussagen auf Vermutungen und Experimenten beruhen.*
4. *Schreibe zum Thema „Was trieb den Ötzi in die Berge?" eine eigene Geschichte.*

Vertiefung

Steinzeit heute?

Noch heute leben Menschen in einigen entlegenen Gebieten der Erde scheinbar unbeeinflusst von der modernen Welt. Sie laufen fast nackt herum, schlafen in Hütten, jagen mit Pfeil, Bogen oder Speer, sammeln Nahrungsmittel im Wald. Sie benutzen Geräte aus Stein, Holz oder Knochen und entfachen Feuer durch Quirlen von Holz auf Holz. Leben diese Menschen noch in der „Steinzeit"? Nein, auch diese „Naturvölker" mussten immer wieder ihr Umfeld neu gestalten und ihr überliefertes Wissen erweitern. Aber sie haben diese Veränderungen nicht aufgeschrieben. Bis heute halten sie an Werkzeugen aus Stein oder Pfeil und Bogen fest. Sie können nach wie vor in ihrer Umgebung überleben und brauchen keine neue Technik. Ihre Lebensweise passte sich der sich wandelnden Umwelt an, die sie meist planvoll nutzen und pfleglich behandeln – im Gegensatz zu den Menschen der Industriegesellschaft, die die Natur lange Zeit nur ausgebeutet haben.
Heute sind viele „Naturvölker" bedroht. Ihre Lebensräume werden durch den Abbau von Bodenschätzen, den Straßenbau, die Anlage von Staudämmen, Flugplätzen und vieles andere mehr tief greifend verändert oder zerstört. Der Kontakt zu den Industriegesellschaften bedroht nicht nur ihren Lebensraum, sondern auch ihr geistiges, religiöses und künstlerisches Leben, ihre *Kultur*.

Familie in Zentralafrika.

Inuit („Eskimo") beim Bau eines Iglu.

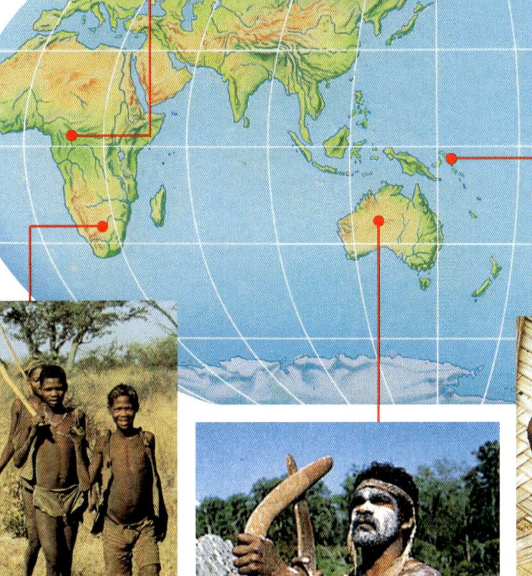

Bewohner der Kalahari.

Aborigines mit Bumerang.

Ein Papua macht Feuer.

Yanomami mit Pfeil und Bogen.

M1 „Naturvölker" der Gegenwart.
Vor 12 000 Jahren stellten die „Naturvölker" 100 Prozent der Weltbevölkerung (= 10 Millionen Menschen), heute beträgt ihr Anteil unter 0,001 Prozent der Weltbevölkerung.

1. *Wählt ein in M 1 genanntes Volk aus und stellt fest, in welchem Land es lebt. Sucht das Land in einem Atlas und informiert euch über die Lebensbedingungen. Überlegt, warum die Menschen dort ihre Lebensweise beibehalten konnten.*
2. *Würde es euch reizen, einmal ein paar Tage in einem „Naturvolk" zu leben? Was glaubt ihr, von den Menschen lernen zu können? Was würdet ihr ihnen beibringen wollen?*
3. *Sucht Informationen über Ernährung, Wohnen, Glauben und den Umgang mit der Natur einzelner „Naturvölker".*

4. *Informiert euch bei der „Gesellschaft für bedrohte Völker" (Postfach 2024, 37010 Göttingen) an einem Beispiel über die Gefahren, denen ein „Naturvolk" ausgesetzt ist.*

Was war wichtig? – Überprüfe deine Kompetenzen!

Präge dir das Datum ein!

seit etwa 10 000 v. Chr.	*Die Menschen werden sesshaft und gründen Siedlungen.*

Merke dir folgende Begriffe!

Altsteinzeit: erster Abschnitt der Geschichte*, der vor etwa 2,5 Millionen Jahren begann. Damals zogen die Menschen ihrer Nahrung hinterher und lebten vom Jagen und Sammeln. Sie lernten, das Feuer zu gebrauchen und Werkzeuge und Waffen aus Stein, Knochen und Holz herzustellen. Diese Lebens- und Wirtschaftsform änderte sich in der → *Jungsteinzeit*.

Jungsteinzeit: Abschnitt der Geschichte*, der in Mitteleuropa nach der letzten Eiszeit etwa 10 000 v. Chr. beginnt und in dem sich Menschen von wandernden Jägern und Sammlern zu sesshaften Ackerbauern und Viehzüchtern entwickelten.

Quellen: Texte, Bilder, Gegenstände (Überreste) und mündliche Überlieferungen, aus denen wir Kenntnisse über die Geschichte* gewinnen. Sie sind die Grundlage für die Geschichtsschreibung.

****Geschichte** (lat. historia): alles, was Menschen in der Vergangenheit gemacht haben und durch → Quellen überliefert wurde.*

Erinnere dich!

Die Zeit, aus der uns noch keine schriftlichen → *Quellen* überliefert sind, nennen wir Ur- und Frühgeschichte oder Vorgeschichte. Durch Funde der Altertumsforscher (Archäologen) wie Knochen und Werkzeuge wissen wir einiges über diese Zeit und die frühen Menschen.
In der → *Altsteinzeit* lebten sie als Jäger und Sammler. Sie zogen der Nahrung hinterher, lernten Werkzeuge und das Feuer zu gebrauchen, stellten mit den Höhlenmalereien erste Kunstwerke her und entwickelten religiöse Vorstellungen. Die modernen Menschen haben sich vor 200 000 Jahren in Südostafrika entwickelt. Von dort haben sie sich vor 40 000 Jahren über Europa ausgebreitet.
Mit dem Übergang zur → *Jungsteinzeit* entdeckten die Menschen, dass sie Getreide anbauen und Tiere züchten konnten. Immer mehr Menschen ließen sich nieder und lebten in Siedlungen. Sie lernten zu töpfern und zu weben, erfanden Werkzeuge und bauten Häuser, Wege und Brunnen.
Ein großer Entwicklungssprung war die Gewinnung und Verarbeitung von Bronze und Eisen (Bronzezeit, Eisenzeit). Die Menschen begannen, mit Rohstoffen und fertigen Gütern zu handeln.

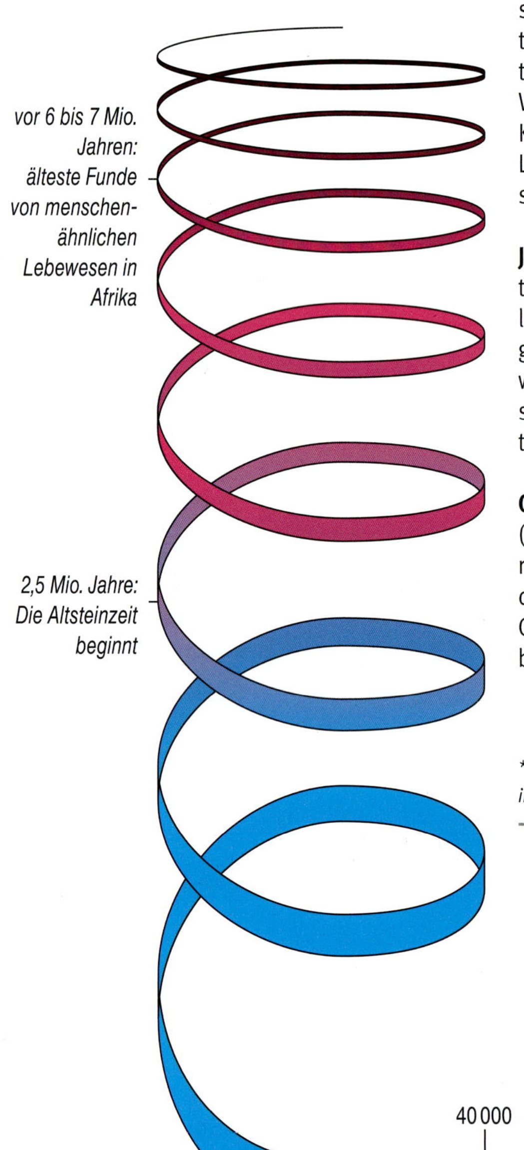

Was war wichtig? – Überprüfe deine Kompetenzen!

1 Titelblatt einer Wochenzeitung vom Juli 1992.

Wie viel ist der „Ötzi" wert?

Helmut und Erika Simon aus Nürnberg haben den „Ötzi" 1991 gefunden. Da der „Ötzi" der Allgemeinheit nützt und mit ihm Geschäfte gemacht werden, fordert das Paar von der Provinz Bozen-Südtirol einen Finderlohn.

„Aber wie wollen Sie denn den Wert einer Leiche festlegen, sei sie auch noch so alt?", fragt Stefan Beikircher vom Rechtsamt der Provinz Südtirol. „Wir können den Ötzi [...] nicht verkaufen und wir können ihn auch nicht versteigern wie ein wertvolles Gemälde."

Nach: www.stern.de/id/wissenschaft/mensch/?id (Zugriff: 20. März 2003)

1. *Nimm Stellung zu dem Streit.*
2. *Im Juni 2010 wurde der Fall vor Gericht entschieden. Informiere dich im Internet über den Ausgang und berichte.*

2 Das Südtiroler Archäologie Museum in Bozen.
Foto von 1998.

3 Ötzi-Fruchtgummi.
Foto von 2010.

Übertrage die Zeitspirale auf ein Blatt (DIN A4 quer, die letzten 40 000 Jahre als Zeitstrahl, 10 000 Jahre = 5 cm) und füge ein: die ungefähre Lebenszeit des „Ötzi", die ältesten Funde von Neandertalern, das Alter des Wildpferdes aus der Vogelherdhöhle, der Speerspitze von Schöningen sowie des Keramikgefäßes aus Tiefenellern.

Du kannst ...
- *beschreiben, was eine „Quelle zum Anfassen" ist.*
- *erklären, was das Leben der Jäger und Sammler von dem der Ackerbauern und Viehzüchter unterscheidet.*

Denke nach! – Urteile kompetent!
- *Waren die Eingriffe der frühen Menschen in die Natur bereits ein Verstoß gegen den Umweltschutz?*

Suche Spuren!

Ein mögliches Thema für ein Referat:
- *Unser Heimatraum in frühgeschichtlicher Zeit*

Tipp:
Funde aus der Frühgeschichte deines Heimatraumes findest vielleicht in einem Museum an deinem Wohn- oder Schulort. Eine Übersicht der wichtigsten bayerischen Museen zur Vor- und Frühgeschichte findest du auf Seite 147.

Erworben

Du hast in den beiden ersten Kapiteln gelernt, wie
- *Geschichte geordnet werden kann und*
- *Vorgeschichtsforscher arbeiten.*

Du konntest
- *das Leben in vorgeschichtlicher Zeit mit dem heute lebender Menschen vergleichen und hast*
- *den Unterschied zwischen Spielfilmen und Dokudramen kennengelernt.*

Außerdem hast du erste Anregungen zum Umgang mit dem Lehrbuchtext, den Quellen aus der Frühgeschichte der Menschheit und den Materialien aus heutiger Zeit erhalten.

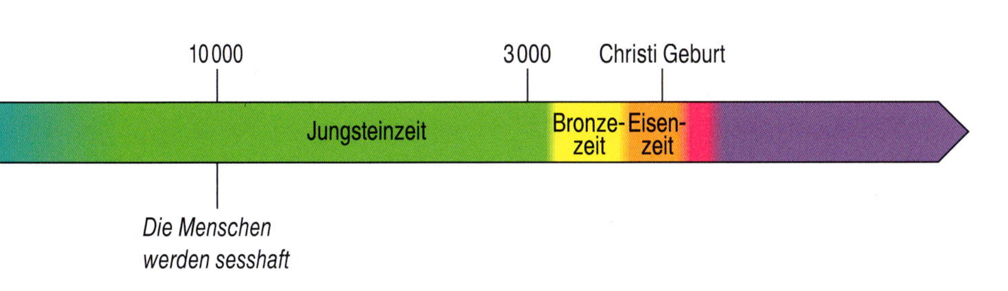

Frühe Hochkulturen

Das Pyramidenfeld von Abusir in Ägypten. *Rekonstruktionszeichnung von Ludwig Borchard, um 1900. Die Pyramide ist kein einzelnes Bauwerk, sondern Teil einer Anlage. In Abusir haben um 2450 v. Chr. die Herrscher ihre Grabbezirke angelegt.*

Geschichte erzählt

Das Meisterwerk

*Das war ein Tag so ganz nach seinem Wunsch! Zufrieden lehnte sich Hemiunu auf das Polster seiner Sänfte*zurück. Jetzt war er wieder in der Hauptstadt Memphis. Hinter ihm strahlte die riesige Pyramide im roten Schimmer des Abendlichts.*

In Hemiunus Gedanken zogen die Bilder des Tages noch einmal vorüber. Cheops, der Herrscher Ägyptens, hatte die Baustelle seiner Grabpyramide besucht. Sie sollte dem Pharao nach dem Ende seines irdischen Lebens als ewige Wohnstätte dienen.

Mit eigenen Augen hatte sich der Herrscher davon überzeugt, dass das riesige Werk nach jahrzehntelanger Bauzeit wirklich kurz vor seiner Vollendung stand. Und er, Hemiunu, der oberste Minister des allmächtigen Pharao, der die Bauarbeiten geleitet hatte, durfte seinem Herrn nun dieses Meisterwerk zeigen. Unten am Ufer hatte er ständig den Nil aufwärts in Richtung Memphis geschaut und aufgeregt nach der vergoldeten Barke des Sonnengottes Ausschau gehalten. Als dann der König endlich am Begrüßungstempel angelegt hatte, durfte Hemiunu ihn, seine engsten Verwandten und die vielen Priester die große Rampe hinauf zur Pyramide führen. Kein Laut war zu hören, obwohl Tausende von Arbeitern sich zum Empfang des Pharao versammelt hatten. Aus Furcht und Ehrerbietung hatten sie sich, wie es sich gehörte, vor dem König in den staubigen Sand geworfen und es nicht gewagt, die Blicke zu heben, bevor der Sohn des Gottes Re an ihnen vorübergetragen worden war. Oben am Ende des Aufganges geschah, was Hemiunu insgeheim erhofft hatte: Der erhabene König stieg aus der Sänfte und ging um die Pyramide herum, begleitet vom Gebetsgemurmel der Priester und vom Geräusch ihrer Rasseln. Nichts hätte seine Zufriedenheit besser zeigen können als sein würdevolles Schweigen und sein regloses Gesicht. Eine Auszeichnung ohnegleichen war es für Hemiunu, als der Pharao vor dem großen Sphinx innehielt und dem obersten Minister für einige Wimpernschläge sein heiliges Antlitz zuwandte. Wie allen Anwesenden war dem Herrscher wohl klargeworden, dass er vor einem großen und vollkommenen Bauwerk stand, wie es noch keines vorher gegeben hatte. Hemiunu lächelte unwillkürlich bei dieser Erinnerung. Der riesige Aufwand und die unermessliche Anstrengung des ganzen Landes hatten sich

gelohnt. Hemiunu konnte mit sich und seinem Meisterwerk wirklich zufrieden sein.

Dieter Brückner

***Sänfte**: *Tragestuhl*

1 Pyramide des Cheops und Großer Sphinx in Giza.
Foto, um 1990.
Die Pyramide ist das Grabmal des ägyptischen Pharao (Königs) Cheops, der um 2600 v. Chr. regierte. Der Sphinx im Vordergrund ist das Steinbild eines Gottes oder Pharao. Die Löwengestalt soll dessen besondere Macht zeigen.

Weltwunder am Nil

Einfach riesig

Einfach gigantisch! Wer heute nach Ägypten reist, will in jedem Fall die Pyramiden sehen. Die ältesten stehen seit über 4500 Jahren in dem Land am Nil. Über zwanzig Jahre lang konnte ihr Bau dauern. Dazu brauchten die Ägypter kluge Architekten, geschickte Handwerker und zahllose Arbeiter. Sie meisterten die gewaltige Aufgabe, weil sie es gelernt hatten, langfristig zu planen, und weil die Zahl der Arbeitskräfte fast unbegrenzt war.

Während des jährlichen Nilhochwassers wurden bis zu 10 000 Männer zum Pyramidenbau herangezogen. Tausende brachen in den Steinbrüchen flussaufwärts Millionen Steinblöcke und transportierten sie auf Schiffen an die Baustellen.

Die größte Pyramide ist die des *Cheops*. Sie wurde um 2585 v. Chr. fertig. Jede ihrer Seiten ist 230 Meter lang, und ihre Höhe betrug 146,6 Meter. Es dauerte rund 4 000 Jahre, bis Menschen ein noch höheres Bauwerk errichteten.* Die rund 2,3 Millionen Kalksteinblöcke der Pyramide sind bis zu einem Meter lang, 70 Zentimeter hoch und wiegen im Durchschnitt 2,5 Tonnen, etwa so viel wie zwei Autos. Im Bauwerk wurden dazu bis zu 40 Tonnen schwere Granitblöcke verbaut. Wie die Ägypter die gewaltigen Steine hoben und zusammenfügten, wissen wir bis heute nicht genau.

Bewundernswert genau

In den Pyramiden sind die Steinblöcke nur grob behauen. Die äußeren Quader passen jedoch fast fugenlos aneinander, obwohl die Handwerker nur Werkzeuge aus Holz, Stein und Bronze hatten. Die Pyramiden stehen fast waagerecht, ihre Ecken weisen exakt in die vier Himmelsrichtungen; die Höhenunterschiede zwischen den Ecken betragen nur wenige Zentimeter.

Was war das für ein Land, in dem so großartige Bauwerke entstanden? Wie lebten die Menschen in ihm? Wie und von wem wurden die alten Ägypter regiert und woran glaubten sie?

**Der Turm der 1311 fertiggestellten Kirche von Lincoln (England) war 160 m hoch; er stürzte 1549 ein.*

Lerntipp

Bauwerke untersuchen

Blick in eine Pyramide. Querschnitt.

Geschichte aus Stein

Die Pyramiden des alten Ägypten haben Jahrtausende überdauert. Wenn wir uns mit ihnen beschäftigen, erhalten wir Informationen über die Zeit, in der sie entstanden sind. Wir erfahren etwas über diejenigen, die sie errichten ließen, und über die, die sie gebaut haben. Und wir können den Bauwerken Informationen über Architektur und Technik sowie über den Glauben und die Jenseitsvorstellungen der alten Ägypter entnehmen.

Wir befragen ein Gebäude

Am besten stellen wir den Pyramiden – beispielhaft für andere Bauwerke – ein paar Fragen:

- Welche Form und Größe, welchen Grund- und Seitenriss haben sie?
- Wann und wo entstanden sie?
- Welchem Zweck dienten sie?
- Wer ließ sie errichten?
- Welche Absichten verfolgte der Bauherr mit ihnen?
- Wer bezahlte sie?
- Wer baute sie?
- Wie lange dauerte der Bau?
- Welche Werkstoffe wurden verwendet, woher kamen sie?
- Wurden neue Techniken angewendet?
- In welchem Zustand befinden sie sich heute?

M1 Bau der Pyramiden.
Holzstich nach einer Zeichnung von Heinrich Leutemann, um 1880 (Ausschnitt).

→Lesetipps:
- *David Macaulay, Wo die Pyramiden stehen, München 1986 u. ö.*
- *Hans Reichardt, Pyramiden, Nürnberg 2010*

1. *Betrachte M 1 genau und lies die Texte auf den Seiten 33 und 34. Beantworte danach die hier gestellten Fragen. Prüfe, zu welchen Fragen dir Informationen fehlen.*
2. *Wie die alten Ägypter die Pyramiden bauten, wissen wir bis heute nicht genau. M 1 zeigt eine Möglichkeit. Beschreibe sie. Suche in Büchern oder im Internet andere Erklärungsversuche für den Bau der Pyramiden und stelle sie der Klasse vor.*
3. *Erzähle aus der Sicht eines Arbeiters vom Bau einer Pyramide. Beschreibe, wie die Steinblöcke bewegt und welche Hilfen benutzt wurden (M 1).*

Ägypten – ein „Geschenk des Nils“?

Zypern
Mittelmeer
(Alexandria)
UNTERÄGYPTEN
Giza
(Kairo)
Abusir
Memphis
(älteste Hauptstadt)
Sinai
Nil
Libysche Wüste
Arabische Wüste
Rotes Meer
Tal der Könige
Theben
(Tempel von Luxor und Karnak)
OBERÄGYPTEN
Assuan
1. Katarakt
Südgrenze (um 2700 bis 2200)
Abu-Simbel
Südgrenze (um 2000 bis 1700)
Nubien
Südgrenze (um 1570 bis 1300)
Acker- und Weideland
Wüste
Städte
(Kairo) spätere Gründung
Grenze zwischen Ober- und Unterägypten
Pyramiden
Steinbrüche
Gold
0
200 km

1 Ägypten.
Unterlauf des Nils.
Mit fast 6700 km ist der Nil der längste Fluss der Erde. Er entspringt am Äquator, durchquert Steppen und Wüsten, windet sich durch Stromschnellen (Katarakte), fließt träge durch Ägypten und mündet in einem Delta ins Mittelmeer.

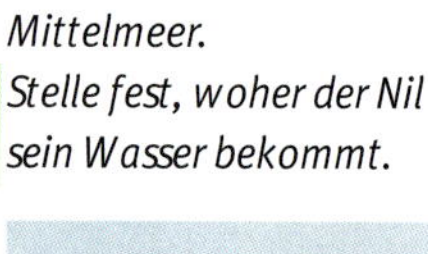

Stelle fest, woher der Nil sein Wasser bekommt.

Fruchtbarer Schlamm

Am Ende der letzten Eiszeit stiegen die Temperaturen auch im nördlichen Afrika. Das Klima wurde heiß und trocken. Es entstanden Wüsten. In den Flusstälern suchten die Menschen und ihr Vieh Zuflucht. Am Nil fanden sie besondere Bedingungen: Nach einer langen Regenzeit schwoll der Fluss an seinem Oberlauf alljährlich an und überschwemmte die ausgetrockneten Ufer stellenweise kilometerbreit. Wich das Hochwasser zurück, hinterließ es fruchtbaren Schlamm für Ackerbau und Viehzucht sowie Lehm für Ziegel.

Leben am Fluss

Der Nil wurde zum wichtigsten Verkehrsweg Ägyptens. Fische, Vögel und andere Tiere waren für die Anwohner eine leichte Beute. An den Ufern legten sie Felder und Gärten an. Außerdem bauten sie Flachs an, aus dem sie Stoffe und Seile machten. Auch die Papyrusstaude wuchs am Nil. Daraus entstanden Schiffsrümpfe und Matratzen. Vor allem entdeckten die Ägypter, wie aus der Pflanze ein ausgezeichnetes Schreibmaterial gewonnen werden konnte: *Papyrus**.
Der Nil war auch gefährlich. Überschwemmungen rissen Häuser und Vieh mit sich. Manchmal aber fielen sie schwach aus. Dann reichten Wasser und Schlamm nicht für eine gute Ernte.
Die Menschen mussten sich darauf einstellen. Das fiel ihnen leichter, als sie feststellten, dass die Überschwemmungen regelmäßig kamen. Nach jedem Hochwasser mussten sie die Felder neu vermessen. Gemeinsam säten und ernteten sie, legten Vorräte an, um unterschiedliche Ernten auszugleichen. Mit Dämmen schützten sie sich und ihre Tiere vor dem Hochwasser. Die Ägypter erfanden ein Bewässerungssystem, das der wachsenden Bevölkerung gleichbleibende Ernteerträge sicherte und verhinderte, dass Ackerland zu Wüste wurde.

Über Papyrus erfährst du auf Seite 42 mehr.

2 Nilflut.
Foto, vor 1960.
Nach dem Bau der beiden Staudämme bei Assuan (1962 und 1970) gibt es diese Überschwemmungen nicht mehr.

M 1 Wasserschöpfanlage.
Nachzeichnung einer Grabmalerei, um 1240 v. Chr.
Da nach jeder Überschwemmung bald wieder Wassermangel herrschte, legten die Ägypter Deiche und Gräben an, in denen sich das Nilwasser sammeln konnte. In Kanälen floss es zu den Feldern. Meist reichte es, um die Pflanzen bis zum Beginn der Erntezeit am Leben zu erhalten. Die Schöpfgeräte bewässerten vor allem Gärten. Sie sind für die Zeit nach der Mitte des 2. Jt. v. Chr. überliefert.

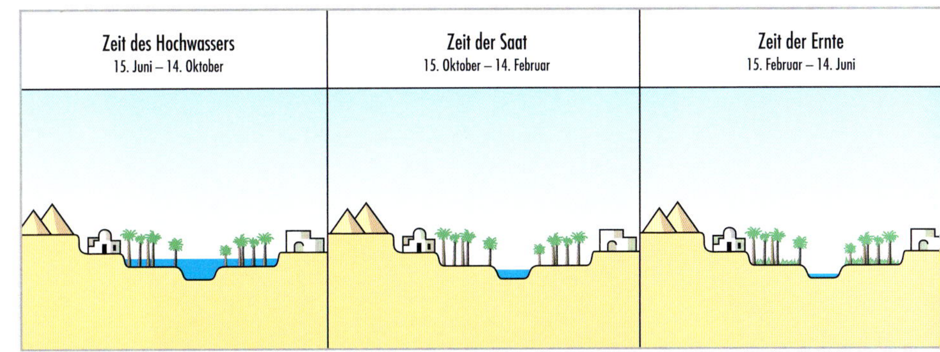

M 3 Die drei Jahreszeiten.

M 2 Über den Nil

Eine Pyramideninschrift:

Die, die den Nil sehen, zittern, wenn er strömt. Die Felder lachen, und die Ufer sind überflutet. Die Gaben des Gottes steigen herab, das Gesicht des Menschen wird hell, und das Herz der Götter jauchzt.

Aus einem Lobgesang, der um 2000 v. Chr. entstand:

Sei gegrüßt, Nil, hervorgegangen aus der Erde, gekommen, um Ägypten am Leben zu
5 erhalten! […] Der Gerste schafft und Emmer entstehen lässt.
Wenn er faul ist, verarmt jedermann. […] Wenn er habgierig ist, ist das Land krank […]. Wenn er steigt, dann ist das Land in Jubel, dann ist jeder Bauch in Freude. […]
Er [der Nil] ist in der Unterwelt, aber Himmel und Erde gehorchen ihm. Der Nil ergreift die Macht über die beiden Länder*, füllt die Speicher und […] gibt den Armen Besitz.
10 Er lässt die Bäume wachsen an jeder Schöpfstelle […].

Erster Text: Adolf Erman, Die Literatur der Aegypter. Gedichte, Erzählungen und Lehrbücher aus dem 3. und 2. Jahrtausend v. Chr., Leipzig 1923, S. 35 (leicht vereinfacht). Zweiter Text: Jan Assmann (Hrsg.), Ägyptische Hymnen und Gebete, Zürich 1975, S. 500 ff. (stark überarbeitet)

*Gemeint sind Ober- und Unterägypten, also das ganze Reich.

→ Lesetipps:
- *George Hart, Das alte Ägypten, München 2011*
- *Wolfgang Korn, Das alte Ägypten. Geheimnisvolles Land am Nil, Hildesheim 2010*
- *Dieter Kurth, Das Alte Ägypten, Nürnberg 2000*

1. *Vergleiche die Wasserschöpfanlage (M 1) mit dem Brunnen aus der Steinzeit (Abb. 2, Seite 24). Beachte dabei auch die Informationen in den Bildlegenden.*
2. *Die Texte in M 2 enthalten Hinweise auf die Jahreszeiten (M 3) und belegen die Bedeutung des Nils für die Ägypter.*
3. *Der Ausdruck, Ägypten sei „ein Geschenk des Nils“, stammt von dem griechischen Geschichtsschreiber Herodot, der im 5. Jh. v. Chr. lebte. Hat er Recht? Prüfe die Aussage.*

Ein Reich – ein Herrscher

1 Tutanchamun.
Goldsarg, um 1325 v. Chr.
Der 110,4 kg schwere und 1,88 m lange Sarg aus Gold enthielt die Mumie des Königs Tutanchamun, der mit etwa 18 Jahren starb. Der Sarg ist mit gefärbtem Glas und Halbedelsteinen verziert. Tutanchamun trägt einen künstlichen Bart als bildhaftes Zeichen (Symbol) der besonderen Kraft der Pharaonen. Auf seiner Stirn befinden sich ein Geierkopf und eine aufgerichtete Schlange. Sie symbolisieren die Schutzgötter Unter- und Oberägyptens.*

Der Herrscher hält einen Krummstab und einen Wedel (Peitsche). Beide Herrschaftszeichen (Insignien) erinnern uns an die vorgeschichtliche Zeit. Erkläre!

*Zu den Mumien siehe Seite 49 ff.

→ *Lesetipps:*
- *Maja Nielsen, Tutanchamun – Das vergessene Königsgrab, Hildesheim 2011*
- *Christian Jacq, Die Pharaonen, München 1998*

Herrschaft entsteht

Schon die Hirten- und Wandervölker (*Nomaden*) der vorgeschichtlichen Zeit wurden von Einzelnen angeführt. Vermutlich waren dies Männer, die gut planen konnten und fromm waren. Sicher waren darunter auch mutige Krieger. Seit Ende des 4. Jt. v. Chr. konnten einige ihre Macht auf Dauer festigen und an ihre Nachkommen weitergeben.
Die Bewohner verloren zwar einen Teil ihrer Freiheit, da die Herrscher von ihnen Treue, Steuern und Abgaben forderten. Aber die Herrscher sorgten auch für Ordnung und Schutz vor Feinden – nach damaliger Auffassung Zeichen für das Wohlwollen der Götter.

Gott und Mensch

Am Ende des 4. Jt. gab es in Ägypten zwei Herrscher: einen in Unterägypten an der Mündung des Nils und einen in Oberägypten, dem Land am Fluss. Vor 3000 v. Chr. soll der Herrscher Oberägyptens durch einen Krieg das Land zu einem Reich vereinigt haben. Einer seiner vielen Titel war Pharao, was mit „großes Haus" übersetzt werden kann. Wir kennen über 350 Herrscher, darunter vier Herrscherinnen. Der erste uns bekannte Pharao regierte um 3150 v. Chr.; die letzte ägyptische Herrscherin war *Kleopatra VII.*, sie regierte von 50 bis 30 v. Chr.
Nach dem Glauben der Ägypter war der Pharao ein Abkömmling der Götter. Er sollte in ihrem Auftrag auf Erden handeln und sich bei ihnen für sein Volk einsetzen. Die Priester verkündeten, Reichtum, Gerechtigkeit und die Größe des ägyptischen Reiches seien dem Pharao zu verdanken.

Die Macht des Pharao

Allein der Pharao entschied über Krieg und Frieden. Ihm gehörte das ganze Land. Alle hatten zu tun, was er wollte. Nur er konnte Gesetze erlassen und hohe Würdenträger einsetzen. Der Pharao sorgte dafür, dass
- das Land gegen Feinde geschützt wurde,
- die Gesetze eingehalten wurden und im Streitfall Recht gesprochen wurde,
- Abgaben und Steuern gezahlt wurden,
- die Arbeitskräfte bei Großbauten wie Pyramiden klare Aufträge erhielten,
- Rohstoffe aus dem Ausland beschafft wurden und
- die Felder nach der Überschwemmung und vor der Ernte neu vermessen wurden.

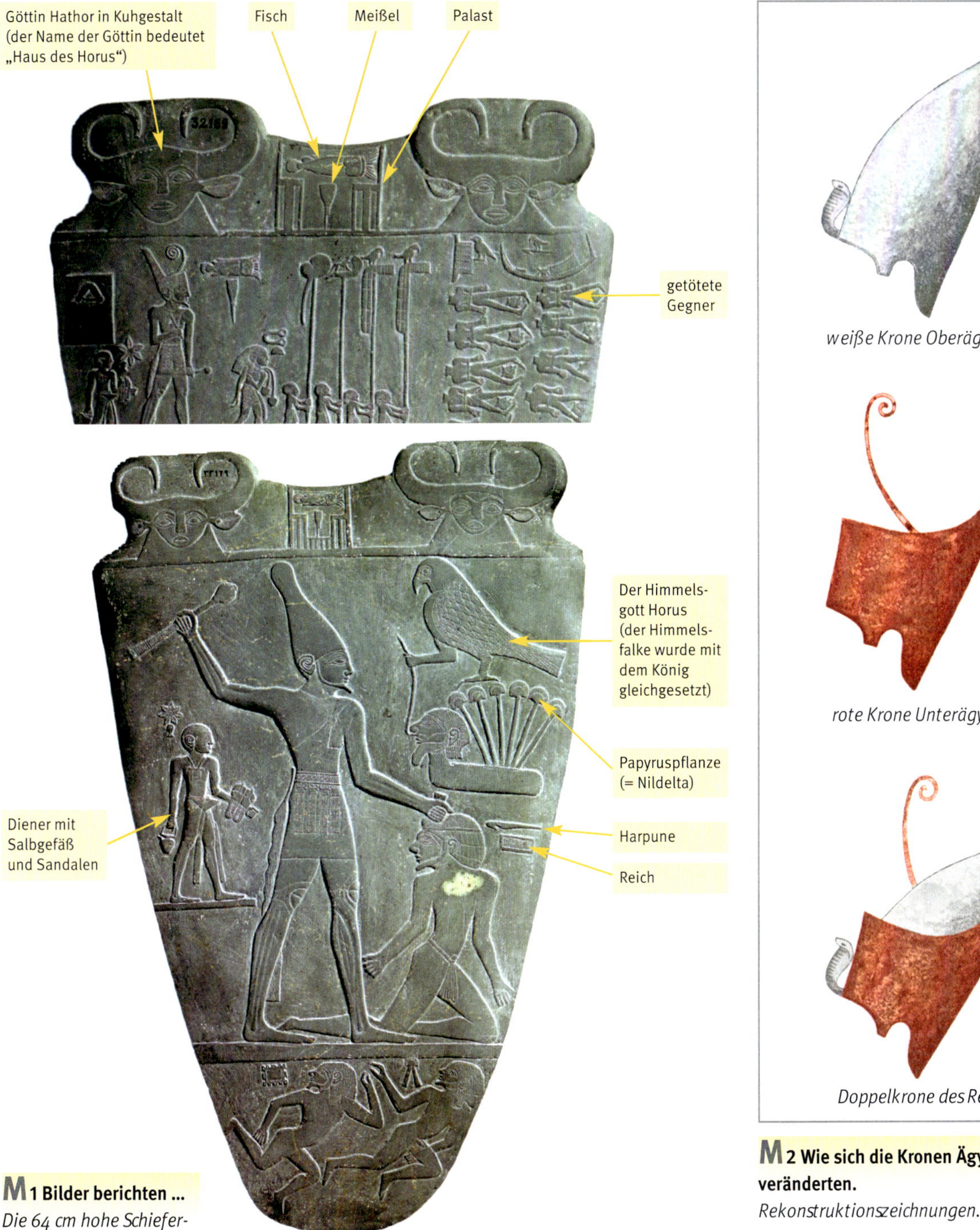

M 1 Bilder berichten ...
Die 64 cm hohe Schieferplatte mit Reliefbildern im Ägyptischen Museum in Kairo stammt aus der Zeit um 3100 v. Chr. Die Bilder berichten von den Taten Pharao Narmers (dt. Fisch-Meißel; Raubfisch). Oben ist ein Ausschnitt der sogenannten Schauseite zu sehen, unten die komplette Rückseite der Platte.

M 2 Wie sich die Kronen Ägyptens veränderten.
Rekonstruktionszeichnungen.

Lerntipp

1. *Sieh dir die Platte mit den Bildern (M 1) an und lies die Erläuterungen dazu. Suche alle Stellen, an denen der Name des Pharaos steht, und finde heraus, wer außer dem Herrscher auf der Schieferplatte abgebildet ist. Ein Hinweis: Die Götter Hathor und Horus sind Mächte, die den Pharao schützen und ihm Kraft geben.*
2. *Schreibe zu den Ereignissen auf der Schieferplatte (M 1) eine Geschichte, die mit der Vereinigung Ägyptens zu einem Reich endet.*
3. *Suche die Kronen von Unter- und Oberägypten (M 2) auf der Platte (M 1).*
4. *Die Herrscher Ober- und Unterägyptens trugen unterschiedliche Kronen. Bei der Vereinigung zu einem Reich änderte sich auch die Krone. Beschreibe die Doppelkrone (M 2).*
5. *Prüfe, ob die Platte (M 1) vor oder nach der Vereinigung von Unter- und Oberägypten entstand.*

Die Helfer des Pharao

Wesire und Schreiber

Die Pharaonen brauchten viele Helfer, um das Reich zu verwalten. An der Spitze standen die Vertrauten des Pharao, die *Wesire*. Sie stammten oft aus der Herrscherfamilie. Die Wesire teilten mit dem Pharao alle Staatsgeheimnisse, waren oberste Richter und Leiter einer „Regierungsmannschaft“. Sie überwachten alle lebenswichtigen Bereiche wie

- Wasserversorgung und Hochwasserschutz,
- Staatseinnahmen und -ausgaben,
- Vorratshäuser,
- Kriegswesen und den
- Bau von Pyramiden und Tempeln.

Die Anweisungen führten Tausende von Amtsträgern (*Beamte*) aus. Ein rangniedriger Beamter musste seinem Vorgesetzten gehorchen und ihm regelmäßig berichten. Sie alle gehörten zu den wenigen Ägyptern, die rechnen, schreiben und lesen konnten. Unabhängig von ihrer Aufgabe und Stellung, wurden sie „Schreiber“ genannt.

Nichts darf vergessen werden

Schreiben, Lesen und Rechnen ermöglichten den Beamten,

- alle Ein- und Ausgaben festzuhalten,
- Befehle über weite Entfernungen weiterzugeben und
- andere Beamte zu beaufsichtigen.

2 Schreiber.
Kalksteinfigur, um 2500 v. Chr., Format: 53 cm hoch, 43 cm breit.
Beschreibe Haltung und Gesichtsausdruck.

Schriftzeichen benutzten die Ägypter seit etwa 3000 v. Chr. Die den Menschen und Göttern mitgeteilten Botschaften wurden oft in die Wände von Tempeln und Gräbern eingemeißelt. Die Griechen nannten sie später Hieroglyphen (*„Heilige Zeichen“*). Neben den Hieroglyphen hatten die Ägypter eine einfachere Schrift, die von rechts nach links geschrieben und gelesen wird: das *Hieratische* (*hieratisch* = priesterlich).

Wissen ist Macht

Jeder Schreiber durfte den Ägyptern Befehle seiner Vorgesetzten erteilen. Der Beruf brachte Macht, Ansehen sowie ein sicheres Einkommen und Steuerfreiheit. Oft wurde er in einer Familie von Generation zu Generation weitergegeben.
Die Ausbildung zum Schreiber dauerte zwölf bis fünfzehn Jahre. Grundkenntnisse konnte sich der angehende Schreiber im Privatunterricht bei einem anderen Schreiber aneignen. Besonders Begabte durften eine Schreiberschule des Königs oder eines Tempels besuchen.
Kinder von Handwerkern und Bauern lernten von ihren Eltern nur, was sie für ihre Arbeit brauchten. Lesen und Schreiben gehörten meist nicht dazu. Deshalb gingen nur wenige Kinder zur Schule.

Tüftler und Entdecker

Die „Launen“ des Nils regten Beamte, Schreiber und Priester an, die Anfänge von Wissenschaft zu entwickeln.
Ein Beispiel: Mit jeder Überschwemmung wischten Wasser und Schlamm alle Feldmarkierungen weg. Wie sollte man sie wiederfinden? Die Ägypter lernten, wie man von festen Punkten aus Grenzen vermessen konnte. So entdeckten sie die *Geometrie*.
Wie wusste man, wie weit das Jahr fortgeschritten war und wie lange es noch bis zur nächsten Überschwemmung dauerte? Die Priester beobachteten den Lauf der Sterne und erkannten, dass die Sonne nach 365 Tagen ihre Bewegung am Himmel wiederholte. Daraus entwickelten sie einen Kalender.*
Einige Priester beschäftigten sich mit Krankheiten und wagten sich an Operationen, sogar am menschlichen Gehirn. Es gab Ärzte für Augen- und Zahnerkrankungen. Mit natürlichen Arzneien konnten zahlreiche Leiden gelindert oder geheilt werden.

*Zum Kalender lies noch einmal Seite 8 f.

Kennzeichen der Hochkultur

Das Leben der Ägypter unterschied sich stark von den einfachen bäuerlichen Verhältnissen anderer Völker. Denn die Ägypter hatten verschiedene Berufe und Erwerbszweige, lebten teilweise in Städten, nutzten Schrift und Zeitrechnung und entwickelten Kunst und Wissen. Das Volk erkannte die Herrschaft eines Pharao und dessen Verwaltung an. Dies alles gehört zu einer Lebensweise, die wir *Hochkultur* nennen. Die ägyptische Hochkultur entstand um 3000 v. Chr. und bestand mehrere Jahrtausende.

2 **Beamte im Einsatz.**
Grabmalerei, um 1400 (Ausschnitt).
Untere Reihe: Männer schneiden mit Sicheln die Ähren ab und werfen sie in Netze, die zur Tenne gebracht werden.
Mittlere Reihe: Schreiber notieren den Ertrag der Ernte; ganz rechts im Pavillon ein Aufseher.
Obere Reihe: Vor der Ernte kommen Beamte aufs Land. Sie vermessen mit Stricken, die in regelmäßigen Abständen geknotet sind, die Größe der Felder, um die Höhe der Abgaben festzusetzen.

1. *Nenne die dargestellten Arbeiten der Beamten (Abb. 3).*
2. *Beurteilt, was es für die Menschen bedeutete, schreiben zu können. Vergleicht mit heute.*
3. *Ein Beamter schreibt an den Wesir: Er berichtet, was er im vergangenen Jahr getan hat.*

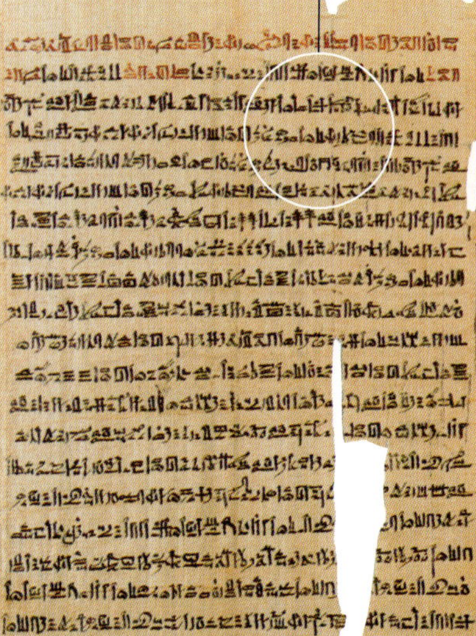

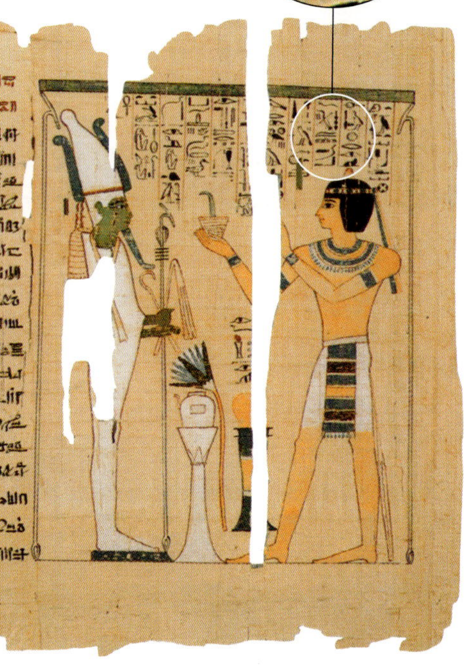

M 1 Wie die alten Ägypter schrieben.
Ein Papyrus mit hieratischer Schrift (links) und Hieroglyphen (rechts), um 1500 v. Chr.

M 3 Wie Papyrus hergestellt wird.
Aus den Stängeln der Papyrusstauden schneidet man zuerst dünne Streifen. Damit das Mark nicht austrocknet, wässert man die Streifen. Auf einer harten Unterlage werden zwei Streifenlagen kreuzweise übereinandergelegt, geklopft und getrocknet. Schließlich wird die Oberfläche der Lagen poliert. Dann werden die entstandenen Blätter zu Schriftrollen zusammengeklebt.

M 2 Ratschläge für Schüler

Der folgende Text stammt aus einer Schrift, die um 2000 v. Chr. für Schüler verfasst worden ist.

Ich lasse dich die Schriften mehr lieben als du deine Mutter liebst. Ich führe dir ihre Schönheit vor Augen [...].
Kaum hat ein Schriftkundiger angefangen heranzuwachsen [...], so wird man
5 ihn grüßen und als Boten senden; er wird nicht zurückkommen, um sich in den Arbeitsschurz zu stecken. [...]
Der Maurer baut; er ist immer draußen im Winde und baut im Arbeitsschurz;
10 seine Arme stecken im Lehm, alle seine Gewänder sind beschmiert. Er muss sein Brot mit ungewaschenen Fingern essen. [...]
Der Gärtner trägt das Joch, seine Schul-
15 tern tragen die Wasserkrüge, eine große Last liegt auf seinem Nacken. [...] Er macht Feierabend erst, nachdem sein Leib angegriffen ist [...].
Der Weber ist innen in der Werkstatt, er
20 hat es schlechter als eine Frau, die ge-
25 biert [...]. Wenn er den Tag verbracht hat, ohne zu weben, wird er mit fünfzig Peitschenhieben geschlagen [...].
Ich spreche dir auch von dem Fischer. Er ist elender dran als irgendein Beruf.
30 Seine Arbeit hat er auf dem Fluss mitten unter den Krokodilen.
Sieh, es gibt keinen Beruf, in dem einem nicht befohlen wird, außer dem des Beamten; da ist er es, der befiehlt. Wenn
35 du schreiben kannst, wird dir das mehr Nutzen bringen als alle die Berufe, die ich dir dargelegt habe. Nützlich ist schon ein Tag in der Schule; und eine Ewigkeit hält die in ihr geleistete Arbeit vor [...].

Altägyptische Lebensweisheit, eingel. und übertr. von Friedrich W. Freiherr von Bissing, Zürich – München [2]1979, S. 57ff.

→Lesetipp:
Thomas H. Naef, Der Schreiber des Pharao, München 1989

1. *Beschreibe die auf M 1 zu sehenden Schriften.*
2. *Du bist ein Schreibschüler. Verfasse eine Antwort auf M 2.*
3. *Ist Papyrus Papier? Informiere dich in einem Lexikon oder im Internet über die Papierherstellung und vergleiche Papyrus mit Papier.*

Vertiefung

Heilige Zeichen

M1 „Ich hab's!“

Ein erfundenes Interview mit Jean-François Champollion, dem im Jahr 1822 die Entzifferung der altägyptischen Schrift gelungen ist:

Reporter: Monsieur Champollion, es wird inzwischen überall behauptet, dass Sie die Geheimnisse der altägyptischen Schrift gelüftet haben.
5 *Champollion*: Halt, halt! Das geht zu weit! Bis jetzt kann ich lediglich die Namen ägyptischer Pharaonen entziffern.
Reporter: Nun gut. Aber vielleicht können Sie unseren Lesern erklären, wie Sie
10 zu diesem sensationellen Erfolg gekommen sind.
Champollion: Durch Ausdauer, Kombinationsvermögen und Glück.
Reporter: Ist es richtig, dass Sie sich
15 schon als Elfjähriger vorgenommen haben, das Rätsel der Hieroglyphen zu lösen?
Champollion: Ja. Das war vor ziemlich genau 21 Jahren. Damals habe ich eine
20 Abbildung des Steines von Rosette gesehen, der wenige Jahre vorher bei Rosette in Ägypten gefunden worden war. Sie wissen, er enthält drei Texte: einen in griechischer Schrift, zwei in unbe-
25 kannten ägyptischen Schriften. Ich bin von der Annahme ausgegangen, dass alle drei Texte denselben Inhalt haben, und bemühte mich, die beiden unbekannten Schriften zu entziffern.
30 *Reporter*: Das haben schon viele versucht. Wieso waren gerade Sie erfolgreich?
Champollion: Viele Gelehrte meinten, die Hieroglyphen seien eine reine
35 Bilderschrift. Das ist falsch. Ich war schon seit Langem überzeugt, dass die einzelnen Zeichen auch Laute darstellen können. Weitergeholfen hat mir meine Vermutung,
40 dass Zeichen, die von einer sogenannten Kartusche umschlossen werden, Pharaonamen sind. Und diese Namen mussten ja auch im griechischen Text auf
45 dem Stein von Rosette vorkommen und im Ägyptischen ähnlich klingen wie im uns bekannten Griechischen, sodass ...
Reporter: Sodass Sie „nur noch“
50 die Texte miteinander vergleichen mussten, um festzustellen, ob die Zeichenfolge in den Namen
55 ähnlich war.
Champollion: Genauso war es. Wenig später sah ich auf einem Obelisken eine neue Namenskartusche und auf Griechisch
60 den Namen Kleopatra. Ich vermutete, dass die Kartusche ebenfalls diesen Namen enthielt. Und tatsächlich: Ich konnte die Kartusche mithilfe der auf dem Stein von Rosette identifizierten Buch-
65 staben lesen! Heute bin ich in der Lage, ein beinahe lückenloses ägyptisches Alphabet zusammenzustellen.
Reporter: Das Rätsel der Hieroglyphen ist also gelöst!
70 *Champollion*: Noch lange nicht. Es bleibt noch viel zu erforschen, bis wir altägyptische Texte lesen können. Die Bedeutung vieler Zeichen ist uns heute noch unklar. Und wir wissen auch noch
75 nichts über die Grammatik dieser Sprache. Vor allem aber werden wir niemals wissen, wie diese Sprache klang, wenn sie gesprochen wurde.

Dieter Brückner

M2 Die „Schlüssel“ zur Entzifferung der altägyptischen Schrift.

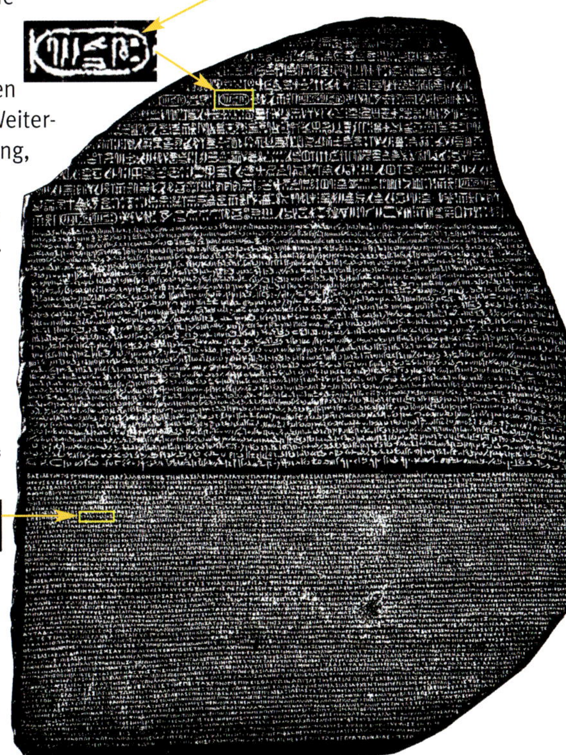

M3 Stein von Rosette, 196 v. Chr.
Höhe 118 cm, Breite 77 cm.
1798 wurde dieser Basaltstein in der im Nildelta gelegenen Stadt Rosette entdeckt. Auf ihm ist ein Text in drei verschiedenen Schriften eingraviert: als Hieroglyphen, in Demotisch (einer Schrift, die im ausgehenden alten Ägypten benutzt wurde) und in Griechisch.
Der Name des Königs Ptolemaios ist oben in Hieroglyphen und unten in Griechisch geschrieben.

→**Lesetipp:** *Rudolf Majonica, Das Geheimnis der Hieroglyphen. Die abenteuerliche Entschlüsselung der ägyptischen Schrift, München 2007*

1. *Fasse zusammen, wie Champollion die Hieroglyphen entzifferte (M 1).*
2. *Für uns ist die Buchstabenschrift selbstverständlich. Doch auch wir verwenden Bildzeichen.*
   Sammelt Beispiele und sprecht in der Klasse über Vorzüge und Schwächen von Schrifttexten und Bildzeichen.

1 In den königlichen Werkstätten.
Grabmalerei, um 1380 v. Chr.
Von oben links nach rechts unten: Ein Goldschmied wiegt Gold ab. Drechsler arbeiten an Djed-Zeichen (Symbole der Beständigkeit). Zwei Juweliere zeigen die fertigen Waren. Welche anderen Handwerker erkennst du?

Alltag am Nil

Geschickte Handwerker

Bäcker, Metzger und Bierbrauer sorgten für Lebensmittel. Schreiner, Zimmerleute, Weber, Steinmetze, Schmiede verarbeiteten Holz, Stein, Wolle oder Lehm. Auch Metalle oder Edelsteine, die man erst mühsam gewinnen oder aus fremden Ländern einführen musste, wurden verwendet. Die Ägypter stellten Geräte und Gegenstände zum täglichen Gebrauch wie Töpfe und Kleidungsstücke her, aber auch Luxuswaren wie prächtige Möbel oder wertvollen Schmuck.

Wer kann sich das leisten?

Die meisten Handwerker arbeiteten in den großen Betrieben der königlichen Höfe im Auftrag der Pharaonen, Wesire, Schreiber und Priester. Diese legten Wert auf eine außergewöhnliche Lebensführung und prachtvolle Ausstattung ihrer Häuser und Grabstätten. Ihre Untertanen stellten selbst her, was sie für ihr Leben brauchten, und gingen sorgfältig damit um. Nur selten konnten sie sich die Dienste von Handwerkern leisten.

2 Goldener Armreif, um 1530 v. Chr.
Das Schmuckstück zeigt die geiergestaltige Göttin Oberägyptens Nechbet. Die Flügel umspannen schützend den Arm; das Zeichen in den Klauen steht für die Ewigkeit.

→Lesetipp:
Harvey Gill/Struan Reid, Das Leben im Alten Ägypten, Würzburg 2003

Die Bauern

Die meisten Ägypter waren Bauern. Während der jährlichen Überschwemmungen mussten sie beim Bau der Pyramiden, Paläste oder Tempel helfen. Nach dem Ende der Flut pflügten sie mit Ochsen den schlammigen Boden. Bei der Aussaat des Getreides halfen Schafe oder Schweine durch Festtreten der Körner. Esel brachten die Ernte zu den Speichern. In den Gärten wuchsen Feigen, Datteln, Äpfel, Linsen, Zwiebeln und Bohnen. Auch Wein wurde angebaut. Die Ägypter hielten Geflügel und Kleinvieh. In den Sümpfen züchteten sie Wasserbüffel.

Gering geachtet

Das Land, das die Bauern bebauten, gehörte ihnen nicht. Außer dem König besaßen Prinzen, Beamte oder Tempel große Ländereien, die ihnen die Könige überlassen hatten. Die Eigentümer forderten von den Bauern Abgaben. Einen Teil des Ertrags mussten sie an den König abliefern. Den Bauern blieb kaum etwas zum Leben. Manche schlossen sich Räuberbanden an oder zogen in die Stadt, um dort Arbeit zu suchen. Oft endeten sie als Bettler.

Wie lebten Frauen?

In den ägyptischen Quellen begegnen uns Frauen häufig als Weberinnen, Spinnerinnen, Tänzerinnen und Musikantinnen, beim Bierbrauen und Brotbacken im Haus. Selten finden sich Hinweise auf Schreiber- oder Priesterinnen. Am meisten wissen wir von den Frauen, die auf den Königsthron kamen oder Gattinnen von Pharaonen wurden. Die Ägypterinnen waren den Männern in vieler Hinsicht rechtlich gleichgestellt. Sie konnten Verträge abschließen, vor Gericht auftreten und klagen, die Vormundschaft für ein Kind erhalten und ihren Besitz vererben. Das Erbe ihrer Männer durften Witwen nur verwalten, bis die Kinder es übernehmen konnten.

4 Eine Familie. *Kalksteinfigurengruppe (43 cm hoch und 22,5 cm breit), um 2500 v. Chr. Dargestellt ist der kleinwüchsige Seneb, ein hoher Diener des Pharao, mit Frau und Kindern.*

Die Sklaven

Früher wurde behauptet, Sklaven hätten die ersten Pyramiden gebaut. Dies ist falsch, denn es gab im 3. Jt. v. Chr. bei den Ägyptern nur wenige unfreie und rechtlose Menschen. Erst seit dem 2. Jt. v. Chr. wurden vermehrt Kriegsgefangene versklavt. Der Königshof, die Tempel und reiche Privatleute kauften Sklaven, die sie beschäftigen, verkaufen, vermieten, vererben oder freilassen durften. Die Sklaven der Ägypter hatten ein Recht auf Leben und Gesundheit.

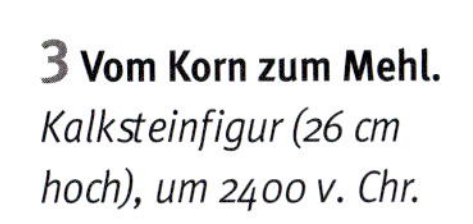

3 Vom Korn zum Mehl. *Kalksteinfigur (26 cm hoch), um 2400 v. Chr.*

Erkläre, wovon das Ansehen des Einzelnen im alten Ägypten abhing.

M 1 Getreideernte.
Grabmalerei, um 1400 v. Chr. (Ausschnitt).

M 2 „Zeig uns das Getreide!“
In verschiedenen Papyri des 12. Jh. v. Chr. beschreibt ein Schreiblehrer seinen Schülern die Lage der Bauern:

Denk an die missliche Lage, in die der Bauer gerät, wenn die Beamten kommen, um die Erntesteuer zu schätzen, und die Würmer die Hälfte der Ernte vernichtet und die Nilpferde den Rest verschlungen haben. Die gefräßigen Spatzen bringen dem Bauern großes Unglück. Das auf dem Dreschboden verbliebene Getreide ist fort, Diebe haben es gestohlen. Was er für den gemieteten Ochsen schuldet, kann er nicht bezahlen, und die Ochsen sterben ihm weg, erschöpft durch das Übermaß an Pflügen und Drescharbeit. Und genau dann legt der Schreiber am Flussufer an, um die Erntesteuer zu schätzen. Bei sich hat er ein Gefolge von Bediensteten und Nubier* mit Palmruten. Sie sagen: „Zeig uns das Getreide!“ Aber es gibt keines, und der Bauer wird gnadenlos geschlagen. Dann wird er gebunden und mit dem Kopf voran in einen Teich getaucht, bis er fast ertrunken ist. Seine Frau wird vor seinen Augen gefesselt, und seine Kinder werden ebenfalls gebunden.

Sergio Donadoni, Der Mensch des Alten Ägypten, Frankfurt a. M. 1992, S. 36

***Nubier**: *Krieger aus Nubien*

1. *Untersuche M 1 und M 2. Finde heraus, worin sie übereinstimmen.*
2. *Ein ägyptischer Bauer entschließt sich, seine Felder zu verlassen. Er nennt seinem Nachbarn die Gründe (M 1 und M 2).*
3. *Prüft, ob die Schilderung des Schreiblehrers (M 2) glaubwürdig ist.*

Lerntipp

Schaubilder erklären

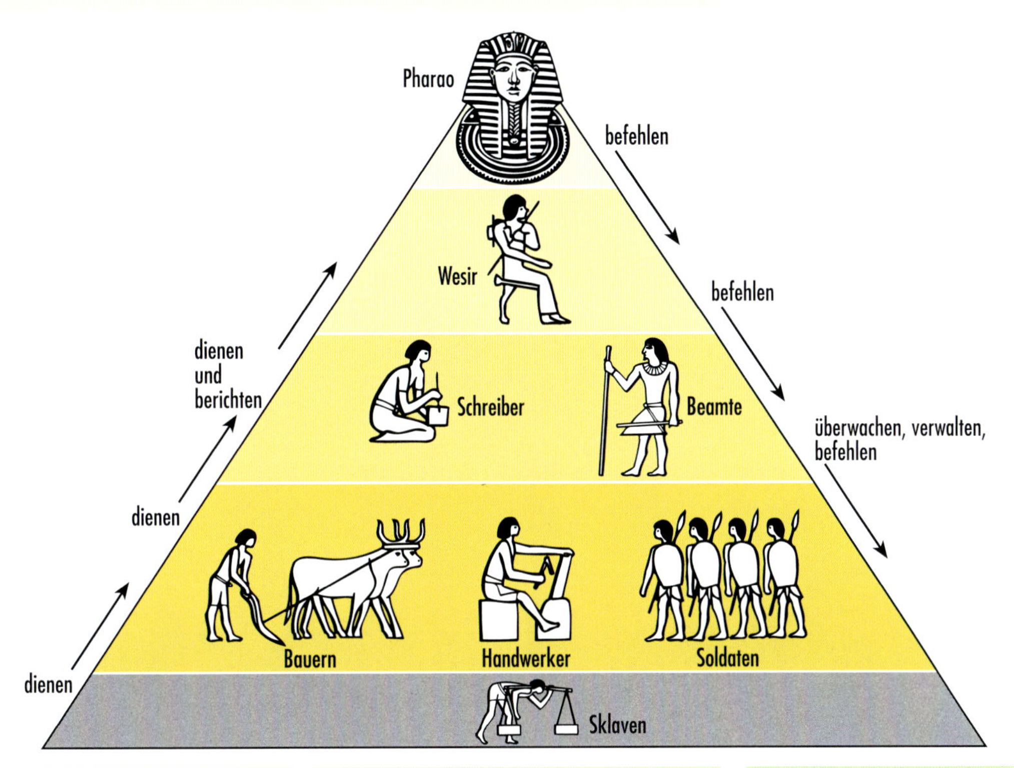

M 1 Die Gesellschaft in Ägypten.

Nicht alle Menschen und Berufe galten in Ägypten gleich viel. Es bestand eine streng von oben nach unten gegliederte Rangordnung.

Was kann ein Schaubild?

In einem Schaubild lässt sich übersichtlich zeigen, wie eine Gesellschaft oder ein Staat aufgebaut waren und vieles mehr.

Es kann gut Zusammenhänge und Beziehungen zwischen Teilen eines Ganzen darstellen.

Ein Schaubild über die Gesellschaft kann zeigen, wie Menschen eines Volkes miteinander leben, welche Beziehungen sie zueinander haben und welche Rechte und Pflichten bestehen.

Wie liest du ein Schaubild?

Um es lesen zu können, musst du zunächst entscheiden, an welcher Stelle du am besten mit der Beschreibung beginnst. Halte auch danach eine sinnvolle Reihenfolge ein. Entscheidend sind die Beziehungen zwischen den Bestandteilen eines Schaubildes. Beachte die verwendeten Zeichen. Manchmal ist die Form des Schaubildes wichtig für die Deutung.

Prüfe, welche Begriffe du erklären solltest.

So kannst du vorgehen

Mögliche Arbeitsfragen:

1. Welche Ämter und Einrichtungen werden erwähnt? Wer hat wie Zugang zu ihnen, wer nicht?
2. Welche Teile der Bevölkerung werden gezeigt, welche nicht?
3. Wer arbeitet mit wem zusammen? Wobei?
4. Wer hat welche Aufgaben, Rechte oder Pflichten?
5. Wer hat wie viel Macht? Ist jemand von der Macht ausgeschlossen?
6. Überlege, welche Vor- und Nachteile ein Schaubild gegenüber einem Text hat.

Schreibe die Antworten jeweils auf, ordne sie auf einem Stichwortzettel und präge sie dir ein. Trage die Ergebnisse möglichst frei vor.

1. *Wende die Fragen des Lerntipps (siehe mittlere Spalte) auf M 1 an. Welche kannst du leicht beantworten, welche nicht?*
2. *Übernimm die Rolle eines Wesirs und erkläre einem Fremden den Aufbau der ägyptischen Gesellschaft. Nutze dazu das Schaubild (M 1), indem du es in Worte fasst.*
3. *Die Griechen nannten die in M 1 dargestellte Rangordnung später „Hierarchie“ (=heilige Ordnung). Erkläre, was sie damit über die Gesellschaftsordnung im alten Ägypten aussagten.*
4. *Die Form der Grafik (M 1) ist hier bewusst gewählt. Nenne den Grund.*

Götter, Tempel und Mumien

1 Die Götter kommen.
Rekonstruktionszeichnung, um 1990.
Der Einzug von Götterbildern in den Tempel von Luxor, wie er um 1200 v. Chr. während eines Festes stattgefunden haben könnte. Im Hintergrund der Eingang. Im Vordergrund tragen Priester auf Gestellen Barken. Auf diesen Schiffen befand sich auch eine Statue des Reichsgottes Amun, der als Erneuerer der Welt, König der Götter und Herrscher im Himmel und auf Erden verherrlicht wurde.

Alles hat eine Seele

Wenn der Nil nicht mehr genug Wasser führte, Heuschrecken die Ernte vernichteten, Krankheiten bei Menschen und Tieren wüteten oder Feinde über die Grenzen vordrangen, glaubten die Ägypter, dass sich die Götter von ihnen abgewandt hätten. Allein durch fromme Handlungen hofften sie, sie wieder günstig stimmen zu können.

Für die Ägypter hatten Menschen, Tiere, Pflanzen, Luft, Wasser und Gestirne eine Seele: Vor allem in Stieren, Kühen, Nilpferden, Krokodilen, Falken und Käfern sahen sie göttliche Kräfte. Auch in Menschengestalt oder als Mischgestalt mit Menschenleib und Tierkopf stellten sie sich Götter vor.

Der Glaube

Im Laufe der Zeit veränderten die Ägypter ihre Vorstellungen von den Göttern und die Art, sie zu verehren. Ihren Polytheismus (von gr. *poly*: viel; *theos*: Gott) behielten sie bei. Zu den vertrauten Göttern der verschiedenen Orte und Gegenden kamen nach der Einigung Ober- und Unterägyptens neue „Reichsgötter" hinzu. Für alle gab es Tempel.

Die Ägypter glaubten an ein Leben nach dem Tod. Starb einer von ihnen, trennten sich ihrer Ansicht nach zwar Seele, Geist und Lebenskraft vom Körper. Sie galten aber als unvergänglich.

Die Menschen meinten, die Lebenskräfte könnten sich mit dem Sonnengott verbinden. Wenn dieser bei Sonnenuntergang in die Unterwelt führe, nehme er sie auf seinem Boot mit. Nacht für Nacht wären dann Lebenskräfte und Körper wieder vereinigt und wohnten bis zum Sonnenaufgang in ihren Gräbern. Später glaubten die Ägypter auch, dass die von den Göttern für unsterblich erklärten Menschen in einem Paradies frei von Sorgen, Mühen und Ängsten lebten.

Auf die Ewigkeit vorbereitet

Das Leben nach dem Tode war an zwei Bedingungen geknüpft: Der Verstorbene musste sich einem Totengericht vor *Osiris* stellen, dem Herrscher im Jenseits, und sein Leib musste unversehrt sein.*

Während der normale Ägypter im heißen Wüstensand beerdigt wurde, warf man die Ärmsten manchmal einfach in den Nil. Da der Fluss als Gottheit verehrt wurde, hoffte man, er werde für die Toten sorgen. Der Pharao und alle, die es sich leisten konnten, ließen ihren toten Körper einbalsamieren und als Mumie in Grabanlagen beisetzen. An den Wänden der Gräber, auf den Särgen und in Schriften rühmten Bilder und Texte die Leistungen der Verstorbenen. Grabbeigaben sollten das angenehme Leben des Verstorbenen im Jenseits verlängern.**

*Siehe auch M 1, Seite 50.

**Lies dazu auch die Vertiefung auf Seite 190.

3 Schiffsmodell.
Grabbeigabe aus Holz, um 2000 v. Chr. Das Modell dieses Reiseschiffes ist 69 cm hoch, 32 cm breit und 86 cm lang.

2 Uschebti-Figur.
Ab etwa 1700 v. Chr. gaben die Ägypter den Toten kleine Figuren aus Stein, Ton, Wachs oder Holz mit ins Grab. Sie sollten dem Verstorbenen im Jenseits dienen und ihm so ein Leben ohne Mühe ermöglichen.

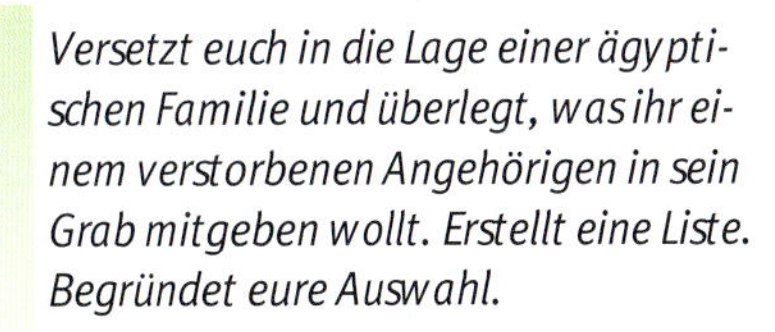

Versetzt euch in die Lage einer ägyptischen Familie und überlegt, was ihr einem verstorbenen Angehörigen in sein Grab mitgeben wollt. Erstellt eine Liste. Begründet eure Auswahl.

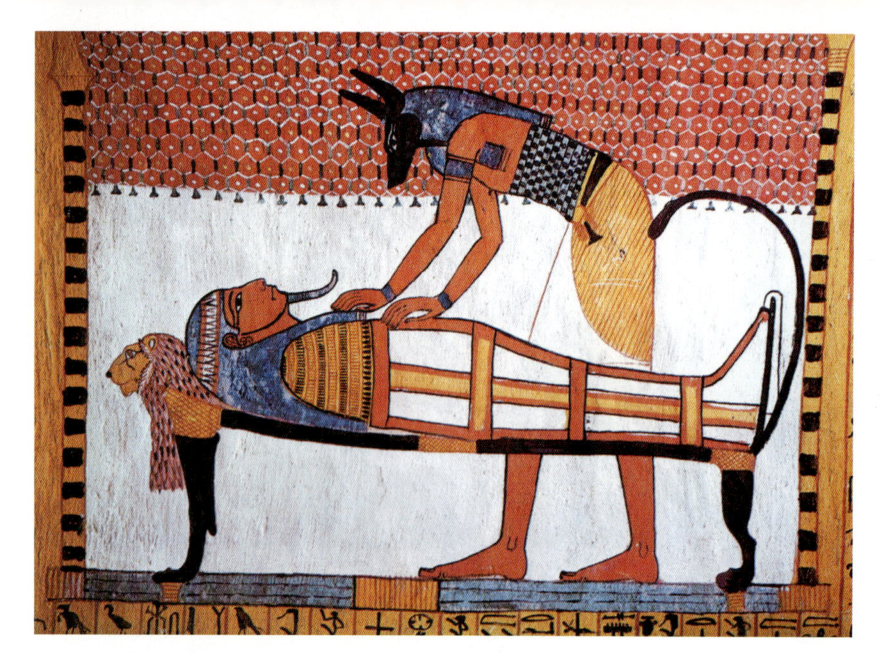

M 2 Anubis versorgt eine Mumie.
Grabmalerei, um 1200.
Hier ist ein Priester mit Schakalkopfmaske tätig. Der schakalköpfige Anubis galt als Balsamierungsgott, Wächter der Geheimnisse und Totenrichter.

M 1 Ein Körper für die Ewigkeit
Der königliche Baumeister Cha stirbt um das Jahr 1400 v. Chr. Sein Grab in einem Friedhof nahe der damaligen Hauptstadt Theben zählt zu den ganz wenigen, die vor ihrer Entdeckung im 20. Jh. nicht von Grabräubern geplündert worden sind.
In den letzten Stunden, bevor der mumifizierte Körper Chas in den Sarg gelegt worden ist, könnte sich Folgendes abgespielt haben:

„Ehrlich gesagt weiß ich nicht so ganz genau, was die Balsamierer seit über 1000 Jahren machen. Sie tun sehr geheimnisvoll. Und der Mumie, die sie einem nach 70 Tagen wieder ins Haus bringen, kann man ja nicht ansehen, was sie mit ihr angestellt haben. –“
So aufmerksam hatte Antef seinem Großvater Hetep schon lange nicht mehr zugehört. Dieser erzählte ihm nämlich gerade, was in den letzten zweieinhalb Monaten mit dem verstorbenen Großonkel Cha geschehen war. Hetep fuhr fort: „Aber so viel hat mir einmal ein Freund verraten: Zuerst waschen sie den Toten und ziehen ihm dann das Gehirn mit einem eisernen Haken durch die Nase heraus; danach schneiden sie die linke Bauchseite auf, um die Eingeweide zu entnehmen, die in eigenen Gefäßen bestattet werden. Nur das Herz, den Sitz unseres Denkens und Fühlens, lassen sie im Körper.
Anschließend behandeln sie den Leichnam mit Natronsalz, damit er völlig austrocknet. Dies dauert wohl einige Wochen. Erst dann umwickeln die Balsamierer alle Körperteile sorgfältig mit harzgetränkten Leinenbinden. Ich habe angeordnet, dass sie mindestens tausend Meter davon verwenden sollen. Für einen angesehenen Mann, wie es dein Großonkel Cha war, ist das nur recht und ... – Pass doch auf, du Tölpel!“ Ein lautes Krachen hatte Hetep unterbrochen. Er war nun außer sich über die Unachtsamkeit des Dieners. „Wenn du den wertvollen Lehnstuhl beschädigst, können wir ihn meinem Bruder Cha nicht mehr ins Grab mitgeben. Das ist Elfenbein!“ Geschäftig lief er zwischen den Gegenständen umher, die im Hof seines Hauses aufgebaut waren, und verglich mit einer Liste. „Wir dürfen nichts vergessen. Das bin ich meinem Bruder schuldig. Er muss alles in seinem Grab vorfinden, was er im Jenseits braucht. Du da, gib Acht! Die goldene Elle ist ein Geschenk des Königs. Sorge dafür, dass sie nachher von allen Leuten gesehen werden kann, wenn wir die Sachen durch die ganze Stadt zum Grab tragen. Die Leute sollen merken, dass wir nicht irgendwer sind. – Horch, Antef! Hörst du die Klageweiber, die ich bestellt habe? Geh und hole die ganze Familie heraus, sie bringen die Mumie!“

Erzählt von Dieter Brückner; die Angaben zur Mumifizierung nach: Renate Germer, Das Geheimnis der Mumien. Ewiges Leben am Nil, München – New York 1997, S. 20ff.

M 3 Mumie König Ramses II.
Er starb 1213 v. Chr. im Alter von über 80 Jahren. Seine Mumie wurde 1881 entdeckt und 1976 in Paris untersucht und konserviert.

Nenne die einzelnen Schritte der Einbalsamierung und des Begräbnisses (M 1, M 2 und M 4).

M 4 Der Mund des Toten wird geöffnet.
Aus einem Papyrus, um 1300 v. Chr.
Die Zeremonie der Mundöffnung war der Höhepunkt eines jeden Begräbnisses. Bevor die Mumie in den Sarg gelegt und das Grab verschlossen wurde, berührte ein Priester den Mund des Toten mit einem speziellen Gerät, damit der Verstorbene im Jenseits sprechen, essen und seinen Geschmackssinn gebrauchen konnte.

M 5 Was Cha mitgegeben wurde

Ein italienischer Forscher entdeckt 1906 im Tal der Könige das Grab des Architekten Cha. Verwandte und Freunde haben Cha unter anderem folgende Sachen mit ins Grab gegeben:

Kleine Holzfigur des Cha, Totenbuch, 2 Uschebti-Figuren, 1 Truhe (darin u. a.: 5 Rasiermesser, Zange, Schleifstein, Alabastergefäß mit Salbe, 2 bronzene Nadeln, hölzerner Kamm, 2 Fußringe aus Email, Feldflasche, Emailbecher, 2 Schreibpaletten mit Pinsel, Schreibtäfelchen, Elle, Futteral für eine Waage, Bohrer, Schreineraxt, Bronzemeißel, 3 Paar Ledersandalen, Reisematte, mehrere Spazierstöcke, Behälter mit Toilettenutensilien), Wäschetruhe (darin: ca. 50 Unterhosen, 26 Lendenschurze, 17 Sommergewänder, 1 Wintergewand, 4 Leinentücher), Stuhl mit Lehne, 11 Hocker, 6 Tische, 2 Betten mit Kopfstützen, 13 Truhen, Betttücher, Handtücher, Teppiche, Öl, Wein, Brot, Mehl, Milch, geröstete und gesalzene Vögel, gesalzenes Fleisch, getrockneter Fisch, geschnittenes Gemüse, Zwiebeln, Knoblauch, Kümmel, Wacholder, Trauben, Datteln, Feigen, Nüsse, Brettspiel, Elle aus Gold.

Zusammengestellt nach: Anna Maria Donadoni Roveri (Hrsg.), Das ägyptische Museum Turin, Mailand 1988, S. 85 ff.

M 6 Truhe des Cha.
Bemaltes Holz, um 1400 v. Chr.
In dieser Truhe lag Wäsche.

M 7 Lehnstuhl des Cha.
Bemaltes Holz, um 1400 v. Chr.

1. *Nenne die Verwendungszwecke der Grabbeigaben (M 5).*
2. *Erläutere an Beispielen, wieso wir gerade dem Jenseitsglauben und den Begräbnisbräuchen der Ägypter wichtige Informationen über ihren Alltag verdanken.*

Lerntipp

Auch Bilder können sprechen

Bilder können uns Geschichten erzählen und uns etwas über die Zeiten mitteilen, in denen sie entstanden sind. Du kannst sie zum Sprechen bringen, indem du Fragen an sie stellst. Nicht alle lassen sich bei jedem Bild beantworten. Oft musst du weitere Informationen einholen.
Du kannst bei der Arbeit mit Bildern in drei Schritten vorgehen:

1. *Beschreibe das Bild!*
- Welche Personen erkennst du auf dem Bild?
- Was tun die Personen?
- Wie sind sie gekleidet? Haben sie Gegenstände bei sich?
- Kannst du weitere Dinge oder Tiere auf dem Bild erkennen?
- Wie wirkt das Bild auf dich?

2. *Erkläre die Zusammenhänge!*
- Ist auf dem Bild etwas hervorgehoben? Woran erkennst du das?
- Wie sind die Personen dargestellt? Fällt dir dabei etwas auf? Sind es wirkliche Personen oder stehen sie für etwas?
- In welcher Beziehung zueinander sind die Personen dargestellt?

3. *Finde heraus, warum das Bild entstand!*
- Wann und wo wurde das Bild geschaffen oder veröffentlicht?
- Hat es ein besonderes Format?
- Zu welchem Zweck wurde es hergestellt?
- Was sollte es dem Betrachter sagen?
- Welche Ereignisse und Vorstellungen haben für die Darstellung eine Bedeutung? Kannst du sie auf dem Bild wiederfinden?

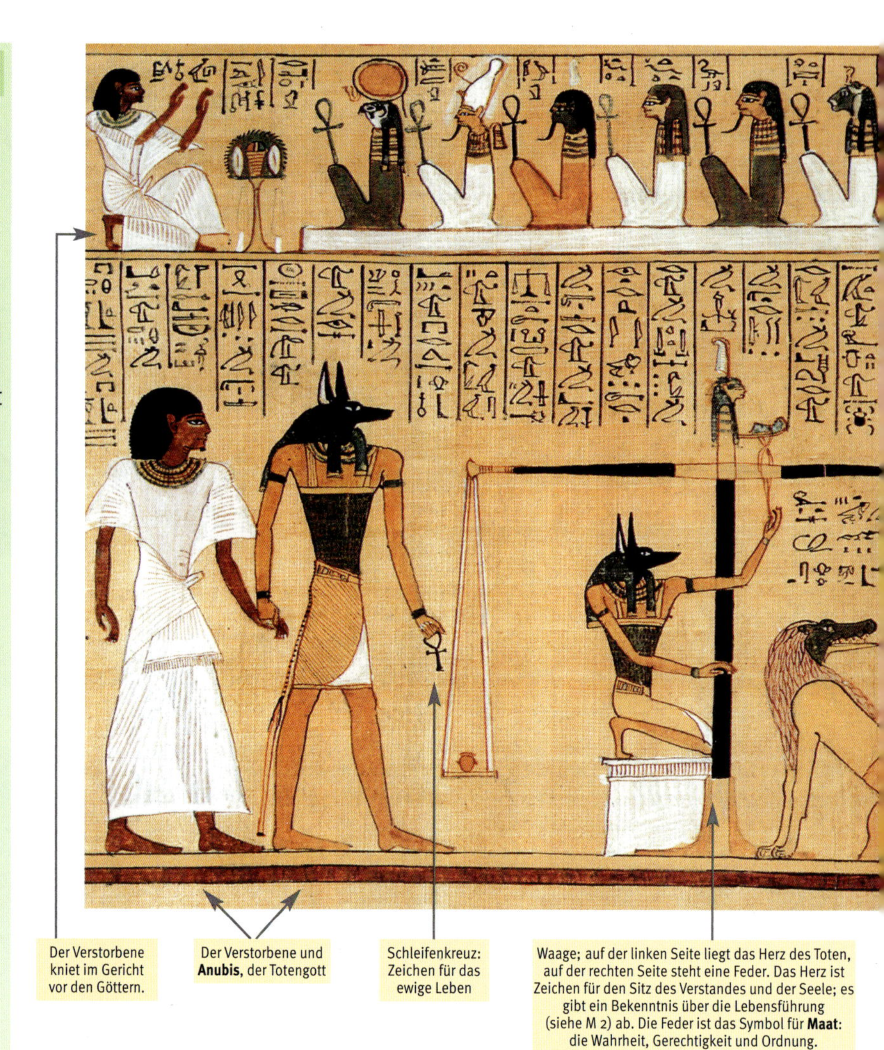

Der Verstorbene kniet im Gericht vor den Göttern.

Der Verstorbene und **Anubis**, der Totengott

Schleifenkreuz: Zeichen für das ewige Leben

Waage; auf der linken Seite liegt das Herz des Toten, auf der rechten Seite steht eine Feder. Das Herz ist Zeichen für den Sitz des Verstandes und der Seele; es gibt ein Bekenntnis über die Lebensführung (siehe M 2) ab. Die Feder ist das Symbol für **Maat**: die Wahrheit, Gerechtigkeit und Ordnung.

M 1 Die „große Prüfung": das Totengericht.
Ausschnitt aus dem „Totenbuch" des Schreibers Hunefer, Papyrus (39 cm hoch), um 1300 v. Chr.
Die Ägypter schmückten die Wände ihrer Grabkammern mit Bildern und Inschriften. Besonders sorgfältig gestalteten sie „Totenbücher", die sie den Mumien in den Sarg legten. Sie enthielten die Antworten, die der Verstorbene auf die Fragen des Totengerichts geben sollte.
Die ägyptischen Künstler zeichneten und malten über dreitausend Jahre nach den gleichen strengen Regeln. Derjenige galt als Meister, der den alten Vorbildern am meisten entsprach.

M 2 „Ich bin rein ..."
In einem Totenbuch, das um 1500 v. Chr. entstanden ist, legt ein Verstorbener folgendes Bekenntnis ab:

Ich habe kein Unrecht gegen Menschen begangen, und ich habe keine Tiere misshandelt.
Ich habe nichts „Krummes" anstelle von
5 Recht getan. [...]
Ich habe keinen Gott beleidigt. [...]
Ich habe kein Waisenkind an seinem Eigentum geschädigt.
Ich habe nichts getan, was die Götter
10 verabscheuen.

Ich habe keinen Diener bei seinem Vorgesetzten verleumdet.
Ich habe nicht Schmerz zugefügt und niemanden hungern lassen, ich habe keine Tränen verursacht.
Ich habe nicht getötet, und ich habe auch nicht zu töten befohlen; niemandem habe ich ein Leid angetan.
Ich habe am Hohlmaß nichts hinzugefügt und nichts vermindert, ich habe das Flächenmaß nicht geschmälert und am Ackerland nichts verändert.
Ich habe zu den Gewichten der Handwaage nichts hinzugefügt und das Lot der Standwaage nicht verschoben.
Ich habe die Milch nicht vom Mund des Säuglings fortgenommen, ich habe das Vieh nicht von seiner Weide verdrängt.
[...]
Ich bin rein, ich bin rein, ich bin rein, ich bin rein!

Nach: Altägyptische Dichtung, ausgew., übers. und erl. von Erik Hornung, Stuttgart 1996, S. 121 ff.

1. *Betrachte M 1 genau. Erzähle nach, wie das Totengericht ablief. Dazu musst du die Zeichnung von links nach rechts wie einen Comic lesen.*

2. *Beim Totengericht mussten sich die Verstorbenen vor den Göttern für ihr Leben rechtfertigen. Diese Rechtfertigung wurde in einem „Totenbuch“ (M 2) aufgeschrieben. Der Verstorbene wollte damit den Göttern beweisen, dass er sich an ihre Gebote gehalten hatte. Lies aus dem „Totenbuch“ die Gebote heraus, an die sich die Ägypter halten mussten. Schreibe sie auf.*

3. *Spielt ein Streitgespräch: Beim Totengericht tritt der verstorbene Bauer, von dem M 2 auf Seite 46 berichtet, hinzu und klagt den Toten, einen hohen Beamten des Königs, an.*
a) Welche Vorwürfe wird er ihm machen?
b) Wie könnte sich der Beamte zu rechtfertigen versuchen?

1 Das Großreich Davids und Salomons, um 1000 bis um 926 v. Chr.

2 Gefangennahme von Israeliten.
Relief aus dem assyrischen Königspalast Sanheribs in Ninive (im heutigen Irak), 7. Jh. v. Chr. (Ausschnitt). Das Bild erinnert an die von den Assyrern 701 v. Chr. eroberte Festung Lachis (auch Lachisch; etwa 45 km südwestlich von Jerusalem). Der Ausschnitt zeigt, wie israelitische Bewohner der Festung in die Gefangenschaft fortgeführt werden.

Israel – das Land der Bibel

In das „gelobte Land“

Lange beherrschten die Ägypter das Land der Kanaanäer an der Ostküste des Mittelmeeres. Im 13. Jh. v. Chr. wurden sie von den *Philistern* vertrieben, an die noch heute der Name *Palästina* erinnert. Nach 1250 v. Chr. führte – wie die Bibel berichtet – der wohl aus Ägypten stammende *Mose* sein Volk der Hebräer aus der ägyptischen Gefangenschaft in das „gelobte Land“ Kanaan (Palästina). Diese Menschen lebten danach als Nomaden in Juda und in Israel. Im 11. Jh. v. Chr. begannen sie, die Stadtstaaten der Kanaanäer zu erobern, um weiteres Siedlungsland zu gewinnen. Damit wurden sie zu Konkurrenten anderer Völker, die diese Gebiete ebenfalls beanspruchten. *Saul*, der erste König Israels, führte daher zahlreiche Kriege gegen die Philister.

Aufstieg und Niedergang

Um etwa 1000 v. Chr. wurde *David* König der Stämme Israels. Er soll in einem Zweikampf gegen den Philister-Riesen *Goliath* gesiegt haben. David regierte bis 965 v. Chr. In dieser Zeit eroberte er die Stadt Jerusalem, die er zur Hauptstadt machte. In zahlreichen Feldzügen vergrößerte er das Reich. Zum kulturellen Mittelpunkt machten er und sein Sohn *Salomon* (König von 965 bis 932 v. Chr.) Jerusalem.
Nach Salomons Tod zerfiel das Reich wieder in Israel und Juda. Beide Herrschaftsgebiete standen sich feindselig gegenüber. Um die Mitte des 8. Jh. v. Chr. gerieten sie unter den Einfluss ihrer mächtigen Nachbarn: der *Assyrer*. Sie zerstörten Israel und machten Juda abgabenpflichtig.
Gut hundert Jahre später wurden die Ägypter wieder für kurze Zeit Herren des Landes, bis sie von den Babyloniern vertrieben wurden. Deren König *Nebukadnezar* machte kurzen Prozess, als einige vornehme Familien Judas einen Aufstand gegen seine Herrschaft wagten: Er eroberte im Jahr 587 v. Chr. das ganze Land, ließ Jerusalem mit dem Tempel Salomons zerstören und die vornehmen Familien Judas nach Babylonien verschleppen. Damals bürgerte sich die Bezeichnung *Juden* für alle Bewohner Judas und Israels ein. Die Juden durften erst in ihre Heimat zurückkehren, als die Perser im Jahre 538 v. Chr. das Babylonische Reich zerstört hatten.

Ihr Glauben

Während der *Babylonischen Gefangenschaft* der Juden entstanden die wichtigsten Bücher des ersten Teils der Bibel, später das *Alte Testament* genannt. Es enthält die religiösen Grundlagen des Judentums: Anders als alle umliegenden Völker glaubten die Juden nur noch an einen Gott, was wir Monotheismus (griech. *monos*: allein; *theos*: Gott) nennen. Ihrem Gott gaben sie den Namen *Jahwe*. Die Juden sind überzeugt, dass am Ende der Zeiten Jahwe den Erlöser (hebräisch: *Messias*) schicken wird, die Toten auferstehen werden und ein Friedensreich beginnen wird. Dieser jüdische Glauben beeinflusste Jahrhunderte später das *Christentum* und den *Islam*.*

Über das Christentum erfährst du auf den Seiten 154 ff. und über den Islam auf den Seiten 174 ff. mehr.

M 1 Jahwe-Tempel in Jerusalem.
Rekonstruktionsversuch des um 950 v. Chr. erbauten Tempels.
Für die Rekonstruktion gibt es nur wenige archäologische Belege. Orientierung bieten alte Quellen, die sich in der Beschreibung z. T. widersprechen. Eine wuchtige Mauer umgibt den eigentlichen Tempelbereich. Sie umschließt die inneren Höfe: den Vorhof der Frauen ① und den Hof Israels, den nur Männer betreten durften ②. Der große Opferaltar ③ stand im Freien vor dem Tempelhaus ④ Dort war die offen stehende Tür mit einem Vorhang versehen. Dahinter befand sich der siebenarmige Leuchter, die Menora (siehe M 4), und der Weihrauchaltar.
Der anschließende Raum, das Allerheiligste, war dunkel und leer. Nur einmal im Jahr betrat der Hohepriester diesen Raum.

M 2 Verheißung des gelobten Landes
Im Alten Testament heißt es in einem Buch Mose, das vermutlich im 5. Jh. v. Chr. entstand:

Dem Herrn, eurem Gott, sollt ihr dienen, und so werde ich euer Brot und euer Wasser segnen und alle Krankheiten aus eurer Mitte entfernen. Keine Frau wird fehlgebären oder unfruchtbar sein in eurem Lande. [...] Meinen Schrecken werde ich vor euch her senden und alle Völker in Verwirrung bringen, sodass alle eure Feinde vor euch fliehen [...]. Ganz allmählich werde ich sie vor euch vertreiben, bis ihr so zahlreich seid, dass ihr das Land besetzen könnt. Und euer Gebiet soll reichen vom Roten Meer bis zum Mittelmeer und von der Wüste bis zum Euphrat. Ja, ich werde die Bewohner dieses Landes in eure Hand geben, und ihr werdet sie vor euch vertreiben. Ihr sollt mit ihnen und ihren Göttern kein Abkommen treffen. Sie sollen nicht in deinem Lande wohnen bleiben, damit sie euch nicht zur Sünde wider mich verleiten [...].
Da schrieb Moses alle Gebote des Herrn (torá) auf. [...] Er las sie danach dem Volke vor, und die Menschen sprachen: Alles, was der Herr geboten hat, wollen wir tun und ihm gehorchen.

Nach 2. Buch Mose, 23, 25-24, 8

M 3 Die Zehn Gebote
Nach der Bibel gibt Gott Mose den Auftrag, dem Volk Israel diese Gesetze zu verkünden:

1. Ich bin Jahwe, dein Gott, der dich aus der ägyptischen Sklaverei herausgeführt hat. Du sollst keine anderen Götter neben mir haben.
2. Du sollst kein Gottesbild machen [...]. Du sollst keine Bilder anbeten [...].
3. Du sollst den Namen des Herrn, deines Gottes, nicht missbrauchen [...].
4. Gedenke des Sabbattages, damit du ihn heilig hältst. Sechs Tage sollst du arbeiten und all dein Werk tun, aber der siebte Tag ist ein Ruhetag, dem Herrn, deinem Gott, geweiht [...].
5. Ehre deinen Vater und deine Mutter [...].
6. Du sollst nicht morden.
7. Du sollst die Ehe nicht brechen.
8. Du sollst nicht stehlen.
9. Du sollst gegen deinen Nächsten kein falsches Zeugnis abgeben.
10. Du sollst nicht begehren nach dem Hause deines Nächsten, nicht nach seinem Weibe, seinen Sklaven, seinem Vieh oder nach irgendetwas anderem, was er sein eigen nennt.

Nach 2. Buch Mose, 20, 2-17

M 4 Menora.
Münze aus dem 1. Jh. v. Chr.
Der siebenarmige Leuchter (die Menora) ist ein Gegenstand für den jüdischen Gottesdienst. Er gilt als Sinnbild für das Ewige Licht im Tempel Salomons.

1. *Beschreibe das Verhältnis Gottes zu den Juden (M 2).*
2. *In dem 1948 gegründeten Staat Israel berufen sich heute viele Bürger auf das Alte Testament (M 2, Zeilen 13 bis 15). Was weißt du darüber?*
3. *Vergleiche die Zehn Gebote (M 3) mit dem ägyptischen Bekenntnis (M 2, Seite 52). Gibt es Übereinstimmungen?*
4. *Nenne die Gebote, die noch heute für das Zusammenleben wichtig sind (M 3).*

Vertiefung

Rätsel aus Stein

1 Dolmen* von „Lehmsiek“ bei Eckernförde (Schleswig-Holstein).
Foto von Ingo Wandmacher, um 2004.
Das Steingrab ist etwa 5 000 Jahre alt und der Deckstein misst 2,5 x 2,2 m.

***Dolmen** („Steintisch“): tischförmig gebautes Steingrab*

„Hinkelsteine“?

Große Steingruppen in Norddeutschland, Frankreich und England beeindrucken die Menschen bis heute. Lange glaubten sie, Riesen (*Hünen*) oder Teufel hätten sie errichtet. Das zeigen Namen wie „Hünengräber“, „Riesenbetten“ oder „Teufelssteine“. Heute wissen wir, dass unsere Vorfahren diese Gräber, Heiligtümer und Opferstätten vor mehr als 6 000 Jahren errichteten. Sie sind Kennzeichen der Megalithkultur (gr. *megas*: groß; *lithos*: Stein) der Jungsteinzeit (*Neolithikum*).

Zeugen der Veränderung

Die Megalithbauten zeigen, dass Hunderte Menschen über längere Zeit Hand in Hand Steine hoben, brachen, transportierten, aufrichteten oder aufeinandertürmten. Das war nur möglich, weil sie Teil einer Gemeinschaft waren, die während der Bauarbeiten für ihren Lebensunterhalt sorgte. Deshalb beweisen die Bauwerke, dass eine größere Gruppe von Menschen längere Zeit an einem Ort gelebt hat.
Auch in späteren Zeiten haben tonnenschwere unbehauene Steine zum Bau von Festungen gedient, so bei den Mauern Mykenes in Griechenland.* Diese Anlagen haben aber mit der Welt der Megalithkultur kaum noch etwas zu tun.

**Siehe Abb. 1, Seite 62.*

2 Wie die großen Steine transportiert wurden.
Die Rekonstruktionszeichnung von 1990 stellt die Erweiterung eines Hünengrabes dar. Links im Bild wird eine neue Kammer errichtet, in der Mitte transportieren Männer einen Findling und rechts schleppen Träger Erde für den Hügel herbei, denn die Großsteingräber waren ursprünglich von einem Erdhügel bedeckt.

M 1 Der „Tempel“ von Stonehenge in England.
Foto von Yann Arthus-Bertrand, um 2000.
Das wohl berühmteste Megalithdenkmal der Welt wurde zwischen 2550 und 1600 v. Chr. in verschiedenen Abschnitten errichtet und hat einen Durchmesser von 113 m. Es bestand ursprünglich aus 125 Monolithen, die sieben Meter groß und bis zu 50 Tonnen schwer waren. Einige der kreisförmig aufgestellten Steinblöcke haben die Menschen über etwa 400 km transportiert.
Das Geheimnis dieses Bauwerks ist bis heute nicht gelüftet. Auffallend ist Folgendes: In etwa 30 m Entfernung stehen vor dem Umfassungsgraben zwei Steine, durch deren Lücke am Tag der Sommersonnenwende (21. Juni) vom Kreisinneren aus der Sonnenaufgang beobachtet werden kann.

M 3 Steinallee von Carnac in Frankreich.
Foto, um 1993.
Diese rund 1 200 m lange und 100 m breite „Allee“ entstand vor etwa 5 000 Jahren. Sie besteht aus fast 2 800 unbehauenen, senkrecht aufgestellten Steinsäulen (Menhire).

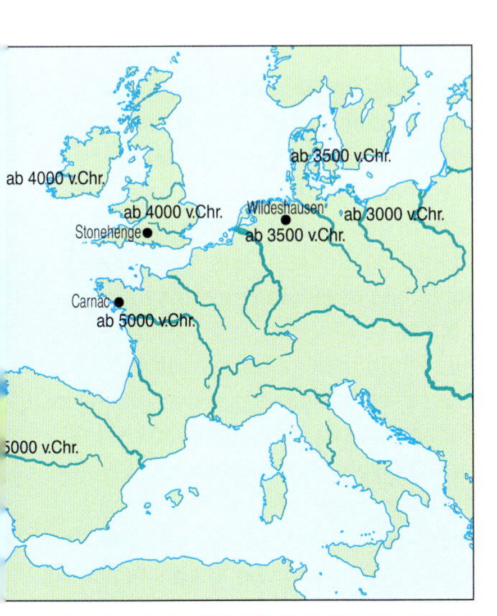

M 2 Verbreitung von Großsteingräbern in Europa.
Die Jahreszahlen geben an, wann in den Gebieten mit dem Bau von Großsteingräbern begonnen wurde. Auf der Karte sind nur die hier angeführten Fundorte eingezeichnet.

1. *Erklärt, warum ohne einen Wandel des Zusammenlebens die Megalithbauten (M1 und M3) nicht möglich geworden wären.*
2. *Die Karte (M2) zeigt, wann und wo sich die Megalithkultur ausbreitete. Untersucht, was dafür spricht, dass sie über den Seeweg verbreitet wurde.*
3. *Ihr habt bereits eine andere Kultur kennengelernt, in der Steinbauten eine große Rolle spielte. Nennt sie! Zwischen dieser und der Megalithkultur besteht ein großer Unterschied. Beschreibt ihn!*
4. *Sucht weitere Bilder und Beschreibungen von Megalithbauten in Fachbüchern und Reiseführern. Vergleicht sie mit den auf diesen beiden Seiten abgebildeten Bauwerken. Präsentiert das Ergebnis auf einem Poster.* Lerntipp

Was war wichtig? – Überprüfe deine Kompetenzen!

Präge dir das Datum ein!

um 3000 v. Chr.	*In Ägypten entsteht eine Hochkultur.*

Merke dir folgende Begriffe!

Hieroglyphen (griech. *hieros*: heilig; *glyphe*: Eingeritztes): Schriftzeichen der alten Ägypter, die Laute, Buchstaben und Zeichen wiedergeben.

Judentum: Bezeichnung für die Religion des „Volkes Israel" sowie aller Menschen, die der jüdischen Gemeinschaft durch Geburt oder Glauben angehören. Der jüdische Glaube ist die älteste monotheistische Religion (→ *Monotheismus*) und beeinflusste Christentum und Islam.

Monotheismus (griech. *monos*: allein; *theos*: Gott): Glaube an einen einzigen Gott. Beispiele: → *Judentum*, Christentum und Islam. Das Gegenteil des Monotheismus ist der → *Polytheismus*.

Pharao: zunächst der Name des Königspalastes; seit dem 2. Jt. v. Chr. einer der Titel des ägyptischen Herrschers. Pharaonen galten als gottähnlich und waren die weltlichen und geistlichen Herrscher der alten Ägypter.

Polytheismus (griech. *poly*: viel; *theos*: Gott): Glaube an viele Götter. Die alten Ägypter, Griechen und Römer verehrten zahlreiche Götter. Das Gegenteil des Polytheismus ist der → *Monotheismus*.

Pyramide: Grabmal über einer quadratischen Grundfläche mit dreieckigen, spitz zulaufenden Seiten. Solche Anlagen wurden zwischen 3000 und 1500 v. Chr. nur für die Pharaonen (→ *Pharao*) erbaut, danach konnten auch andere Ägypter Pyramiden errichten lassen. Unabhängig von den ägyptischen Vorbildern entstanden später in Kambodscha (Asien), Mittel- und Südamerika Tempelpyramiden.

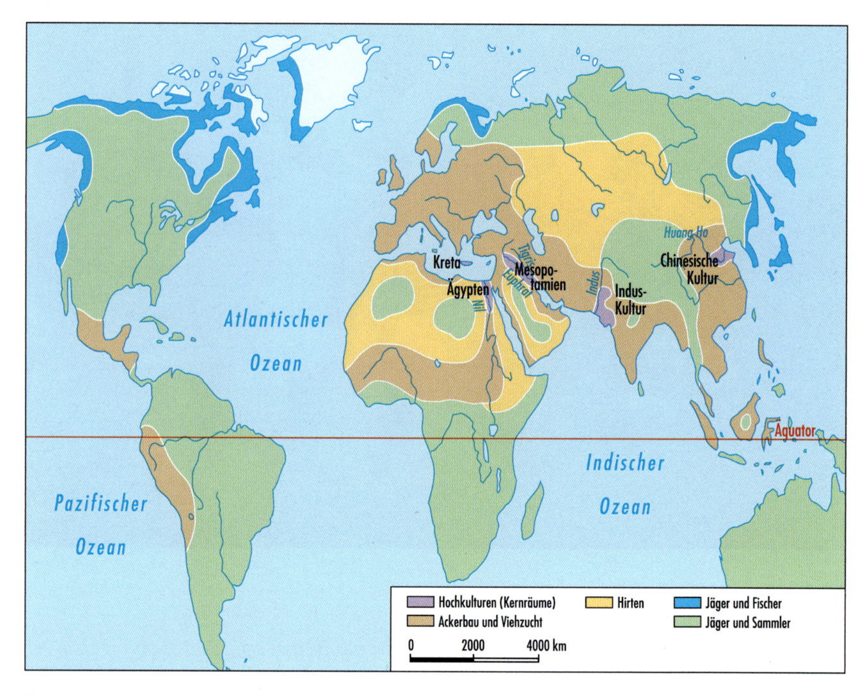

1 Frühe Hochkulturen der Welt bis ca. 1500 v. Chr.

Hochkulturen sind gegenüber dem einfachen bäuerlichen Leben weiterentwickelte Lebensform. Ihre Kennzeichen sind Städte, große Bauwerke wie Pyramiden und Tempel, Herrscher, Priester und Schreiber, Rechtsprechung sowie Handwerk und Handel. Die ersten Hochkulturen entstanden an den Flüssen Euphrat und Tigris in Mesopotamien (heute Anatolien, Irak und Syrien), am Nil (Ägypten) sowie am Indus in Indien und Hwangho im Norden Chinas.

Suche im Atlas die heutigen Staaten der frühen Hochkulturen.

Erinnere dich!

Leben mit dem Nil

Der Klimawechsel nach dem Ende der letzten Eiszeit veränderte die Lebensbedingungen der Menschen gründlich. In vielen Gegenden wichen sie vor den sich ausbreitenden Wüsten in fruchtbare Flusstäler aus. Dort fanden sie günstigere Bedingungen für Ackerbau und Viehzucht.

In Ägypten siedelten sich viele Gruppen am Ufer des Nils an. Sie bauten Dämme, die sie vor den jährlichen Überflutungen schützten, und Bewässerungskanäle, um das Flusswasser für die Landwirtschaft zu nutzen.

Die Pharaonen

Anführer leiteten wichtige gemeinsame Aufgaben und vererbten allmählich ihre Stellung auf ihre Nachkommen. Aus ihnen wurden im Laufe der Jahrhunderte die Pharaonen (→ *Pharao*). Den Herrschern gelang es im 4. Jt. v. Chr., die einzelnen Siedlungen Ober- und Unterägyptens zu einem Reich zusammenzufassen.

Die Pharaonen galten als gottähnlich. Sie sahen das ganze Land als ihr Eigentum an und herrschten unumschränkt mithilfe von gut ausgebildeten Schreibern. Die Einwohner ihres Reiches mussten Abgaben leisten und beim Bau der → *Pyramiden* und Tempel helfen.

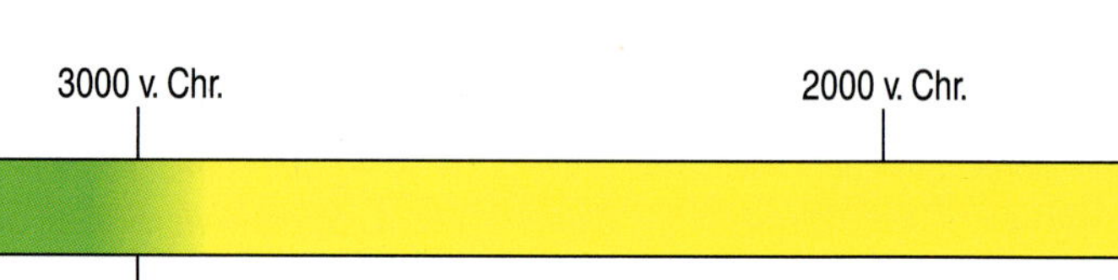

Was war wichtig? – Überprüfe deine Kompetenzen!

Merkmale der Hochkultur
Kennzeichen der ägyptischen Hochkultur ist die Herrschaft des Pharao, die Verwendung von → *Hieroglyphen*, eine straffe Verwaltung und festgelegte Gesetze, bestimmte religiöse Vorstellungen, die Anfänge von Wissenschaft, eine funktionierende Wirtschaft (Landwirtschaft, Handwerk und Handel) sowie die zahlreichen Bau- und Kunstwerke für die Herrscher und Götter.

Religion bestimmt das Leben
Die Ägypter glaubten an viele Götter (→ *Polytheismus*), die nach ihrer Vorstellung das Leben bestimmten. Als Mittler zwischen Menschen und Göttern galten die Priester. Die Bedeutung der Religion zeigt sich im Totenkult mit Mumifizierung, Grabmälern und Grabbeigaben. Anders als in Ägypten setzte sich bei den benachbarten Israeliten der Glaube an einen einzigen Gott (→ *Monotheismus*) durch. Dieser Glaube prägte das → *Judentum* und beeinflusste später das Christentum und den Islam. Während in Ägypten die Pyramiden gebaut wurden, entstand in Europa eine Megalithkultur mit großen Gräbern, Heiligtümern und Opferstätten aus Stein.

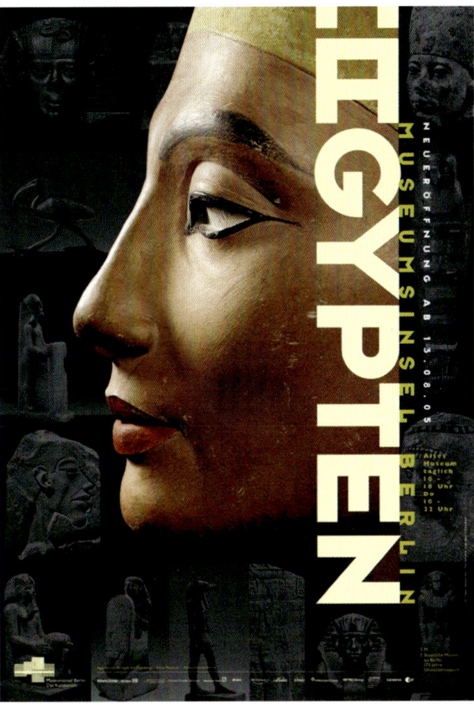

2 Nofretete.
Plakat des Ägyptischen Museums in Berlin, 2007.
Die 48 cm hohe Figur der Gattin des Pharao Echnaton, der von 1340 bis 1324 v. Chr. herrschte, ist der bekannteste Fund des Berliner Museums.

Soll die „Nofretete" zurück?
Anfang 2011 forderte Ägyptens Chefarchäologe Zahi Hawass die Rückgabe der Büste, die 1912 von einem deutschen Archäologen in Ägypten entdeckt wurde und 1913 nach Berlin kam. Schon Anfang 2002 hatte der ägyptische Kulturminister Hosni gefordert, die Büste „im Interesse der Menschheit" den Ägyptern zurückzugeben. Die deutschen Behörden lehnten die Rückgabeforderungen ab. Sie hatten bereits 2002 erklärt, dass die Büste „sich aufgrund einer durch Vertrag vereinbarten Fundteilung seit 1913 rechtmäßig in Berlin" befinde.

Ob die berühmte Büste unter unrechtmäßigen Umständen oder korrekt nach Berlin gelangt ist, kann heute kein unabhängiger Wissenschaftler mit Sicherheit sagen. Wie würdest du den Streit entscheiden? Begründe!

Du kannst ...
- *Merkmale früher Hochkulturen nennen.*
- *beschreiben, welche Aufgabe die Schreiber im alten Ägpten hatten.*
- *den wichtigsten Unterschied der ägyptischen und jüdischen Glaubensvorstellungen benennen.*

Denke nach! – Urteile kompetent!
- *Wäre die Kultur des alten Ägypten ohne den Nil möglich gewesen?*

Suche Spuren!
Thema für ein Plakat:
- *Schmuckmotive im alten Ägypten*
  Tipp: In Bayern stellen folgende Museen alte ägyptische Kunstwerke aus:
- *Staatliches Museum Ägyptische Kunst, München*
- *Schloss Seefeld, Seefeld (Landkreis Starnberg)*
- *Martin-von-Wagner-Museum der Universität Würzburg*
- *Orientalisches Museum, Bad Staffelstein (Kloster Banz)*

Erworben und vertieft
Du hast in dem letzten Kapitel gelernt, wie
- *alte Bauwerke untersucht und rekonstruiert sowie*
- *einfache Schaubilder (Grafiken) gelesen und*
- *Bilder zum Sprechen gebracht werden können.*

Außerdem hast du weitere Anregungen zum Umgang mit den Lehrbuchtexten, Bild- und Textquellen sowie Karten erhalten.

1000 v. Chr. | Christi Geburt

Übertrage die Zeitleiste auf ein Blatt (1000 Jahre = 6 cm) und füge ein: wann die Cheops-Pyramide fertig wurde, das Totenbuch des Schreibers Hunefer entstand, Unter- und Oberägypten zu einem Reich vereint wurden, der Stein von Rosette beschreiben wurde und Moses die Hebräer aus der ägyptischen Gefangenschaft in das „gelobte Land" geführt haben soll.

Die griechisch-hellenistische Welt

Europa auf dem Stier.
Schale aus Unteritalien,
um 340 v. Chr.
Durchmesser: 21,5 cm
Höhe: 7,8 cm

Unsterbliche Geliebte

*Verzweifelt blickte Europa zum Himmel und klagte:
„Ihr Götter, wie konntet ihr das nur zulassen?“
Aber im gleichen Atemzug machte sie sich selbst Vorwürfe: „Kann ich denn alle Schuld auf die Götter wälzen? Bin ich nicht selbst schuldig? Wie konnte ich so unvorsichtig sein, mich dem fremden Stier zu nähern und mich sogar auf seinen Rücken zu setzen? Geschah es mir da nicht recht, dass er mich forttrug?“ Schaudernd erinnerte sie sich an ihre Reise. Eine Nacht und einen Tag lang war sie auf dem Rücken des weißen Stieres durch das Meer geschwommen. Er hatte sie von ihrer Heimat Phönizien an die Küste einer fremden Insel im Westen gebracht. Den Namen der Insel kannte sie nicht einmal. Wehmütig erinnerte sie sich an ihre Heimatstadt Tyros, wo sie im Palast ihres Vaters aufgewachsen war. Die Tränen rannen ihr über die Wangen, als sie an ihren Vater dachte,
an die Mutter und die Freundinnen, die sie nun sicherlich überall suchen würden. Selbst wenn sie in dieser menschenleeren Gegend überleben sollte, würde sie die Lieben in der Heimat wohl nie mehr wiedersehen. Für einen Augenblick dachte Europa daran zu sterben. Da hörte sie ein leises Geräusch. Als sie sich umdrehte, sah sie eine Frauengestalt, die sich ihr näherte, ohne den Boden mit den Füßen zu berühren. „Hör auf, so
zu jammern“, begann sie zu sprechen. „Kennst du mich noch? Ich bin Aphrodite, die Göttin der Liebe. Neulich bin ich dir im Traum erschienen, um dir mitzuteilen, dass der Göttervater Zeus in dich verliebt ist.“ Europa starrte sie ungläubig an. Aphrodite fuhr fort: „Und was meinst du, wer dich hierher, auf die Insel Kreta, trug? Etwa ein normaler Stier? Hast du dich nicht gewundert, dass dich
auf dem Meer kein Tropfen Wasser benetzt hat, obwohl die Wellen hochgingen? – Nein, der Stier war niemand anderer als Zeus. Er hatte dich vom Olymp aus erblickt und sich aufgrund deiner Schönheit sofort in dich verliebt. Um dich zu besitzen, beschloss er, dich zu entführen. Du bist“, fuhr Aphrodite etwas schnippisch fort, „zwar nicht die einzige Geliebte unseres mächtigsten Gottes, aber tröste dich: Als Tochter des Königs von Tyros hätte man dich vielleicht geehrt, als Geliebte des Zeus wirst du unsterblich werden. Denn der Erdteil, zu dem Kreta gehört und in den er dich entführt hat, soll deinen Namen tragen: Europa.“*

Die Welt der Hellenen

1 Das Löwentor von Mykene.
Foto, um 1985.
Die beiden drei Meter hohen Löwen des Tores wurden etwa 1400 Jahre v. Chr. gefertigt.
Finde heraus, wo Mykene liegt. Siehe dazu die Karte auf Seite 63.

Einwanderung und Herrschaft
Mit dem 1. Jt. v. Chr. beginnt die Antike, die Zeit, in der die Griechen und später die Römer die Mittelmeerwelt beherrschten. Damals wanderten Völker aus dem Norden an die Küsten des Ägäischen Meeres und zerstörten frühgriechische Palastburgen wie Mykene. Auf der Wanderschaft hatten mutige Männer ihr Volk angeführt. In der neuen Heimat nahmen diese „Könige" von den Einheimischen das beste Ackerland in Besitz und verteilten das andere Land an die übrigen Familien. Zugleich waren sie oberste Priester und Richter. Nur wenige Generationen später hatten die Nachkommen dieser Könige ihre herausragende Stellung verloren. Mehrere andere Familien kamen ihnen nun an Reichtum, Ansehen und Macht gleich. Die führenden Männer dieser „vornehmen" Familien nannten sich *Aristoi* (dt.: die Besten). Sie übten gleichberechtigt die Herrschaft über das Volk aus. Wie es dazu gekommen war, dass aus der Herrschaft eines Königs (Monarchie; von gr. *monos*: allein) eine Adelsherrschaft (Aristokratie) wurde, wissen wir nicht.

Wer waren die „Hellenen"?
Die Einwanderer behielten ihre Sprache und ihren Glauben bei. Allerdings entwickelten sie neue Dialekte und religiöse Vorstellungen.
Seit dem 7. Jh. v. Chr. änderten die Griechen die Art und Weise, Kriege zu führen. Die Adligen kämpften nicht mehr mit ihren Streitwagen Mann gegen Mann, sondern Seite an Seite mit den Bauern in einer Schlachtenreihe (*Phalanx*). Diese Kampfweise schuf ein neues Zusammengehörigkeitsgefühl.
Eine politische Einheit, also einen Staat unter einem Herrscher wie bei den Ägyptern oder Persern, bildeten die Griechen nicht. Die vielen Gebirge und wenigen fruchtbaren Ebenen sowie die Lage am Meer und die zahlreichen Inseln standen einer solchen Entwicklung im Wege. Die Bewohner der griechischen Halbinsel nannten sich selbst *Hellenen*, Jahrhunderte später bezeichneten die Römer sie als *Graeci*. Von diesem lateinischen Wort kommt der Name *Griechen*.

Hausgemeinschaften und Stadtstaaten
Seit der Einwanderungszeit lebten die Griechen in einer Hausgemeinschaft, dem *Oikos*. Er bestand aus verwandten Familien und den für sie arbeitenden Bauern. Dazu gehörten Ländereien, Gebäude, Möbel, Kleidung, Geräte, Waffen, Vieh und Sklaven. In ihrem Oikos erledigten die Menschen ihre täglichen Arbeiten, um für Nahrung, Kleidung, Rüstung und alles andere zu sorgen, was sie für den Alltag und für Kriegszeiten benötigten. Gemeinsam verehrten sie ihre Götter und zogen in den Krieg.
Nach 800 v. Chr. entstanden immer mehr Siedlungen auf befestigten Anhöhen (gr. *Akropolis**). Hierher zogen Adlige und Bauern, aber auch Handwerker und Händler.
Die befestigte Siedlung und das landwirtschaftliche Umland bildeten einen Stadtstaat, die Polis. Die meisten der griechischen Poleis hatten weniger als 5 000 Einwohner. Jede Polis entwickelte unter der Führung des örtlichen Adels eine eigene Verwaltung, eigene Gesetze und eigene Formen der Götterverehrung.

**Eine Rekonstruktionzeichnung der Akropolis von Athen findest du auf Seite 89.*

→Lesetipps:
- *Anne Pearson, Das alte Griechenland, München 2011*
- *Cath Senker, Altes Griechenland, Nürnberg 2002*
- *Arnulf Zitelmann, Die Welt der Griechen, Weinheim 2010*

Karten auswerten

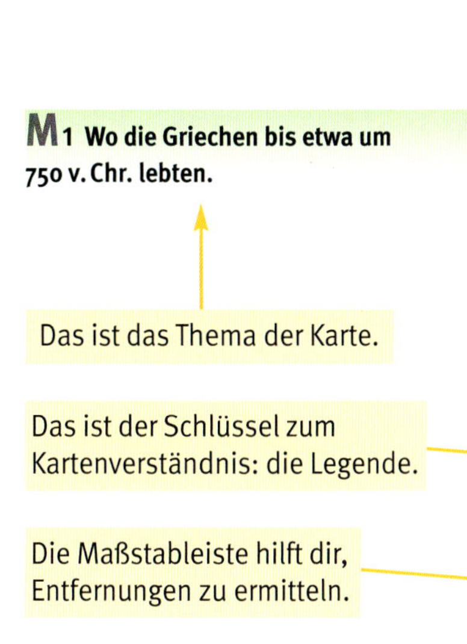

M 1 Wo die Griechen bis etwa um 750 v. Chr. lebten.

Was können Karten?
Karten für den Geschichtsunterricht informieren nicht nur wie geografische Karten über die Lage von Ländern, Orten, Meeren und Flüssen, Bergen und anderen Kennzeichen einer Landschaft. Sie verknüpfen Erdkunde und Geschichte, indem sie beispielsweise zeigen, welche Ereignisse und Entwicklungen in bestimmten Gebieten stattfanden, wie sich Lebensräume von Völkern und Ländergrenzen veränderten, woher Handelsgüter kamen und wohin sie auf welchen Wegen gebracht wurden. Auch genaue Karten geben nur einen Teil der Gegebenheiten wieder. M 1 enthält nur einige von mehreren hundert griechischen Stadtstaaten und Tausenden von Heiligtümern.

Karten kannst du lesen
Um welches Thema es in der Karte geht, sagt dir die Überschrift. Die in der Karte verwendeten Zeichen, Farben und Abkürzungen werden in der *Legende* erklärt. Sie nennt dir meist auch den *Maßstab*.
Werden dir Fragen zu einer Karte gestellt, kläre zunächst, welches Gebiet sie zeigt und über welche Einzelheiten sie informiert. Wähle dann aus deinen Ergebnissen diejenigen aus, die direkt zu den Fragen passen.
Mit den Arbeitsfragen kannst du testen, ob du die Karte auf dieser Seite „lesen" kannst.

1. *Nenne die Informationen der Karte, die für die Geschichte Griechenlands von Bedeutung sein können (M 1).*
2. *Berechne mit der Maßstableiste, wie weit es etwa von Ithaka nach Troia ist.*
3. *Beschreibe mit der Legende die Landschaft in Thessalien und auf der Peloponnes.*
4. *Untersuche, wie sich die Landschaft auf das Klima, auf die Besiedlung und die wirtschaftliche Nutzung auswirkte.*
5. *Vergleiche die Karte M 1 mit der auf Seite 70. Nenne die Unterschiede.*

Götter, Helden und Orakel

1 Zeus.
Bronzefigur, 14 cm hoch, um 470 v. Chr.
Zeus war der mächtigste Gott der Griechen. Er herrschte auf dem Olymp, dem höchsten Berg Griechenlands und dem Wohnsitz aller Götter. Zeus schützte Ordnung und Recht, schickte Regen, Wind und Sonnenschein, war der Herr des Donners und des Blitzes und kannte die Zukunft. Häufig wird er mit Adler und Eiche dargestellt.

2 Herakles und der Höllenhund.
Vasenmalerei, um 520 v. Chr.; Höhe des Gefäßes 58,6 cm.
Zu den berühmtesten griechischen Heroen gehörte Herakles. Er musste zwölf Taten vollbringen, um unsterblich zu werden. Der Kampf mit dem unverwundbaren Löwen von Nemea wurde seine erste Heldentat.
Er erwürgte ihn mit seinen Armen. Den Kopf des Ungeheuers benutzte er von da an als Helm, das Fell als Mantel.
Zum Bild: Mit der Göttin Athene (links), der Göttin der Weisheit, fängt Herakles in der Unterwelt den dreiköpfigen Höllen-

Woran glaubten die Hellenen?
Die Griechen dachten schon damals über heute noch aktuelle Themen nach und fragten: *Was war am Anfang der Welt? Warum blitzt und donnert es?* Sie wollten nicht nur die Natur und den Ursprung der Welt verstehen, sondern auch die Ursachen von Glück und Leid, Liebe, Hass, Streit, Trauer und Schmerz. Wie andere Völker fanden die Griechen Antworten bei den Göttern: unsterblichen Wesen mit übermenschlichen Kräften. Sie hatten aus einem Chaos die Welt geschaffen und waren für alles verantwortlich, was am Himmel, auf Erden und im Wasser geschah. Nichts Menschliches war den Göttern und Göttinnen fremd. Sie waren auch launisch, streitsüchtig und eitel.

Einfach sagenhaft
Eine Stufe unter den Göttern standen die *Heroen*. Diese Helden waren halb göttlicher und halb menschlicher Abstammung und besaßen übermenschliche Stärke.
Von Göttern und Heroen sowie deren Taten berichtet der *Mythos* (dt. Rede, Erzählung). Diese Dichtungen erzählten wahre und erfundene Geschichten und wurden an den Höfen der Könige und Adligen von fahrenden Sängern vorgetragen. Der Dichter und Sänger *Homer* aus Kleinasien fasste im 8. Jh. in seiner *Ilias* und *Odyssee* zusammen, was diese Erzählungen von den griechischen Königen zwischen 1600 und 1200 v. Chr. überlieferten. In der *Ilias* erzählt er, wie die Götter in den Krieg der Griechen gegen Troia eingriffen. In der *Odyssee* berichtet er von den abenteuerlichen Irrfahrten des Odysseus nach der Eroberung Troias.*

Dunkle Vorhersagen
Um den Willen der Götter zu erkunden, zogen die Griechen zu „Spruchstätten“ (*Orakel*) und legten dort Priesterinnen und Priestern ihre Fragen vor. Diese gaben ihnen Rat in verschlüsselter Form. Ein Beispiel ist die Geschichte von König *Kroisos* aus Kleinasien. Er erhielt die Auskunft, er werde ein großes Reich zerstören, wenn er Persien angreife. Er tat es und zerstörte tatsächlich ein großes Reich – allerdings sein eigenes, da die Perser siegten!

*Lies dazu Seite 65 f.

1. *Nenne die Kräfte und Fähigkeiten, die Zeus (Abb. 1) zum obersten Gott der Griechen machten.*
2. *Informiere dich über weitere Heldentaten des Herakles (Abb. 2).*
3. *Erklärt, warum die Griechen sich als eine große Gemeinschaft fühlen konnten. Beachtet dazu die vorangegangenen Seiten.*

3 Das alte Troia. *Rekonstruktionszeichnung von Jean-Claude Golvin, 2003. Ganz rechts im Bild die Burganlage; dort standen der Palast des Königs und die Tempel.*

Schönheitswettbewerb mit Folgen

Wie der Mythos berichtet, stritten sich die Göttinnen *Hera*, *Athene* und *Aphrodite*, wer die Schönste sei. *Paris*, der Sohn des troianischen Königs *Priamos*, sollte die Frage beantworten. Er entschied sich für Aphrodite und überreichte ihr als Siegprämie einen Apfel. Zum Dank half sie ihm, *Helena* für sich zu gewinnen, die Königin von Sparta und angeblich schönste Frau auf Erden. Paris entführte Helena nach Troia. Damit zog er sich den Zorn des Königs *Menelaos* von Sparta zu. Die Spartaner zogen daraufhin mit den anderen Griechen gegen Troia.

Auf Homers Spuren

In seiner Erzählung „Ilias" aus dem 8. Jh. v. Chr. berichtet Homer, warum alle Helden Griechenlands nach Troia aufbrachen, wie sich die Götter in den zehnjährigen Krieg einmischten und wie die Stadt des Königs Priamos schließlich erobert wurde und in Flammen aufging.

Der deutsche Kaufmann *Heinrich Schliemann* nahm in den 1860er -Jahren Homers Sagen beim Wort. Er war besessen von dem Wunsch, die verschollenen Ruinen Troias in der heutigen Türkei zu finden und auszugraben. Zunächst folgte er ohne Erfolg den Ortsangaben der „Ilias". Bald schloss er sich Vermutungen anderer Forscher an und begann 1870/71 mit seinen Ausgrabungen. Dabei stieß er auf mächtige Mauern, die er für die Überreste des Palastes des Priamos hielt. Als er dort später noch einen Goldschatz fand, erklärte er diesen kurzerhand zum „Schatz des Priamos".

Schliemann ging bei seinen Grabungen rücksichtslos vor. Alles, was ihm wertlos erschien, ließ er wegwerfen. Spätere wissenschaftliche Grabungen brachten die Mauern mehrerer aufeinander errichteter Städte aus verschiedenen Epochen zutage. Ob eine davon der Schauplatz des von Homer geschilderten „Troianischen Krieges" war, konnte bis heute weder bewiesen noch widerlegt werden. Heute gehen Forscher davon aus, dass es im 12./13. Jh. v. Chr. nicht einen, sondern mehrere „troianische Kriege" gab, da die Griechen damals viele kriegerische Auseinandersetzungen führten. Und ob es je einen König Priamos gegeben hat, ist genauso unsicher. – Sagen sind eben doch keine zuverlässige historische Quelle.

→Lesetipps:

- *Katherine Allfrey, Die Trojanerin, München 2000*
- *Christoph Clasen, Der Fluch von Troja, Bindlach 2010*
- *Christoph Haußner/ Matthias Raidt, Rüya und der Traum von Troja, Hamm 2000*

4 Diadem aus dem „Schatz des Priamos". *Ein von Schliemann gefundenes Schmuckstück aus dem 16. Jh. v. Chr. (Rekonstruktion). Wie ein Diadem getragen wurde, zeigt das Bild.*

Informiere dich über König Priamos und prüfe, ob das Schmuckstück überhaupt zu seinem „Schatz" gehören konnte.

M 1 Die olympischen Götter im Troianischen Krieg.

Links die Götter aufseiten der Griechen, rechts die aufseiten der Troianer.

M 2 Troias Untergang

In der Nacherzählung der „Ilias" und „Odyssee" von Walter Jens von 1958 heißt es über die List, mit der die Griechen Troia erobert haben:

[...] Schrecklich erging es den griechischen Helden, ehe Odysseus endlich den Plan fand, mit dessen Hilfe im zehnten Jahre das heilige Troia versank. Eilig zogen die Griechen sich nach Tenedos, einer benachbarten Insel, zurück. Nur ein riesiges hölzernes Pferd [...] und ein tapferer Mann namens Sinon blieben vor Troia zurück. Dieser Sinon, so war es geplant, sollte den Troern erzählen, das Pferd sei ein Weihgeschenk für die erzürnte Athene; er selbst aber, Sinon, wäre ein griechischer Flüchtling, ein grimmiger Feind des Odysseus.

Und so geschah es. Die Griechen verbrannten das Lager und zogen davon. Die Troer jubelten laut, öffneten dann die Tore der Stadt und zogen das Pferd hinauf zu dem großen Platz vor dem Königspalast auf der Burg [...]. Nur die Priesterin Kassandra und Laokoon, ein frommer Mann, durchschauten den Trug; doch keiner war bereit, den Klagen zu glauben [...]. Niemand aber bemerkte, dass sich im Bauch des Pferdes zwölf Männer versteckt hielten, die darauf warteten, dass Sinon ihnen das vereinbarte Zeichen gab.

Ilias und Odyssee, nacherzählt von Walter Jens, Ravensburg [23]2009, S. 39 und 50

M 3 Troianisches Pferd.
Szenenbild aus dem Spielfilm „Troja" von 2004.

→Lesetipps:
- *Elke Böhr/Susanne Pfisterer-Haas, Odysseus. Ein archäologisches Kinderbuch, Mainz 2006*
- *Willi Fährmann, Das Feuer des Prometheus. Griechische Sagen neu erzählt, Würzburg 2004*
- *Homer, Die Odyssee, nacherzählt von Ulrich Karger, Stuttgart 2004*
- *Dimiter Inkiow, Als Zeus der Kragen platzte. Griechische Sagen neu erzählt, München 2007*

→Hörtipp: *Griechische Sagen. Neu erzählt von Dimiter Inkiow, Dortmund 2005*

1. *Informiert euch über die in M 1 und M 2 genannten Götter. Verfasst Kurzbeschreibungen.*
2. *Untersucht, was alle griechischen Götter mit den Menschen gemeinsam haben und was sie von ihnen unterscheidet?*
3. *Erzählt die Geschichte vom Untergang Troias zu Ende (M 2 und M 3).*

1 Eine Familie schreitet zum Opfer.
Bemalte Holztafel (15 x 30 cm) aus Korinth, um 540 v. Chr.
An der Spitze der Prozession geht eine Frau; sie trägt auf dem Kopf einen Korb mit Gegenständen für das Opfer.
Beschreibe die anderen Teilnehmer.

Feste für die Götter

Nie nur Vergnügen
Die Griechen achteten die Götter. Alles, was sie allein oder in Gemeinschaft unternahmen, begannen sie mit Gebet und Opfer. Sie dankten ihren Göttern für ihre Hilfe oder versuchten, sie für die Zukunft günstig zu stimmen. Die Menschen opferten ihnen die ersten Früchte des Feldes oder die kräftigsten Tiere ihrer Herde und bauten ihnen prächtige Tempel. Regelmäßig veranstalteten die Griechen feierliche Umzüge, Tänze, Theateraufführungen und Wettkämpfe. Dabei gedachten sie der Toten und der gewonnenen Schlachten. Alle Feste waren Gottesdienste, nie nur Vergnügen.
Herrscher und Priester richteten die Feiern für ihre Polis aus. Sie boten den Stadtstaaten und den Bürgern Gelegenheit, Macht und Reichtum zu zeigen. Gleichzeitig dienten sie dem inneren Frieden, da die reichen Bürger die teuren Feste für alle bezahlten. So stärkten sie das Zusammengehörigkeitsgefühl der Bürger und den Stolz auf ihren Stadtstaat. Zudem versuchten Politiker, die Menschen durch prächtige Feste für sich zu gewinnen.

Das Geburtstagsfest der Athene
Die Athener feierten im 5. Jh. v. Chr. im Verlauf eines Jahres über 40 Feste. Das wichtigste und schönste war das seit dem 6. Jh. v. Chr. alle vier Jahre im Sommer stattfindenden *Panathenäen*: das Geburtstagsfest der Stadtgöttin und Schutzpatronin *Athene*. Auf dem Höhepunkt der viertägigen Feiern standen viele Menschen an der Heiligen Straße, auf der ein langer Umzug zur Akropolis führte.* An der Spitze gingen Priester und hohe Beamte, dahinter Mädchen, Opfertiere, Opferträger und Musiker. Mit Spannung wurde ein Wagen in Form eines Schiffes erwartet, an dessen Mast ein prächtiges neues Kleid für die Statue der Athene im Parthenon-Tempel** hing. Zum Fest gehörten sportliche und musikalische Wettbewerbe, später auch Theatervorstellungen. Den Abschluss bildete ein Essen, bei dem das Fleisch der Opfertiere verzehrt wurde.

*Welchen Weg er nahm, kannst du auf der Seite 78 erkennen.
**Eine Zeichnung des Tempels findest du auf Seite 89.

1. *Nenne die Ziele der griechischen Feste.*
2. *Liste heutige Festtage auf. Welche Gemeinsamkeiten und Unterschiede stellst du fest?*
3. *Vergleiche die griechische mit der ägyptischen Götterwelt. Lies dazu nochmals die Seiten 48ff.*

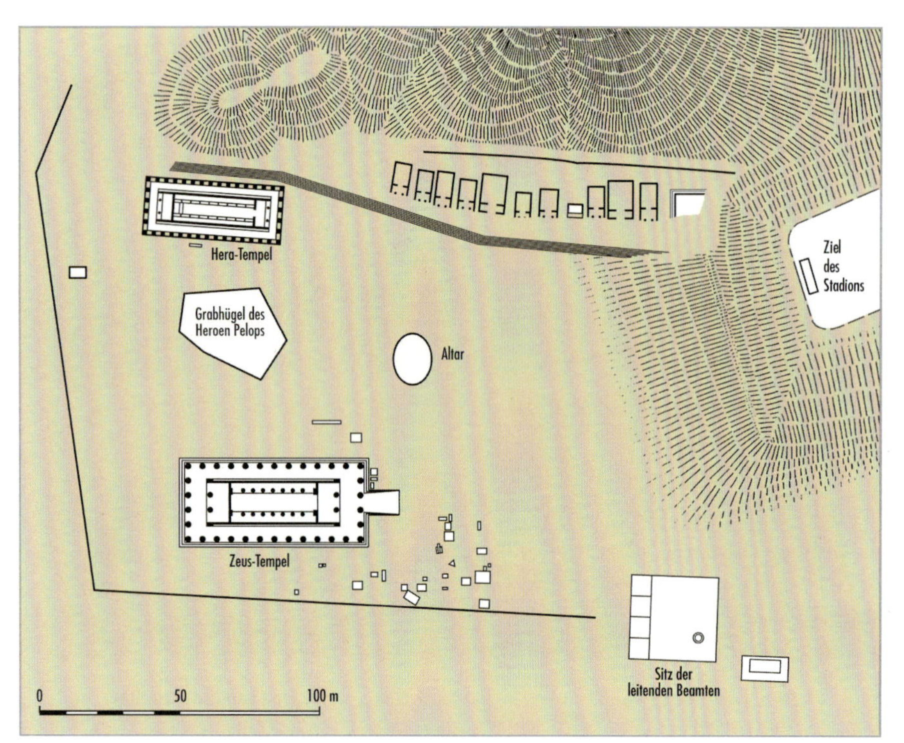

2 Olympia im 6./5. Jh. v. Chr., Grundriss.
Bestimme das Zentrum des Heiligtums. Erkläre!

Spiele in Olympia

„Immer der Beste zu sein und die anderen zu übertreffen", so beschrieb Homer das Bestreben der Griechen. Ihre Feste in Olympia, in Korinth, Delphi und anderen Städten und Heiligtümern zeigen das. In Olympia befanden sich Heiligtümer für Zeus und *Hera*, die „Königin der Götter", die über das Leben der Frauen wachte und Mutterschaft, Geburt und Ehe schützte.
Zeus und Hera zu Ehren fanden seit etwa dem 11. Jh. v. Chr. regelmäßig Olympische Spiele statt. Ab 776 v. Chr. sind die Namen der Sieger der „großen Olympien" überliefert. Sie fanden alle vier Jahre statt, und nach ihnen bestimmten die Griechen ihre Zeitrechnung (776 v. Chr. = 1. Jahr der 1. Olympiade).

3 Wettlauf.
Vasenmalerei, 6. Jh. v. Chr.

Nicht nur Sport

Im Laufe ihrer tausendjährigen Geschichte änderten sich die Feiern. Aus einem Festtag wurden schließlich fünf Tage. Zum ursprünglichen Stadionlauf kamen Weitsprung, Diskuswerfen, Ringkampf und Wagenrennen hinzu. Außer Sportlern stritten Sänger und Dichter um Anerkennung und Preise.
Auch die Zahl und der Kreis der Teilnehmer änderten sich. Anfangs nahmen wohl nur Angehörige vornehmer Adelsgeschlechter weniger griechischer Städte teil, später kamen die Teilnehmer von überall.
Grundsätzlich durften bei den Spielen in Olympia nur wehrfähige Männer mitmachen, die Bürgerrechte besaßen. Verheiratete Frauen durften anders als Mädchen und Sklaven nicht einmal zuschauen.

„Olympischer Friede"?

„Das Fest des Zeus ist wiederum nahe, aller Streit soll ruhen, jeder Waffenlärm schweige! Frei mögen auf allen Land- und Wasserstraßen die Pilger heranziehen zu der gastlichen Schwelle des Zeus!" Mit solchen Worten zogen alle vier Jahre die Boten Olympias aus, um zu den „großen Olympien" einzuladen. Diese Botschaft führte nicht immer zur Einstellung aller Kriege in Griechenland, schützte aber die an- und abreisenden Teilnehmer.

Fair play?

Für sie stand viel auf dem Spiel. Daher ist es kaum verwunderlich, dass die Wettkämpfe nicht immer fair verliefen. Bei den Wagenrennen wurde so rücksichtslos gefahren, dass es zu tödlichen Unfällen kam. Auch Bestechung und Betrug müssen vorgekommen sein. Wir wissen das aus Strafbestimmungen, die ab dem 6. Jh. v. Chr. galten.

Ruhm und Unsterblichkeit

Wer bei den Wettkämpfen in Olympia gewann, erhielt einen „Kranz des Zeus" aus den Zweigen des heiligen Ölbaumes. In der Heimat erwarteten den Olympiasieger weitere Auszeichnungen. In Athen bekam er um 600 v. Chr. eine Prämie von 500 Drachmen – ein Vermögen, denn ein Ochse kostete fünf Drachmen. Außerdem wurde der Sieger von Steuern und Abgaben befreit und durfte bis an sein Lebensende im Kreis der höchsten Würdenträger der Polis umsonst speisen. Darüber hinaus fertigten Künstler Statuen der Olympiasieger an, die auf öffentlichen Plätzen aufgestellt wurden. Dichter verfassten Verse, um die Sportler unsterblich und damit göttergleich zu machen.

M 1 Diskuswerfer.
Vasenmalerei, um 500 v. Chr.

M 2 Weitsprung.
Malerei auf einer Schale, um 480 v. Chr.

M 3 Wagenrennen.
Vasenmalerei, um 400 v. Chr.
Nur Adlige und Reiche konnten sich Wagenrennen leisten. Sie nahmen an den Rennen meist nicht selbst teil, sondern überließen ihre Pferde und Fahrzeuge angeworbenen Wagenlenkern.
Die olympischen Ehren erhielten aber die Besitzer der Wagen. Aus diesem Grunde konnten im 4. und 3. Jh. v. Chr. auch zwei Frauen „Olympiasieger“ werden.

M 4 Höhepunkte der Olympischen Spiele

Im 5./4. Jh. v. Chr. verlaufen die Spiele in etwa wie folgt:

Erster Tag
Eröffnung und Eid aller Athleten (einschließlich ihrer Verwandten und Betreuer) vor der Statue des Zeus; Wettkämpfe der Knaben (12–18-Jährige): Wettlauf, Ringen und Faustkampf
Zweiter Tag
Wagenrennen der Vier- und Zweigespanne, Wettreiten, Fünfkampf (Diskuswerfen, Weitsprung, Speerwerfen, Laufen und Ringen); Totenopfer
Dritter Tag
Feierliche Prozession zum großen Altar des Zeus: Höhepunkt des Festes; danach Langlauf (rund 3 840 m), Stadionlauf (rund 192 m) und Doppellauf (rund 384 m)
Vierter Tag
Ringen, Faustkampf und Pankration (eine Art Catchen, bei dem Würgen, Treten und Beißen erlaubt waren) und zum Abschluss der Waffenlauf (rund 384 m mit einem bronzenen Schild am linken Arm)
Fünfter Tag
Siegerehrung, Dankopfer und Festessen

Ludwig Drees, Olympia. Götter, Künstler und Athleten, Stuttgart 1967, S. 77 ff. (vereinfacht)

M 5 Über die Bedeutung der Olympischen Spiele

Der Redner und Schriftsteller Isokrates aus Athen verfasst für die Olympischen Spiele von 380 v. Chr. eine „Festschrift“. Darin hebt er die Bedeutung der Festspiele hervor und schreibt:

Mit Recht lobt man diejenigen, welche die Festversammlungen eingeführt haben, denn sie überlieferten die Sitte, dass wir uns nach Verkündung des Gottesfriedens und nach Beilegung der schwebenden Feindschaften an einem Ort zusammenfinden, um den Göttern gemeinschaftlich Gebete und Opfer darzubringen. Dabei erinnern wir uns der bestehenden Verwandtschaft, verbessern für die Zukunft das gegenseitige Verständnis, erneuern alte und schließen neue Freundschaften.

Isokrates, Panegyrikos 43, übers. von Theodor Flathe, Berlin o. J. (vereinfacht)

M 6 Die erste Olympiasiegerin im Tennis.
Charlotte Cooper aus England, Foto von 1900. Die ersten Olympischen Spiele der Neuzeit fanden 1896 in Athen statt. Erst 1900 erhielten sechs Frauen aus vier Ländern die Erlaubnis, an den Olympischen Spielen in Paris teilzunehmen. Ihre Teilnahme beschränkte sich auf Sportarten wie Tennis und Golf.

→ ***Lesetipps:***
- *Katherine Roberts, Gefahr für Olympia, München 2007*
- *Jörg Wimmert u. a., Die Olympischen Spiele, Nürnberg 2008*

1. *Die Weitspringer in Olympia sprangen aus dem Stand und hielten Gewichte in beiden Händen (M 2). Heute ist Weitsprung eine andere Sportart. Findet weitere olympische Disziplinen, die sich verändert haben.*
2. *Stelle dir vor, es hätte im alten Griechenland schon Radios gegeben. Schreibe eine Radioreportage über die Höhepunkte der Spiele (M 4) und trage sie der Klasse vor.*
3. *Erkläre, warum die Olympischen Spiele für alle Hellenen so wichtig waren (M 5 und Lehrbuchtext).*

1 **Wo die Griechen sich niederließen (750-550 v. Chr.).**

Auswanderung und Kolonisation

Auf der Suche nach einer neuen Heimat

Seit dem 8. Jh. v. Chr. verließen zahlreiche Griechen ihre Heimat. Sie zogen übers Meer, um an den Küsten des westlichen Mittelmeeres und des Schwarzen Meeres neue Siedlungen zu gründen. Da dies mit Landnahme verbunden war, wird diese Entwicklung auch als *Kolonisation* (von. lat. *colere*: Land bebauen) bezeichnet.

Die Ursachen für diese Wanderungsbewegung (*Migration*) waren vielfältig. Einerseits trugen Naturkatastrophen, Bevölkerungswachstum, Kriege, Streitigkeiten zwischen den führenden Familien, Armut und Hunger dazu bei, dass die Menschen auswanderten, andererseits lockten Land, Gewinn versprechender Handel oder reine Abenteuerlust die Griechen in die Fremde. In der Regel gründeten die Auswanderer „Tochterstädte" und blieben mit ihren griechischen „Mutterstädten" in Verbindung.

Die Kolonisation trug nicht nur zum inneren Frieden in vielen Poleis bei, sondern förderte auch Seefahrt, Schiffbau und Handel. Bald erhielt man überall in der damals bekannten Welt griechische Töpferwaren im Tausch gegen Getreide und andere Rohstoffe.

2 **Griechischer Tempel in Kyrene (Nordafrika).**
Foto von Robert Polidori, um 1998.
Schon im 6. Jh. v. Chr. hatten Griechen in Kyrene einen Tempel errichtet. Das hier abgebildete Heiligtum entstand zwischen 500 und 480 v. Chr.

1. *Das Ergebnis der griechischen Expansion des 8. und 7. Jh. fasste der Philosoph Platon im 4. Jh. v. Chr. in einem witzigen Bild zusammen: Die Griechen säßen um das Mittelmeer wie die Frösche und Ameisen um einen Teich. Erkläre den Vergleich. Nutze dazu auch die Karte (Abb. 1).*
2. *Stelle mit der Karte (Abb. 1) und einer aktuellen Europakarte fest, in welchen Staaten Überreste aus der Zeit der griechischen Auswanderung zu finden sind.*
3. *Informiert euch über die Gründe, die heute dazu führen, dass Menschen ihre Heimat verlassen. Vergleicht diese mit denen der alten Griechen.*

M1 Wie Kyrene gegründet wird

Die folgende Erzählung beschreibt, wie im 7. Jh. v. Chr. die Kolonie Kyrene in Nordafrika gegründet wird. Die Vorlage für diese Geschichte hat der Grieche Herodot im 5. Jh. v. Chr. verfasst. Ihm verdanken wir das erste uns erhalten gebliebene Geschichtsbuch.

Eigentlich hatte er sich ja vorgestellt, seinen Lebensabend wie alle seine Vorfahren verbringen zu können: an dem Ort, an dem er geboren worden war und auf dem Familienbesitz. Doch stattdessen saß er nun nicht am Strand von Thera*, sondern weit entfernt an der Küste Nordafrikas. Angefangen hatte alles vor vielen Jahren: Durch das Orakel in Delphi hatte der Gott Apollon den Abgesandten seiner Heimatinsel Thera aus heiterem Himmel den Rat gegeben, auszuwandern und eine neue Stadt in Libyen zu gründen. Doch da sie etwas ganz anderes gefragt hatten und gar nicht wussten, wo Libyen lag, beachteten sie den Orakelspruch nicht weiter und hatten ihn bald darauf auch vergessen. Wozu sollten sie auch ohne Grund ihre Heimat verlassen und in ein völlig unbekanntes Land ziehen?
Und dann blieb der Regen sieben ganze Jahre aus, die Äcker verdorrten und vielen drohte der Hungertod. Jetzt erkannten sie den Sinn des Orakelspruchs. Da aber trotzdem niemand freiwillig gehen wollte, wurde festgelegt, dass auf der ganzen Insel immer je einer von zwei Brüdern durch das Los für die Auswanderung bestimmt werden sollte. Damals traf das Los ihn, sein Bruder konnte bleiben. Die Erinnerung an den Abschied von seinen Eltern und Verwandten schmerzte ihn heute noch. Aber was half es. Nach einigen langen und traurigen Tagen auf See erblickten sie die Küste einer Insel vor sich. Es war ihnen ganz recht, dass ihr Anführer sie an Land schickte, um dort eine Siedlung zu gründen, und es war ihnen auch ganz egal, ob das nun schon Libyen war oder nicht. Sie wollten nichts anderes, als eine neue Heimat finden.
Doch nichts gelang ihnen dort, und bald ging es ihnen genauso schlecht wie in ihrer alten Heimat. Alle waren gereizt und unzufrieden und alle hatten Heimweh. Daher kümmerten sie sich auch nicht um den neuen Orakelspruch aus Delphi, der ihnen jetzt schon zum dritten Mal empfahl, nach Libyen weiter zu segeln, und ihnen dort ein gutes Leben versprach. Im Gegenteil, sie setzten die Segel und kehrten nach Thera zurück. Dort wurden sie allerdings nicht wie erwartet herzlich willkommen geheißen, sondern wie fremde Eindringlinge beschossen. Notgedrungen fuhren sie also wieder ab. Doch erst nach weiteren zwei Jahren und einem erfolglosen Zwischenaufenthalt auf Platea, einer Insel vor der Küste Libyens, erkannten sie, dass es besser war, endlich dem Hinweis Apollons zu folgen und sich in Libyen niederzulassen. Dort fanden sie Platz für eine Siedlung und Nahrung. Nach sechs Jahren zeigten ihnen Einheimische einen noch besseren Platz, wo sie schließlich mit neuem Mut ihre Stadt Kyrene gründeten.
Das war nun auch schon wieder Jahre her. Und wenn er sich umsah, fühlte er sich beinahe zu Hause hier in seiner neuen Heimat. Häuser und Tempel, Hafenanlage, Gassen und Felder unterschieden sich kaum von denen in der alten Heimat. Zwar hatte er das Bürgerrecht Theras verloren, dafür aber war er nun Bürger der aufstrebenden Stadt Kyrene, die inzwischen gute Beziehungen zur Mutterstadt unterhielt. Und wenn er es sich genau überlegte, dann ging es ihm als Händler hier an der nordafrikanischen Küste besser als auf Thera. Vielleicht hatte die ganze Sache also auch ihr Gutes.

Herodot, Historien IV, 150 ff. (nacherzählt von Dieter Brückner)

*Thera: *heute Santorin; siehe die Karte auf Seite 63*

M2 Befragung der Pythia in Delphi.
Malerei auf einer Schale, um 430 v. Chr.
Viele Poleis bemühten sich um einen Rat des Orakels von Delphi. Dort verehrten die Griechen Apollon, den Gott des Lichtes, der Musik, der Dichtung und der Heilkunst. Er konnte das Dunkel der Zukunft durchdringen. Dabei half ihm die Priesterin Pythia. Sie soll auf einem goldenen Dreifuß über einem Erdspalt, dem berauschende Düfte entströmten, gesessen und unverständliche Worte gemurmelt haben. Die anwesenden Priester deuteten ihre Sprüche für die Ratsuchenden.

1. *Gib die in M1 genannten Gründe für die Auswanderung wieder.*
2. *Stellt die Auswanderung in einem Rollenspiel dar. Wählt dazu folgende Szenen aus: Befragung des Orakels, Reisevorbereitung, Abschied und Landung in Libyen (M1 und M2).*

Lern-tipp

Vertiefung

Begegnung mit anderen Kulturen

Ein- und Auswanderung sowie der Fernhandel förderten die Begegnung der Hellenen mit anderen Kulturen. Um die Mitte des 2. Jt. v. Chr. wurden Metalle und Luxusgegenstände aus Ägypten, Syrien, Kleinasien und Sizilien nach Griechenland eingeführt. Griechische Keramik, Textilien und Nahrungsmittel waren im Ausland begehrt. Über den Handel lernten die Griechen die Schrift der Phönizier, aus der sie im 9. Jh. v. Chr. ihr *Alphabet* entwickelten.

Nach dem Vorbild der Lyder aus Kleinasien prägten die Griechen seit dem 7. Jh. v. Chr. Münzen. Die Geldwirtschaft löste den Tauschhandel ab.

Die Griechen übernahmen von den Kretern, Phöniziern, Babyloniern, Persern und Ägyptern wichtige Anregungen für ihre Religion, Kunst, Dichtung und Wissenschaft. Dieser Kulturaustausch hinderte die Griechen nicht daran, alle Menschen mit einer für sie fremden Sprache, Religion und Lebensweise *Barbaren* zu nennen. Sie haben diesen Begriff seit dem 6. Jh. v. Chr. verwendet, weil die Sprache der Fremden in ihren Ohren so unverständlich wie „bar-bar" klang. Anfangs war das nicht böse gemeint, später aber sahen sie die Kultur der „Barbaren" als minderwertig an. So machten sie im Krieg besiegte Fremde selbstverständlich zu Sklaven.*

*Zur Sklaverei lies Seite 84.

1 Handelsschiff.
Vasenmalerei, um 510 v. Chr.
Die Griechen bemalten viele aus Ton gebrannte Vorratsgefäße, Vasen und Schalen.

Phönizisches Alphabet ca. 1000 v. Chr.	Bedeutung	Griechisches Alphabet ca. 800 v. Chr.	Bedeutung	Lateinisches Alphabet ca. 500 v. Chr.
𐤀	'	A	A(lpha)	A
𐤁	b	B	B(eta)	B
𐤃	d	Δ	D(elta)	D
𐤄	h	E	E(psilon)	E
𐤊	k	K	K(appa)	K
𐤌	m	M	M(y)	M
𐤍	n	N	N(y)	N
𐤓	r	P	R(ho)	R
𐤔	š	Σ	S(igma)	S
𐤅	u	Y	Y(psilon)	Y
–	–	Ω	O(mega)	O

2 Die Entwicklung des Alphabets.

3 Münze aus Kleinasien, um 600 v. Chr.
Abgebildet ist das heilige Tier einer Gottheit: ein Damhirsch. Münzen gehören zu den häufigsten und wegen der Abbildungen und Beschriftungen wichtigsten Quellen. Die ältesten Münzen bestehen aus Gold und Silber. Die Abbildungen auf ihnen berichten über Religion und Sagenwelt, über Handel und Politik.

1. *Im Gegensatz zu Malereien auf Stein, Holz und Verputz blieben Bilder auf Keramiken erhalten (vgl. Abb. 1). Nenne die Gründe.*
2. *Auf den folgenden Seiten findest du Bilder, die wie Abb. 1 auf Keramikfunde zurückgehen. Liste auf, was dargestellt ist. Ordne die Abbildungen Themen wie der Mythologie, der Wirtschaft, dem Alltag usw. zu. Begründe, warum sie wichtige Quellen für die Geschichte Griechenlands sind.*
3. *Erkläre, worauf das Wort „Alphabet" zurückgeht (Abb. 2).*
4. *Die „Hellenen" begegneten vielen Völkern. Uns ergeht es heute ebenso. Teilt die Klasse in Gruppen auf; jede Gruppe steht für ein Land (Italien, Türkei, USA, Japan und England). Findet heraus, was wir aus diesen Ländern übernommen haben. Was davon gefällt euch besonders gut?*

Sparta – ein Soldatenstaat?

Eroberer auf dem Peloponnes

Nach 1000 v. Chr. gründeten die *Dorer* (dt. Speerleute) im fruchtbaren Tal des Eurotas fünf Dörfer. Aus ihnen entwickelte sich Sparta. Als die Bevölkerung wuchs und das Land knapp wurde, eroberten die Spartaner das fruchtbare Messenien jenseits des Taygetosgebirges. Das neue Land teilten sie gleichmäßig unter sich auf. Die Bevölkerung machten sie zu Staatssklaven (*Heloten*). Diese hatten keine Rechte, mussten das Land bewirtschaften und Abgaben leisten. Die Nachkommen der besiegten Bewohner des Eurotastales, die nicht versklavt worden waren, nannten sie *Periöken* (dt. Umwohner). Sie zahlten Steuern und dienten im Heer, hatten jedoch keine Mitspracherechte.

Siege haben ihren Preis

Die Eroberer mussten ständig mit dem Widerstand der Heloten rechnen. Sie taten daher alles, um unbesiegbar zu bleiben – und lebten „spartanisch". Die rund 6 000 waffenfähigen Männer, die *Spartiaten*, wohnten dauernd getrennt von ihren Familien in Tisch- und Zeltgemeinschaften wie im Krieg. Es war ihnen verboten, auf dem Feld zu arbeiten, Handel zu treiben oder einen Beruf auszuüben.

Die spartanische Erziehung war streng. Die Jungen kamen in Lager und wurden für den Krieg gedrillt. Mädchen mussten Sport treiben. Man glaubte, nur kräftige Frauen könnten gesunde Kinder zur Welt bringen.

2 Peloponnes.

Ohne Frauen läuft nichts

Die Spartanerinnen verwalteten das Landgut der Familie und beaufsichtigten die Heloten. Die Männer waren davon abhängig, dass ihre Frauen gut wirtschafteten, denn ein Spartiat, der nichts zum Unterhalt seiner Tischgemeinschaft beitrug, verlor seine Rechte.

Königs- oder Volksherrschaft?

Im 7. Jh. v. Chr. entstand die spartanische Staatsform durch den Gesetzgeber *Lykurg*. An der Spitze standen zwei Könige, die ihr Amt vererbten. Sie vertraten die Polis vor den Göttern und führten das Heer im Krieg an. Verwaltet wurde Sparta von fünf *Ephoren* (dt. Aufseher). Ein „Rat der Alten" (*Gerusia*) beriet sie dabei. Unter dem Vorsitz der Ephoren tagte monatlich die Volksversammlung mit allen wehrfähigen Männern über 30 Jahre. Gemeinsam entschieden sie über Gesetze, Verträge, Krieg und Frieden. Hielten der „Rat der Alten" und die Könige einen Volksbeschluss für falsch, konnten sie ihn für ungültig erklären.

1 Spartanisches Mädchen.
12 cm hohe Bronzefigur, um 530 v. Chr.
Laufen, Ringen, Diskus- und Speerwerfen gehörten zu den von Mädchen ausgeübten Sportarten.

M 1 Spartanischer Krieger.
Etwa 13 cm hohe Figur, die Teil eines Bronzegefäßes ist, das um 530 v. Chr. entstand. Auf dem Schlachtfeld sollen die Spartiaten rote Hemden getragen haben, damit das Blut nicht zu sehen war. Im Gegensatz zu den anderen Griechen trugen sie lange Haare.

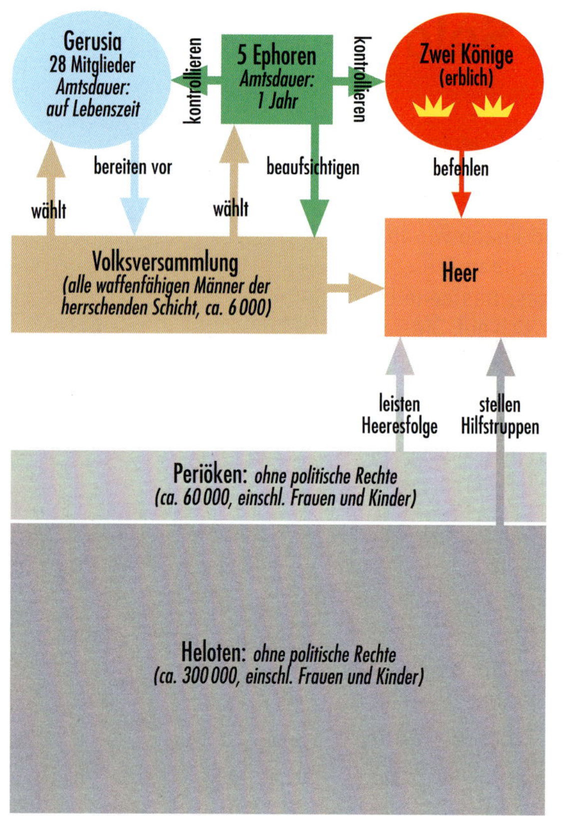

M 2 Bevölkerung und politische Ordnung Spartas um 500 v. Chr.

M 3 Der Staat erzieht

Ernst Baltrusch, Professor für Alte Geschichte in Berlin, schreibt 2006 über die staatliche Erziehung in Sparta:

Neugeborene wurden von einer Ältestenkommission auf ihre körperliche Tauglichkeit hin begutachtet und, im Fall einer positiven Entscheidung, in die
5 Gemeinschaft der Spartiaten aufgenommen und mit einem Landlos bedacht; die schwachen und nicht als lebensfähig eingeschätzten Kinder wurden dagegen an einer unzugänglichen Stelle
10 im Taygetos-Gebirge ausgesetzt.
Das Ziel der Erziehung war auf die körperliche Ertüchtigung ausgerichtet, das heißt auf Ausdauer sowie die Fähigkeit, Kälte, Hitze, Hunger, Durst, Schläge und
15 Schmerzen gleichermaßen zu ertragen.
Zunächst lag die Erziehungsarbeit noch bei den Eltern. Wohl vom siebten Lebensjahr an wurden auf jeden Fall die Jungen, vielleicht auch die Mädchen,
20 von staatlichen Stellen erzogen. [...]
Wenn die Kinder etwa 14 Jahre alt waren, standen beständig sportliche Wettbewerbe [...] auf dem Programm.

Es gab dabei auch Merkwürdiges:

So sollten [...] die Knaben vom Altar ei-
25 nes Heiligtums möglichst viele Käsestücke stehlen, wobei sie gleichzeitig ausgepeitscht wurden. Oder sie sollten sich ihren Lebensunterhalt im Land „erstehlen"; wenn sie erwischt wurden,
30 sollten sie hart bestraft werden – nicht wegen des Diebstahls, sondern wegen des Erwischtwerdens.

Ernst Baltrusch, Die verklärteste Stadt der Antike, in: Damals. Das Magazin für Geschichte und Kultur 38. Jg. (2006), H. 11, S. 19 f. (vereinfacht)

1. *Beschreibe die politische Ordnung Spartas aus der Sicht eines Spartiaten und eines Heloten (M 2).*
2. *Stelle dir vor, du lebtest im antiken Sparta. Was würde dir gefallen, was nicht? Begründe!*
3. *Nenne Unterschiede zur heutigen Erziehung und Bildung (M 3).*

1 Der persische Großkönig Dareios I. empfängt eine Gesandtschaft.
Ausschnitt eines etwa 6,00 m langen und 4,50 m hohen Reliefs von der Nordtreppe des Thronsaales in Persepolis (die Stadt liegt im Süden des heutigen Iran), 5. Jh. v. Chr.
Auf dem Thron sitzt Dareios I. (521-485 v. Chr.). Der Hofmarschall, der wichtigste Beamte des Staates, begrüßt den Herrscher. In der Mitte stehen Räuchergefäße.
Beschreibe die „Stellung“ des Großkönigs.

Griechen kämpfen gegen Perser

Großkönige herrschen

Um 490 v. Chr. erschienen in den Stadtstaaten Griechenlands Boten des persischen Großkönigs *Dareios I.* und forderten Erde und Wasser zum Zeichen der Unterwerfung. Wie kam es dazu?
Um diese Zeit beherrschte Dareios weite Teile Vorderasiens und Ägyptens. Er und seine Vorfahren hatten mit einer großen Armee und ihren gefürchteten Bogenschützen ein Reich erobert. Sie sahen sich als „Könige der Könige“ (*Großkönige*) und „Herrscher der Welt“.
Für die Verwaltung ihres Reiches hatten sie eine neue Methode entwickelt. Sie teilten es in 20 Provinzen (*Satrapien*) auf, an deren Spitze ein Stellvertreter des Großkönigs stand. Die Bewohner mussten Abgaben leisten, durften aber meist ihre Religion und Kultur behalten und frei wirtschaften.

Gemeinsam gegen die Perser

Um 500 v. Chr. lehnten sich einige Städte Kleinasiens gegen die persische Herrschaft auf: Sie stürzten ihre Stadtherren, schlossen sich zusammen und baten Athen und andere Poleis um Hilfe. 498 setzten sie die Stadt Sardes in Lydien in Brand. Um den Aufstand einzudämmen, zerstörten die Perser Milet und andere Orte. Nun kam es zum Krieg der Griechen gegen die Perser.
Das große persische Heer scheiterte in zwei Feldzügen. 490 v. Chr. siegten die athenischen Hopliten unter *Miltiades* bei Marathon.* Zehn Jahre später kehrten die Perser zurück, um den Misserfolg zu rächen. Doch inzwischen hatten die Athener eine schlagkräftige Kriegsflotte aufgebaut und ein Bündnis mit Sparta und anderen Stadtstaaten geschlossen. Die Perser konnten zwar Athen zerstören und die Tempel in Brand stecken, aber sie scheiterten in der *Seeschlacht von Salamis* (480 v. Chr.) an der Athener Flotte. Ein Jahr später wurden die Perser in der *Landschlacht bei Plataiai* von griechischen Hopliten geschlagen. Um gegen künftige Angriffe gerüstet zu sein, gründete Athen 478/477 v. Chr. den *Attisch-Delischen Seebund*, dem die meisten Poleis in der Ägäis beitraten.

Unwissen schafft Vorurteile

Die Griechen wussten auch nach den Kriegen nicht viel über die Perser. Doch die Erinnerung an die Bedrohung, an den Krieg und den eigenen Sieg blieb lebendig. So kam es, dass schon bald alles, was mit den Persern zusammenhing, als schlecht galt: Ihre Religionen wurden als Aberglaube belächelt. Auf ihre Lebensweise blickten die Griechen herab. Die große Macht der Großkönige deuteten sie als Gewaltherrschaft, der sich die Untertanen mit verachtungswürdiger „Unterwürfigkeit“ beugten.

**Ein Läufer soll die Siegesnachricht nach Athen gebracht haben und dann tot zusammengebrochen sein. Auf diese quellenmäßig ungesicherte Erzählung geht der längste Wettbewerb der Leichtathleten zurück: der Marathonlauf. Die Strecke von 42,196 km, die heute gelaufen wird, ist nicht die genaue Entfernung zwischen Marathon und Athen, sondern die zwischen Windsor und London; sie wurde 1908 festgelegt.*

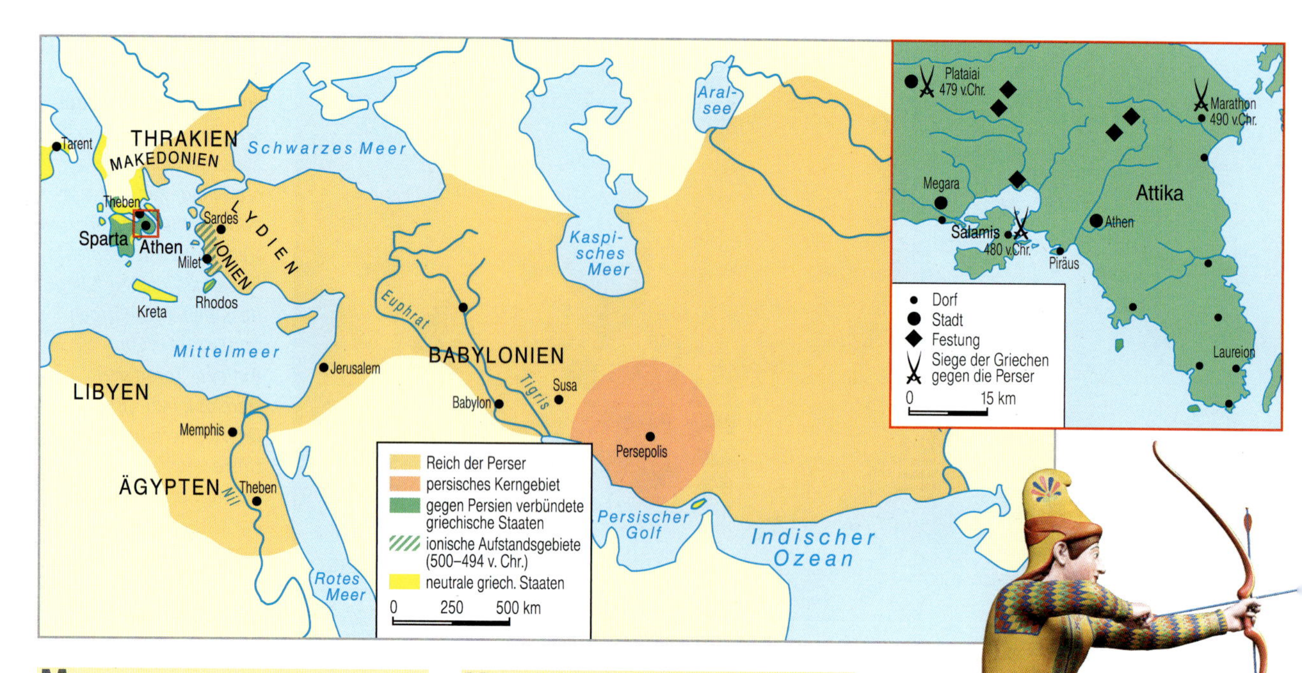

M 1 Wofür die Hellenen kämpfen

Über die Perserkriege informiert uns der griechische Historiker Herodot, der zwischen 490 und 480 v. Chr. geboren worden ist. Er berichtet von folgendem Gespräch zwischen dem persischen Heerführer Hydarnes und zwei Boten aus Sparta:

Ihr seht ja nicht nur an meiner Stellung, wie mein persischer Herr tüchtige Männer fördert. Jeder von euch könnte ein mächtiger Herr werden, wenn ihr euch 5 meinem Großkönig ergebt.

Die Antwort der Spartaner:

Dein Rat, Hydarnes, ist bei uns nicht angebracht. Aus eigener Erfahrung kennst du nur das eine, nicht aber das andere. Du kennst nur die Unter-10 ordnung, die Freiheit aber hast du noch nicht schätzen gelernt. Sonst würdest du uns raten, nicht nur mit Speer, sondern auch mit der Axt für sie zu kämpfen.

Herodot, Historien VII, 130; zitiert nach: Das Geschichtsbuch des Herodot von Halikarnassos, übersetzt von Theodor Braun, Frankfurt a. M. 2001 (stark vereinfacht)

M 2 Griechenland und das Reich der Perser, um 500 v. Chr.

M 3 Attische Triere („Dreidecker").
Rekonstruktion.
Mit diesen Kampfschiffen beherrschten die Athener im 5. Jh. v. Chr. die Ägäis.
Sie waren etwa 40 m lang und 5 m breit. Zur Besatzung gehörten bis zu 170 Ruderer, die in drei Reihen übereinandersaßen, dazu kamen zehn Hopliten und vier Bogenschützen.
Im Gefecht versuchte man, mit dem Rammsporn die feindlichen Schiffe kampfunfähig zu machen.

M 4 Persischer Bogenschütze.
Rekonstruktionsversuch einer um 490 v. Chr. entstandenen Figur aus dem Aphaia-Tempels in Ägina von 2003.

1. *Untersuche, ob Herodot Zeitzeuge des Gesprächs gewesen sein kann (M 1 und Text auf Seite 75).*
2. *Erläutere, welchen Eindruck Herodot von den Persern vermitteln will, welchen von den Griechen (M 1).*
3. *Vergleiche das Reich der Perser mit dem Gebiet der Griechen (M 2). Wie beurteilst du die Siegeschancen der Griechen?*
4. *Die Perser galten den Griechen als feige, da sie nicht Mann gegen Mann, sondern mit dem Bogen kämpften (M 4). Beurteile diese Einstellung.*

Herrscht in Athen das Volk?

Die „Herrschaft des Volkes über sich selbst"

In der Polis Athen entmachtete der Adel die Könige schon im 8. Jh. v. Chr. Später verlor er selbst an Einfluss. Der Adel musste zugestehen, dass reiche nichtadlige Bürger mitbestimmen durften, da er sie im Krieg brauchte. Um zu verhindern, dass ein Politiker zu mächtig und damit zum *Tyrannen** werden konnte, führten die Athener im 5. Jh. v. Chr. das Scherbengericht (*Ostrakismos*) ein. Es fand auf Beschluss des Volkes statt. Jeder Bürger ritzte dann auf einer Tonscherbe den Namen desjenigen ein, den er im Interesse der Gemeinschaft aus der Stadt schicken (verbannen) wollte. Wurden mindestens 6 000 Stimmen (Scherben) abgegeben, musste der Politiker gehen, dessen Name am häufigsten auftauchte.

1 Abstimmungsstein eines Scherbengerichts.
Die hier abgebildete Scherbe trägt den (falsch geschriebenen) Namen des Staatsmannes Aristeides Lysimacho, der 482 v. Chr. nach einem Scherbengericht aus Athen verwiesen wurde.

Die Siege in den Perserkriegen** machten Athen noch reicher. Das ließ auch die Männer aus der Unterschicht – immerhin rund 80 Prozent aller Bürger – selbstbewusst werden. Sie wussten, dass sie als Ruderer und Soldaten unentbehrlich waren. Ihr Selbstvertrauen nutzten die adligen Politiker *Ephialtes* und *Perikles*, um 462 v. Chr. den Adel weiter zu entmachten. Von nun an teilten sich drei Einrichtungen die politische Macht in Athen:

- Die *Volksversammlung* trat jährlich dreißig- bis vierzigmal zusammen. An ihr mussten mindestens 6 000 Bürger teilnehmen. Sie entschied mit Mehrheit über Gesetze, Krieg und Frieden, Einnahmen und Ausgaben des Staates, wählte und überwachte die Beamten und vergab Bauaufträge. Alle wehrfähigen Bürger hatten das gleiche Stimmrecht. Jeder konnte sich zu Wort melden und für seine Anträge werben.
- Der *Rat der 500* war die Regierung. Er beriet über die Anträge, die in der Volksversammlung besprochen werden sollten. Die Mitglieder wurden aus interessierten Bürgern für ein Jahr ausgelost. Seit 462 v. Chr. erhielten sie Sitzungsgelder (*Diäten*).
- *Volksgerichte* entschieden alle Streitfälle. Jährlich wurden 6 000 Athener als Richter ausgelost. Kläger und Beklagte konnten ihre Standpunkte öffentlich vortragen. Am Ende entschied eine geheime Abstimmung über schuldig oder unschuldig. Vor dem Gesetz waren nun alle gleich.

Die Beschlüsse der Volksversammlungen und die Aufträge des Rates führten Beamte aus. Sie wurden durch Los bestimmt und waren nur ein Jahr im Amt. Nur die militärischen Führer (*Strategen*) wählte man jedes Jahr neu.

Damit war die Entwicklung von der Königsherrschaft (*Monarchie*) über die Adelsherrschaft (*Aristokratie*) zu einer Staatsform abgeschlossen, die wir Demokratie nennen. Ihr Ziel war nach Aussage griechischer Geschichtsschreiber die „Herrschaft des Volkes über sich selbst".

2 Silbermünze.
Rückseite einer Münze aus Athen, um 460 v. Chr. Vögel galten als Zeichen des göttlichen Willens. Die Eule stand für die Göttin Athene, sie wurde zum Zeichen der Polis Athen. Wofür steht die sprichwörtliche Redensart „Eulen nach Athen tragen"? Informiere dich z. B. im Internet.

Herrschte die Mehrheit?

Frauen, Sklaven und fremde Mitbewohner* hatten keine politischen Rechte. Die Regierung Athens blieb trotz der demokratischen Ordnung überwiegend in den Händen einiger reicher Männer. Das lag an dem immer noch hohen Ansehen der adligen Familien und daran, dass die Athener keine regelmäßigen Steuern zahlten. Verantwortliche Politiker mussten wichtige Staatsaufgaben wie den Bau von Kriegsschiffen oder die Veranstaltung von Festen aus ihrem Vermögen bezahlen. Deshalb konnten sich nur reiche Männer um ein hohes Amt bewerben. Gewählt wurde außerdem nur, wer das Volk mit seinen Reden überzeugen konnte.

**Zu den fremden Mitbewohnern (Metöken) lies Seite 84.*

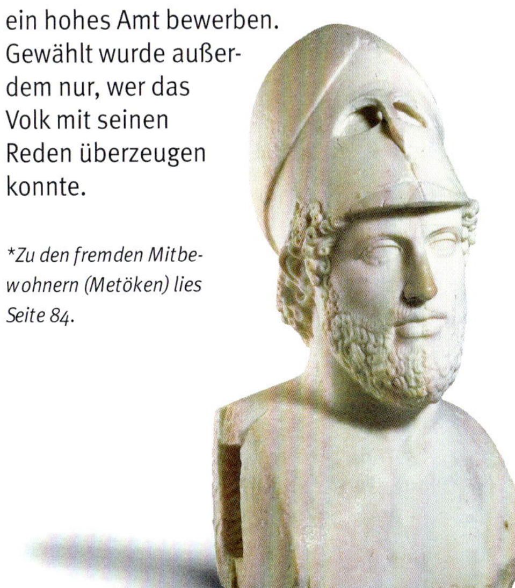

3 Kopf des Perikles.
48 cm hohe Marmorbüste nach einem Original von 440 v. Chr. Perikles stammte aus einer alten Adelsfamilie. Er wurde von 443 bis zu seinem Tod 429 v. Chr. alljährlich in das Feldherrnamt gewählt. Seine häufige Wiederwahl beweist nicht nur sein Ansehen in der Bevölkerung, sondern auch, dass es in der attischen Demokratie möglich war, über lange Zeit eine führende Stellung zu behaupten.

→Lesetipp:
Hartmut Leppin. Die erste Demokratie. Athen im 5. Jahrhundert v. Chr., Hildesheim 2004

***Tyrann**: *Alleinherrscher, der die Macht an sich gerissen hat und dessen Regierung als unrechtmäßig empfunden wird.*
***Zu den Perserkriegen siehe Seiten 75 f.*

M1 Athen in der 2. Hälfte des 5. Jh. v. Chr.
Rekonstruktionszeichnung.
①Akropolis (siehe M1, Seite 89), ②Pnyx, Ort der Volksversammlungen (siehe M4, Seite 79), ③Münzanstalt, ④Brunnenhaus, ⑤Säulengang, ⑥Gerichtshof, ⑦Sitz der Feldherren, ⑧Sitz des Rates der 500, ⑨Agora, ⑩Heilige Straße.

M2 Zusammensetzung der Bevölkerung Athens (Stadt und Umland), um 450 v. Chr.

35000	vollberechtigte Bürger
100000	Frauen und Kinder der Bürger
35000	fremde Mitbewohner mit Frauen und Kindern (Metöken)*
80000	Sklaven und Sklavinnen

*Siehe dazu Seite 84.

M3 Für und gegen die Demokratie
In einem Schauspiel des Euripides von 424 v. Chr. sagt der Athener Theseus:

Niemanden hasst das Volk mehr als einen Alleinherrscher. Denn er sieht nicht die für alle geltenden Gesetze als höchstes Gut an, sondern er allein macht Gesetze, wie es ihm passt. Gleichheit gibt es nicht mehr. Wenn die Gesetze aber aufgeschrieben werden, gelten sie gleichermaßen für Arm und Reich. Der Arme kann sich genauso zu Wort melden wie der Reiche, wenn ihm Unrecht geschieht. Hat er Recht, siegt auch der kleine Mann über den großen. Der Leitspruch der Freiheit lautet so: Wer eine gute Idee hat, die dem Staat nützt, der trage sie in der Volksversammlung vor. Wer es wünscht, erntet Ruhm; wer nicht, kann auch schweigen. In welchem Staat gibt es also größere Gleichheit?

Euripides lässt einen Boten sagen:

In der Stadt, aus der ich komme, herrscht ein Mann allein, nicht das einfache, ungebildete Volk. Es gibt niemanden, der das Volk durch Reden in seinem eigenen Interesse mal so, mal so beeinflusst. Wie kann überhaupt das Volk den Staat lenken, wenn es nicht mal gute Reden halten kann? Ein armer Bauer mag zwar auch denken können, doch wegen seiner vielen Arbeit kann er sich nicht um das Wohl des Volkes kümmern.

Henning Ottmann, Geschichte des politischen Denkens. Die Griechen, Bd. 1/1: Von Homer bis Sokrates, Stuttgart – Weimar 2001, S. 203 f. (vereinfacht)

1. *Erkläre, was Theseus für das Wichtigste im Staat hält (M3).*
2. *Erläutere, was der Bote aus Theben bemängelt (M3, Zeile 19 ff.). In welcher Herrschaftsform möchte er leben? Siehe dazu auch die folgende Vertiefung.*

Vertiefung

Formen der Herrschaft

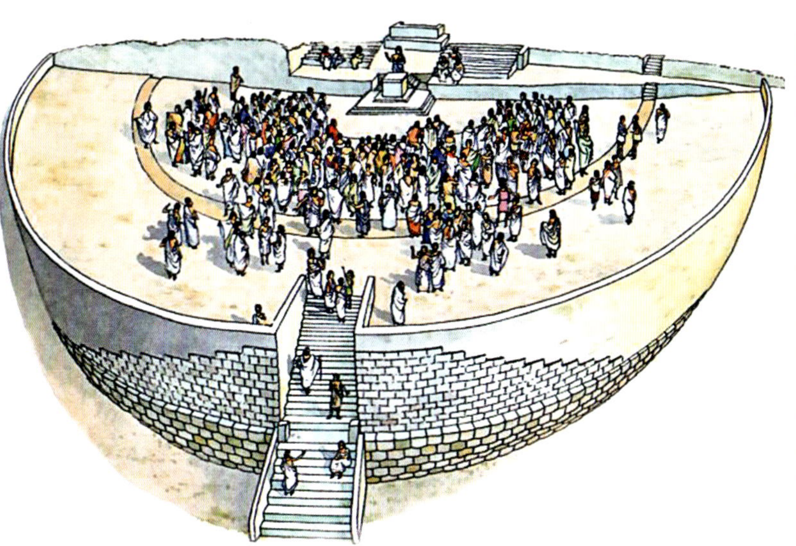

M 4 Volksversammlung auf der Pnyx in Athen.
Zeichnung von Mirko Rathke, 2004.
Der Versammlungsplatz aus Stein entstand erst im 4. Jh. v. Chr. Auf der Pnyx war Platz für rund 6 000 Männer. Zuvor traf man sich auf dem nackten Felsen des Hügels. Die Versammlungen begannen bei Tagesanbruch und konnten mehrere Stunden dauern.

M 1 Monarchie

Ein König hat in der Regel die Macht geerbt und herrscht auf Lebenszeit; er allein

- ernennt Beamte,
- erlässt Gesetze,
- spricht Recht,
- entscheidet über Krieg und Frieden,
- ist oberster Feldherr und
- oberster Priester.

Das Volk hat kein Recht auf Mitsprache.

M 2 Aristokratie

Familien vornehmer Abstammung (Adel) wählen für bestimmte Zeit aus ihren Reihen die, die

- Beamte ernennen,
- Gesetze erlassen,
- Recht sprechen,
- über Krieg und Frieden entscheiden,
- die Heerführer und
- die Priester stellen.

Das einfache Volk hat kein Recht auf Mitsprache.

M 3 Demokratie in Athen, um 435 v. Chr.

Rat der Fünfhundert
- leitet die Volksversammlungen,
- bereitet die Gesetze vor,
- plant die Außenpolitik,
- kontrolliert die Beamten und
- beaufsichtigt das Staatsvermögen.

jährlich durch Los

9 Archonten*
10 Heerführer
und etwa
700 Beamte, die die Beschlüsse der Volksversammlung ausführen

*__Archonten__ (griech. *archein*: herrschen): die höchsten Beamten

jährlich durch Los oder Wahl

Geschworenengerichte
(6 000 Richter)
zuständig für die allgemeine Rechtsprechung

Areopag
(ehemalige Archonten)
spricht Recht bei Mord, Brandstiftung und Verbrechen gegen den Staat

jährlich durch Los

Volksversammlungen
Alle einheimischen und wehrpflichtigen Männer können an Volksversammlungen teilnehmen, Gesetze beschließen, über Krieg und Frieden entscheiden; sie können Ratsmitglieder, Beamte, Heerführer (Strategen) und Richter durch Wahl oder Auslosung werden.

Jugendliche, Frauen, fremde Mitbewohner (Metöken) und Sklaven sind ohne politische Rechte.

M 5 Demokratie bei uns heute

1. Frauen und Männer über 18 Jahren, die deutsche Staatsbürgerschaft sind, wählen alle vier Jahre Abgeordnete der Parteien in den Bundestag, das Parlament der Bundesrepublik Deutschland.
2. Die stärkste Partei stellt die Bundeskanzlerin oder den Bundeskanzler.
3. Die Bundeskanzlerin oder der Bundeskanzler bestimmt die Richtlinien der Politik.
4. Die Bundeskanzlerin oder der Bundeskanzler bildet eine Regierung aus Ministern, die für bestimmte Fachgebiete wie Arbeit, Innenpolitik oder Umwelt zuständig sind.
5. Die Abgeordneten des Bundestages, vor allem diejenigen, deren Parteien nicht regieren, kontrollieren die Regierung.

Verfassertext

1. *Benennt die drei Herrschaftsformen und erklärt die Unterschiede (M 1 bis M 3).*
2. *Nehmt an, ihr würdet in Athen um 435 v. Chr. leben. Stellt fest, wie viele Personen eurer Klasse mit 20 Jahren die Bürgerrechte nicht erhalten hätten (M 3).*
3. *Perikles (siehe Abb. 3, Seite 77) wurde immer wieder in das Feldherrnamt gewählt. Nennt mögliche Gründe dafür. Prüft, ob ständige Wiederwahlen demokratisch sind.*
4. *Überprüft, was die Größe des Platzes (M 4) über die Beteiligung der Athener an der Volksversammlung aussagt. Beachtet auch M 2 auf Seite 78.*
5. *Vergleicht die Demokratie in Athen (M 3) mit unserer demokratischen Ordnung (M 5). Nennt wichtige Unterschiede.*

Athen gegen Sparta

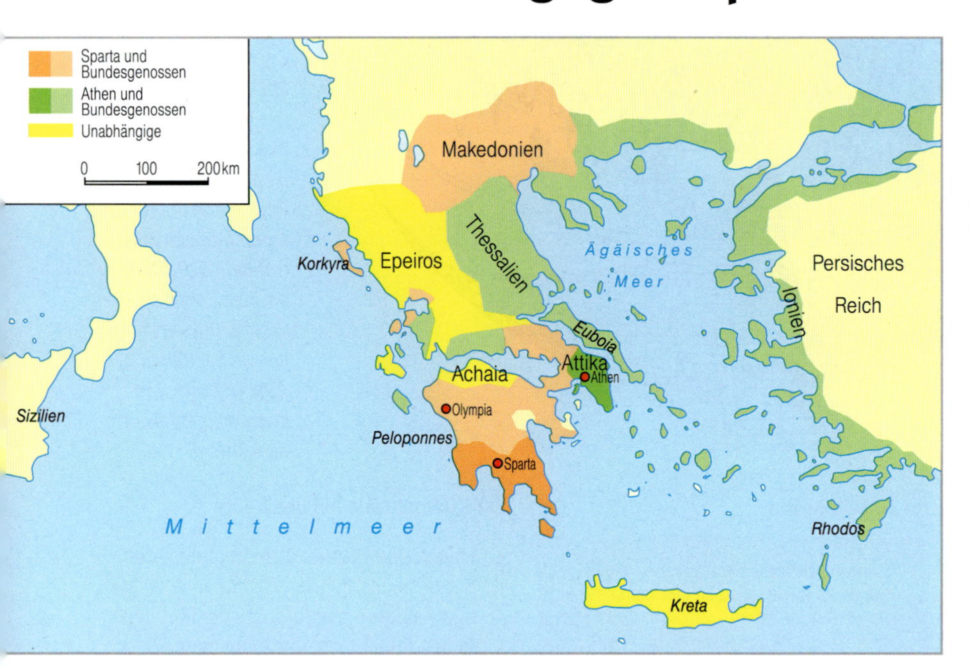

1 Die Machtbereiche der Athener und Spartaner um 450 v. Chr.

Sein oder nicht sein

Waren sich die Spartaner und Athener schon in den Perserkriegen häufig uneinig, so steigerte sich ihr Misstrauen im 5. Jh. v. Chr. noch. Eine Ursache dafür war der schnelle Aufstieg Athens zur Seemacht. Die Außenpolitik Athens und des von ihm beherrschten Attisch-Delischen Seebundes ließ Sparta, das den *Peloponnesischen Bund* anführte, um sein Ansehen und seine Unabhängigkeit bangen.

Der Machtkampf schwelte lange, ehe im Jahre 431 v. Chr. der *Peloponnesische Krieg* begann, der mit Unterbrechungen 27 Jahre dauerte. Von Ionien (Kleinasien) bis Sizilien wurde mit hochgerüsteten Armeen und Flotten hart gekämpft.

Schwere Zeiten für Athen

Auf den Krieg waren die Athener vorbereitet. Um 460 v. Chr. hatten sie begonnen, um Athen und die Hafenstadt Piräus die Langen Mauern zu errichten, damit kein Landheer die Stadt vom Meer abschneiden konnte. Als nun die spartanischen Hopliten heranmarschierten, holten die Athener die Bevölkerung Attikas hinter die Mauern, führten alle lebenswichtigen Güter übers Meer ein und griffen ihre Feinde vom Wasser aus an. Doch dann traf ein Unglück die Stadt: Bis zum Sommer 430 v. Chr. starb etwa ein Drittel der Bevölkerung hinter den Langen Mauern an einer Seuche.

Übermut und Katastrophe

Trotzdem blieben die Athener und ihre Bundesgenossen dem Gegner gewachsen. Sie hätten den Krieg vielleicht sogar gewonnen, wenn sie nicht der junge *Alkibiades*, ein Neffe des 429 v. Chr. verstorbenen Perikles, zu einem Abenteuer überredet hätte: Mit 300 Schiffen und rund 40 000 Mann fuhren sie nach Sizilien, um die mit Sparta verbündete Stadt Syrakus zu unterwerfen. Doch das Unternehmen schlug fehl. Die Athener verloren nicht nur eine Schlacht nach der anderen, sondern auch fast alle Schiffe.

Die Entscheidung im Peloponnesischen Krieg fiel trotzdem erst, als der persische Großkönig eingriff – mit Geld statt Soldaten! Er half Sparta beim Bau einer Flotte. Dafür ließ Sparta es zu, dass die Perser die griechischen Städte Kleinasiens wieder eroberten. Schließlich ergaben sich die Athener. Die Langen Mauern wurden abgerissen, der Attisch-Delische Seebund löste sich auf. Athen wurde nie mehr so mächtig wie vor dem Krieg. Sparta aber blieb zu schwach, um auf Dauer ganz Griechenland zu beherrschen.

2 Abschiedsszene.
Vasenmalerei um 430 v. Chr.; Höhe des Gefäßes 27 cm. Von links nach rechts: ein alter Mann (Vater?), eine junge Frau (Ehefrau?), ein gerüsteter Mann (Ehemann?) und eine weitere Frau (Mutter?).

Beschreibe die Szene und die Stimmung. Beachte, wann das Bild entstand.

Lerntipp

Textquellen auswerten

Um den Inhalt einer Textquelle zu erfassen, solltest du so vorgehen:

1. Lies den Text zunächst sorgfältig ganz durch, um dir einen Überblick zu verschaffen.
2. Kopiere den Text und unterstreiche oder markiere die Stellen, die dir wichtig erscheinen. Schreibe beim zweiten Lesen dir unbekannte Begriffe oder schwierige Formulierungen heraus. Schlage sie bei Bedarf in einem Wörterbuch oder einem Lexikon nach.
3. Schreibe bei längeren Texten eine Inhaltsangabe, wie du es im Deutschunterricht gelernt hast.

Um eine Textquelle zu deuten (zu interpretieren), solltest du Antworten auf folgende Fragen finden:

1. Handelt es sich bei der Textquelle um eine Urkunde, ein Gesetz, einen Brief, eine Rede oder um die Darstellung aus einem Geschichtsbuch?
2. An wen wendet sich der Text?
3. Wer hat ihn verfasst? Suche nach Hinweisen auf den Verfasser, seinen Beruf, seine Aufgaben und seine politischen Einstellungen. Hat er erlebt, worüber er berichtet?
4. Stammt die Textquelle aus der dargestellten Zeit oder wurde sie später verfasst?
5. Was wissen wir über die Zeit, aus der die Textquelle stammt?

M1 Perikles lobt „seinen" Staat

Nach Thukydides (siehe M 2) hält Perikles (siehe Abb. 3, Seite 77) im Winter 431 v. Chr. folgende Rede:

Unsere Gesetze richten sich nicht nach den Gesetzen anderer; wir ahmen nicht andere nach, vielmehr sind wir für manche andere ein Vorbild. Unser Staat trägt
5 den Namen „Demokratie", weil die Verwaltung nicht auf wenige, sondern auf die Mehrheit ausgerichtet ist. [...]
Wir gewähren jedem Zutritt zu unserer Stadt, und wir vertreiben niemals Frem-
10 de, um ihnen den Blick auf etwas zu verwehren, was für einen Feind wissens- oder sehenswert sein könnte; denn wir bauen weniger auf Rüstung und Überraschung als auf unseren eigenen zur
15 Tat entschlossenen Mut. [...]
Wir lieben die Kunst, bleiben aber maßvoll und zurückhaltend dabei, wir lieben den Geist, werden dabei aber nicht schlaff und träge; Reichtum verwenden
20 wir, um richtig zu handeln, nicht um damit zu prahlen; seine Armut einzugestehen, ist für niemanden eine Schande, eine Schande ist es aber, der Armut nicht durch eigene Arbeit zu entrinnen.
25 Zusammenfassend sage ich: Unsere Stadt ist in jeder Hinsicht die Lehrmeisterin für ganz Hellas, und jeder einzelne Bürger [...] kann sich bei uns in vielfältigster Weise entfalten. [...]
30 Für eine solche Stadt, die sie nicht verlieren wollten, sind diese hier in einem ehrenvollen Kampf gefallen, und unter den Überlebenden ist wohl keiner, der nicht für diese Stadt Mühen ertragen
35 will.

Nach: Thukydides, Der Peleponnesische Krieg, Buch II. 37-41 (Dieter Brückner)

M 2 Thukydides.
Römische Kopie einer griechischen Bronzestatue aus dem 4. Jh. v. Chr.
Der Athener Thukydides (um 460 v. Chr. bis nach 400 v. Chr.) verlor als gewählter Feldherr (Stratege) 424 eine Schlacht im Peloponnesischen Krieg und wurde daraufhin verbannt. Erst 404 kehrte er nach Athen zurück. Während seiner Verbannung schrieb Thukydides die Geschichte des Peloponnesischen Krieges. Obwohl das Werk unvollständig blieb, gilt es als das bedeutendste Geschichtswerk der antiken Literatur.

M3 Woher kommt der Ruhm?

Der römische Geschichtsschreiber Sallust macht im 1. Jh. v. Chr. eine bedenkenswerte Bemerkung zur Geschichtsschreibung:

Die Leistungen der Athener waren meines Erachtens gewiss bedeutend und großartig genug, aber doch wesentlich kleiner, als es die Überlieferung will.
5 Weil bei ihnen aber große schriftstellerische Begabungen aufgetreten sind, werden die Taten der Athener in aller Welt als die größten gefeiert. Somit gilt: Die Tüchtigkeit der Handelnden wird so
10 hoch eingestuft, wie glänzende Begabungen sie durch Worte hervorzuheben vermochten.

Sallust, Die Verschwörung Catilinas 8, zit. nach: ders., Werke. Lateinisch und deutsch von Werner Eisenhut und Josef Lindauer, München/Zürich 1985, S. 17

1. *Untersucht die Textquelle M 1 genau. Bildet dazu fünf Gruppen und beantwortet die im Lerntipp gestellten Fragen. Berücksichtigt dabei auch M 2.*
2. *Nenne Gründe dafür, warum Perikles die Athener Staatsform lobt und als Vorbild für andere Stadtstaaten darstellt (M 1).*
3. *Beschreibe die Situation, in der die Rede gehalten wurde, und erläutere, welche Aufgabe sie erfüllen sollte (M 1). Beachte dabei auch, welches Amt Perikles innehatte.*
4. *Sallust weist auf die Macht der Historiker hin (M 3). Erläutere, was er wohl meint.*

1 Häuserblock.
Rekonstruktionszeichnung.
Archäologischen Funden aus Priene an der kleinasiatischen Küste verdanken wir eine Vorstellung davon, wie die Griechen nach 460 v. Chr. Stadthäuser anlegten.
Was meinen Historiker, wenn sie sagen, diese Bauweise passe zur athenischen Demokratie?

Eine ungleiche Gesellschaft

Männer herrschen auch im Alltag
Die meisten Bürger Athens waren Bauern, hinzu kamen selbstständige Handwerker, Kaufleute und Händler. Auf dem Markt boten sie ihre Waren an und besprachen die neuesten Ereignisse. Die Hauptmahlzeit nahm die Familie mit dem Hausherrn abends ein. Dabei lag sie auf Polstern neben kleinen Tischen. Brot, Käse, Oliven, Feigen, Honig, Gemüse und Fisch waren die wichtigste Nahrung. Fleisch aßen die meisten Athener nur bei Opferfesten.
Reiche Bürger luden oft Freunde, Gelehrte und Künstler zu besonderen Gastmählern (*Symposien*) ein. Dabei traf man sich ohne Ehefrauen. Die Zusammenkünfte begannen mit einem Opfer für die Götter, dann aßen, tranken, sangen oder diskutierten die Gäste.

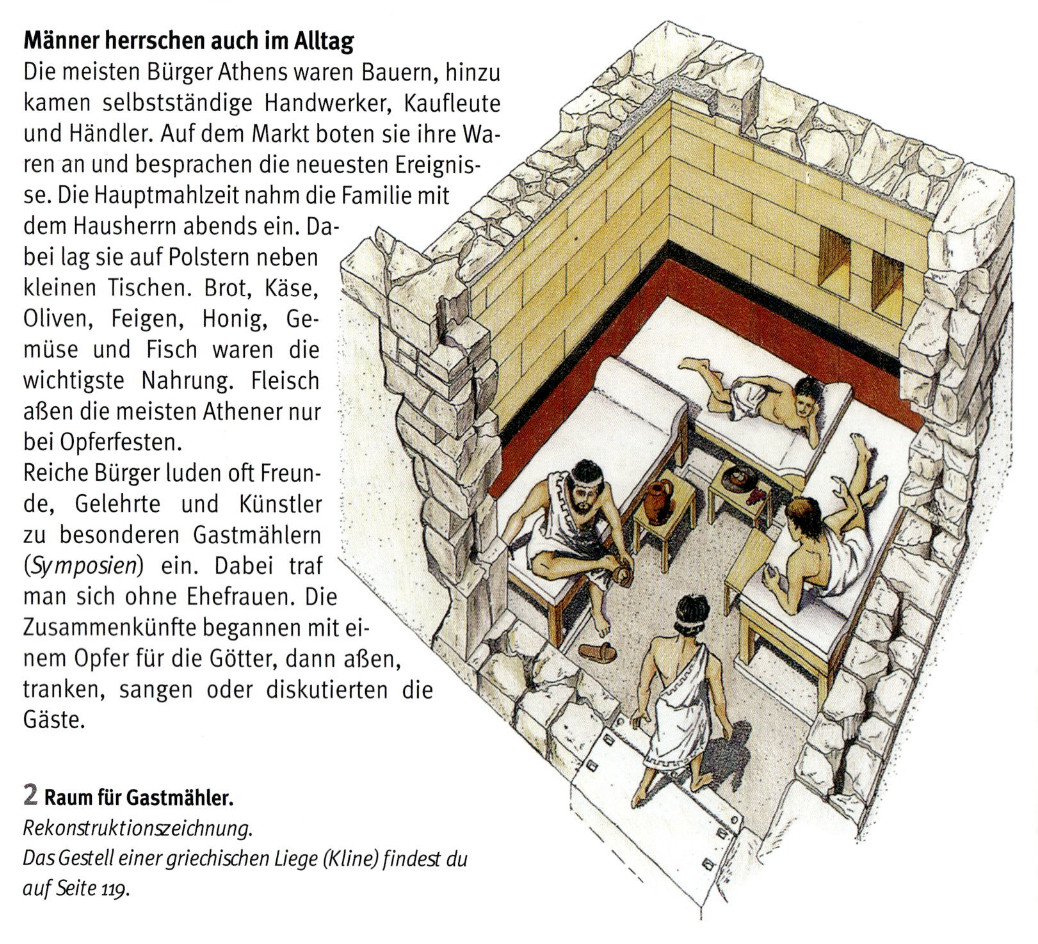

2 Raum für Gastmähler.
Rekonstruktionszeichnung.
Das Gestell einer griechischen Liege (Kline) findest du auf Seite 119.

3 **Frauen verarbeiten Wolle.**
Vasenmalerei, um 550 v. Chr.
Welche Arbeitsgänge erkennst du?

Frauen ohne Rechte?
Die Frauen standen rechtlich unter der Vormundschaft eines Mannes: Vater, Bruder oder Ehemann bestimmten über sie und vertraten sie vor Gericht. Athenerinnen hatten keine politischen Rechte und konnten keinen Grundbesitz erwerben. Zu ihren Aufgaben gehörte es, Kinder auf die Welt zu bringen und zu erziehen, Küche und Haushalt zu führen sowie Alte und Kranke zu pflegen. Töchter wuchsen daher im Haus auf. Sie lernten Spinnen und Weben und wurden so auf ihre Rolle als Ehefrau und Mutter vorbereitet.
Frauen aus einfachen Familien mussten auch außerhalb des Hauses arbeiten, beispielsweise als Wäscherinnen, Wollarbeiterinnen, Hebammen, Kindermädchen oder Händlerinnen.
Wer den angesehenen Familien angehörte, verließ das Haus nicht einmal zum Wasserholen oder Einkaufen, dies erledigten Sklaven. Es galt das Gebot: „Eine ehrbare Frau bleibt im Haus; die Straße gehört den Frauen, die nichts wert sind.“
Eine Möglichkeit gab es für Frauen, öffentlichen Einfluss auszuüben. Sie konnten Priesterinnen werden und auf religiösem Gebiet wirken.

Kinderleben
Der Vater entschied nach der Geburt eines Kindes, ob es in der Familie aufgezogen wurde. Wurde es verstoßen, drohten ihm der Hungertod oder die Sklaverei. Der Familienvater bestimmte auch die Ausbildung.
Bildung war nicht kostenlos. Deshalb lernten viele Kinder weder Lesen noch Schreiben. Reiche Eltern stellten Erzieher (*Pädagogen*) an. Das waren Sklaven, die die Söhne zum Lehrer begleiteten und die häuslichen Übungen der Kinder überwachten. Neben dem Unterricht im Lesen, Schreiben, Rechnen und Sport, mussten die Jungen Grammatik pauken und Verse von Homer und anderen Dichtern auswendig lernen. Daneben betrieben sie Musik, Geometrie und Sternenkunde, später auch die Kunst der Rede (*Rhetorik*). Nur Mädchen aus reichem Hause erhielten Unterricht im Lesen, Schreiben, Musizieren und Tanzen.
Die Schulzeit der Jungen dauerte oft bis zum 18. Lebensjahr. Dann mussten sie zum Militär. Die meisten heirateten erst zwischen ihrem 20. und 35. Lebensjahr. Dagegen wurden Mädchen gewöhnlich schon mit 14 oder 15 Jahren verheiratet.

4 **Unterricht.**
Vasenmalerei, um 480 v. Chr.
Vor den Schülern jeweils die Lehrer. Ganz rechts ein Sklave, der auf die Schüler aufpasst.

5 Abwiegen von Waren. *Vasenmalerei, um 540 v. Chr.*

Metöken – frei, aber keine Bürger

Jeder zehnte Bewohner Athens war zur Zeit des Perikles ein *Metöke*, ein eingewanderter Fremder. Die Metöken durften ihre Berufe und Wohnorte frei wählen, konnten jedoch kein Land kaufen. Sie zahlten eine besondere Steuer, dienten als Hopliten oder Ruderer und nahmen an religiösen Festen teil. Politische Rechte besaßen sie nicht. Vor Gericht mussten sie sich von einem Athener vertreten lassen. Die Aufnahme in die Bürgerschaft war möglich, wenn 6 000 Bürger in einer Volksversammlung zustimmten.

Sklaven – von Menschen zur Sache gemacht

Im 5. Jh. v. Chr. war etwa jeder dritte Bewohner Athens ein *Sklave*. Die meisten Sklaven waren als Gefangene nach Athen gebracht worden. Ihre Zahl wuchs ständig, weil nicht nur die einmal Versklavten, sondern auch deren Nachkommen Sklaven blieben. Griechen befanden sich kaum unter ihnen, denn den Athenern wurde im 5. Jh. v. Chr. verboten, Hellenen als Sklaven zu kaufen. Die meisten kamen aus dem Schwarzmeergebiet oder aus Kleinasien.

Sklaven galten als „Menschenvieh" oder als Sache, da sie angeblich keine Vernunft besaßen und nur zum Gehorchen geboren seien. Kaum ein Grieche bezweifelte das. Eine Ausnahme war *Alkidamas*. Dieser griechische Philosoph aus dem 4. Jh. v. Chr. meinte: „Die Götter haben alle Menschen frei erschaffen, die Natur hat niemanden zum Sklaven gemacht."

Wofür wurden Sklaven gebraucht?

Die meisten Sklaven arbeiteten als Hausdiener, Pädagogen und Musikanten in der Stadt. Reiche Bürger leisteten sich bis zu 50 Haussklaven. Andere Sklaven arbeiteten in Handwerksbetrieben und Geschäften. Ihr Leben unterschied sich kaum von dem armer Bürger.
Einzelne Sklaven gelangten als Verwalter eines Gutes oder Betriebes zu Wohlstand. Sie konnten freigelassen werden. Darüber entschied ihr Herr. Einige Reiche vermieteten Sklaven als Erntehelfer an kleine Bauern. Der größte bekannte Sklavenhalter Athens um 430 v. Chr. war *Nikias*. In den Silbergruben von Laureion beschäftigte er zeitweise über 1 000 Sklaven. In engen, dunklen Stollen, die vom Qualm der Öllampen erfüllt waren, förderten sie unter fürchterlichen Bedingungen kostbares Silbererz.

6 In einer Tongrube. *Tontäfelchen aus Korinth, 6. Jh. v. Chr. Mit einer Hacke löst ein Arbeiter (Sklave?) die Tonklumpen von der Wand, ein anderer sammelt den Ton in einen Korb ein, ein dritter hebt einen Korb aus der Mulde. Aus einem Wassergefäß konnten sich die Männer erfrischen.*

1. *Stelle den Unterschied zwischen Metöken und Sklaven dar.*
2. *Erkläre, wozu die Griechen den Ton (Abb. 6) vor allem brauchten.*

M 1 So sind sie ...

Der Athener Gelehrte Sokrates (um 470-399 v. Chr.) gibt folgendes Gespräch mit einem Bekannten wieder:*

„Sie war doch noch nicht fünfzehn Jahre alt, als ich sie heiratete. Die Zeit vorher hatte man fürsorglich auf sie aufgepasst, dass sie möglichst wenig sah, hörte und fragte. Ich war schon damit zufrieden, dass sie bei ihrem Kommen bereits verstand, mit Wolle umzugehen und ein Gewand anzufertigen, und dass sie auch schon bei der Spinnarbeit der Dienerinnen zugesehen hatte. Außerdem war sie in der Magenfrage ganz vorzüglich erzogen, mein lieber Sokrates, was mir bei Mann und Frau die wichtigste Erziehungsfrage zu sein scheint [...]."

Der Bekannte begründet die Unterschiede zwischen den Geschlechtern so:

„Da beide Arten von Arbeit nötig sind, die draußen und drinnen, schuf Gott die Natur des Weibes für die Arbeiten im Hause, die des Mannes aber für die Arbeiten außerhalb des Hauses. Denn der Mann ist mehr dazu geschaffen, Kälte und Wärme, Märsche und Feldzüge zu ertragen. Daher trug der Gott ihm die Arbeiten außerhalb des Hauses auf. Der Körper der Frau ist weniger widerstandsfähig, deshalb ist sie besser für die Arbeiten im Hause geeignet."

Erster und zweiter Text: Xenophon, Hauswirtschaftslehre 7,3 ff., übers. von Ernst Bux, Stuttgart 1956

M 2 Über die Frauen

Der griechische Gelehrte Aristoteles (384-322 v. Chr.), dessen Werk das europäische Denken bis in die Gegenwart beeinflusst, schreibt:

Es steht dem Manne zu, über die Frau und die Kinder zu herrschen. Über die Frau nach der Art eines Staatsmannes, über die Kinder aber nach der eines Königs. Denn das Männliche ist von Natur zur Führung mehr geeignet als das Weibliche, und das Ältere und Reife ist das mehr als das Jüngere und Unreife.

Nach: Aristoteles, Politik 1259a, übers. von Franz Schwarz, Stuttgart 1989 (gerafft und vereinfacht)

Zu Sokrates lies auch Seite 91f.

M 3 Frau vor einer Truhe.
Terrakottarelief aus Locri (Unteritalien), um 460 v. Chr.
An der Wand sind ein Korb, ein Spiegel, ein Ölkrug und ein anderes Gefäß (für Schminke?) zu sehen.

1. *Nenne die Aufgaben der Frauen und Männer. Auf welche Lebensverhältnisse bezieht sich die Aufgabenverteilung (M 1 und M 3)?*
2. *Beurteilt die Äußerungen des Philosophen (M 2).*
3. *Das Relief war ursprünglich farbig. Prüfe, inwiefern dieses Bild die Vorstellungen des Philosophen (M 1) von den Aufgaben der Frauen illustriert.*
4. *Vergleiche das Verhältnis von Männern und Frauen mit dem im alten Ägypten. Lies dazu nochmals Seite 45.*
5. *Ob sich die Frauen über ihre Lebenssituation beschwert haben? Es gibt darüber kaum Quellen. Warum wohl?*

1 Kyrenia II.
Foto, um 1986.
Nachbildung eines griechischen Frachtschiffs aus dem 4. Jh. v. Chr.
Die größeren Handelssegler befuhren das offene Meer, die kleineren blieben nahe der Küste: Das erleichterte die Orientierung. Nachts und bei zu starkem Wind konnten die Kapitäne Schutz in Buchten suchen. Dennoch sanken viele Schiffe mit Mann und Maus.
Suche nach einer Erklärung dafür.

Reisen bringt Gewinn

Jahr für Jahr strömen Touristen nach Griechenland. Viele besuchen das Land, um die Kunst und Kultur der alten Griechen kennenzulernen, andere, um Sonne, Meer und Ruhe auf einer der zahllosen Inseln in der Ägäis genießen zu können. Bis Athen kommen die Touristen meist mit dem Flugzeug, aber auf die Inseln gelangen sie oft nur mit Fähren.

Griechenlands lange Küsten und die vielen Inseln machten das Schiff schon im Altertum zu einem unentbehrlichen Verkehrsmittel für Menschen und Waren. Es ermöglichte den Griechen kulturelle und geschäftliche Kontakte zu ihren Nachbarn und die Gründung von Tochterstädten. Mit Schiffen kamen begehrte Waren nach Griechenland, im Gegenzug wurden wertvolle Produkte exportiert. Griechische Ärzte und Baumeister, die in Persien oder Ägypten arbeiten wollten, bestiegen in Athens Hafen ein Schiff. Andererseits lockten berühmte Philosophen und Redelehrer viele Interessierte aus den Ländern am Mittelmeer zu Studien nach Athen. Außer zu den großen Spielen und Heiligtümern reisten die Griechen nur in dringenden geschäftlichen Angelegenheiten. Passagierschiffe im Liniendienst nach Fahrplan gab es nicht. Schiffsreisen waren trotz langer Dauer schneller und trotz Piraten meist sicherer als der Landweg. Die Griechen benötigten viele Schiffe, deren Bau sie von den Phöniziern gelernt hatten. Auf den Werften war der Bedarf an Bauholz so enorm, dass ganze Wälder verschwanden.

2 Schiffsrumpf.
Die 5 000 Einzelteile des bei Kyrenia gefundenen Schiffes wurden geborgen, haltbar gemacht und wieder zusammengesetzt. Abb. 1 zeigt einen Nachbau des gefundenen Schiffes.

3 Unterwasserarchäologie.
Foto, um 1986.
1965 entdeckten Taucher vor Kyrenia (Zypern) ein 2400 Jahre altes Schiffswrack. Unterwasserarchäologen legten den 14 m langen Rumpf frei. Der Taucher benutzt Pressluft, um Ablagerungen zu entfernen.

M 1 Handeln und herrschen

In einer Schrift aus dem 5. Jh. v. Chr. wird festgestellt:

Die Athener allein sind imstande, über die Schätze Griechenlands und die der Barbarenländer zu verfügen. Denn, wenn irgendeine Stadt Überschuss an
5 Schiffsholz, Eisen, Kupfer oder Flachs hat, wohin soll sie es exportieren, ohne die Einwilligung Athens, des meerbeherrschenden Volkes? [...] Dem meerbeherrschenden Staat gewährt der Ver-
10 kehr auch die Mittel zu allerlei Genüssen. Was es in Sizilien, Italien, auf Zypern, in Ägypten, in Libyen, in Pontusländern* oder in der Peloponnes oder sonstwo an Delikatessen gibt, das ist
15 alles in Athen vereinigt.

Nach: Michel Austin/Pierre Vidal-Naquet, Gesellschaft und Wirtschaft im alten Griechenland, München 1984, S. 259

*Länder am Schwarzen Meer

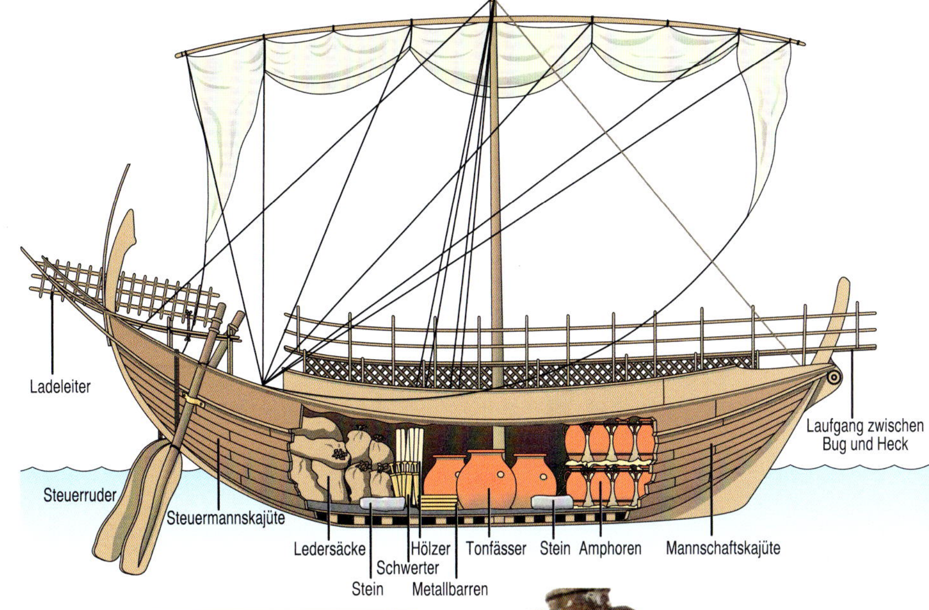

M 4 Griechisches Frachtschiff.

Rekonstruktionszeichnung.
Die Handelsschiffe waren selten über 20 m lang. Sie konnten zwischen 70 und 150 t laden.

M 2 Athen – Zentrum des Handels.

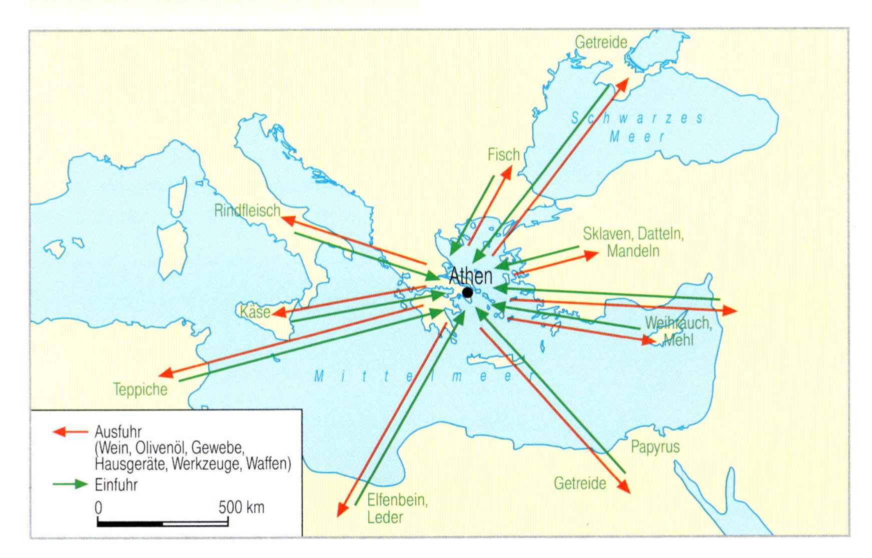

M 5 Griechische Amphore, 5. Jh. v. Chr.

Amphoren (dt. Doppelträger) wurden vor allem als Speicher- und Transportgefäße für Öl und Wein verwendet. Sie fassten zwischen 5 und 50 Liter. Das abgebildete Gefäß hat eine Höhe von 68,5 cm und einen Bauchumfang von 35,5 cm.

M 3 Ehre und Gewinn

Der Schriftsteller Xenophon (um 430 - nach 355 v. Chr.) schlägt vor:

Es wäre gut und ehrenvoll, Kaufleute und Reeder auch durch Ehrensitze im Theater auszuzeichnen und manchmal diejenigen zu einem Ehrenmahl einzu-
5 laden, von denen man glaubt, dass sie durch besonders gute Schiffe und Waren der Stadt Nutzen bringen. Denn die so Geehrten dürften nicht nur um des Gewinnes, sondern auch um der Ehrung
10 willen wie zu Freunden herbeieilen. So viel ist klar:
Je mehr Menschen sich hier niederlassen und hierherkommen, desto mehr Waren dürften auch eingeführt und aus-
15 geführt, gekauft und verkauft und desto mehr Mieten und Steuern eingenommen werden.

Rolf Rilinger (Hrsg.), Leben im antiken Griechenland, München 1990, S. 460

1. *Nenne die Vorteile der Handelsschifffahrt für Athen (M 1 bis M 3).*
2. *Trage in eine Liste die nach Athen eingeführten Waren und ihre Herkunftsländer ein (M 2).*
3. *Ein Schiff schaffte normalerweise 5 bis 6 Kilometer pro Stunde.* Lerntipp
Wie lange dauerte demnach eine Fahrt von Athen nach Kyrene? Nutze dazu die Karte Abb. 1, Seite 64.
4. *Erkläre, woher wir einige unserer Kenntnisse über die Schifffahrt der Griechen haben. Ein Tipp: Damalige Unglücke sind heute unser Glück.*

Hervorragende Künstler

1 Der Speerträger.
Bronzene Rekonstruktion einer verschollenen Statue des Bildhauers Polyklet, der um 460-420 v. Chr. lebte. Die etwa 2 m hohe Figur zeigt einen „idealen“ Athleten, vielleicht auch einen Gott oder Heroen.

Wohnhäuser für die Götter

Die Griechen waren begabte Künstler. Das zeigen ihre Tempel, Skulpturen, Reliefs und viele Vasen. Die großen Wandgemälde des 5. und 4. Jh. v. Chr. gibt es nicht mehr. Überall, wo die Griechen lebten, errichteten sie Tempel – die Wohnhäuser der Götter. Die ersten entstanden im 8. Jh. v. Chr. und waren aus Holz; später wurde vor allem Marmor verwendet. Zuvor hatte man die Götter in Hainen, Grotten und anderen heiligen Orten verehrt.
Der Tempel war ein fensterloser Raum mit dem Götterbild. Er war von Säulen umgeben. Länge, Breite und Höhe des Tempels sowie Zahl und Abstand der Säulen wurden nach bestimmten Zahlenverhältnissen geplant, die als Ausdruck einer ewigen Ordnung (*Harmonie*) galten.
Die Tempel waren keine Versammlungsräume für die Gläubigen wie unsere Kirchen. Gottesdienst und Opfergaben fanden unter freiem Himmel am Altar statt. Er lag vor der Ostseite des Tempels.

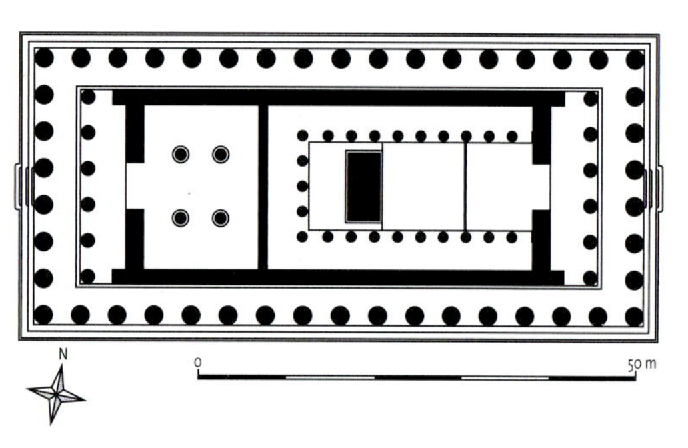

2 Parthenon.
Grundriss des Tempels (siehe M 1, Seite 89).

Harmonie und Vollkommenheit

Die Bildhauer beobachteten und vermaßen den menschlichen Körper genau. Sie formten ideale Gestalten aus Marmor oder Bronze, die die unsterblichen Götter verkörpern sollten. Kunstwerke, die sich durch besondere Harmonie auszeichnen, nennen wir heute „klassisch“.

1. *Stelle in einer Übersicht die auf den Seiten 62 bis 95 abgebildeten griechischen Kunstwerke aus dem 6. bis 5. Jh. v. Chr. zusammen. Bestimme, für wen sie geschaffen wurden. Was fällt dir dabei auf?*
2. *Die abgebildete Statue galt und gilt noch heute als „makellos“ und „zeitlos schön“. Bist du auch der Meinung? Begründe!*

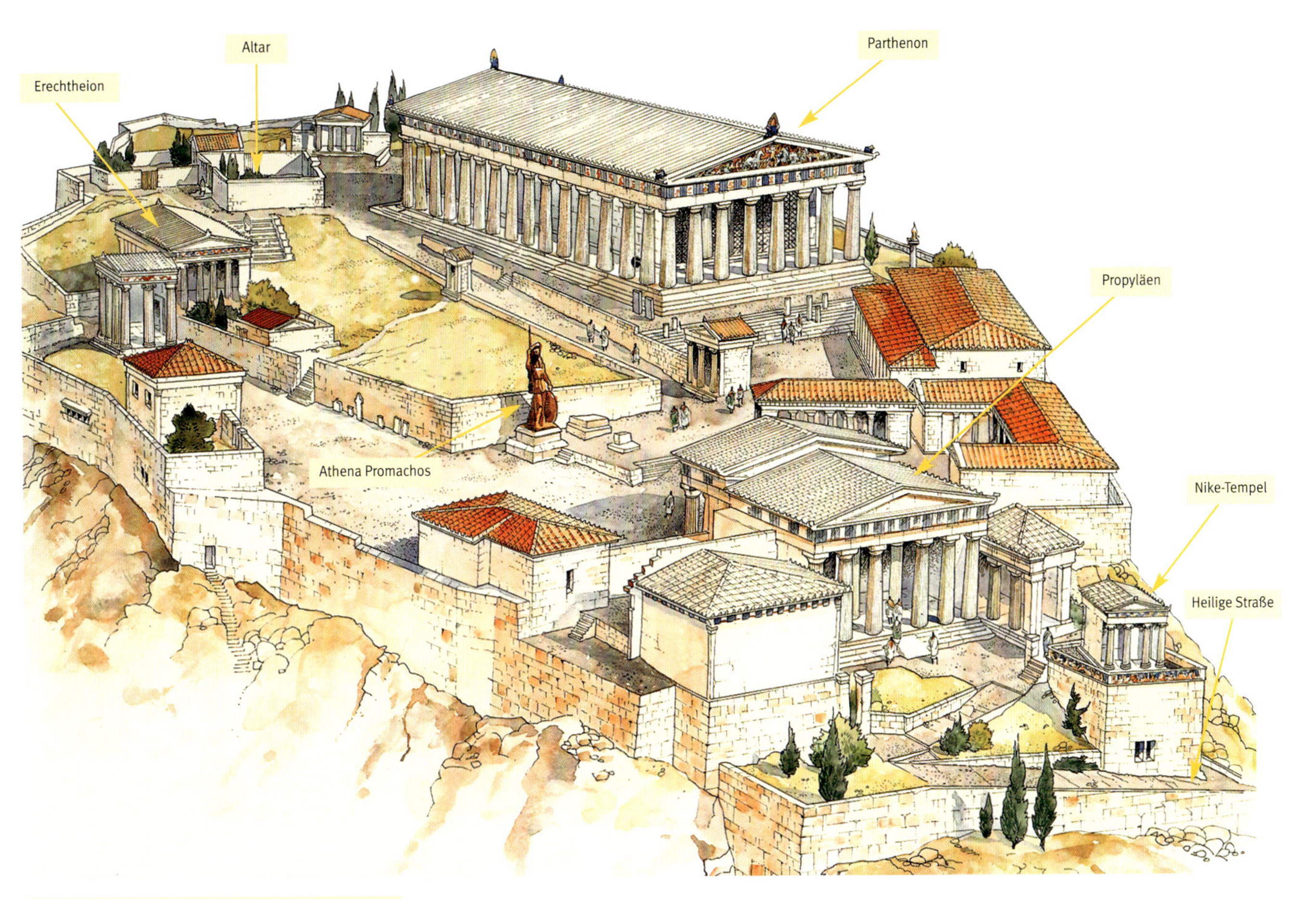

M 1 Akropolis.
Ansicht von Westen. Rekonstruktionszeichnung, um 1980.
Der prächtige Tempel Athens stand auf der Akropolis, der „Burgstadt". Nachdem die Perser im Jahre 480 v. Chr. ältere Anlagen zerstört hatten, entstanden dort zwischen 450 und 404 v. Chr. viele neue Bauwerke.
Der größte Tempel war Athene geweiht, der Schutzgöttin der Stadt. Er hieß Parthenon. Der zwischen 448 und 437 v. Chr. gebaute Tempel hat eine Grundfläche von rund 31 x 70 m und ist fast 18 m hoch.
Im Parthenon befand sich das Standbild der Athene. In den Giebeln des buntbemalten Tempels standen Figuren, die unter anderem den Streit der Athene mit dem Meeresgott Poseidon um die Herrschaft über Attika darstellen.
Im Erechtheion (Erechtheus: ein attischer Heros, der den Streit zwischen Athene und Poseidon schlichtete) waren die ältesten Kulte der Stadt angesiedelt. Im Osten des Erechtheion stand der Altar, das Ziel des Panathenäenzuges (siehe Seite 67).
Im Freien stand die große Statue der Athena Promachos („die in vorderster Linie kämpfende Athene"). Den Glanz ihrer vergoldeten Lanzenspitze konnten Seeleute bereits aus der Ferne sehen.
Der mächtige Torbau (Propyläen) besteht aus einer Säulenhalle und einem Tor. Rechts neben dem Torbau steht der kleine Nike-Tempel, der der Göttin des Sieges, geweiht ist.

M 2 Die drei griechischen Bauformen von Säulen, Friesen und Dächern.
Von links nach rechts:
dorisch, ionisch und korinthisch.

M 3 Das Brandenburger Tor in Berlin.
Foto, um 2000.
Das Tor wurde zwischen 1788 und 1791 erbaut.

1. *In M 1 erfährst du, wie groß der Parthenon-Tempel war. Vergleiche ihn mit einem Gebäude in deinem Wohnort (Kirche, Rathaus oder Schule).*
2. *Stell dir vor, wie beeindruckt die Athener waren, wenn sie den Burgberg hinaufgestiegen waren und vor dem großen Tempel standen. Die verzierten Giebel und Friese unterm Dach konnten sie aber nicht genau erkennen. Überlege, wem sie gefallen sollten.*
3. *Nenne das Bauwerk auf der Akropolis, das dem Brandenburger Tor ähnlich ist (M 1 und M 3).*

1 Dionysos-Theater in Athen.
Foto, um 1990.
Dieses Theater am Südhang der Akropolis hatte zunächst Sitzreihen aus Holz, erst im 4. Jh. v. Chr. aus Stein. Auf 78 Sitzreihen fanden etwa 17000 Zuschauer Platz. Der Bau war so geplant, dass die Darsteller auch in den hinteren Reihen zu verstehen waren.

Dichter und Denker

Theater

Schauspiele gehörten zu den öffentlichen Festen, daher hatte fast jede griechische Polis ein Theater. Die Dichter fanden ihre Themen häufig in mündlich überlieferten Erzählungen (*Epen*). Homers *Ilias* und *Odyssee* sind Beispiele dafür. In der dramatischen Dichtung (*Drama* = Handlung), die von Musik und Tanz begleitet aufgeführt wurde, war das Trauerspiel (*Tragödie*) besonders beliebt. Es handelt oft vom blinden, grausamen und unerbittlichen Schicksal der Menschen, das manchmal selbst die vernichtet, die die Gebote der Götter achten.

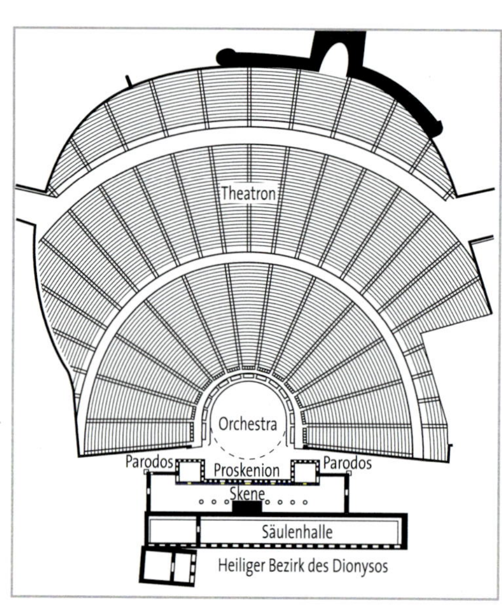

2 Grundriss des Dionysos-Theaters in Athen.
***Orchestra**: „Tanzplatz“; Platz für den Chor und die Schauspieler*
***Parodos**: Eingang für den Chor*
***Proskenion**: Bühne*
***Skene**: erhöhte Bühne für die Schauspieler*
***Theatron**: Zuschauerraum*
Vergleiche die Anlage des Theaters mit heutigen Stadien, Parlaments- und Konzertsälen.

Furcht und Mitleid

Der Zuschauer soll Mitleid mit den Hauptfiguren und Furcht vor den Göttern empfinden. Tragödien belehrten ihn, wie er leben und handeln sollte. Meist wurden die Stücke nur einmal gezeigt. So entstanden allein im Verlauf des 5. Jh. über 1000 Tragödien. Wenige sind erhalten geblieben. Die wichtigsten stammen von *Aischylos*, *Sophokles* und *Euripides*.

Komödien

Neben Tragödien wurden Lustspiele (*Komödien*) aufgeführt. Sie legten durch Übertreibungen die Missstände der Zeit offen und übten Kritik an menschlichen Schwächen. Sie gaben den Bürgern Gelegenheit, über die Mächtigen und Einflussreichen zu lachen. Der bedeutendste Komödiendichter war *Aristophanes*, der seine Stücke Ende des 5. und Anfang des 4. Jh. v. Chr. verfasste.

Fabeln und Verse

Noch heute werden *Fabeln* gedichtet, kurze Erzählungen, in denen Tiere menschliche Schwächen bloßstellen. Die ältesten Fabeln werden *Äsop* zugeschrieben, der im 6. Jh. v. Chr. lebte.
Die griechischen Epen, Tragödien, Komödien und Fabeln waren in Verse gefasst. Sie wandten sich an Zuhörer und Zuschauer, nicht an Leser.
Dies gilt auch für Gedichte (*Lyrik*), die ursprünglich gesungen wurde. Sie erhielten ihre Bezeichnung von der Lyra, einem Saiteninstrument, das sie beim Vortrag begleitete. Zur gesungenen Dichtung wurde häufig getanzt.

Philosophen fragen

Wie entstand die Welt? Warum geht die Sonne auf? Solche Fragen haben sich die Menschen seit jeher gestellt. Wie andere Völker glaubten die Griechen, es müsse übermenschliche, ewige Wesen geben, die die Welt geschaffen hätten und die verantwortlich seien für alles, was am Himmel, auf Erden und im Wasser geschehe – die Götter. So erklärten sie sich Donner und Blitz damit, dass der Göttervater Zeus zornig sei, und den Lauf der Sonne so, dass der Gott *Helios* mit seinem Wagen täglich von Ost nach West über den Himmel fahre und nachts auf dem Strom Okeanos zurücksegele. Das waren Mythen, überlieferte Geschichten, mit deren Hilfe die Menschen das Geschehen auf der Welt erklärten.

Neugier notwendig

Ab etwa 600 v. Chr. gab es in Griechenland Männer, die die Natur mit anderen Augen ansahen: Sie waren neugierig, beobachteten genau und schrieben auf, was sie sahen. Und sie stellten noch schwierigere Fragen: Woher kommt die Welt? Woraus besteht sie?
Diese fragenden Männer nannte man *Philosophen* (griech. *philos*: Freund; *sophia*: Weisheit). Ihnen verdanken wir die Anfänge der europäischen Philosophie. Einer von ihnen war *Thales von Milet*. Ihn zählte man in der Antike zu den „Sieben Weisen". Thales schloss aus seinen Beobachtungen, dass das Wasser der Urgrund der Welt sei. Schließlich sei ohne Wasser kein Leben denkbar. Außerdem sei dieses Element allen anderen überlegen, weil es nicht nur fließen, sondern auch wie Luft fliegen und hart wie Erde sein könne.

Vom Mythos zum Logos

Thales und andere Denker wie *Pythagoras* stellen fest, dass man in der Natur immer wieder auf dieselben Zahlen und einfachen Figuren stößt und diese nach bestimmten Regeln zueinander in Beziehung stehen. So fand Thales heraus, dass der Durchmesser einen Kreis in zwei gleich große Hälften teilt. Mathematik und Geometrie wurden Wissenschaften, mit denen allgemeine Lehrsätze aufgestellt und schwierige Beweise erbracht werden konnten. An die Stelle der Mythen trat die Logik (gr. *logos*: Sprache, Vernunft). Das „logische" Denken wurde Grundlage der Natur- und Geisteswissenschaften.

Gut oder Böse?

Die Philosophen des 5. und 4. Jh. v. Chr. fragten auch: Wie kann der Mensch die Wahrheit erkennen? Gibt es ein Leben nach dem Tod? Was ist gut oder böse? Wie sollen wir leben? Welches ist die beste Staatsform?

3 Thales von Milet.
Mosaik, Anfang des 3. Jh. n. Chr.

Da die Philosophen bei ihren Antworten immer weniger Rücksicht auf die Götter nahmen, stritten sich die Anhänger des alten Glaubens und die Befürworter der „logischen" Sichtweise. Eines der ersten Opfer dieser Auseinandersetzungen wurde Ende des 5. Jh. v. Chr. *Protagoras*. Wegen seiner Zweifel am Götterglauben verurteilten ihn die Athener zum Tode. Er floh, starb aber bei der Überfahrt nach Sizilien. Seine Schriften wurden verbrannt.
Ein anderes Opfer wurde *Sokrates*, dessen Ziel es war, durch unablässiges Fragen das Gute und Gerechte herauszufinden. Auch ihn verurteilten die Athener zum Tode. Er nahm das Urteil an und lehnte es ab zu fliehen.

Vom Marktplatz in die Schule

Kein Wunder, dass die Philosophen mit ihren Stellungnahmen zu Fragen des öffentlichen Lebens vorsichtiger wurden. Sie gingen nun vom Marktplatz in die Schule und begannen dort, genauer über alle Bereiche des Lebens und der Natur nachzudenken. So gründete *Platon* um 385 v. Chr. in Athen eine bedeutende Schule: die *Akademie*. Aus ihr ging *Aristoteles* hervor, einer der bedeutendsten Denker aller Zeiten. Er war Schüler Platons, erforschte alle Wissensgebiete und schrieb über Physik, Biologie und Politik.

M 1 Sokrates.
Die 27,5 cm hohe Marmorfigur wurde in Ägypten gefunden und entstand wahrscheinlich im 2. Jh. v. Chr.
Der Philosoph Sokrates wurde 469 v. Chr. in Athen geboren. Sein Vater war Steinmetz, die Mutter Hebamme. Er erlernte das Handwerk seines Vaters, zeichnete sich durch Tapferkeit aus, übernahm politische Ämter und philosophierte öffentlich, verfasste aber keine Schriften. Über seine Lehre informieren vor allem die Schriften seines Schülers Platon, der etwa 30 Jahre jünger als Sokrates war. 399 wurde Sokrates angeklagt. Ihm wurde vorgeworfen, die Götter nicht anzuerkennen und die Jugend zu verderben. Das Volksgericht verurteilte ihn zum Tode. Er musste einen Becher mit Gift trinken.

1. *Spielt die Gespräche (M 2).* 

2. *Erläutert, wie Sokrates vorgeht.*
3. *Beurteilt, was er erreichen will.*
4. *Von Sokrates stammt die Aussage: „Ich weiß, dass ich nichts weiß." Erkläre sie.*
5. *Erläutert, warum viele Athener sich über die Art und Weise des Sokrates zu lehren ärgerten (M 1 und M 2).*

M 2 Auf der Suche nach Erkenntnis

Sokrates will die Menschen zur Selbsterkenntnis führen und so zu einem sinnvollen Leben anregen. Der Mainzer Geschichtslehrer Gustav A. Süß hat Spielszenen verfasst, die zeigen, wie Sokrates philosophiert hat.

Sokrates und der Soldat Trasybulos

TRASYBULOS: Guten Morgen, Sokrates!
SOKRATES: Guten Morgen, Trasybulos! Gut siehst du aus in deiner Rüstung. Du bist wohl ein tüchtiger Soldat?
5 TRASYBULOS : Klar! Ich habe im Kampf schon 10 Thebaner totgeschlagen.
SOKRATES : Brav, Trasybulos; denn die Thebaner sind alle Lumpen.
TRASYBULOS : Das hat schon unser General gesagt, Sokrates.
SOKRATES : Und der General der Thebaner hat seinen Soldaten gesagt, dass alle Athener Lumpen sind.
10 TRASYBULOS : Aber das stimmt doch nicht, Sokrates! Wir Athener sind keine Lumpen.
SOKRATES : Sind denn die Thebaner Lumpen, Trasybulos?
TRASYBULOS : Wie, meinst du etwa, unser General habe nicht recht?
SOKRATES : Ich weiß nicht, Trasybulos. Wir wollen das nächste Mal darüber weiter-
15 sprechen.

Sokrates und der Getreidehändler Kimon

SOKRATES : Guten Tag, Kimon! Wohin gehst du?
KIMON: Zum Tempel, Sokrates, um den Göttern zu opfern.
SOKRATES : Du bist ein frommer Mann, Kimon.
5 KIMON : Ja, das sagen mir die Priester auch; denn ich opfere viel.
SOKRATES : Kimon, schläfst du eigentlich gut?
KIMON : Wie meinst du das, Sokrates?
SOKRATES : Wie ich es gesagt habe. Schläfst ... du ... gut?
KIMON : Manchmal kann ich nicht einschlafen, Sokrates.
10 SOKRATES : Warum?
KIMON : Ich denke immer an meinen Getreidehandel, überlege, wann ich mein Getreide am günstigsten verkaufe.
SOKRATES : Doch wohl dann, wenn in Athen das Getreide knapp ist und die armen Leute hungern.
15 KIMON : So ist es, Sokrates. Und wenn ich viel verdiene, kann ich viel opfern, den Göttern und den Priestern.
SOKRATES : Aber warum kannst du denn dann nicht einschlafen, wo du doch ein frommer Mann bist?
KIMON : Sokrates, das ist so: In mir ist etwas, das spricht zu mir ...
20 SOKRATES : Eine Stimme?
KIMON : Ja.
SOKRATES : Was sagt sie denn?
KIMON : Sie sagt, es sei nicht recht, wenn ich mein Getreide verkaufe, wenn die Athener am meisten Hunger haben und bereit sind, für Getreide den höchsten Preis
25 zu bezahlen.
SOKRATES : Ach Kimon, auf diese Stimme musst du nicht achten.
KIMON : Das geht nicht so einfach, Sokrates. Die Stimme geht immer mit mir.
SOKRATES : Vielleicht spricht da ein Gott in dir, Kimon.
KIMON : In mir ein Gott, Sokrates?
30 SOKRATES : Ja, eine göttliche Stimme, die weiß, was gut und böse ist, und die keine Opfer braucht.
KIMON : Meinst du das wirklich, Sokrates?
SOKRATES : Du musst es bedenken, Kimon. Wenn wir uns wiedersehen, sagst du mir dann, wie du die innere Stimme zum Schweigen gebracht hast.

Nach: Gustav A. Süß, Sokrates – der Archetypus des Wahrheitssuchers, in: Praxis Geschichte 3/2003, S. 28

Alexander erobert ein Weltreich

Makedonen unterwerfen Griechen

Anders als in den vielen selbstständigen griechischen Stadtstaaten herrschte im Norden Griechenlands ein König über die Makedonen. Unter *Philipp II.* übernahmen sie die Vorherrschaft über die zerstrittenen griechischen Stadtstaaten. Das war 338 v. Chr. Zwei Jahre später wurde Philipp II. ermordet. Sein zwanzigjähriger Sohn *Alexander* setzte mit Gewalt seine Nachfolge durch. Er war von griechischen Lehrern ausgebildet worden. Aristoteles zählte zu seinen Lehrern. Die griechischen Götter- und Heldensagen sollen ihn so sehr beeinflusst haben, dass er sie zum Vorbild nahm.

Wie ein Weltreich entsteht ...

Schon Alexanders Vater wollte gegen die Perser ziehen. Makedonen und Griechen sollten sich gemeinsam für die Zerstörung der Heiligtümer durch die Perser vor knapp 150 Jahren rächen.
334 v. Chr. setzte Alexander mit einem Heer von etwa 30 000 Mann nach Kleinasien über. Der Krieg gegen die Perser begann. Seine Truppen waren immer wieder siegreich. Der persische Großkönig *Dareios III.* verlor zuletzt sein Leben auf der Flucht.
Alexander regierte unumschränkt. In den eroberten Gebieten setzte er oft einheimische Herrscher als Statthalter ein. Zeigte sich Widerstand, handelte er rücksichtslos.

Im Sommer 327 v. Chr. begann Alexander, Nordindien zu erobern. Ein Jahr später stand er am Indus. Er wollte noch weiter – bis an die Grenze der Welt. Doch nun weigerten sich seine Truppen. Der Rückmarsch durch die Wüsten begann. Er forderte weitere Tausende von Toten. Ein Teil des Heeres segelte vom Indus bis zur Mündung von Euphrat und Tigris, um den Seeweg nach Indien zu erkunden.
Zurück in der alten persischen Hauptstadt Susa bemühte sich Alexander, Griechen, Makedonen und Perser zu verbinden. Zum Erstaunen einiger makedonischer und griechischer Heerführer kleidete er sich persisch und übernahm persische Hofsitten: Besucher mussten vor ihm wie vor einem Gott auf die Knie fallen. 324 v. Chr. heiratete er zwei persische Königstöchter und forderte von seinen Beamten, Heerführern und Soldaten, ebenfalls Ehen mit Perserinnen einzugehen.

... und zerfällt

Als Alexander einen neuen Feldzug nach Arabien vorbereitete, erkrankte er. Im Juni 323 v. Chr. starb er mit 32 Jahren in Babylon. Die Macht fiel in die Hände der Feldherren, die sich als seine Nachfolger fühlten: der *Diadochen*. Langfristig behaupteten sich drei Königreiche: das *Ptolemäerreich* in Ägypten, das *Seleukidenreich* in Syrien und einem Teil Vorderasiens und das *Antigonidenreich* in Makedonien und Griechenland.

1 Die Eroberungszüge Alexanders.

- *Bestimme die heutigen Länder, durch die die Eroberungszüge führten. Nutze dazu einen Atlas.*
- *Überlege, welche Probleme das Heer während des Marsches lösen musste.*

2 Alexander der Große.
Münze, um 324 v. Chr. Die Vorderseite der wohl noch zu Lebzeiten Alexanders geprägten Münze zeigt den Herrscher als Herakles im Löwenfell. Kannst du erklären, was damit ausgedrückt werden sollte? Lies dazu den Abschnitt über die griechischen Götter und Heroen auf Seite 64.

M 1 Die Alexanderschlacht.
Fußbodenmosaik aus Pompeji, entstanden um 100 v. Chr. Forscher gehen davon aus, dass dieses 5,82 x 3,13 m große Mosaik aus 4 Mio. Steinchen die Kopie eines griechischen Großgemäldes aus dem 3./2. Jh. v. Chr. ist.
Dargestellt ist, wie Alexander (links) auf den persischen Großkönig Dareios III. trifft.

→Lesetipps:

- *Marie-Therese Davidson / Christian Heinrich, Alexander der Große, Bindlach 2003*
- *Marie Regina Kaiser, Alexander der Große und die Grenzen der Welt, Würzburg 2007*

M 2 Anerkennung

Der griechische Geschichtsschreiber Diodor, der rund 200 Jahre nach Alexander gelebt hat, stellt fest:

In kurzer Zeit hat dieser König große Taten vollbracht. Dank seiner eigenen Klugheit und Tapferkeit übertraf er an Größe der Leistungen alle Könige, von denen die Erinnerung weiß. In nur zwölf Jahren hatte er nämlich nicht wenig von Europa und fast ganz Asien unterworfen und damit zu Recht weitreichenden Ruhm erworben, der ihn den alten Heroen und Halbgöttern gleichstellte.

Hans-Joachim Gehrke, Alexander der Große, München [5]2008, S. 9

M 3 Kritik

Im 1. Jh. n. Chr. schreibt der römische Politiker und Philosoph Seneca:

Den unglücklichen Alexander trieb seine Zerstörungswut sogar ins Unerhörte. Oder hältst du jemanden für geistig gesund, der mit der Unterwerfung Griechenlands beginnt, wo er doch seine Erziehung erhalten hat? [...] Nicht zufrieden mit der Katastrophe so vieler Staaten, die sein Vater Philipp besiegt oder gekauft hatte, wirft er die einen hier, die anderen dort nieder und trägt seine Waffen durch die ganze Welt. Und nirgends macht seine Grausamkeit erschöpft halt, nach Art wilder Tiere, die mehr reißen als ihr Hunger verlangt.

Hans-Joachim Gehrke, Alexander der Große, a.a.O., S. 100 f.

1. *Jahrhunderte nach Alexanders Tod wurde das Mosaik (M 1) gelegt. Beschreibe, wie Alexander und sein Gegner dargestellt wurden. Vergleiche dazu vor allem die Gesichtsausdrücke. Welcher Augenblick der Schlacht ist zu sehen?*
2. *Kannst du erkennen, auf welcher Seite der Künstler steht? Begründe!*
3. *Vergleiche die Ansichten Diodors (M 2) und Senecas (M 3). Wessen Urteil überzeugt dich mehr?*
4. *Beurteilt, ob Alexander den Beinamen „der Große“ verdient hat.*

Überall griechischer Einfluss

Die griechische Kultur wird verbreitet

Alexander der Große ließ in den eroberten Gebieten zahlreiche Städte nach griechischem Vorbild gründen. Viele erhielten seinen Namen. In diese Städte zogen Griechen und Makedonen als Händler, Beamte oder als Siedler. Ihre wirtschaftlichen und religiösen Vorstellungen sowie ihre Sprache behielten sie. Griechisch wurde zur wichtigsten Sprache und blieb in den Ländern im östlichen Mittelmeerraum auch noch Jahrhunderte später unter der Herrschaft der Römer vorherrschend.
Griechische Architektur prägte bald das Bild der Städte. Überall entstanden Tempel und Theater. Die vornehmen Einheimischen mussten ihre Lebensweise anpassen. Umgekehrt übernahmen die Griechen vieles aus der orientalischen Kultur. Dazu zählten die Verherrlichung der Herrscher als Götter, neue Formen der Kriegsführung und vieles andere mehr.
Während Wissenschaft und Künste in den Städten eine Blüte erlebten, veränderte sich auf dem Lande wenig. Hier, wo die große Mehrheit der Bevölkerung lebte und arbeitete, blieben die Menschen bei ihren ägyptischen oder orientalischen Sitten und Bräuchen. Diese Zeit bezeichnen wir als Hellenismus.

Alexandria – eine Weltstadt

Alexander hatte 332 v. Chr. im westlichen Mündungsgebiet des Nils, an der Stelle einer alten ägyptischen Siedlung, die Stadt Alexandria gegründet. Nach griechischen Plänen entstand hier ein Zentrum der hellenistischen Kultur.
Alexandria erhielt das Recht auf den Alleinhandel mit Papyrus, Parfüm und Glas. Vor allem durch den Getreidehandel konnte die Stadt an Bedeutung gewinnen. Schiffswerften wurden errichtet und große Betriebe, die Waren für den Export herstellten. Alexandria zählte bis zu 600 000 Einwohner. Hier lebten Ägypter, Syrer, Juden, Araber, Perser, Afrikaner. Aber nur Griechen und Makedonen hatten Bürgerrechte.

Erfinder und Gelehrte

Der Ruhm der Stadt ging auf eine königliche Forschungsstätte zurück, die nach den Musen, den griechischen Göttinnen der Künste und der Wissenschaften, *Museion* benannt war. Hier forschten und lehrten zahlreiche Wissenschaftler. Für ihren Lebensunterhalt sorgte der Herrscher. Den Gelehrten stand die größte und beste Bibliothek der Antike zur Verfügung. Sie soll rund 700 000 Schriftrollen besessen haben.
Im 3. Jh. v. Chr. forschten in Alexandria *Euklid*, der Verfasser eines bis ins 19. Jh. verwendeten Lehrbuches der Geometrie, *Archimedes*, der die unendliche Schraube und den Flaschenzug erfand, und *Eratosthenes*, der den Erdumfang erstaunlich genau berechnete und vermutete, man könne von Spanien aus westwärts nach Indien segeln.

1 Der „Dornauszieher“.
Marmorkopie einer 82,5 cm hohen hellenistischen Skulptur vom Ende des 3. Jh. v. Chr.

2 Buckliger Bettler.
6,7 cm hohe Bronzefigur, um 250 v. Chr.

Beschreibe und vergleiche die Figuren (Abb. 1 und Abb. 2). Überlege, wie sich das Verständnis von Kunst änderte (siehe dazu auch Abb. 1 auf Seite 88).

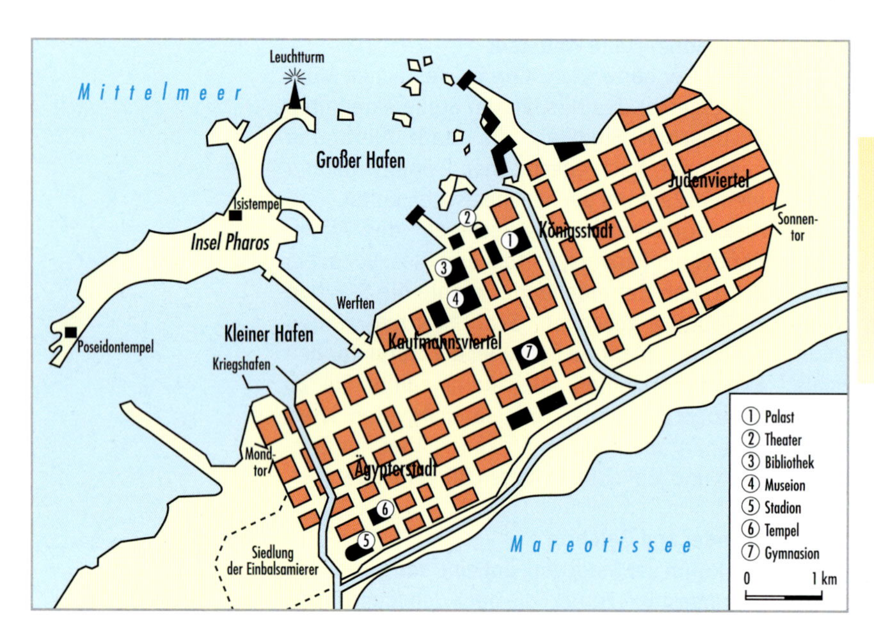

M 3 Plan von Alexandria.
Die Angaben beruhen weitgehend auf Vermutungen.
Beschreibe die Lage der Stadt. Wie ist sie gegliedert? Was fällt dir am Straßenverlauf auf? Erkläre die Lage der bedeutenden Einrichtungen. Für wen waren sie bestimmt? Versuche deine Antworten jeweils zu begründen. Vergleiche den Straßenverlauf mit dem deines Schul- oder Wohnortes.

M 1 Eine Beschreibung Alexandrias

Der griechische Geograf und Geschichtsschreiber Strabon, der an der Wende vom 1. zum 2. Jh. n. Chr. gelebt hat, beschreibt die Stadt so:

Vielseitig ist die Gunst der Lage: Von zwei Meeren wird der Platz umspült, von Norden her durch das „Ägyptische" Meer, im Süden durch den [...] Mareoti-5 schen See. Ihn speist der Nil mit vielen Kanälen [...], auf denen weit mehr eingeführt wird als vom Meere her; [...] dafür ist in dem Meereshafen die Ausfuhr aus Alexandria höher als die Einfuhr [...]. 10 Die Grundfläche der Stadt erinnert in ihrer Form an einen Mantel, dessen Längenseiten vom Meere umspült werden, und etwa 30 Stadien [5,549 km] ausmachen; die Breitseiten, je sieben 15 [1,295 km] oder acht Stadien [1,480 km] lang, sind die Landengen, die auf der einen Seite vom Meere, auf der anderen vom See eingeschnürt werden. Die ganze Stadt wird von Straßen durch-20 schnitten, die Platz für Reiter und Wagen bieten; zwei sind besonders geräumig, mit einer Breite von mehr als einem Plethron [etwa 31 m], sie schneiden sich im rechten Winkel. Die Stadt besitzt sehr 25 schöne öffentliche Bezirke und den Bezirk der Königspaläste, die ein Viertel oder gar ein Drittel des Stadtumfangs ausmachen [...].

Der Wohlstand der Stadt aber ist vor 30 allem darin begründet, dass von ganz Ägypten allein dieser Platz zu beidem geschaffen ist: zum Seehandel wegen der guten Hafenverhältnisse und zum Binnenhandel, da der Strom wie ein 35 bequemer Fährmann alles transportiert und an einem Platze zusammenführt, der der größte Handelsplatz der Welt ist.

Walter Arend (Bearb.), Altertum. Geschichte in Quellen, München ³1979, S. 367 f.

M 2 Der Leuchtturm von Alexandria.
Rekonstruktionszeichnung, um 2000.
Für die Seeschifffahrt wurde Anfang des 3. Jh. v. Chr. auf der Insel Pharos vor Alexandria ein etwa 100 Meter hoher Leuchtturm errichtet. Dessen Feuer wurde durch einen Hohlspiegel so verstärkt, dass es noch 50 km entfernt zu sehen war. Er war der erste von einem Architekten entworfene Leuchtturm der Welt und das Vorbild aller weiteren Leucht- und Kirchtürme sowie Minarette. Der Leuchtturm von Alexandria wurde in der Antike zu den Sieben Weltwundern gezählt. Er zerfiel im 14. Jh. n. Chr.

→Lesetipps:
- *Russell Ash, Die größten Weltwunder, Berlin 2008*
- *Katherine Roberts, Mord im Mausoleum, München 2007*

1. *Fasse die Gründe zusammen, die Strabon für den Reichtum der Stadt nennt (M 1).*
2. *Informiert euch über die anderen Weltwunder der Antike. Sucht Bilder dazu und gestaltet ein Poster.* Lerntipp

Vertiefung

Griechisch in unserem Alltag

1. *Auf diesen Eintrittskarten findet ihr Begriffe, die ihr aus dem Geschichtsunterricht kennt. Schreibt sie heraus und überlegt euch, woran es liegen könnte, dass sie in fast allen europäischen Sprachen verwendet werden.*
2. *Schreibt die gefundenen Begriffe untereinander und tragt dahinter in drei Spalten jeweils Stadt, Land und Sprache ein.*
3. *Bestimmt mit deutschen Ausdrücken die Bereiche, in denen die Begriffe benutzt werden.*

Was war wichtig? – Überprüfe deine Kompetenzen!

Präge dir das Datum ein!

5. Jh. v. Chr. *In der Polis Athen setzt sich die Herrschaft des Volkes (Demokratie) durch. In dieser Zeit entstehen bedeutende Werke der Kunst, Literatur und Philosophie.*

Merke dir folgende Begriffe!

Antike (lat. *antiquus*: alt): in der europäischen Geschichte die Zeit von etwa 1000 v. Chr. bis ins 5. Jh. n. Chr., in der die Griechen und Römer den Mittelmeerraum beherrschten und kulturell prägten.

Aristokratie (griech. *aristos*: Bester; *kratia*: Herrschaft = „Regierung der Besten"): Ordnung des Zusammenlebens, in der die Abstammung von einer vornehmen Familie (Adel) Voraussetzung für die politische Macht war.

Demokratie (griech. *demos*: Volk; *kratia*: Herrschaft): Herrschaft des Volkes über sich selbst. In Athen konnten sich seit Mitte des 5. Jh. v. Chr. alle einheimischen und wehrfähigen Bürger an der Regierung und Rechtsprechung beteiligen; bei Wahlen und Abstimmungen entschied die Mehrheit der Stimmen.

Hellenismus: Zeit zwischen dem 3. und 1. Jh. v. Chr., in der unter dem Einfluss Alexanders des Großen die griechische Architektur, Kunst und Sprache über den ganzen Mittelmeerraum und Nordasien verbreitet wurden.

„Ilias" und **„Odyssee"**: Der Dichter und Sänger Homer, der im 8. Jh. v. Chr. lebte, erzählt in der „Ilias" vom Krieg der Griechen gegen Troia und in der „Odyssee" von den Irrfahrten des Odysseus nach der Eroberung Troias. Seine Dichtung beeinflusste die europäische Literatur von der → *Antike* bis zur Gegenwart.

Olympische Spiele: Seit etwa dem 11. Jh. v. Chr. fanden im griechischen Olympia regelmäßig Feiern zu Ehren der Götter statt, zu denen auch Sportwettkämpfe gehörten. Die Teilnehmer waren wehrfähige Männer. 394 n. Chr. wurden die Olympischen Spiele von den Christen als heidnischer Brauch verboten. 1896 fanden die ersten Olympischen Spiele der Neuzeit in Athen statt.

Polis: zunächst die griechische Bezeichnung für eine Burg und die dazugehörige Siedlung, ab etwa 800 v. Chr. für einen Ort, der aus einem städtischen Zentrum und Umland bestand. Das Zentrum war geschützter Wohnort, Sitz der Regierung und Mittelpunkt der religiösen Feiern (Tempel). Auf dem Umland wurde die Nahrung für die Einwohner angebaut. Im 5. Jh. v. Chr. gab es rund 700 griechische Stadtstaaten (Poleis).

Erinnere dich!

Die Welt der Hellenen

Um 1000 v. Chr. wanderten Völker aus dem Norden nach Griechenland und Kleinasien ein und zerstörten frühgriechische Palastburgen wie die in Mykene. In der durch Gebirge geprägten Landschaft entstanden nach 800 v. Chr. zahlreiche selbstständige Stadtstaaten (→ *Polis*).

Trotz verschiedener Herkunft und Herrschaft sahen sich die Stämme der Ionier, Dorer und Achaier aufgrund ihrer verwandten Sprache, Religion und Dichtung als kulturelle Einheit. Sie nannten sich Hellenen.

Über den Troianischen Krieg berichten die → *„Ilias" und „Odyssee"*. Sie werden Homer, dem ältesten Dichter Europas, der im 8. Jh. v. Chr. gelebt haben soll, zugeschrieben.

Das wichtigste Götterfest der Hellenen fand alle vier Jahre in Olympia zu Ehren von Zeus und Hera statt: die → *Olympischen Spiele*. Als wichtigster Teil der Feiern galten die Sportwettkämpfe.

Die wachsende Bevölkerung und der geringe Ertrag des Bodens zwangen die Griechen seit dem 8. Jh. v. Chr., neues Siedlungsland zu suchen. An den Küsten des Schwarzen Meeres und des Mittelmeeres gründeten sie bis zum 6. Jh. v. Chr. zahlreiche Tochterstädte. Die Verbindungen zur Mutterstadt förderten Seefahrt, Schiffbau und Handel sowie die Verbreitung der gemeinsamen Kultur.

Sparta und Athen

Unter den griechischen Stadtstaaten ragten im 5. Jh. v. Chr. zwei heraus: Sparta als stärkste Landmacht und Athen als führende Seemacht.

In Sparta standen zwei Könige an der Spitze des Staates, die ihr Amt vererbten. Sie vertraten die Polis vor den Göttern und führten das Heer. Mädchen und Jungen wurden „spartanisch" erzogen. Ziel der Spartaner war es, unbesiegbar zu bleiben.

In Athen wurde im 6. Jh. v. Chr. die Adelsherrschaft (→ *Aristokratie*) schrittweise verdrängt. Unter Perikles entstand Mitte des 5. Jh. v. Chr. eine neue Staatsform: die → *Demokratie*. Jeder einheimische und wehrfähige Bürger durfte sich am politischen Leben sowie an der Rechtsprechung beteiligen. In der Volksversammlung hatten alle das gleiche Stimmrecht.

Keine Bürgerrechte standen den Frauen zu, die anders als in Sparta zurückgezo-

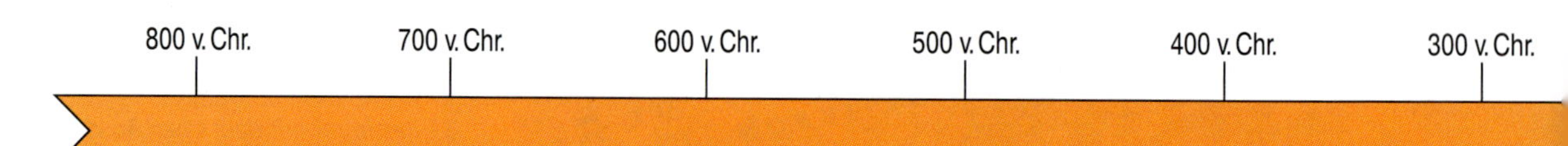

gen im Haus lebten. Männer und Frauen verehrten die Götter gemeinsam.
Zu den Nichtbürgern Athens zählten die eingewanderten „Mitbewohner“ (Metöken) und die Sklaven. Etwa jeder zehnte Bewohner war ein Metöke, jeder dritte ein Sklave.
Griechische Gelehrte und Philosophen wie Sokrates, der im 5. Jh. v. Chr. in Athen lebte, suchten Antworten auf die wichtigsten Fragen des Lebens. Ihr Denken steht am Anfang der europäischen Geistesgeschichte. Ihre überlieferten Werke wirken noch heute.

Griechen gegen Perser
Als der persische Großkönig Dareios I. seine Macht über Vorderasien und Ägypten hinaus auf Europa ausdehnen wollte, wehrten die griechischen Stadtstaaten unter Führung Athens den Angriff durch ihre Siege bei Marathon (490 v. Chr.) und Salamis (480 v. Chr.) ab. Wenige Jahrzehnte nach ihrem Erfolg gegen die Perser kämpften Athen und Sparta im Peloponnesischen Krieg (431-404 v. Chr.) gegeneinander um die Vorherrschaft in Griechenland. Sparta siegte, blieb aber zu schwach, um auf Dauer ganz Griechenland zu beherrschen. Später geriet das Land unter den Einfluss König Philipps II. von Makedonien. Dessen Sohn Alexander der Große nutzte die innere Schwäche des persischen Großreiches und eroberte es ab 334 v. Chr. Er schuf die Voraussetzungen für den → *Hellenismus*, die Verbreitung der griechischen Kunst und Kultur in der → *Antike*.
Alexanders Weltreich zerfiel nach seinem Tod 323 v. Chr. unter seinen Nachfolgern (Diadochen).

1 Olympische Spiele in Athen.
Titelblatt des Berichts über die ersten Olympischen Spiele der Neuzeit von 1896.

Die olympische Idee
Der Franzose Baron Pierre de Coubertin (1862-1937) setzt sich für die Wiederbelebung der Olympischen Spiele ein. Über den Sinn und Zweck der olympischen Idee schreibt er 1936:

Die Olympischen Spiele feiern, heißt, sich auf die Geschichte berufen. Sie ist es, die am besten den Frieden sichern kann. Von den Völkern verlangen, sich gegenseitig zu lieben, ist eine Art Kinderei; sie aufzufordern, sich zu achten, ist keine Utopie; aber um sich zu achten, muss man sich zunächst kennen.
Pierre de Coubertin, Der Olympische Gedanke. Reden und Aufsätze, Stuttgart 1967, S. 154

Überprüft die Einstellung Coubertins. Entspricht sie den antiken Vorstellungen? Ist sie noch heute aktuell?

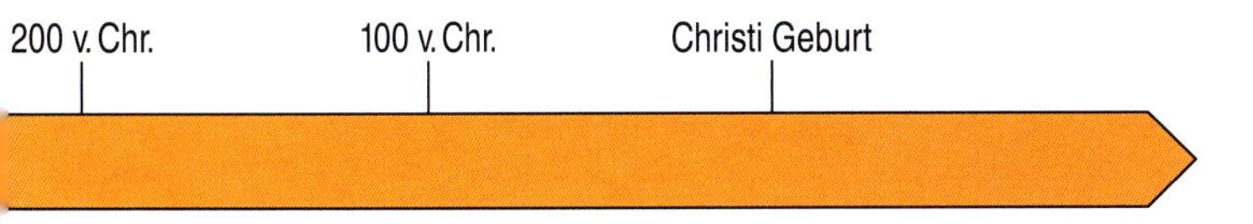

Du kannst ...
- *benennen, was die „Hellenen“ einte.*
- *beschreiben, wie die Hellenen mit Fremden umgingen.*
- *Teile der antiken griechischen Kultur nennen, die die künstlerische, politische und geistige Entwicklung des heutigen Europas beeinflussten.*

Denke nach! – Urteile kompetent!
- *Ist die Volksherrschaft in Athen ein Vorbild für die politische Ordnung der Bundesrepublik Deutschland?*

Suche Spuren!
Mögliches Thema einer Präsentation oder eines Plakats:
- *Alltag auf griechischen Vasenbildern*

Tipp:
In Bayern stellen folgende Museen antike griechische Kunstwerke aus:
- *Antikensammlung der Universität Erlangen*
- *Archäologische Staatssammlung, München*
- *Glyptothek, München*
- *Martin-von-Wagner-Museum der Universität Würzburg*

Erworben und vertieft
Du hast in dem letzten Kapitel
- *eine Einführung in die Arbeit mit Karten erhalten,*
- *etwas über die Art und Weise erfahren, wie schriftliche Quellen ausgewertet und gedeutet werden, und*
- *verschiedene politische Ordnungen der alten Griechen kennengelernt.*

Darüber hinaus hast du neue Anregungen zum Umgang mit Lehrbuchtexten, Textquellen, Vasenbildern und Schaubildern erhalten. Außerdem hast du griechische Sagen und Götter kennengelernt und antike Bau- und Kunstwerke untersuchen können.

Übertrage die Zeitleiste auf ein Blatt (100 Jahre = 2,5 cm) und füge ein: wann Alexander der Große, Sokrates und Perikles starben, der Peloponnesische Krieg begann, die neuen Tempel auf der Akropolis errichtet und ab wann die Olympischen Spiele aufgezeichnet wurden.

Das Imperium Romanum

Roms Wahrzeichen: die „Kapitolinische Wölfin".
Foto, um 2000.
Die bronzene Figur der Wölfin wurde wohl nach Vorbildern aus dem 6./5. Jh. v. Chr. zwischen dem 9. und 13. Jh. hergestellt. Sie ist 75 cm hoch und 114 cm breit. Das Original soll über Jahrhunderte auf dem Kapitol, dem religiösen Mittelpunkt Roms, gestanden haben. Die Figuren der Zwillinge Romulus und Remus stammen erst aus dem 16. Jh.

Geschichte erzählt

Brudermord am Tiber

„Du bist wie immer ein schlechter Verlierer, Remus!“ Spöttisch und verärgert zog Romulus die Mundwinkel nach unten und ging ein paar Schritte weiter. Seit einiger Zeit mäkelte sein Zwillingsbruder an allem herum, was er anordnete oder tat. Offensichtlich konnte er es nicht verwinden, dass er, Romulus, nun König der Stadt sein würde, die sie gemeinsam mit anderen Männern hier auf dem Palatin, einer der Anhöhen über dem Tiber, gründen wollten. Romulus spürte den bohrenden Blick seines Bruders. Er drehte sich noch einmal um. „Was willst du? Die Götter haben ihren Willen unmissverständlich kundgetan, indem sie mir zwölf, dir aber nur sechs Geier geschickt haben.
Du solltest dich dem Götterwillen fügen.“ Als er das verschlossene Gesicht des Remus sah, fügte er hinzu: „Ich bin mit all den anderen Männern hierher gekommen, um eine Stadt zu gründen, und niemand wird mich davon abhalten – auch du nicht. Hier ist nur Platz für einen König. Und der bin ich. Auf keinen Fall wirst du verhindern, dass die Stadt meinen Namen trägt: Roma!“
Während Remus trotzig die Fußspitze in die Erde bohrte, ergriff Romulus wortlos den Pflug. Feierlich schritt er hinter dem Gespann mit einem weißen Ochsen her. Die Furche, die er auf dem Hügel zog, nahm allmählich die Form eines Quadrates an. Auf ihr sollte sich bald Roms Stadtmauer erheben. Als Romulus die Furche vollendet hatte, blickte er stolz auf sein Werk. „Die Stadt wird ewig stehen; die Götter schützen sie. Kein Bewaffneter darf sie betreten, denn sie ist heilig. Kein Feind soll je ihre Mauern überwinden, ohne dafür mit dem Tod zu büßen ...“
Noch bevor Romulus zu Ende gesprochen hatte, zog Remus, auf den er gar nicht mehr geachtet hatte, sein Schwert und rief herausfordernd: „Dann versuche doch, mich aufzuhalten, wenn du dich traust! Mich wird deine ‚Mauer‘ nicht aufhalten.“ Mit einem weiten Satz sprang er über die Furche. Romulus wurde blass vor Zorn. Er zog ebenfalls seine Waffe, setzte dem Bruder nach und schlug auf ihn ein, bis er sich nicht mehr regte. Als er endlich wie aus einem tiefen Rausch wieder zu sich kam, stieß er keuchend hervor: „Bei meinem Vater Mars, so soll es jedem ergehen, der es wagt, Roms Mauern zu missachten.“

Dieter Brückner

Roms Geschichte beginnt

1 Aus der Gründungssage Roms.
Münze, Anfang des 2. Jh. v. Chr.
Welcher Augenblick der Gründungssage ist dargestellt?

War es wirklich so?
Archäologen haben im Bereich der Hügel am Tiber Spuren von Lehmhäusern und Gräbern aus dem 11. bis 9. Jh. v. Chr. gefunden. Demnach lebten dort schon lange vor Roms angeblichem Gründungsjahr Menschen. Im 7. Jh. v. Chr. muss der Ort für das Volk der *Etrusker* interessant geworden sein. Könige aus verschiedenen Familien übernahmen dort die Herrschaft. Eine trug den Namen *Ruma*. Die Zahl der Einwohner wuchs während der Monarchie, in der nur ein Einzelner die Macht hatte. Es wurden Tempel, Häuser aus Stein und eine Brücke über den Tiber errichtet, die erste Kanalisation (*Cloaca maxima*) gebaut, ein großer Markt (*Forum*) angelegt und die Stadt mit einer Mauer umgeben. Die ältesten Überreste der Stadtbefestigung datieren die Archäologen auf die Zeit um 600 v. Chr.

Die Gründungssage
Schon die römischen Kinder lernten vor über 2 000 Jahren, dass Romulus Rom gegründet habe. Sogar den angeblichen Gründungstag hatten Geschichtsschreiber festgelegt: den 21. April 753 v. Chr.
Von der Kindheit der Zwillinge berichtet die Sage, sie seien Söhne der Königstochter *Ilia* gewesen, zu deren Vorfahren der Troianer *Aeneas* gehört habe. Dieser Held der griechischen Sage und Sohn der Göttin *Venus* sei mit seinen Leuten aus dem brennenden Troia geflohen und nach langen Irrfahrten in Italien gelandet. Und der Vater der Kinder? Laut Sage war es der Kriegsgott *Mars*.
Angeblich trieb ein machtgieriger Onkel Ilia in den Tod und setzte ihre beiden Säuglinge in einem Körbchen auf dem Tiber aus. Ans Ufer gespült, blieb es an einem Feigenbaum hängen. Dort fand eine von ihrem Vater Mars gesandte Wölfin die Zwillinge, säugte sie und bewahrte sie vor dem Verhungern. Ein Hirte entdeckte die Kinder und zog sie mit seiner Frau groß. Die beiden Brüder gründeten später nahe dem Ort ihrer Rettung eine Stadt. Im Streit habe Romulus seinen Bruder Remus getötet.
Die Sage berichtet weiter, Romulus sei der erste König der Stadt gewesen und nach seinem Tode in den Kreis der Götter aufgenommen worden. Sechs weitere Könige hätten nach ihm die Stadt regiert, bevor 510 v. Chr. der siebte mit Namen *Tarquinius Superbus* („der Überhebliche") von den Römern vertrieben worden sei.

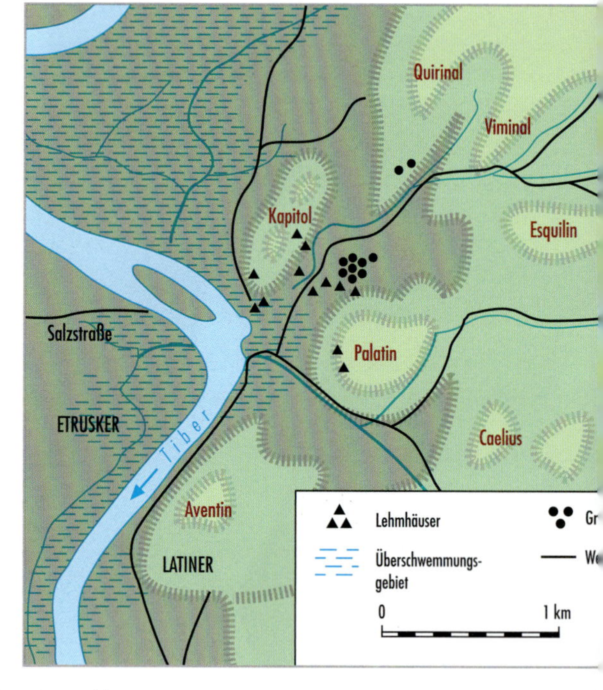

2 Rom – die Hügel, um 900 v. Chr.
Schau dir die Karte genau an und stelle fest, welche Vorteile die Gegend für die Gründung einer Stadt bot. Nutze dazu auch eine Karte von Italien in einem Atlas.

1. *Überprüfe, ob du in der Sage einen Teil der tatsächlichen Entstehungsgeschichte wiederfinden kannst.*
2. *Begründet, weshalb die Römer auf ihre Herkunftssage besonders stolz waren.*

→Lesetipps:
- *Simon Adams, Das alte Rom. Zwischen Blütezeit und Untergang, Würzburg 2006*
- *Simon James, Das alte Rom, München 2011*
- *Ernst Künzl, Das alte Rom, Nürnberg 2000*

3 Etruskisches Ehepaar.
Terrakottafiguren auf einem Sarkophag (Prunksarg), um 525 v. Chr.

Die Etrusker – ein rätselhaftes Volk

Auf dem Gebiet der heutigen italienischen Regionen Toskana, Umbrien und Latium lebte im Altertum das Volk der Etrusker. Wegen ihrer fremden Kultur nahmen bereits die Geschichtsschreiber der Antike an, dass sie von weither nach Italien eingewandert seien, vielleicht aus der heutigen Türkei. Vor ihren Städten legten die Etrusker hausförmige Grabanlagen mit bunten Wandmalereien an. Diese zeigen ihre Bewohner im Alltag. Aus gebranntem Ton (*Terrakotta*) formten sie kunstvolle Figuren. Sie beherrschten die Metallverarbeitung und schufen aus Bronze großartige Darstellungen von Menschen und Tieren.
Was die Etrusker aufgeschrieben haben, können wir lesen, weil ihr Alphabet griechischen Ursprungs ist. Wir kennen aber nur einen kleinen Teil ihrer Sprache. Die Inschriften sind kurz und enthalten fast immer dieselben Wörter. Aus ihnen wissen wir, dass Kinder oft nach ihrer Mutter genannt wurden. Vermutlich besaßen Frauen bei den Etruskern ähnliche Rechte wie Männer.
Bevor die Etrusker eine wichtige Entscheidung trafen, opferten sie ihren Göttern Tiere und untersuchten die Leber und andere innere Organe. Sie deuteten die Flugbahnen der Vögel und den Lauf der Blitze bei einem Gewitter, um herauszufinden, ob die Götter mit ihrem Tun einverstanden waren oder nicht.

4 Italien zur Zeit der größten etruskischen Ausdehnung, Ende des 6. Jh. v. Chr.

M 1 Gastmahl.
Etruskische Wandmalerei, um 460 v. Chr. Kolorierte Durchzeichnungen von Carlo Ruspi, 1832 (Ausschnitt).

M 2 Ein Grieche über die Etrusker und Römer

Der griechische Geschichtsschreiber Diodor aus Sizilien, der im 1. Jh. v. Chr. eine Weltgeschichte in 40 Büchern verfasst hat, berichtet:

Es bleibt uns noch übrig, von den Etruskern zu sprechen. Dieses Volk, das sich von alters her durch Tapferkeit auszeichnete, eroberte viel Land und gründete 5 zahlreiche ansehnliche Städte, gleichzeitig beherrschte es aufgrund seiner Seemacht lange Zeiten das Meer [...]. Auch ihre Landstreitkräfte bildeten die Etrusker mit großem Eifer aus [...].
10 Dazu verstanden sie es, den obersten Beamten das nötige Ansehen zu verschaffen, indem sie ihnen die Liktoren* beigaben und den elfenbeinernen Stuhl und die purpurgesäumte Toga** verlie-15 hen. Im Häuserbau erfanden sie die Vorhallen, eine gute Hilfe, die Störungen durch das Gedränge der aufwartenden Volksmenge zu vermeiden. Das meiste davon haben die Römer nachgeahmt 20 und es – noch verschönert – in ihr eigenes Gemeinwesen übernommen.
Auf die Weiterbildung der Wissenschaften und die Natur- und Götterlehre haben sie viel Eifer verwendet. Sie ha-25 ben die Beobachtung und Deutung des Donners und Blitzes mehr als alle übrigen Menschen ausgebildet, um die göttlichen Vorzeichen durch den Donner auszulegen.
30 Das Land, das sie bewohnen, ist in jeder Weise fruchtbar, und sie gewinnen durch seine Bearbeitung eine nicht endende Fülle an Feldfrüchten, die ihnen über den nötigen Unterhalt hinaus 35 reichlichen Genuss und Schwelgerei ermöglichen. Zweimal am Tage lassen sie sich nämlich köstliche Speisen auftischen, und sie lassen sich auch alles andere zukommen, was zu übermäßiger 40 Üppigkeit gehört: Bunte Teppiche mit Blumen breiten sie beim Mahle aus, eine Menge silberner Trinkgefäße von allen Formen stehen bereit, und eine große Zahl von Sklaven steht jederzeit 45 dienend zur Verfügung.

Walter Arend (Bearb.), Altertum. Geschichte in Quellen, München ³1978, S. 391 (vereinfacht)

*Über Liktoren findest du auf Seite 107 weitere Informationen.
**Zur Toga siehe Abb. 1, Seite 105.

1. *Beschreibe das Wandgemälde (M 1), und vergleiche mit dem Bericht Diodors (M 2).*
2. *Der Sarkophag (Abb. 4, Seite 103) und das Bild (M 1) könnten dich an ähnliche Darstellungen der Griechen erinnern. Was die Frauen betrifft, wirst du jedoch einen wichtigen Unterschied entdecken. Erläutere ihn.*
3. *Erläutere, was Sarkophag (Abb. 4, Seite 103) und Wandmalerei (M 1) über die Vorstellungen der Etrusker vom Leben nach dem Tod aussagen.*

Rom wird Republik

Wer bestimmt im frühen Rom?

Die vornehmen und reichen Römer verbannten um 500 v. Chr. den letzten etruskischen König. Sie übernahmen selbst die „öffentlichen Angelegenheiten" (lat. *res publicae*) und gründeten damit eine Republik. Anders als die Athener errichteten sie aber keine Demokratie. Die Macht im Staat übernahmen die Patrizier, die Nachfahren der „Väter" (lat. *patres*), die angeblich mit Romulus die Stadt gegründet hatten. Sie wurden Feldherren, Beamte, Richter oder Priester. Außerdem gehörte den Patriziern das meiste Land. Um ihre besondere Stellung zu sichern, durfte ein Patrizier keine Frau aus dem Kreis der übrigen Bürger heiraten. Für sie waren Bauern, Handwerker, Händler und Tagelöhner – der größte Teil des Volkes – *Plebejer* (lat. *plebs*).

Patrizier und Plebejer streiten

Die Plebejer wussten, dass die Patrizier sie als Arbeitskräfte und Soldaten benötigten. Im Krieg waren die plebejischen Fußsoldaten wichtiger als die patrizischen Reiter. Was lag da für die Plebejer näher, als für mehr Rechte zu streiken. Als das Heer 494 v. Chr. für einen Kriegszug versammelt werden sollte, zogen sie nach der Überlieferung aus der Stadt auf den nahen „Heiligen Berg" und stellten Bedingungen für ihre Rückkehr.

Die Plebejer setzen Rechte durch

Ihr erster Erfolg in diesem *Ständekampf* war die Einführung von *Volkstribunen*. Seit 450 v. Chr. gab es zehn jährlich gewählte Volkstribunen. Sie sollten Leben und Vermögen der Plebejer schützen und waren in ihrem Amt unverletzlich (*sakrosankt*). Die Volkstribunen konnten gegen Entscheidungen der Patrizier ihr Veto einlegen (lat. *veto*: ich verbiete). Sie beriefen die Versammlungen der Plebejer ein, auf denen Volksbeschlüsse (*Plebiszite*) gefasst werden konnten.

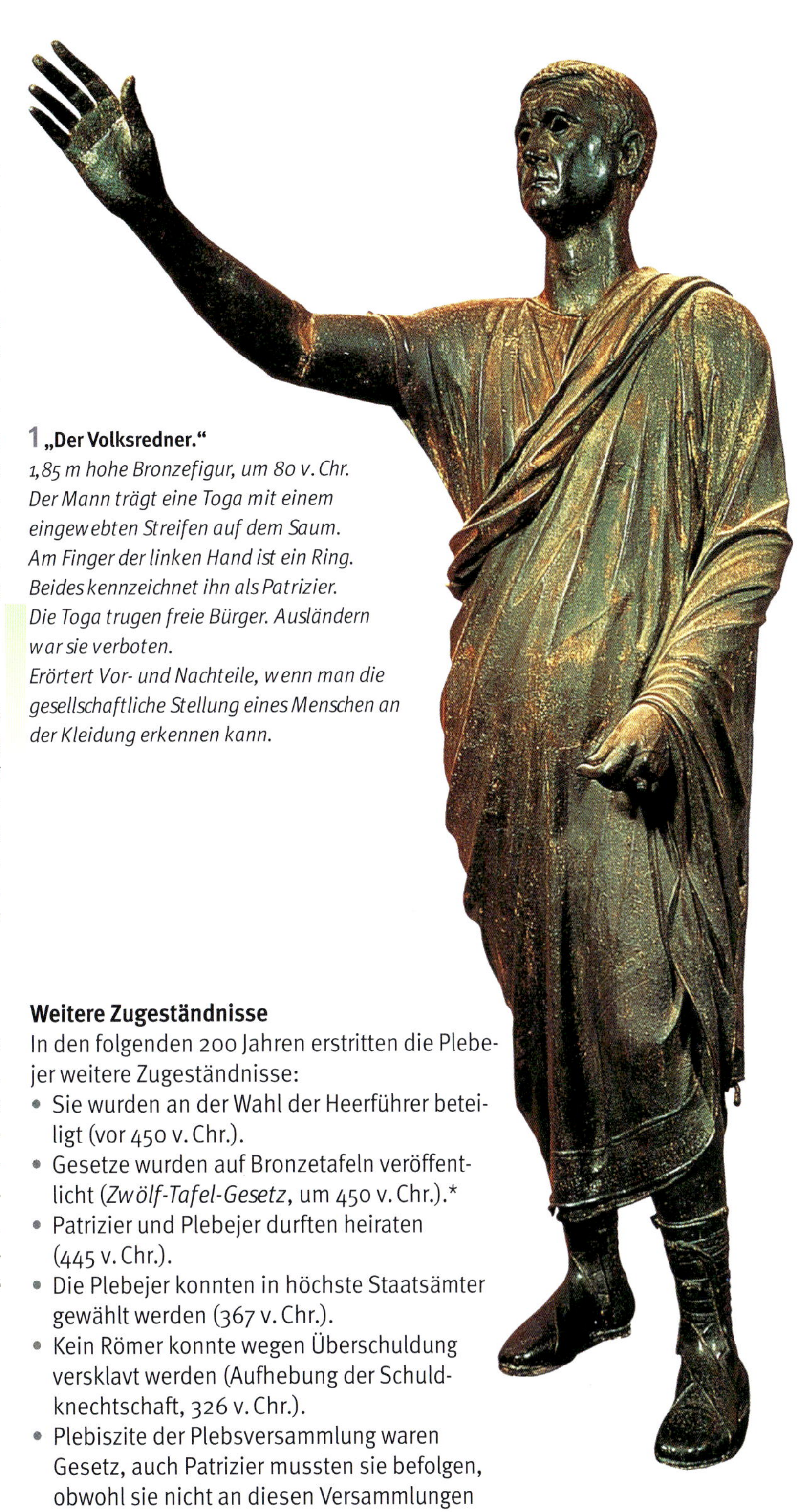

1 „Der Volksredner."
1,85 m hohe Bronzefigur, um 80 v. Chr.
Der Mann trägt eine Toga mit einem eingewebten Streifen auf dem Saum. Am Finger der linken Hand ist ein Ring. Beides kennzeichnet ihn als Patrizier.
Die Toga trugen freie Bürger. Ausländern war sie verboten.
Erörtert Vor- und Nachteile, wenn man die gesellschaftliche Stellung eines Menschen an der Kleidung erkennen kann.

Weitere Zugeständnisse

In den folgenden 200 Jahren erstritten die Plebejer weitere Zugeständnisse:

- Sie wurden an der Wahl der Heerführer beteiligt (vor 450 v. Chr.).
- Gesetze wurden auf Bronzetafeln veröffentlicht (*Zwölf-Tafel-Gesetz*, um 450 v. Chr.).*
- Patrizier und Plebejer durften heiraten (445 v. Chr.).
- Die Plebejer konnten in höchste Staatsämter gewählt werden (367 v. Chr.).
- Kein Römer konnte wegen Überschuldung versklavt werden (Aufhebung der Schuldknechtschaft, 326 v. Chr.).
- Plebiszite der Plebsversammlung waren Gesetz, auch Patrizier mussten sie befolgen, obwohl sie nicht an diesen Versammlungen teilnehmen durften (287 v. Chr.).

*Lies dazu Seite 166.

1. *Nenne die Ursachen für die „Ständekämpfe".*
2. *Erläutere, wieso die Plebejer langfristig erfolgreich waren.*

M 1 Der Magen und die Glieder

Wie es an dem Tag des Jahres 494 v. Chr., als der Streit zwischen den Plebejern und Patriziern seinen ersten Höhepunkt fand, im alten Rom genau zuging, wissen wir nicht. Aber so, wie es unsere Hauptfigur Lucius Cornelius erlebt hat, könnte es schon gewesen sein ...

Es schien ein Morgen wie viele andere zu sein. Der vornehme Lucius Cornelius ging zum Forum. Das Gedränge war so groß wie immer um diese Zeit. Aber plötzlich fiel Lucius Cornelius auf, dass die Leute heute nicht in die Stadt zum Marktplatz gingen. Nein, ganze Familien zogen mit all ihren Habseligkeiten aus der Stadt.

Da erkannte Lucius Cornelius in der Menge den Plebejer Quintus. „Was ist hier los?", wollte er wissen. Ohne den sonst üblichen Respekt gegenüber dem vornehmen Patrizier raunzte Quintus zurück: „Was soll schon los sein? Es reicht uns. Wir gehen." Lucius Cornelius war so verblüfft, dass er ganz vergaß, Quintus wegen seines groben Tons zu tadeln. „Was reicht euch? Wohin geht ihr?" Quintus baute sich breitbeinig vor ihm auf: „Wir haben es satt, dass ihr Patrizier, mit euren angeblich so vornehmen Vorfahren, hier in der Stadt schaltet und waltet, wie es euch in den Kram passt. Ihr plündert uns aus, ihr biegt euch die Gesetze so zurecht, wie ihr sie braucht. Wir arbeiten, und ihr schiebt euch die hohen Ämter gegenseitig zu. Ihr befehlt, wir buckeln! Jetzt hat es sich ausgebuckelt. Wir haben beschlossen, Rom zu verlassen und einen eigenen Staat zu gründen."

Quintus blickte Lucius Cornelius triumphierend an, dem bei diesen Worten beinahe die Luft weggeblieben wäre. Der Plebejer ging weiter, doch nach ein paar Schritten drehte er sich noch einmal um: „Und eure hübschen Töchter könnt ihr für euch behalten. Ihr gebt sie uns ja sowieso nicht als Bräute."

Auf dem Forum hatten sich unterdessen die Oberhäupter der Patrizierfamilien in heller Aufregung versammelt. Lucius Cornelius hörte sie schon von Weitem durcheinanderreden. Gerade rief einer mit sich überschlagender Stimme: „Sie erklären uns den Krieg. Wir müssen sie züchtigen. Das bedeutet Krieg! Bürgerkrieg!" „Und ich kann dir sagen, wer ihn verlieren wird: Wir!", lautete die knappe Antwort eines anderen. „Sie sind viel mehr als wir. Und den Zeitpunkt ihres Auszugs haben sie gut gewählt. Unsere Neider in der Nachbarschaft werden sich die Gelegenheit nicht entgehen lassen und uns angreifen. Wie sollen wir uns ohne Hilfe der Plebejer verteidigen?" „Er hat Recht", meinte ein Dritter. „Wir müssen versuchen, sie zurückzuholen." „Das kannst du gerne tun", spottete der erste Patrizier. „Ich bin gespannt, wie lange sie dich reden lassen." Nach langem Hin und Her ergriff Menenius Agrippa das Wort: „Ich werde gehen."

Im Lager der Plebejer wurde er mit einer Mischung aus Überraschung und Misstrauen empfangen. Als sich die Menge um ihn versammelt hatte, begann er: „Stellt euch einen Körper vor mit Kopf, Armen, Beinen, Rumpf und Magen. Eines Tages empörten sich die Glieder dieses Körpers. Denn sie mussten ja schließlich alle für den Magen arbeiten, der selbst nichts anderes tat, als faul ...–"

Weiter kam Menenius Agrippa nicht. Wütende Zwischenrufe unterbrachen ihn: „Wir wollen keine Märchen hören! Wir wollen endlich mitbestimmen, was im Staat geschieht, und wir wollen gerecht behandelt werden!"

Nur mühsam beruhigten einige der Umstehenden die aufgebrachte Menge. Menenius Agrippa konnte fortfahren: „Die empörten Glieder sprachen sich untereinander ab. Die Hände wollten keine Speisen mehr zum Mund führen, der Mund weigerte sich, Essen aufzunehmen, die Zähne hörten auf, Nahrung zu zerkleinern. Bald mussten sie aber erkennen, dass der ganze Körper verfiel. Sie selbst wurden immer schwächer, nur weil sie geglaubt hatten, sie könnten den Magen durch Hunger bestrafen und auf ihn verzichten." An dieser Stelle hörte Menenius Agrippa einfach auf zu sprechen. Wortlos ging er durch die Menge der schweigenden Plebejer zurück nach Rom.

Livius, Römische Geschichte II, 32 (nacherzählt von Dieter Brückner)

M 2 Menenius Agrippa erzählt den Plebejern die Geschichte vom Magen und den Gliedern.
Wandgemälde von August Eisenmenger, um 1885.

Grundlage der Erzählung (M 1) ist die Fabel vom „Magen und den Gliedern", die der Geschichtsschreiber Livius (siehe M 3, Seite 117) in seiner „Römischen Geschichte" wiedergibt.

1. *Untersucht, ob Livius eher auf der Seite der Patrizier oder der Plebejer steht.*
2. *Beurteile, ob dich die Fabel als Plebejer überzeugt hätte.*
3. *Versetzt euch in die Lage der Plebejer und Patrizier. Stellt das Streitgespräch in einem Rollenspiel nach.* Lerntipp

Wer regiert in Rom?

Eine neue Führungsschicht
Auch nach den Ständekämpfen konnten es sich nur die reichsten Plebejer leisten, die unbezahlten Staatsämter zu übernehmen. Nur sie konnten in Patrizierfamilien einheiraten. Die etwa 30 einflussreichsten Familien der Patrizier und Plebejer bildeten die Führungsschicht in Rom, die *Nobilität* (dt. „die Namhaften“).

Treue und Vertrauen
Dass die Ständekämpfe keine Bürgerkriege wurden, ist dem *Klientelwesen* zu verdanken. Ärmere Bürger mit wenigen Rechten unterstellten sich einem einflussreichen Mitbürger. Sie wurden so zu Klienten eines *Patrons* (lat. *patronus*: Schutzherr). Sie kamen regelmäßig in sein Haus und boten ihm ihre Dienste an. Der Patron gewährte ihnen Schutz, vertrat sie vor Gericht und half in der Not. Strebte der Patron ein politisches Amt an, begleiteten ihn seine Klienten und stimmten bei Wahlen für ihn. Die gegenseitige Treue (lat. *fides*) galt lebenslang und wurde auf die Kinder übertragen. Für die Römer war es eine Pflicht, an den ererbten Regeln festzuhalten.*

Zahlreiche Ämter
An der Spitze des Staates standen zwei Konsuln. Im Krieg hatten sie den Oberbefehl über das Heer. Weitere *Magistrate* (Regierungsbeamte) standen ihnen zur Seite:
- *Praetoren* vertraten die Konsuln, leiteten und überwachten die Gerichte.
- *Aedile* beaufsichtigten die Tempel, sorgten für die Sicherheit und Lebensmittelversorgung in Rom, prüften Preise, Maße und Gewichte und organisierten Feste und öffentliche Spiele.
- *Quaestoren* verwalteten die Staatskasse.

Ein Römer begann mit etwa 30 Jahren seine Ämterlaufbahn (lat. *cursus honorum*) als Quaestor. Die Amtszeit der Magistrate war auf ein Jahr beschränkt. Jedes Amt wurde mit mindestens zwei Männern besetzt, von denen jeder gegen Entscheidungen seines Kollegen Einspruch erheben konnte. Kein Römer durfte dasselbe Amt zweimal, zwei Ämter gleichzeitig oder unmittelbar hintereinander bekleiden. Eine Pause von zwei Jahren war vorgeschrieben.
Eine Sonderstellung behielten die jährlich von den Plebejern gewählten zehn *Volkstribune*. Sie durften in ihrem Amt nicht behindert werden, konnten jede Amtshandlung anderer Beamte durch ihr Veto verhindern und sogar eine Senatssitzung abbrechen. Dazu besaßen sie das Recht, Volksversammlungen einzuberufen und Beschlüsse fassen zu lassen.
Alle fünf Jahre wurden zwei *Zensoren* aus dem Kreis der ehemaligen Konsuln gewählt. Sie schätzten (lat. *censere*) das Vermögen der Bürger und teilten sie nach der Höhe ihres Vermögens in bestimmte Gruppen ein. Darüber hinaus konnten sie Bürgern, die einen unwürdigen Lebenswandel führten, eine öffentliche Rüge (lat. *nota*) erteilen und entscheiden, wer in den Senat aufgenommen wurde.
Wenn Gefahr für den Staat drohte, konnte vorübergehend eine Alleinherrschaft (*Diktatur*) errichtet werden. Den Anweisungen des Diktators hatten sich alle unterzuordnen. Er blieb sechs Monate im Amt.

Nobilität
(einflussreiche Familien der Patrizier und Plebejer, aus denen ein Konsul hervorgegangen war)
Patrone
(Patrizier und reiche Plebejer)
Klienten
Bauern
Händler
Handwerker
Tagelöhner
Plebejer
Freigelassene
Sklaven

1 Die sozialen Verhältnisse in der Republik.
Erkläre mit diesem Schaubild die Beziehungen der Menschen in der römischen Gesellschaft.

2 Liktor.
11,6 cm hohe vergoldete Bronzefigur, 1. Jh. n. Chr. Die hohen Amtsinhaber (Magistrate) wurden in der Öffentlichkeit von Liktoren (Amtsdienern) begleitet. Als Zeichen ihres Amtes und ihrer Macht trugen sie Rutenbündel (lat. fasces), die aus Ulmen- oder Birkenzweigen bestanden.

*Lies dazu auch Seite 110.

3 Der Senat tagt.
Wandgemälde (450 x 280 m) von Cesare Maccari, 1882-1888.
Das Bild befindet sich im Sitzungssaal des Palazzo Madama in Rom, wo der Senat, die zweite Kammer des italienischen Staates, tagt.

Erfahrene Männer machen die Politik

Dem Senat (ursprünglich *Rat der Alten*) gehörten 300 ehemalige Magistrate auf Lebenszeit an. Er tagte mehrmals im Monat. Jede Sitzung wurde von einem Konsul einberufen und geleitet. Dieser trug Probleme vor und forderte die Senatoren auf, ihre Meinung dazu zu sagen. Die Reihenfolge der Redner richtete sich nach dem Alter und den bisherigen Ämtern. Bei Sonnenuntergang endete die Sitzung. Stimmte die Senatsmehrheit einer Meinung zu, wurde daraus ein Senatsbeschluss.

Die Senatoren überwachten die Einnahmen und Ausgaben des Staates, empfingen auswärtige Politiker und schlossen Verträge mit anderen Staaten. Sie bereiteten Gesetze und Wahlvorschläge vor und gaben den Magistraten verbindliche „Ratschläge“ für ihre Amtsführung. Daher waren die Senatoren die einflussreichsten Männer im Staat. Ihre besondere Stellung wurde durch ihre Kleidung deutlich: Nur sie trugen eine Toga mit breitem Purpurstreifen und rote Schnabelschuhe.

Das „Volk“ entscheidet mit

Nur die wehrfähigen Männer Roms durften Magistrate wählen und Gesetze beschließen. Dazu wurden Volksversammlungen einberufen. Auf der *Heeresversammlung* wählte man beispielsweise die beiden Konsuln. Sie entschied auch über Krieg und Frieden.

Aber die Stimmen der Wähler waren ungleich. Die wenigen Stimmen der reichen Bürger zählten so viel wie die zahlreichen der armen.

Dagegen waren in der *Versammlung der Plebejer* alle Stimmen gleich. Auf ihnen wurden die Volkstribune gewählt und beschlossen. Anders als in Athen diskutierte man auf den Versammlungen aber nicht, sondern stimmte nur mit Ja oder Nein ab.

Alle Magistrate wie auch die Mitgliedschaft im Senat waren Ehrenämter. Gehälter gab es für die Arbeit nicht. Im Gegensatz zu den Athenern konnten es sich die meisten Römer daher nicht leisten, Ämter zu übernehmen.

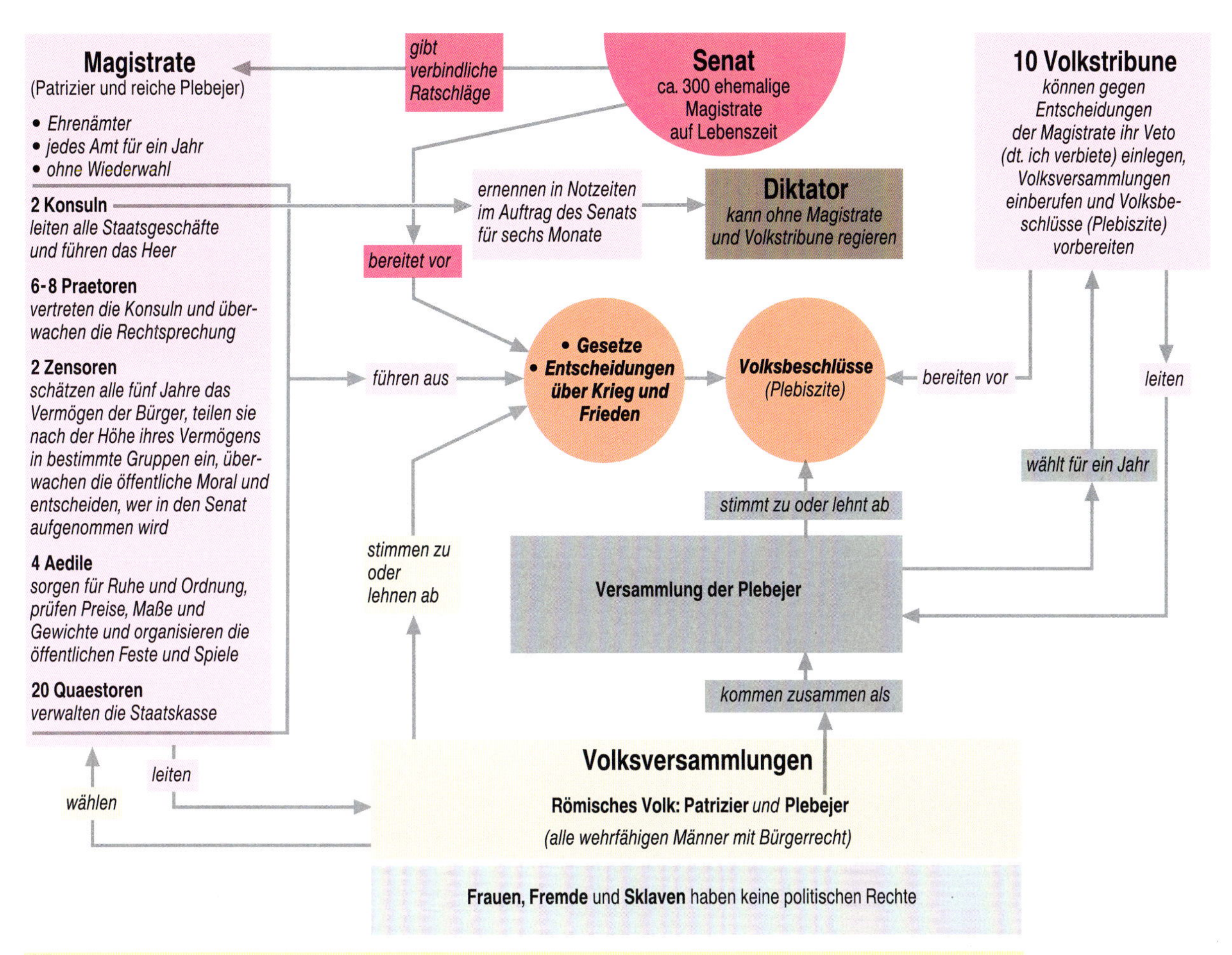

M 1 Die Verfassung der Römischen Republik.

Da es bei den Römern keine geschriebene Verfassung wie unser Grundgesetz gab, kann diese Grafik nur einen ungefähren Einblick in die Herrschaftsform nach den Ständekämpfen (287 v. Chr.) geben. Wichtige Entscheidungen wurden häufig auf anderen Wegen getroffen als in der Verfassung vorgesehen. Darüber hinaus änderte sich die Anzahl der Senatsmitglieder im Laufe der Zeit. Sie stieg von 300 auf 600 und zuletzt auf 900 Senatoren.

M 2 Stimmabgabe in einer Volksversammlung.

Münze von 113/112 v. Chr.
Der aufgeprägte Name nennt den Münzmeister, hat also mit dem Motiv der Stimmabgabe nichts zu tun.

M 3 SPQR.

Foto, um 1990.
Die Abkürzung der Formel Senat und Volk von Rom (lat. ***S****ENATUS* ***P****OPULUS****Q****UE* ***R****OMANUS) finden wir unter andem auf Münzen und öffentlichen Gebäuden.*
Noch heute dient die Abkürzung in Rom – wie auf diesem Kanaldeckel – zur Bezeichnung öffentlichen Eigentums.

1. Erkläre, wer in der römischen Republik herrschte. Wie war die Macht verteilt? Wer hatte den größten Einfluss? Das Schaubild (M 1) und die Darstellung auf Seite 107 f. helfen dir, diese Fragen zu beantworten.

2. Die Römer achteten darauf, dass alle Staatsämter (Magistrate) mit mindestens zwei Beamten besetzt waren. Außerdem blieben die Magistrate maximal ein Jahr im Amt. Prüfe die Vor- und Nachteile dieser Regelung.
3. Nenne eine Ausnahme bei der Besetzung der Staatsämter (M 1). Womit wurde sie begründet?
4. Durch das Kürzel SPQR (M 3) gaben die Römer zu erkennen, wie sie die Machtverteilung in ihrem Staat sahen. Prüfe, ob die Annahme stimmt (siehe M 1 und die Darstellung auf den Seiten 107 f.).

Die Macht des „pater familias“

1 Patrizier mit Ahnenbildnissen.
1,65 m hohe Marmorstatue aus dem 1. Jh. v. Chr. Ahnenbildnisse wurden zu festlichen Anlässen gezeigt. Für vornehme Römer waren sie Zeichen für das Weiterleben in der Erinnerung der Nachfahren.
Die Römer trugen mindestens drei Namen: den Vornamen (z.B. Lucius), den Familiennamen (z.B. Iunius) und den Beinamen (z.B. Brutus).
Für die Frauen genügte dagegen die weibliche Form des Familiennamens (z.B. Cornelia, Claudia).

Erläutere den Begriff „Patriarchat“ an einem Beispiel.

Der Vater und die „familia“
Zur römischen „*familia*“ gehörten nicht nur Eltern und Kinder, sondern alle Generationen einer Familie mit Sklaven und Freigelassenen.
An der Spitze des Familienverbandes stand das älteste männliche Mitglied: der „*pater familias*“ (dt. Vater der Familie). Er besaß aufgrund seines Alters und seines Ansehens die Entscheidungsgewalt über alle Angehörigen der „familia“ und das Vermögen. Nur er konnte sich und seine „familia“ vor Gericht vertreten.
Der „pater familias“ durfte die Familienmitglieder bestrafen, sogar mit dem Tode. Er konnte bis ins 4. Jh. n. Chr. Neugeborene aussetzen, wenn sie unehelich, krank oder nicht zu ernähren waren. Er war auch das religiöse Oberhaupt der Familie. Nur er durfte den Hausgöttern Opfer bringen. Sich seinem Willen zu widersetzen, war ein Verstoß gegen die „Sitten der Vorfahren“ (lat. *mos maiorum*), die ungeschriebenen Gesetze der ehrenhaften Lebensführung. Sie zu missachten, konnte zum Ausschluss aus der Familie führen. Nur der „pater familias“ durfte wählen und öffentliche Ämter übernehmen.

Frauen, Ehe und Kinder
Die starke Stellung des römischen Familienoberhauptes, das *Patriarchat*, kennzeichnete die römische Gesellschaft. Lediglich einige Frauen aus vornehmen Familien durften Priesterinnen werden, z.B. Vestalinnen, die der Göttin des häuslichen Herdes (lat. *vesta*) dienten. Frauen konnten nicht vor Gericht aussagen. Das begründeten die Männer damit, dass Frauen keinen Kriegsdienst leisten müssten.
Der „pater familias“ bestimmte Ausbildung, Beruf und oft die Ehepartner der Kinder. Mädchen waren mit zwölf Jahren volljährig, die Jungen mit 14. Meist wurden Mädchen zwischen dem 13. und 17. Lebensjahr verheiratet.
Seit dem Ende des 3. Jh. v. Chr. konnten Paare einen Ehevertrag abschließen, bei dem die Frau im Besitz ihres Vermögens blieb. Diese Form der Ehe konnte geschieden werden, wenn einer der Ehepartner das verlangte.
Auch wenn die Römer erwarteten, dass die Frau im Haus arbeitete, gab es viele berufstätige Frauen: Hebammen, Näherinnen, Friseurinnen, Gastwirtinnen und seltener Ärztinnen oder selbstständige Geschäftsfrauen. Anders als in Athen lebten die Frauen also weniger zurückgezogen. Sie nahmen an den Mahlzeiten mit Gästen teil, gingen allein in die Öffentlichkeit und besuchten nicht nur Läden, sondern auch Wagenrennen oder Gladiatorenkämpfe.

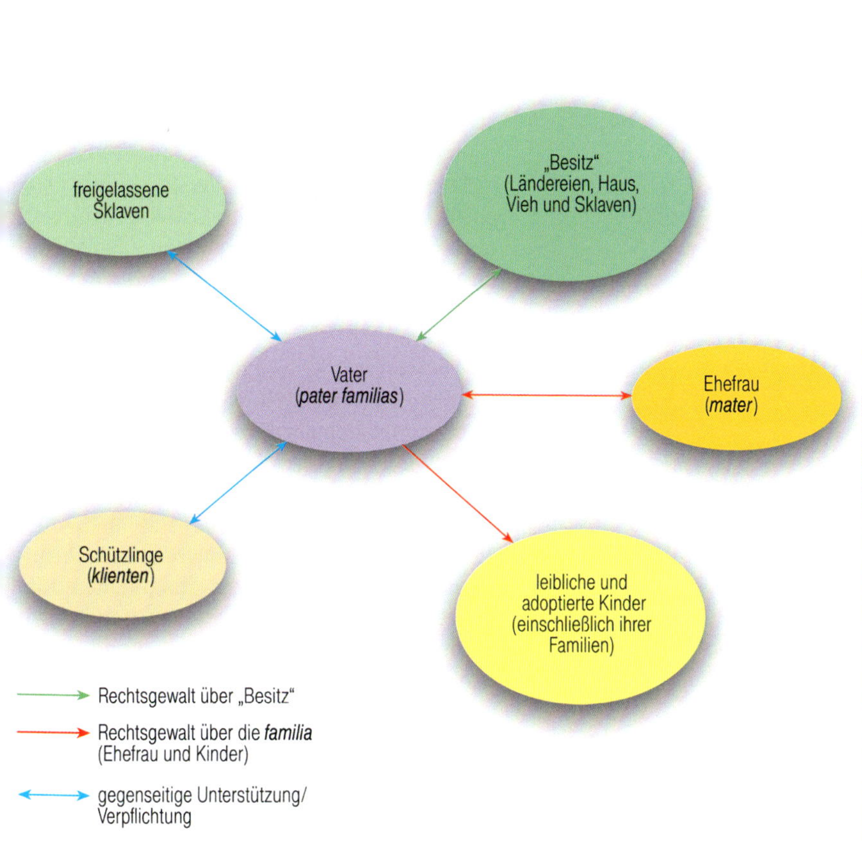

M 1 Die Macht des „pater familias".

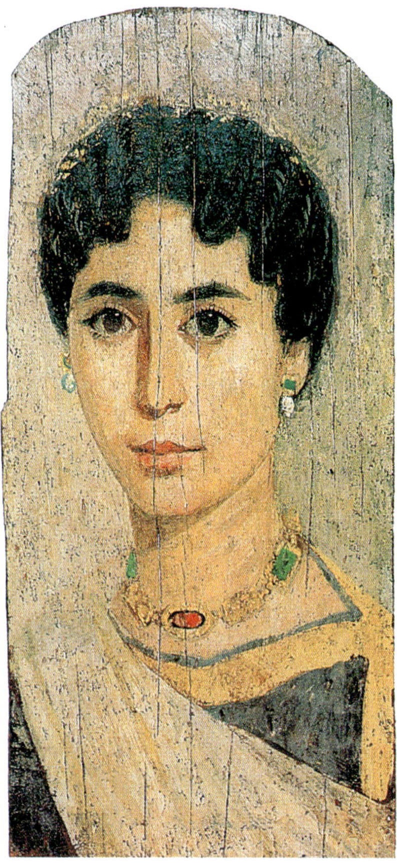

M 3 Porträt einer Frau aus der Oberschicht.
Malerei auf Holz, um 180 n. Chr.

M 2 Ein Mann trauert
Aus der Grabrede eines Römers für seine Ehefrau (1. Jh. v. Chr.):

Ehen von so langer Dauer, die durch den Tod beendet, nicht durch Scheidung getrennt werden, sind selten. Ward es uns doch beschieden, dass unsere Ehe ohne 5 eine Trübung bis zum 41. Jahre fortdauerte [...].
Was soll ich deine häuslichen Tugenden preisen, deine Keuschheit, deine Folgsamkeit, dein freundliches und umgäng- 10 liches Wesen, deine Beständigkeit in häuslichen Arbeiten, deine Frömmigkeit, frei von allem Aberglauben, deine Bescheidenheit im Schmuck, die Einfachheit im Auftreten? Wozu soll ich re- 15 den von der Zuneigung zu den Deinen, deiner liebevollen Gesinnung gegenüber der ganzen Familie? [...]
Wir haben uns so die Pflichten geteilt, dass ich die Betreuung deines Vermö- 20 gens übernahm und du über dem meinen wachtest [...]. Als ich vor politischer Verfolgung fliehen musste, warst du es, die mir mithilfe deines Schmuckes die meisten Mittel dazu verschaffte [...].
25 Wir sehnten uns nach Kindern, die ein neidisches Geschick uns für lange Zeit verweigert hatte [...]. Verzweifelnd an deiner Fruchtbarkeit und untröstlich darüber, dass ich ohne Kinder bleiben soll- 30 te [...], sprachst du von Scheidung und dass du das kinderlose Heim einer anderen, fruchtbareren Gattin abtreten wolltest [...] und versichertest, du wollest ihre Kinder wie deine eigenen 35 halten [...]. Du bist bei mir geblieben; hätte ich doch dir nicht nachgeben können, ohne mir selbst Unehre und uns beide unglücklich zu machen.

Jochen Martin, Das alte Rom. Geschichte und Kultur des Imperium Romanum, München 1994, S. 188, übersetzt von Hans-Jürgen Hillen (vereinfacht)

1. *Fasse die Rechte zusammen, die der „pater familias" gegenüber den anderen Familienangehörigen hatte (M 1).*
2. *Nenne die Gründe für die Trauer des Mannes (M 2).*
3. *Prüft, ob es bei uns heute noch patriarchalische Verhältnisse gibt.*

Nichts läuft ohne Sklaven

1 Sklavenarbeit.
Römisches Grabrelief, um 250 n. Chr.
Beschreibe die dargestellten Arbeiten.

Eigentum anderer

Auch die Sklaven unterstanden der Gewalt des „pater familias“. Sie und ihre Nachkommen waren sein Eigentum. Er durfte über sie verfügen wie über Haustiere oder Sachen, sie zu härtesten Arbeiten zwingen, sie bestrafen oder belohnen, verkaufen, verleihen oder verschenken.

Wie wurde man Sklave?

Die meisten Menschen gerieten wie in Griechenland als Kriegsgefangene in die Sklaverei. Die Römer glaubten, sie hätten nach einem Kampf auf Leben und Tod das Recht, die Unterlegenen zu töten und deren Eigentum zu übernehmen. Ließ der Sieger den Besiegten am Leben, so konnte er ihn als Arbeitskraft einsetzen oder zu Geld machen.
Da die Römer in ihren Kriegen ganze Heere gefangen nahmen und zahllose Städte eroberten, gerieten Hunderttausende in die Sklaverei. Im Frieden wurden die Sklavenmärkte von Menschenräubern beliefert, vor allem von Piraten.
Der Preis für einen Sklaven richtete sich nach Alter, Gesundheit und Ausbildung. Junge und gesunde Männer und Frauen kosteten in Rom Ende des 1. Jh. v. Chr. etwa den Jahreslohn eines Arbeiters. Für Spezialisten wie Sprachlehrer für Griechisch oder Ärzte wurde das Hundertfache gezahlt.

Ein Leben in Ketten?

Sklaven brauchten keinen Wehrdienst zu leisten. Während der Kriegszüge mussten sie Nahrungsmittel anbauen sowie Güter herstellen und transportieren. Insofern war die Sklaverei eine Voraussetzung für Roms Eroberungen. Die Zahl der Sklaven in Italien betrug im 1. Jh. n. Chr. etwa 2,5 Millionen, das entsprach etwa einem Drittel der Bevölkerung.
Die Lebensbedingungen der Sklaven hingen davon ab, ob sie zu einem städtischen oder einem ländlichen Haushalt gehörten und welche Aufgaben sie dort erfüllten. Sklaven und Sklavinnen wurden meist als ungelernte Arbeiter, Diener, Köche, Bäcker, Töpfer, Hausgehilfinnen oder Ammen beschäftigt, manchmal auch als Privatsekretäre, Lehrer und Ärzte. Einige leiteten im Auftrag ihres Herrn Geschäfte und Handwerksbetriebe, außerdem gab es Sklaven im Dienst der Gemeinschaft, z. B. bei der Feuerwehr.
Viel schlechter erging es den Sklaven, die in großen Arbeitskolonnen auf Landgütern bei der Feldarbeit eingesetzt wurden oder angekettet in Bergwerken und Steinbrüchen arbeiten oder auf Kriegsschiffen (*Galeeren*) rudern mussten. Römische Schriftsteller beklagten zwar den unmenschlichen Umgang mit Sklaven, abschaffen wollten sie die Sklaverei aber nicht.

Sklaven erheben sich

Nicht von ungefähr brachen die großen Sklavenunruhen (135-132 v. Chr. und 105-101 v. Chr.) in Sizilien auf dem Lande aus. Der Aufstand des Gladiatorensklaven *Spartacus* wurde zur größten Sklavenerhebung Italiens. Etwa 70 000 Sklaven und verarmte Bürger lehnten sich 73 bis 71 v. Chr. gegen die römische Macht auf und zogen plündernd umher. Sie forderten ihre persönliche Freiheit, nicht die allgemeine Beseitigung der Sklaverei. Alle Aufstände endeten blutig. Überlebende starben am Kreuz.

Immer Sklave?

Sklaven, die Geld gespart oder geerbt hatten, konnten sich freikaufen. Mancher Herr war bereit, einen Sklaven für besondere Leistungen oder treue Dienste freizulassen. Die Freiheit war das Lebensziel fast aller Sklaven besonders mit Kindern. Auch nach der Freilassung musste der frühere Herr nicht auf ihre Dienste verzichten: Sie blieben meist seine Klienten und gehörten weiterhin zur „familia“.

M 1 Sklavenmarke aus Rom oder der Umgebung, 4. Jh. n. Chr.

Manche Sklaven trugen Marken am Halsband. Die abgebildete Aufschrift lautet sinngemäß: „Hindere mich an der Flucht und bringe mich zu meinem Meister, Viventius, der im Hof des Callistus wohnt, zurück.“

M 2 Aus Gefangenen werden Sklaven

Der jüdische Geschichtsschreiber Josephus, der an einem bewaffneten Aufstand der Juden gegen die römischen Besatzer teilgenommen hat (66-70 n. Chr.), berichtet:

Als die Soldaten vom Töten bereits ermüdeten, jedoch noch eine große Menge Überlebender zum Vorschein kam, befahl der spätere Kaiser Titus, nur die Bewaffneten und die aktiv Widerstand Leistenden zu töten, die übrige Menge aber lebend gefangen zu nehmen [...]. Von den jungen Leuten sonderte man die körperlich größten und ansehnlichsten aus und sparte sie auf für den Triumphzug. Von der übrigen Menge schickte man die Gefangenen, die älter waren als 17 Jahre, in die ägyptischen Bergwerke und Steinbrüche, die meisten aber verteilte Titus als Geschenke auf die Provinzen, wo sie in den Amphitheatern* durch Schwert und wilde Tiere umkommen sollten. Gefangene unter 17 Jahren verkaufte er.

Werner Eck/Johannes Heinrichs (Hrsg.), Sklaven und Freigelassene in der Gesellschaft der römischen Kaiserzeit, Darmstadt 1993, S. 6 (vereinfacht)

*Siehe dazu die Bildunterschrift zu Abb. 1, Seite 138.

M 3 Sklavenschicksale

Im Jahre 54 v. Chr. schreibt der Politiker und Philosoph Cicero (106-43 v. Chr.) seinem Schreibsklaven Tiro:

Ich bin tief beunruhigt wegen deiner Gesundheit [...] und würde dir mehr schreiben, wenn ich glauben könnte, dass du schon gern Briefe lesen magst. So richte deinen Geist, den ich sehr hoch schätze, darauf, dass du ihn für mich und für dich bewahrst [...].
Nachdem ich den Brief geschrieben habe, kommt endlich Hermia: Ich habe nun deinen Brief in der Hand, geschrieben mit zittrigen Buchstaben; kein Wunder, bei einer so schweren Krankheit! Ich schicke dir Ägypta – weil er ein feinfühliger Mensch ist und dich zu lieben scheint – damit er dich umsorgt; und mit ihm einen Koch.
Lebewohl!

Der Philosoph und Schriftsteller Apuleius (2. Jh. n. Chr.) beschreibt das Los der Mühlensklaven:

Gute Götter, welch elende Menschlein gab es dort: Ihre ganze Haut mit graublauen Striemen gezeichnet, ihr zerschundener Rücken mit zerschlissenen Lumpen mehr behangen als bedeckt, einige überhaupt nur mit einem winzigen Lappen in der Schamgegend; und alle waren so wenig und schlecht bekleidet, dass man ihre Körper durch die Fetzen hindurch sah; ihre Stirn war mit Buchstaben markiert, ihr Haar halb abrasiert, ihre Fußgelenke steckten in Eisenringen.

Erster Text: Cicero, ad fam. 16, 15, übers. von Klaus Gast; zweiter Text: Werner Eck/Johannes Heinrichs (Hrsg.), Sklaven und Freigelassene in der Gesellschaft der römischen Kaiserzeit, a. a. O., S. 113

M 4 „Warum denken sie so?“

Der Politiker und philosophierende Schriftsteller Seneca (4 v. Chr.-65 n. Chr.) schreibt um 62 n. Chr. an einen Freund:

Ich lache über die, die es für schimpflich halten, mit ihrem Sklaven zu speisen! Warum denken sie so?
Nur weil die überaus hochmütige Gewohnheit herrscht, dass um den Herrn beim Speisen eine Schar von Sklaven herumsteht! Dieser stopft mehr in sich hinein, als er verdauen kann, und belädt mit ungeheurer Gier seinen vorstehenden Bauch, der seine Pflicht schon nicht mehr erfüllen kann, sodass er mit größerer Mühe alles wieder hervorbringt, was er in sich hineingetan hat – aber den unglücklichen Sklaven ist nicht einmal erlaubt, die Lippen zu bewegen, um zu sprechen. Mit der Rute wird jedes Flüstern unterdrückt. Sogar unwillkürliche Laute ziehen Prügel nach sich: Husten, Niesen, Schluckauf. Mit harter Bestrafung wird jede Unterbrechung der Stille geahndet. Die ganze Nacht hindurch stehen die Armen da, stumm und ohne Essen.

Seneca, ad Lucilium 47,2-4, übers. von Klaus Gast

1. *Gib wieder, was du aus den Quellen (M 1 bis M 4) Neues über die Sklaverei erfahren hast.*
2. *Entwickelt ein Rollenspiel zu folgendem Problem: Ein „pater familias“ hat vor mehreren Jahren eine hohe Summe für einen griechischen Hauslehrer bezahlt. Der Sklave unterrichtet dessen einzige Tochter erfolgreich. Sie kommt auf den Gedanken, den Vater um Freilassung des Lehrers zu bitten ...* (Lerntipp)

1 Das Heer verschanzt sich.
Rekonstruktionszeichnung von Peter Connolly. Das römische Heer bestand zunächst aus vier Legionen von je etwa 6 000 Fußsoldaten. Die Soldaten mussten für ihre Ausrüstung selbst aufkommen. Sie trugen auf den Feldzügen neben den Waffen noch Werkzeuge zum Bau von Schutzwällen und Lagern, Töpfe und Pfannen zum Kochen sowie Proviant für mehrere Tage. Alles zusammen wog etwa 40 kg.

Ein Stadtstaat wird Weltreich

Kriege ohne Ende?

In den ersten vier Jahrhunderten nach der Königsherrschaft führten die Römer mindestens 150 Jahre lang Krieg. Wie kam es dazu?
Die Völker Italiens lebten zunächst von der Landwirtschaft und kämpften nur, um sich gegen Angreifer zu verteidigen. Allmählich wandelte sich ihre Haltung. Die Bevölkerung war stark angewachsen. Sie brauchte mehr Nahrung und damit mehr Ackerland. Hinzu kamen Abenteuerlust und die Hoffnung auf Beute. Manche Völker waren reicher als andere. Das weckte den Neid der einen oder die Überheblichkeit der anderen, die noch mehr wollten.

Italien wird römisch

Die Römer waren ihren Nachbarn militärisch überlegen. Seit dem Ende des 5. Jh. v. Chr. beanspruchten sie die Vorherrschaft im *Latinischen Bund*, einem Bündnis mehrerer Städte im Umkreis Roms. Alle, die Rom den Rang streitig machten, wurden Opfer der römischen Heere.
Während römische Soldaten versuchten, Mittelitalien zu unterwerfen, überfielen im Jahre 387 *Kelten*, die die Römer später *Gallier* nannten, ihr Land. Sie plünderten Rom und zogen erst nach Zahlung eines hohen Lösegeldes ab.* Gegen die südlich von Rom lebenden Samniten führten die Römer über 30 Jahre lang Krieg. Erst nachdem sie Tarent und andere Städte im Süden unterworfen hatten, beherrschten die Römer ganz Italien. Das war um 270 v. Chr.

Rom wird Weltmacht

Nun hatten die Römer neue Nachbarn jenseits des Meeres: Makedonien, Sizilien und Karthago. Sie herauszufordern war weit gefährlicher als der Kampf gegen die bisherigen Gegner. Das Ringen um die Vorherrschaft im Mittelmeerraum zog sich von 264 bis etwa 133 v. Chr. hin. Mehrfach drohte den Römern dabei der Untergang.

**Livius (siehe M 3, Seite 117) überliefert die Geschichte, dass die Römer ihre Burg auf dem Kapitol nur halten konnten, weil schnatternde Gänse sie vor dem nahenden Feind gewarnt haben.*
Im Zusammenhang mit der Zahlung des Lösegeldes entstand die Redewendung „Vae victis!“ (dt. „Wehe den Besiegten!“). Der Grund: Als die Römer sich über die Höhe des Lösegeldes bei den Galliern beschwerten, erhöhten diese es einfach. Mit anderen Worten: Der Besiegte hat keinen Anspruch auf eine faire Behandlung.

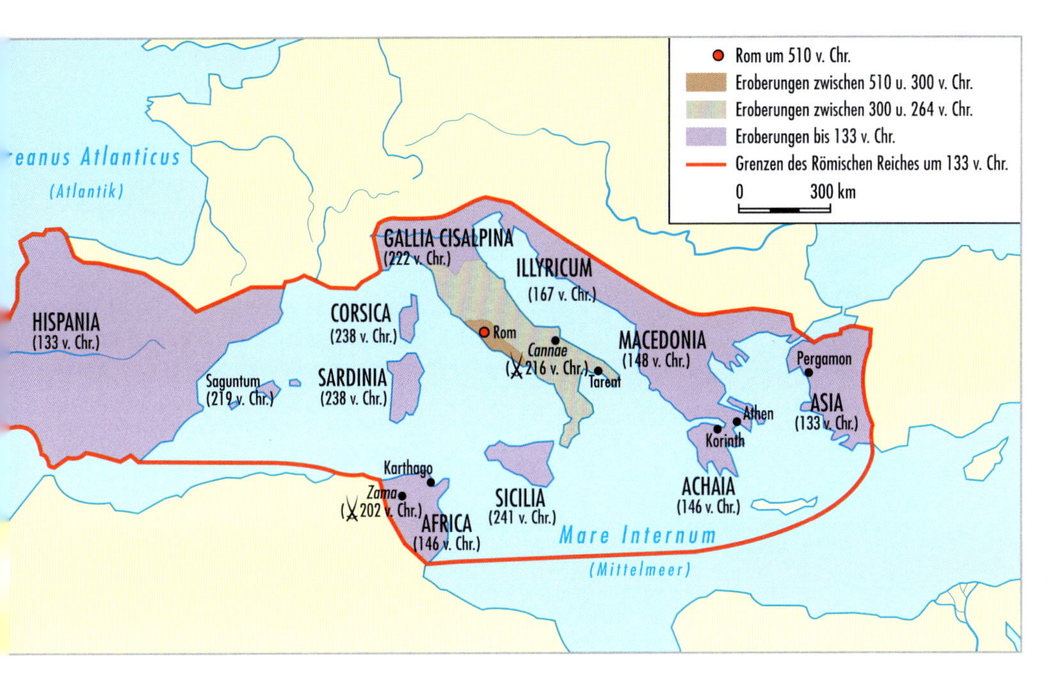

2 **Das Römische Reich dehnt sich aus.**
Die Vergrößerung eines Machtbereiches nennen wir Expansion.

Nachbarn werden Feinde

Karthago war um 800 v. Chr. von den Phöniziern an der nordafrikanischen Küste als Kolonie gegründet worden. 500 Jahre später beherrschte es Nordafrika und das westliche Mittelmeer. Roms Krieg mit Karthago gingen Kämpfe zwischen den griechischen Kolonien Syrakus und Messana (heute Messina) voraus: In die Enge getrieben, baten die Machthaber Messanas zuerst Karthago und dann Rom um Hilfe. Der römische Senat überlegte lange, ob er helfen und damit einen Krieg mit Karthago riskieren sollte. Schließlich stimmte die Heeresversammlung dafür.

264 v. Chr. setzte das römische Heer nach Sizilien über. Der *Erste Punische Krieg* begann (*punisch = phönikisch = karthagisch*), in dem die Römer die Herrschaft im westlichen Mittelmeerraum anstrebten. Die Römer gewannen ihn erst nach 23 Jahren, nachdem sie gelernt hatten, einen Seekrieg zu führen. Karthago musste hohe Entschädigungen zahlen. Sizilien wurde römisch.

Eine schlimme Niederlage

Rom konnte trotz des Sieges die Macht der Karthager nicht brechen. Diese bauten ihre Herrschaft auf der spanischen Halbinsel aus. Dort wuchs *Hannibal* auf. Schon als Neunjähriger soll er den Römern Rache geschworen haben. Im Jahre 219 v. Chr. griff er Roms spanischen Verbündeten Saguntum an. Danach begann der *Zweite Punische Krieg* (218-201 v. Chr.). Hannibal zog mit seinen Truppen vom südlichen Spanien aus über Gebirge und Flüsse nach Südfrankreich, um Rom von Norden her anzugreifen. Er verlangte sich, seinen Soldaten und den Kriegselefanten viel ab: die Überquerung der Alpen auf verschneiten Pässen! Der Marsch machte Hannibal berühmt. Dabei blieb oft unbeachtet, dass die Hälfte der Menschen und Tiere ums Leben kam.

In Norditalien begrüßten die Kelten Hannibal als Befreier von der römischen Herrschaft. Sie schlossen sich seinem Zug nach Süden an. Im Jahre 216 v. Chr. erlitten die Römer in der *Schlacht bei Cannae* die schlimmste Niederlage ihrer Geschichte: etwa 60 000 Mann starben.

3 **Hannibals Marsch über die Alpen.**
Kolorierter Holzstich nach einer Zeichnung von Heinrich Leutemann, 1866.

4 Der Kriegsgott Mars.
Münze, nach 289 v. Chr. In dem nach dem Gott benannten Monat März (ursprünglich der erste Monat des römischen Jahres) begann das Wachstum der Pflanzen und die Zeit der Kriegszüge. Der Altar des Kriegsgottes stand vor der Stadt auf dem Marsfeld, früher Truppenübungsplatz und Ort der Heeresversammlung.

→Lesetipp:
Hans Baumann, Ich zog mit Hannibal, München 2006

Vor den Toren Roms

Hannibal beherrschte nun fast ganz Italien. Aber er griff die Stadt Rom nicht an. Stattdessen versuchte er, Roms Bundesgenossen für sich zu gewinnen. Das gelang ihm nur teilweise. Der Krieg in Italien erstarrte. Die Römer ließen sich auf keine weitere Schlacht mit Hannibal ein, sondern störten mit ihrer Flotte seinen Nachschub aus Karthago. Erst nach 15 Jahren hatten sie Erfolg. Inzwischen hatte der junge Feldherr *Scipio* das karthagische Spanien für Rom erobert und seine Soldaten nach Nordafrika übersetzen lassen. Karthago wurde von den Römern bedroht. Hannibal blieb keine Wahl. Er musste Italien verlassen, um seine Vaterstadt zu verteidigen. In der *Schlacht bei Zama* (202 v. Chr.) siegte Scipio durch die überlegene Reiterei. Karthago musste alle Außengebiete einschließlich Spanien an Rom abtreten, fast seine gesamte Flotte ausliefern und hohe Wiedergutmachungen zahlen.

Musste Karthago zerstört werden?

Trotz der Niederlage blieb Karthago eine erfolgreiche Handelsmacht. Rund 50 Jahre nach dem Zweiten Punischen Krieg forderten daher viele römische Senatoren: „Karthago muss zerstört werden!" Sie ermutigten die benachbarten *Numider*, Karthago immer wieder herauszufordern. Nach dem Frieden von 201 v. Chr. durfte sich Karthago nicht ohne römisches Einverständnis gegen seine unfriedlichen Nachbarn wehren. Als es dies im Jahre 149 v. Chr. doch tat, hatte Rom den ersehnten Anlass für den *Dritten Punischen Krieg*. Drei Jahre später war Karthago verschwunden. Die Sieger versklavten die Bevölkerung, rissen die Mauern der Stadt ab, pflügten das Land um und streuten Salz in die Furchen: Karthago sollte für immer zerstört und unfruchtbar bleiben.

Nenne die wichtigsten Stationen Roms vom Stadtstaat zum „Weltreich" und begründe deine Angaben.

„Unser Meer"

Nun beherrschten die Römer das westliche Mittelmeer. Mit der Eroberung Makedoniens und der griechischen Staaten bestimmten sie nach 133 v. Chr. auch über das östliche Mittelmeer.
Das Mittelmeer war zum Meer Roms geworden, zum „mare nostrum" (dt. unser Meer). Aus der Sicht der Zeitgenossen waren die Römer damit zur Weltmacht aufgestiegen. Weit und breit gab es für Jahrhunderte keinen Staat, der ihre Vorherrschaft bedrohen konnte. Schon bald bürgerte sich die Bezeichnung *Imperium Romanum* (dt. Römisches Weltreich) ein.

„Gerechte Kriege"?

Ihrer Meinung nach führten die Römer nur „gerechte" Kriege. Immer sahen sie im Gegner den Angreifer und beanspruchten das Recht, ihr Vaterland zu schützen – durch Verteidigung oder Angriff. Die römische Führung verbreitete die Vorstellung, Rom sei von den Göttern dazu bestimmt, die Welt zu regieren. Dass die Kriege der Nobilität auch die Möglichkeit boten, Ruhm und Reichtum zu erwerben, stand auf einem anderen Blatt.

Kolonien und Provinzen

Ihre militärischen Erfolge sicherten die Römer politisch ab. Bevor sie einen Krieg begannen, boten sie ihren Gegnern meist ein Bündnis an. Sie sollten sich verpflichten, „auf ewig dieselben Feinde und Freunde zu haben wie das römische Volk". Gingen sie darauf ein, mussten sie Rom künftig in jedem Krieg mit Soldaten unterstützen. Als Gegenleistung gewährten die Römer ihnen Schutz. Lehnten die Gegner ab, begann der Krieg. Nach einem Sieg zwangen die Römer die Unterlegenen zum Bündnis.
Ein weiteres Mittel, ihre Vorherrschaft zu sichern, war die Gründung von Kolonien im Land der besiegten Gegner. Sie dienten anders als die Kolonien der Griechen vor allem militärischen Zielen. Ostia, Roms späterer Hafen an der Tibermündung, war eine der ersten römischen Kolonien. Um 218 v. Chr. gab es bereits zwölf befestigte Küstenkolonien.
Nach dem Ersten Punischen Krieg erklärten die Römer die außerhalb Italiens eroberten Gebiete zu *Provinzen*: zu Amtsbereichen römischer Magistrate. Die Bewohner mussten Dienste leisten und hohe Steuern zahlen. Die erste römische Provinz wurde Sizilien. Bündnisse, Kolonisation und Provinzen trugen dazu bei, dass die besiegten Völker die römische Lebensweise annahmen.*

Zur Romanisierung siehe die Seiten 140 ff.

M 1 Ein römisches Lager.
Vereinfachter Grundriss.

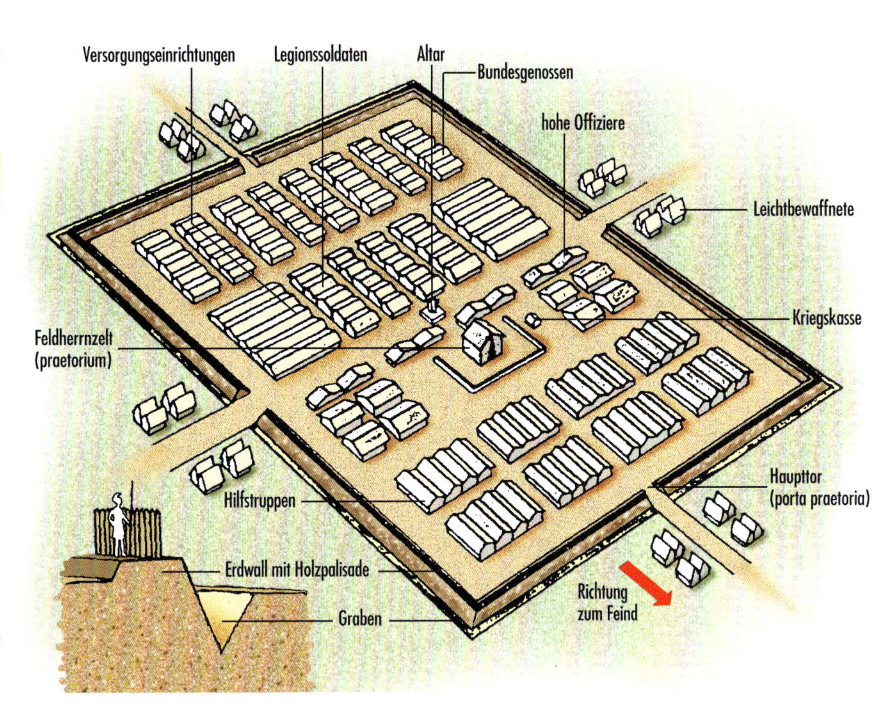

M 2 Römische Disziplin
Der Geschichtsschreiber Polybios (um 200-120 v. Chr.) berichtet:

Bei Wachvergehen tritt sogleich das Standgericht der Offiziere zusammen, und wenn der Betroffene verurteilt wird, ist die Strafe das Schlagen mit Stöcken [...]. Die meisten Verurteilten finden dabei schon im Lager den Tod [...].
Das Folgende rechnen die Römer als Verletzung der soldatischen Pflicht und Ehre und als Feigheit: wenn jemand aus Furcht seinen Platz verlässt; wenn jemand während des Kampfes aus Furcht eine Waffe fortwirft. Deshalb gehen viele in den Tod und wagen trotz vielfacher Übermacht des Feindes nicht, ihren Posten zu verlassen, aus Furcht vor der Strafe, die sie im eigenen Lager erwartet [...]. [...]
Wer bei der Einnahme einer Stadt als Erster die Mauer erstiegen hat, erhält einen goldenen Kranz. Ebenso, wer einem Kameraden, Bürger oder Bundesgenossen das Leben gerettet hat, indem er ihn mit seinem Schilde deckte.*

Walter Arend (Bearb.), Altertum, a. a. O., S. 420 f. (vereinfacht)

*Siehe M 1 auf Seite 128.

M 3 Urteile über den Aufstieg und die Herrschaft Roms
Der römische Geschichtsschreiber Livius (59 v. Chr.-17 n. Chr.) überliefert uns eine Rede, die Hannibal vor der ersten Schlacht auf italischem Boden (218 v. Chr.) vor seinen Soldaten gehalten haben soll:

Dieses höchst unmenschliche und sehr hochmütige Volk will überall besitzen, überall entscheiden. Immer maßt es sich die Entscheidung an, mit wem wir Krieg führen, mit wem wir Frieden haben sollen. Es engt und schließt uns in Grenzen von Bergen und Flüssen ein, die wir nicht verlassen dürfen; und selbst achtet es die Grenzen nicht, die es setzte.

Im Jahr 69 v. Chr. soll nach dem Historiker Sallust (86-35 v. Chr.) ein von den Römern vertriebener Fürst aus Kleinasien folgenden Brief an seinen Nachbarfürsten in Armenien geschrieben haben:

Denn für die Römer gibt es seit eh und je diesen einzigen Anlass, mit allen Stämmen, Völkern und Königen Krieg zu führen: ihre unermessliche Begierde nach Herrschaft und Reichtum [...].
[...] Mit diesem Verhalten werden sie alles vernichten oder selbst zugrunde gehen.

Der aus Sizilien stammende griechische Geschichtsschreiber Diodor (um 80-29 v. Chr.) schreibt:

Die Römer errichteten ihre Weltherrschaft durch die Tapferkeit ihrer Heere und brachten sie zur größten Ausdehnung durch die überaus anständige Behandlung der Unterworfenen [...]. Als die Römer aber nahezu die ganze bewohnte Erde beherrschten, da begannen sie, ihre Herrschaft durch Terror und die Vernichtung der ansehnlichsten Städte zu sichern.

Der römische Dichter Vergil schreibt um 20 v. Chr. über die Aufgabe der Römer:

Du, Römer, lenke durch deine Herrschaft die Völker! Bedenke, das kannst du am besten: gesitteten Frieden stiften, die Unterworfenen schonen und die Hochmütigen bezwingen.

Texte nach: Livius, Römische Geschichte, Buch XXI, 43f., hrsg. von Josef Feix, Zürich/Düsseldorf [4]1991; Sallust, Historiae/Zeitgeschichte VI, 5 und 21, übers. u. hrsg. v. Otto Leggewie, Stuttgart 1975; Walter Arend (Bearb.), Altertum, a. a. O., S. 456 (Diodor); Vergil, Aeneis 6, 847ff., übers. von Klaus Gast

1. *Beschreibe den Grundriss des Lagers (M 1).*
2. *Begründet, warum Polybios bestimmte Verhaltensweisen der Römer hervorhebt und ob diese die römischen Erfolge erklären (M 2).*
3. *Überprüft, wie Diodor und Vergil (M 3) den römischen Herrschaftsanspruch rechtfertigen. Welche Auffassung vertreten Hannibal und der Fürst von Kleinasien? Wessen Urteil trifft deiner Meinung nach am ehesten zu?*

1 Laokoon-Gruppe. *Römische Marmorkopie einer 1,84 m hohen Bronzefigur aus Pergamon (um 140 v. Chr.); gefunden in Rom in den Ruinen eines Kaiserpalastes. Der Priester Laokoon hatte die Troianer davor gewarnt, das von den Griechen zurückgelassene hölzerne Pferd in die Stadt zu bringen. Damit widersetzte er sich den Göttern, die Troias Untergang beschlossen hatten. Zur Strafe schickten sie zwei riesige Würgeschlangen, die Laokoon und seine Söhne töteten. Daraufhin zogen die Troianer das Pferd in die Stadt. Lies dazu nochmals M 2 und M 3 auf Seite 66.*

Wie kommt die Kultur der Griechen nach Rom?

Während die Römer den hellenistischen Osten unterwarfen, verbreitete sich in Rom griechische Lebensart: Kunst, Architektur, Literatur, Wissenschaften und Religion der Griechen wurden zum Vorbild. Griechische Sklaven förderten dies als Hauslehrer, Ärzte oder Künstler in Rom.
Zum Missfallen derjenigen, die die *Sitten der Vorfahren** bewahren wollten, eigneten sich immer mehr reiche Römer die griechische Kultur an. Sie bauten prunkvolle Villen, schickten ihre Kinder zu griechischen Lehrern oder zum Studium nach Athen, Alexandria oder Rhodos. Vor allem ließen sie sich in der Rhetorik und der Philosophie von Griechen unterrichten. Griechisch wurde erste Fremdsprache gebildeter Römer.

Prüft, ob die Römer die Laokoon-Gruppe nur wegen ihrer Schönheit in ihrer Hauptstadt aufstellten. Denkt an die Gründungssage Roms (siehe Seite 102).

*Siehe Seite 110.

M 1 Beute aus dem griechischen Osten

Livius (siehe Seite 117, M 3) berichtet über das Jahr 186 v. Chr.:

Das zurückkehrende Heer führte den Luxus fremder Länder in Rom ein. Es waren [...] Soldaten, die zuerst Ruhebetten mit eisernen Füßen, kostbare Decken, Gewebe und Prunktische [...] nach Rom brachten. Zu den Speisen kamen jetzt Darbietungen von Zither- und Harfenspielerinnen und andere Vorführungen zur Erheiterung der Gäste; auch auf die Zubereitung der Speisen begann man mehr Sorgfalt und Geld zu verwenden. Der Koch, bei den Alten der wertloseste Sklave, stieg jetzt im Preis. Was eine bloße Dienstleistung gewesen war, galt jetzt als Kunst.

Livius, XXXIX, 6, 7ff., übers. u. gestrafft von Klaus Gast

M 2 Kunstwerke aus Sizilien

Der Statthalter von Sizilien, C. Verres, findet im 1. Jh. v. Chr. griechische Kunstwerke unwiderstehlich. Der aufstrebende römische Politiker und Schriftsteller Cicero (106-43 v. Chr.) schreibt um 70 v. Chr.:

Nun komme ich zu seiner – wie seine Freunde es nennen – Krankheit. Ich behaupte, in ganz Sizilien, einer so reichen und alten Provinz mit so vielen Städten und so wohlhabenden Häusern, gab es kein Silbergefäß, kein Geschirr aus Korinth oder Delos, kein Kunstwerk aus Gold oder Elfenbein, keine einzige Statue aus Bronze oder Marmor, kein Gemälde, das Verres nicht aufgespürt, besichtigt und, wenn es ihm gefiel, mitgenommen hätte. So verfuhr er sogar an den heiligen Stätten der Götter.

Cicero, In Verrem, II 4, 1 f., übers. u. gestrafft von Klaus Gast

M 3 Über die Erziehung

Über die Erziehung der Söhne des Aemilius Paullus, der in den Jahren 182 und 168 v. Chr. Konsul gewesen ist, heißt es bei dem griechischen Schriftsteller Plutarch (um 45-120 n. Chr.):

Seine Söhne ließ er nicht nur nach römischer Sitte erziehen, sondern auch mit großem Eifer in griechischen Wissenschaften unterrichten. Sie waren ständig in Gesellschaft von griechischen Sprachlehrern, Philosophen und Redelehrern, ja sogar von Bildhauern und Malern.

Und so verhält sich Cato, der 184 v. Chr. Zensor gewesen ist, bei der Erziehung seines Sohnes:

Sobald der Knabe zu Verstande kam, nahm ihn Cato zu sich selbst und lehrte ihn lesen, obwohl er einen griechischen Sklaven hatte, der ein geschickter Lehrer war und viele Kinder unterrichtete. Aber er wollte nicht, dass sein Sohn von einem Sklaven geschimpft oder am Ohr gezogen würde. Er war selbst sein Lehrer im Lesen und Schreiben, in der Gesetzeskunde und in den Leibesübungen [...]. Auch die Geschichte Roms habe er selbst mit eigener Hand und in großen Buchstaben niedergeschrieben, damit der Knabe früh von den Taten und Sitten der Vorfahren erfahre.

Plutarch, Große Griechen und Römer, Aemilius Paullus 6 u. Cato 20, übers. von Konrat Ziegler, Bd. 4, Zürich/München [2]1980 (vereinfacht)

1. *Untersucht M 1 bis M 3. In welchen Lebensbereichen zeigt sich der griechische Einfluss besonders?*
2. *Stellt gegenüber, worauf die beiden berühmtesten Römer ihrer Zeit bei der Erziehung ihrer Söhne Wert legen (M 3). Wie unterscheiden sich beide in ihrer Grundeinstellung?*

M 4 Kline.
Griechische Liege aus Bronze, 1. Jh. v. Chr.

1 Öffentliche Getreideausgabe.
Mosaik aus Ostia, 2. Jh. n. Chr.
Dargestellt ist, wie Getreide an arme Bürger verteilt wird.
Zur Zeit der Republik stand die Getreideversorgung unter der Oberaufsicht des Senats.
Nenne den möglichen Anlass für die Herstellung des Mosaiks.

Rom in der Krise – Caesar erobert die Macht

Gewinner und Verlierer

Kriegsbeute und Steuerleistungen (*Tribute*) der unterworfenen Länder machten Rom reich. Die größten Vorteile hatten die römischen Statthalter, ehemalige Konsuln und Prätoren. Sie beuteten die ihnen überlassenen Provinzen aus. Dabei halfen ihnen Geschäftsleute, die Steuern und Kriegsschulden eintrieben und die römischen Heere belieferten. Obwohl den Senatoren solche Geschäfte verboten waren, beteiligten sie sich daran. Ehemalige Soldaten und besitzlose Bürger erhielten zwar aus dem beschlagnahmten Besitz der besiegten Völker kleine Grundstücke. Ab 177 v. Chr. wurden solche Landzuteilungen aus dem Staatsland (lat. *ager publicus*) jedoch eingestellt. Die Gründe dafür sind unklar. Häufig übernahmen wohlhabende Römer die Grundstücke, da nur sie in der Lage waren, sie nutzbar zu machen.
Die kleinen Bauern gehörten zu den Verlierern der Expansion. Sie hatten in den Krieg zu ziehen und konnten in der Zeit ihr Land nicht bestellen. Wurden ihre Höfe zerstört, mussten sie sich bei den Großgrundbesitzern verschulden, um sie wieder aufzubauen. Viele Kleinbauern gerieten in Not. Sie litten unter dem billig eingeführten Getreide aus den eroberten Provinzen und konnten mit der Konkurrenz der Großbauern nicht mithalten. Der Militärdienst bot keine Lösung, denn die Zeit der beutereichen Feldzüge war vorbei.
Immer mehr Familien zogen vom Land in die Stadt, vor allem nach Rom. Arbeit suchten sie dort meist vergeblich, weil Sklaven oft billiger waren. Der einzige Reichtum dieser verarmten Bürger waren ihre Kinder. Deshalb nannte man sie *Proletarier* (lat. *proles*: Nachkommen).
Die Probleme der Menschen spalteten die politische Führung in zwei große Gruppen: Die eine forderte, Staatsland an verarmte Bauern zu verteilen. Nicht nur, um den besitzlosen Bürgern Land zu beschaffen, sondern auch mit der Absicht, die Macht im Staat zu übernehmen. Die andere wollte alles beim Alten belassen. Statt gemeinsam Lösungen für die Probleme zu suchen, entstanden Bürgerkriege mit zahllosen Opfern. Diese Entwicklung trug dazu bei, dass der Senat sein bisheriges hohes Ansehen in der Bevölkerung verlor.

Die Heeresreform

Eine Gefahr von außen rückte die Konflikte vorübergehend in den Hintergrund. Die Germanen kamen! So nannten die Römer die Völker im Norden. Kimbern und Teutonen hatten in Gallien (Norditalien und Südfrankreich) das römische Heer geschlagen. Roms Macht war in Gefahr. In dieser Lage wählten die Römer den Feldherrn *Gaius Marius* fünfmal hintereinander zum Konsul (von 104 bis 100 v. Chr.), obwohl er nicht aus dem Adel (*Nobilität*) stammte. Er machte aus dem Bürgerheer eine Berufsarmee. Die Soldaten erhielten Sold (Gehalt) und Ausrüstung vom Staat. Nun konnten auch Proletarier in die Armee eintreten.
Das neu organisierte Heer schlug die Germanen zurück. Später zeigte sich ein Nachteil der Heeresreform: Die Soldaten folgten ihren Feldherren oft bedingungslos, da sie von ihnen außer dem Sold nach dem Ende ihrer Dienstzeit Land als Altersversorgung erwarteten. Politiker und Feldherren nutzten immer öfter das Heer für ihre Interessen in den Bürgerkriegen.

Eine steile Karriere

Im Jahre 100 v. Chr. wurde *Gaius Iulius Caesar* in Rom geboren. Er stammte aus einer sehr alten, aber verarmten Familie Roms. Von Jugend an setzte er sich für die verarmten Plebejer ein. Um bekannt zu werden, veranstaltete Caesar mit geliehenem Geld prächtige Spiele. Seine riesigen Schulden konnte er erst begleichen, nachdem er 61 v. Chr. Statthalter in Spanien geworden war.

Ein Männerbündnis

Mit dem angesehenen Feldherrn *Pompeius*, der das Mittelmeer von Seeräubern befreit und im Osten bis zur Grenze Arabiens römische Provinzen errichtet hatte, und *Crassus*, dem reichsten Mann Roms, schloss Caesar nach seiner Wahl zum Konsul 59 v. Chr. das erste *Triumvirat* (dt. „Dreimännerbund"). Dieses Zweckbündnis, das sich auf die Treue der Proletarier im Heer stützte, sollte dafür sorgen, dass in Rom nichts mehr geschah, was einem der drei missfiel.

Caesar unterwirft Gallien

Caesars Amt steigerte die Macht des Triumvirats, das von seinen Gegnern „dreiköpfiges Ungeheuer" genannt wurde. Als Statthalter von Provinzen in Oberitalien und Gallien unterwarf er zwischen 58 und 50 v. Chr. alle nicht schon mit Rom verbündeten gallischen Völker. Außerdem unternahm er mehrere Kriege in Germanien und Britannien. Eine Million Gallier sollen in den sieben Kriegsjahren umgekommen, eine weitere in die Sklaverei gegangen sein. Die Reichtümer des Landes füllten Caesars Kassen und die seiner Anhänger.

2 Gaius Iulius Caesar.
Diese 33 cm hohe Marmorbüste wurde wohl kurz nach Caesars Tod angefertigt. In Schriften verteidigte Caesar sein Vorgehen als Feldherr und Politiker. „Caesar" wurde zum Beinamen, später zum Titelbestandteil der römischen Kaiser. Er lebt in den Herrschertiteln „Zar" und „Kaiser" fort.

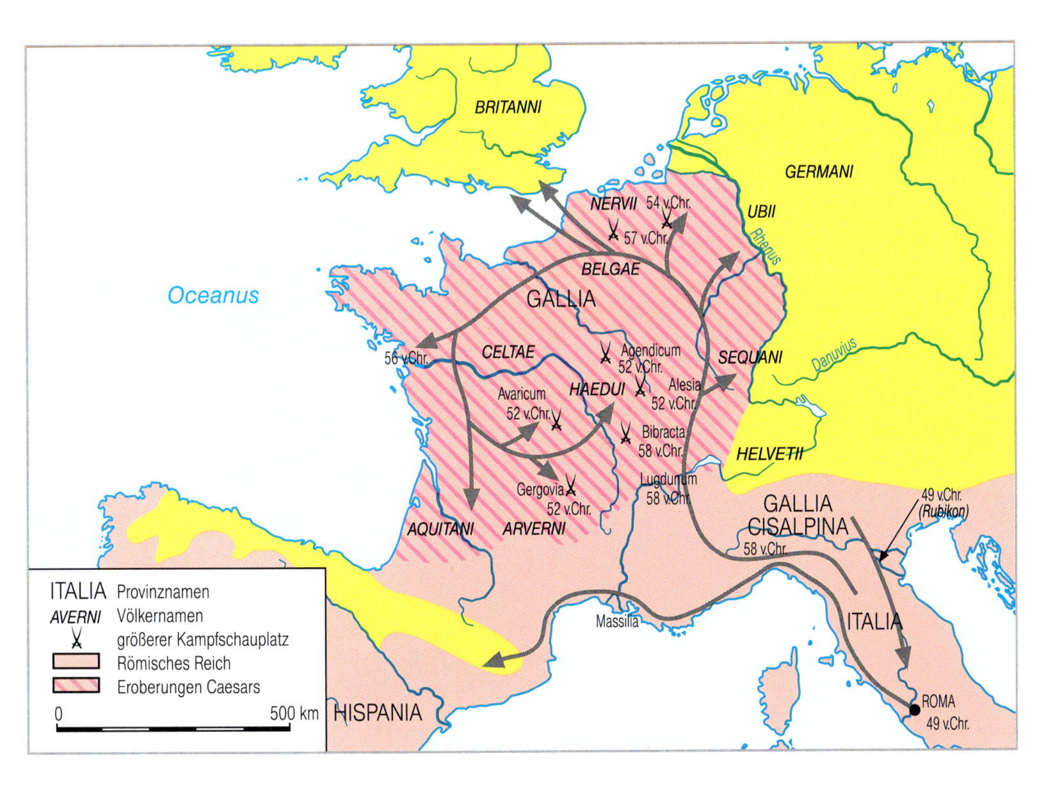

3 Unterwerfung Galliens.

Lerntipp

Geschichte in Comics und Jugendbüchern

„Wir befinden uns im Jahr 50 v. Chr. Ganz Gallien ist von den Römern besetzt .... Ganz Gallien? Nein!“ – Kennt ihr diese Sätze? Mit ihnen beginnt jeder Comic über den kleinen Gallier Asterix (von *astérisque*: Sternchen), der sich mit seinen Freunden Caesar, dem mächtigsten Mann Roms, in den Weg stellt. – Was hat Asterix und was haben Comics aber in eurem Geschichtsbuch zu suchen? In manchen Comics kommen Personen und Ereignisse aus der Geschichte vor. In den gezeichneten Bildern werden sie vorgestellt und in Sprechblasen reden sie zu uns. Aber Vorsicht: Im Comic werden Geschichte und Erfindung bunt gemischt, ohne dass wir das immer auf Anhieb erkennen.

Dasselbe gilt für historische Jugendbücher. Deren Autoren verwenden aus der Geschichte, was ihnen entweder unterhaltsam erscheint oder was sie für ihre Zwecke brauchen können.

Sie wollen Interesse für die Geschichte wecken, aber kein historisches Sachbuch schreiben. Manchmal folgen sie den historischen Quellen, manchmal gehen sie frei mit ihnen um: Sie verändern, fügen etwas hinzu, lassen weg, was ihnen langweilig erscheint oder nicht in ihr Konzept passt. Vor allem die wörtlichen Reden sind so gut wie immer erfunden.

Comics und historische Erzählungen sollen uns „Appetit“ machen, uns mit Geschichte zu befassen. Sie reichen aber nicht aus, wenn ihr euch über Personen und Ereignisse zuverlässig informieren wollt. Das gilt übrigens auch für die Texte, die wir euch auf den Seiten „Geschichte erzählt“ vorstellen.

Oft muss man eine ganze Menge wissen, um den Zeichnern und Erzählern nicht auf den Leim zu gehen. Die folgenden Fragen können dir helfen, Comics und Geschichtserzählungen zu prüfen:

- Welche Handlung wird erzählt? Was davon hat sich tatsächlich ereignet? Was wurde erfunden, was weggelassen?
- Welche Personen kommen vor? Sind sie historisch nachweisbar oder ausgedacht? Welche Eigenschaften und Charakterzüge haben sie? Entsprechen sie den historischen Personen? Lässt sich dies durch Quellen bestätigen oder widerlegen?

M1 „Wie alles begann ...“
*Asterix-Hefte erscheinen seit 1959 in Frankreich und seit 1967 in deutschen Übersetzungen; die Texte stammen von René Goscinny (1926-1977) und die Zeichnungen von Albert Uderzo (*1927). Die abgebildete Seite ist aus: Gallische Geschichten mit Asterix und Obelix. Goscinny und Uderzo präsentieren das Beste aus 29 Abenteuern, übers. von Gudrun Penndorf, Stuttgart: Ehapa Verlag [2]1994, Seite 6. Prüft die erste Aussage des Comics.*

M2 Interview mit einem Geschichtenerzähler

Warum stellen Sie, Herr Brückner, jedem Hauptkapitel von „Das waren Zeiten" eine Erzählung voran?

Ein Geschichtsbuch für die Schule muss in erster Linie sachlich informieren. Meine kurzen Erzählungen fallen da absichtlich etwas aus dem Rahmen: Sie wirken durch die wörtliche Rede locker, denn sie sollen Interesse bei den Schülern wecken. Sie sprechen auf unterhaltsame Weise ein Thema an und führen so in das Kapitel ein.

Woher bekommen Sie die Anregungen für die Erzählungen?

Im Fall von „Lucy" (*siehe Seite 13*) war es ein kurzer Abschnitt in einem Sachbuch über die Entdeckung dieses sensationellen Fundes. Hier stimmen alle Angaben über die Umstände des Gesprächs mit der Wirklichkeit überein. Erfunden habe ich nur den Wortlaut des Gesprächs.
Die Erzählung über den ägyptischen Wesir des Cheops (*siehe Seite 33*) habe ich wie ein Mosaik aus vielen kleinen Informationen über den Pyramidenbau und die Aufgaben des Wesirs zusammengesetzt, der tatsächlich gelebt hat.
Die Anregungen für die Geschichten „Unsterbliche Geliebte" und „Brudermord am Tiber" (*siehe die Seiten 61 und 101*) verdanke ich den „Sagen des klassischen Altertums", die der Pfarrer und Dichter *Gustav Schwab* in den 1840er-Jahren erstmals veröffentlichte – und die ich schon in meiner Schulzeit gelesen habe.

Gehören solche Erzählungen überhaupt in ein Geschichtsbuch?

Ich finde, sie bereichern es ganz wesentlich. Erstens beruhen sie alle auf geschichtlichen Quellen oder Dokumenten. Zweitens sind sie kurz. Und drittens: Auf jede Erzählung folgt ein langes Kapitel mit einer sachlichen Darstellung und einer bunten Reihe historischer Quellen. Schüler lernen Geschichte ja nicht aus der einen Erzählung. Vielmehr werden sie von ihr angeregt, dem angetippten Thema mit sachlich zuverlässigen Informationen auf den Grund zu gehen.

Gesprächsprotokoll vom Oktober 2003

M3 Wie sah Caesar aus?

*In dem Roman „Caesar und der Gallier" von Hans Dieter Stöver (*1937) wird Caesar von dem 17-jährigen Römer Sextus, der Hauptfigur der Erzählung, so beschrieben:*

So dunkel hatte er sich Caesars Augen nicht vorgestellt. Er spürte, welche Kraft von ihnen ausging, doch er sah auch, dass die Strapazen und Anstrengungen der vergangenen Wochen Spuren in seinem Gesicht hinterlassen hatten. Scharf zeichneten sich die Falten an den Seiten des Mundes ab. Noch mehr fiel ihm auf: die helle, weiche Haut, die feinen, sehr gepflegten Hände, die scharfen Backenknochen, die hagere und doch kraftvolle Gestalt. Caesars Bewegungen waren geschmeidig, schnell, gezielt, besonders die der Augen. Ihnen schien nichts zu entgehen.

Plutarch (siehe M3, Seite 119) schreibt:

Er war von hagerer Gestalt und hatte eine zarte weiße Haut [...].

Sueton (siehe M2, Seite 125) berichtet:

Er soll von stattlicher Figur gewesen sein, weiße Haut, schlanke Gliedmaßen, ein etwas zu volles Gesicht, schwarze, lebhafte Augen [...]. Um sein Aussehen war er allzu besorgt. [...] Über seine Glatze war er sehr ärgerlich, da sie seinen Gegnern oft Anlass zu Witzen bot. Deshalb pflegte er seine Haare vom Scheitel nach vorn zu bürsten [...].

Erster Text: Hans Dieter Stöver, Caesar und der Gallier, München [2]2001, S. 268 f.; zweiter Text: Plutarch, Von großen Griechen und Römern, Caesar 17.2; dritter Text: Sueton, Leben der Caesaren, Caesar 45

→Lesetipps:
- *Harald Parigger, Caesar und die Fäden der Macht, Würzburg 2006*
- *Susanne Rebscher, Julius Caesar, Bindlach 2009*

M4 „Caesar und der Gallier."
Umschlagbild von Tilman Michalski, um 2000.

M5 Gaius Iulius Caesar.
26 cm hohe Marmorbüste, um 20 v. Chr.

1. *Nenne Gründe, weshalb Comics oft lustig wirken (M1).*
2. *Wann empfindet ihr eine Geschichtserzählung als unterhaltsam? Untersucht dazu in diesem Buch die Beispiele auf den Seiten 13, 33, 61 und 101.*
3. *Prüfe, welche Aussagen über Caesar von Stöver frei erfunden wurden und welche er aus schriftlichen und bildlichen Quellen übernommen hat (M3 und M5).*
4. *Vergleiche das Bild von Caesar auf dem Buchumschlag (M4) mit M3, M5 und Abb. 2 auf Seite 121. Was fällt dir auf?*

Tödlicher Machtkampf

1 Freiheitsmütze zwischen zwei Dolchen.
Münze von 43/42 v. Chr. Die Münze ließ der Caesarmörder Brutus nach seiner Flucht im Osten des Reiches prägen. Die Aufschrift EID[ibus] MAR[tiis] ist die abgekürzte Datumsangabe (an den Iden des März). In der Mitte ist eine Kappe (lat. pileus) zu sehen. Solche Kopfbedeckungen trugen freigelassene Sklaven.

„Ich kam, ich sah, ich siegte"
Der Senat beobachtete misstrauisch Caesars Erfolge und seine wachsende militärische Macht. Seine Gegner fürchteten um ihre führende Stellung. Ihnen gelang es, den eifersüchtigen Pompeius auf ihre Seite zu ziehen. In einem widerrechtlichen Senatsbeschluss setzten sie Caesar als Statthalter und Heerführer ab. Caesar erfuhr davon am Rubikon, dem Grenzfluss zwischen seiner Provinz und Italien. Da er wusste, dass er ohne Amt und Truppen seinen Gegnern ausgeliefert war, überschritt er am 10. Januar 49 v. Chr. mit seinen Soldaten den kleinen Fluss Rubikon, um nach Rom zu marschieren. Ein vier Jahre dauernder Bürgerkrieg begann.
Ungehindert zog Caesar in Rom ein. Seine Gegner flohen übers Meer zu den Truppen in den Provinzen, die dem Senat unterstanden. Caesar folgte ihnen rund ums Mittelmeer. Zunächst unterwarf er Spanien, dann schlug er Pompeius in Thessalien und entschied in Ägypten einen Thronstreit zugunsten von *Kleopatra VII.* Nach weiteren Erfolgen in Nordafrika und Südspanien endete der Bürgerkrieg 45 v. Chr. Aus dieser Zeit stammen Caesars stolze Worte: „Ich kam, ich sah, ich siegte" (lat. *veni, vidi, vici*).

→Lesetipp:
Waldtraut Lewin, Wenn die Nacht am tiefsten. Caesar und Kleopatra – eine historische Liebe, Bindlach 2005

Caesars Reformen
Der Senat übertrug Caesar ab 48 v. Chr. immer wieder auf Zeit das Amt des Diktators, 45/44 v. Chr. erhielt er diese Stellung auf Lebenszeit. Sein Amt nutzte Caesar für Reformen:
- Die Bewohner Norditaliens erhielten das Bürgerrecht, die Städte Italiens konnten sich selbst verwalten.
- Zur Altersversorgung der Soldaten sowie für Proletarier wurden auch außerhalb Italiens Kolonien gegründet.
- In Rom erhielten nur noch 150 000 Proletarier Getreidespenden, weil die Arbeitslosigkeit gesenkt werden konnte.
- Die Zahl der Senatoren stieg auf 900; außerdem durften sie jetzt aus den Provinzen stammen.
- Ein neuer Kalender wurde eingeführt, da sich die Jahreszeiten verschoben hatten und die Bäume Ende Januar blühten.

Zugleich startete Caesar ein Bauprogramm. Er wollte den Tiber umleiten, den Hafen vergrößern und Sümpfe trockenlegen.

Mord im Senat
Der neue Senat überhäufte Caesar mit Ehrungen. Er durfte das Purpurgewand des Triumphators mit goldenem Lorbeerkranz tragen, erhielt den Ehrennamen *Vater des Vaterlandes* und sein Geburtsmonat bekam den Namen *Iulius*.
Caesar regierte seitdem wie ein König. Dies war für die republiktreue Minderheit im Senat unerträglich. An den *Iden des März* (15. März) 44 v. Chr. wurde Caesar vor einer Senatssitzung von einer Gruppe von Senatoren durch zahlreiche Dolchstiche getötet. Unter den Mördern war sein junger Freund *Brutus*, zu dem er sterbend gesagt haben soll: „Auch du, mein Sohn?" Die Attentäter retteten die Republik nicht.

1. *Stelle die wichtigsten Ereignisse in Caesars politischer Laufbahn stichwortartig dar. Zeichne dazu seinen Aufstieg als Treppe, deren Stufen du Jahreszahlen zuordnest. (Die Stufen können unterschiedlich hoch und breit sein.)*
2. *Prüfe Caesars Reformen. Welche lagen im Interesse des Staates, welche nutzten ihm selbst?*
3. *Erläutere die Abbildung auf der Münze (Abb. 4). Überlege, warum Brutus ein Geldstück nutzte, um auf das Ereignis aufmerksam zu machen.*

M 1 „Caesar und Kleopatra."
Szenenfoto aus dem amerikanischen Spielfilm „Cleopatra", 1962.
Kleopatra VII., die letzte Königin von Ägypten, wurde von Caesar unterstützt. Angeblich verschaffte sie sich in einem Stoffballen Zugang zu seinem Schlafzimmer. Sie wurde Caesars Geliebte und gebar ihm einen Sohn. 46-44 v. Chr. lebte Kleopatra in Rom.

M 2 Über Caesar

Der Schriftsteller Sueton (70-140 n. Chr.) schreibt über den Feldherrn und Politiker Caesar:

Seine Soldaten beurteilte er weder nach ihrer Moral noch nach ihrer äußeren Stellung, sondern nur nach ihren militärischen Fähigkeiten [...]. Weder nahm 5 er alle Vergehen zur Kenntnis, noch bestrafte er sie ihrer Schwere entsprechend, war aber gegenüber Deserteuren* und Meuterern ein sehr strenger Richter und Rächer; im Übrigen drückte 10 er ein Auge zu [...].

Bei Ansprachen redete er sie nicht mit „Soldaten", sondern mit dem schmeichelhafteren „Kameraden" an, und er hielt auch auf ihr Äußeres: So stattete er 15 sie mit silber- und goldverzierten Waffen aus, einmal des Aussehens wegen, dann auch, damit sie im Kampf eher darauf achteten und Angst hätten, sie zu verlieren [...]. Auf diese Weise spornte er 20 sie zu größter Ergebenheit und Tapferkeit an. [...]
Gegenüber seinen Freunden war Caesar immer zuvorkommend und nachsichtig [...]. Auf dem Gipfel seiner Macht erhob 25 er auch Leute aus den untersten Schichten zu hohen Ehren [...].

Der griechische Schriftsteller Plutarch (siehe Seite 119, M3) berichtet:

Vor Caesars Glück indes beugten die Römer trotz alledem das Haupt und fügten sich willig ins Joch. Und da sie [...] Erho- 30 lung zu finden hofften von den Leiden der Bürgerkriege, ernannten sie ihn zum Diktator auf Lebenszeit. Dies bedeutete die unverhüllte Tyrannis [...].
Wenn aber der Hass gegen Caesar 35 immer sichtbarer hervorbrach und ihn schließlich in den Tod hineinriss, so trug daran sein Streben nach der Königswürde die Schuld. Für das Volk war dies der erste Anlass, sich von ihm abzuwenden, 40 für seine Gegner [...] ein besonders günstiger Vorwand.

Erster Text: Sueton, Gaius Iulius Caesar, 65 ff., zitiert nach: ders., Leben der Caesaren, übers. u. hrsg. von André Lambert, Reinbek 1960, S. 38 f.; zweiter Text: Plutarch, Große Griechen und Römer, Caesar 57 u. 60, übers. von Walter Wuhrmann, München 1994

***Deserteur**: Soldat, der zur Gegenseite überläuft oder seinen Platz verlässt*

1. *Beschreibe, wie Caesar auf dem Szenenfoto erscheint (M1).*
2. *Vergleiche die Äußerungen über Caesar von Sueton und Plutarch (M2). Inwieweit entsprechen ihre Aussagen Caesars Taten? Lies dazu den Darstellungstext.*
3. *Recherchiere im Internet nach neueren Filmen über Caesar und seine Zeit. Erstelle eine Übersicht mit Informationen über die gefundenen Filme. Suche Gründe, warum Caesars Leben immer wieder verfilmt wurde.* Lerntipp

① Tempel der Vesta
② Dioskuren-Tempel
③ Basilica Iulia
④ Tempel des Iuppiter
⑤ Tempel des Saturn
⑥ Bogen des Kaisers Tiberius
⑦ Tempel des Kaisers Vespasian
⑧ Staatsarchiv
⑨ Tempel der Concordia
⑩ Triumphbogen des Kaisers Septimius Severus
⑪ Basilica Aemilia
⑫ Rednertribüne
⑬ Goldener Meilenstein

1 Triumphzug auf dem Forum Romanum zur Kaiserzeit.
Rekonstruierte Ansicht von Johannes Bühlmann und Friedrich von Thiersch, 1900/02.
Auf dem Forum Romanum fanden Versammlungen, Gerichtsverhandlungen, religiöse Umzüge (Prozessionen) und Siegesfeiern (Triumphzüge) statt. So durfte beispielsweise ein Feldherr nach einer siegreichen Schlacht an der Spitze seiner Soldaten mit der Kriegsbeute und gefangenen Gegnern, die sie danach versklavten oder töteten, über das Forum ziehen.

Rettet Augustus die Republik?

Gaius Octavius setzt sich durch

Um Caesars Erbe entbrannte ein neuer Bürgerkrieg. In ihm begann der Aufstieg des *Gaius Octavius*. Sein Großonkel Caesar hatte ihn adoptiert und zum Erben bestimmt; der 18-Jährige nannte sich nun *Gaius Iulius Caesar Octavianus*. Für den Krieg gegen die Caesar-Mörder verbündete Octavian sich mit *Antonius*, einem Anhänger seines Adoptivvaters.

Nach dem Sieg wollte Octavian sein Erbe nicht mit Antonius teilen. Er warf ihm vor, eine unerlaubte und für Rom gefährliche Verbindung mit der ägyptischen Königin Kleopatra eingegangen zu sein. Rom erklärte Kleopatra und Antonius den Krieg. Die Entscheidung fiel 31 v. Chr. in der *Seeschlacht bei Actium* an der Küste Griechenlands. Octavians Flotte siegte. Kleopatra und Antonius begingen Selbstmord.

Aus Octavian wird Augustus

Nach seinem Sieg über Antonius ließ Octavian mehr als 2000 politische Gegner umbringen, darunter 300 Senatoren. Er war nun der unumstrittene Herr des Römischen Reiches. Im Jahre 27 v. Chr. veranstaltete er einen Triumphzug und erklärte vor dem Senat den Rücktritt von allen Ämtern. Die Senatoren protestierten und baten ihn, wenigstens in den von Feinden bedrohten Provinzen den Oberbefehl zu behalten. Als er zögernd zustimmte, wurde er vom Senat mit Ehrungen überhäuft. Dazu verlieh man ihm den Ehrennamen *Augustus* (dt. „der Erhabene“; daraus wurde später die Formel *Imperator Augustus*, dt. *Kaiserliche Majestät*).

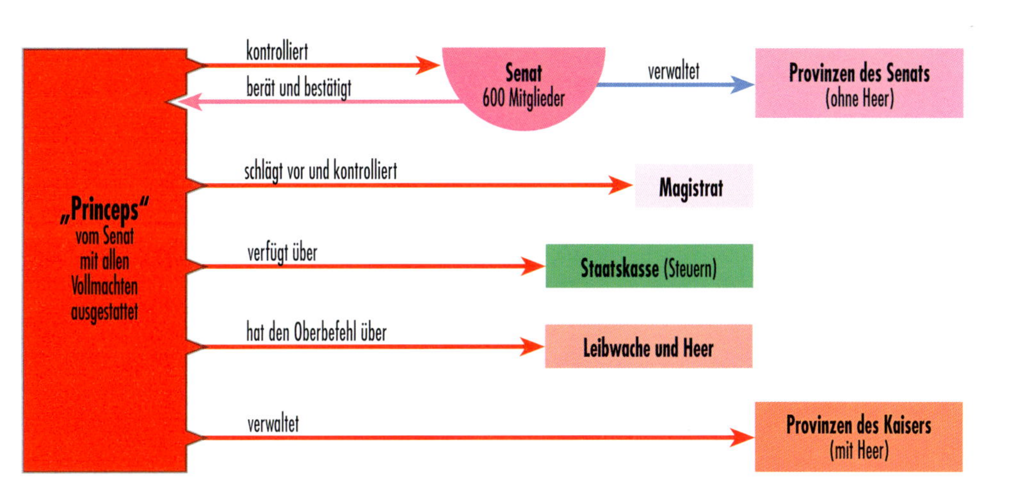

2 Wie viel Macht hat der „erste Bürger"?
Vergleiche die Macht des Senats mit der des „Princeps".

Ein mächtiger Mann

Augustus – unter diesem Namen ging Octavian in die Geschichte ein – behielt lebenslang den Oberbefehl über alle römischen Truppen. Hinzu kamen bald weitere Rechte:

- Augustus erhielt auf Dauer die Rechte eines Volkstribunen; sie schützten ihn vor gerichtlicher Verfolgung und gaben ihm die Möglichkeit, Gesetze vor die Volksversammlung zu bringen.
- Er erfüllte die Aufgaben eines Zensors, einschließlich der Auswahl der Senatoren.
- Er übernahm das Amt des Ersten Priesters, des obersten Wächters über Religion und Sitten.

Das Heer wurde von Augustus neu organisiert. Es entstand eine auch im Frieden ständig einsatzbereite Truppe aus 28 Legionen und etwa 150 000 Mann mit zwanzigjähriger oder längerer Dienstzeit: das *stehende Heer*. Augustus behielt sich die Versorgung der Soldaten vor. Sie mussten ihm Treue schwören. Die höchsten Kommandostellen vergab er selbst.
Augustus änderte auch die Verwaltung. Der Senat behielt nur die Aufsicht über die befriedeten Provinzen. Die Verantwortung für die gefährdeten Provinzen, in denen die Legionen stationiert waren, lag bei Augustus.

„Erster Bürger"

Hinter einer republikanischen Fassade entstand eine Monarchie, ein Kaiserreich. Augustus aber behauptete, die Republik wiederhergestellt zu haben. Er übertreffe die vom Volk gewählten Magistrate nicht an Macht, sondern nur durch das Maß der Verantwortung und sein persönliches Ansehen. In der Öffentlichkeit trug er wie die übrigen Senatoren die purpurgesäumte Toga. Er sah sich als *Princeps*, als „ersten Bürger" (lat. *princeps civium*) des Staates. Nach dieser Bezeichnung erhielt die Herrschaftsform des Augustus ihren Namen: der *Prinzipat*.

Die Kaiserzeit beginnt

Für weite Teile der Bevölkerung war es Augustus, der die über 100 Jahre andauernden Bürgerkriege beendet und eine Zeit des Friedens und Wohlstandes eingeleitet hatte: die *Pax Augusta*.
Augustus setzte den Ausbau Roms zur prunkvollen Hauptstadt fort und rühmte sich später, „eine Stadt aus Ziegelsteinen vorgefunden und eine aus Marmor hinterlassen" zu haben. Die von ihm durchgeführten Spiele für das Volk übertrafen die seiner Vorgänger – von denen Caesars abgesehen. Kunstwerke, Inschriften und Münzen verbreiteten seine Taten. Zahlreiche Dichter verkündeten, mit Augustus sei ein „goldenes Zeitalter" angebrochen.
Als die Frage anstand, wer ihm nach seinem Tod folgen solle, bestimmte Augustus, der keine leiblichen Söhne hatte, seinen Stiefsohn *Tiberius* zu seinem Nachfolger. Ihm vererbte er mit Zustimmung des Senats seine außerordentliche Macht. Damit begann die eigentliche Kaiserzeit. Sie dauerte beinahe fünf Jahrhunderte.

3 Römischer Adler. *Schmuckstück (Durchmesser: 22 cm), 1. Jh. n. Chr. (die Fassung stammt aus dem 16. Jh.). Der Adler, der Vogel Iuppiters (Zeus'), wurde zum Sinnbild der kaiserlichen Macht; in seinen Klauen hält er außer dem Eichenkranz einen Palmenzweig, das Ehrenzeichen für eine siegreiche Schlacht.*

M1 Bildnis des Augustus.

Etwa 8 cm hoher Anhänger, 2. Jh. n. Chr. (die Fassung stammt aus dem 17. Jh.).
Im Jahre 27 v. Chr. erhielt Augustus vom Senat „für die Rettung aller Bürger" die „corona civica", den Eichenkranz. Er wurde seit Langem für die Rettung eines Mitbürgers in der Schlacht verliehen. Lies dazu nochmals M2, Seite 117. Dieses Ehrenzeichen nahm später mehr und mehr den Charakter eines Herrschaftssymbols an.

M2 Augustus legt Rechenschaft ab

Augustus fasst in seinem 76. Lebensjahr sein gesamtes politisches Handeln in einem „Tatenbericht" zusammen. Dieser wird nach seinem Tode im Senat verlesen und seinem Wunsch gemäß dann in Bronzetafeln eingraviert und vor seinem Grabmal in Rom aufgestellt. In Ankara (Türkei) hat man eine Kopie des Textes an der Wand des dortigen Augustus-Tempels gefunden.

Im Alter von 19 Jahren stellte ich aus eigenem Entschluss und aus eigenen Mitteln ein Heer auf, mit dem ich die Gewaltherrschaft einer Partei in Rom beendete und die Republik in die Freiheit zurückführte [...].
Die meinen Vater getötet haben, habe ich in die Fremde getrieben und sie für ihre Tat in rechtmäßigen fünf Prozessen bestraft [...].
Ich habe zu Wasser und zu Land [...] Kriege auf dem ganzen Erdkreis geführt und als Sieger allen Bürgern Schonung gewährt, wenn sie um Verzeihung baten [...].
Die Diktatur, die mir in Abwesenheit und Anwesenheit vom Volk und Senat einstimmig angeboten wurde, habe ich nicht angenommen.
Princeps des Senats war ich bis zu dem Tag, an dem ich dies schrieb, 40 Jahre lang.
Die Senatsliste habe ich dreimal erneuert und drei Volkszählungen* durchgeführt [...].
Die Tür des Ianus-Tempels, den unsere Vorfahren geschlossen haben wollten, wenn im ganzen Reich durch Siege gewonnener Friede eingetreten sei, was vor meiner Geburt seit der Gründung der Stadt zweimal geschehen war, ist unter meiner Führung durch Senatsbeschluss dreimal geschlossen worden.
Viermal habe ich mit meinem Geld die Staatskasse unterstützt [...]. Aus meinem Erbe habe ich in die Kriegskasse bezahlt, damit die Soldaten, die 20 Jahre und mehr gedient hatten, Prämien bekamen.**

Augustus, Res gestae, ausgewählt und übersetzt von Klaus Gast

**„Es begab sich aber zu der Zeit, dass ein Gebot von dem Kaiser Augustus ausging, dass alle Welt geschätzet würde ..." Kennst du diesen Text? Erkundige dich nach seiner Fortsetzung!*
***Augustus nennt Beträge von zusammen fast einer Milliarde Sesterzen (an Kaufkraft heute etwa sechs Milliarden €). Er zählt seine Bauten auf, darunter elf neu erbaute und 82 renovierte Tempel.*

M3 Wie die kaiserliche Macht entsteht

Der wohl bedeutendste römische Historiker, der Senator Cornelius Tacitus (um 56-117 n. Chr.) schreibt:

Sobald Augustus das Militär mit Geschenken, das Volk durch Getreidespenden, alle miteinander durch die Annehmlichkeit einer Friedenszeit für sich gewonnen hatte, erhob er allmählich höher sein Haupt und zog die Befugnisse des Senats, der Staatsverwaltung und der Gesetzgebung an sich. Dabei fand er keinen Widersacher, da die tatkräftigsten Männer auf den Schlachtfeldern geblieben oder den öffentlichen Verfolgungen (Proskriptionen) zum Opfer gefallen waren, während die übriggebliebenen Angehörigen der Nobilität bereitwillig das Joch der Knechtschaft auf sich nahmen und dafür umso höher an Reichtum und Ehren stiegen [...].
So hatte sich denn die Staatsform gewandelt [...]. Die Gleichheit der Staatsbürger war beseitigt, und alle schauten nur noch auf die Befehle des Princeps [...].

Tacitus, Annalen I.2, übers. von Walther Sontheimer, Stuttgart 1964 (vereinfacht)

1. *Nenne das Herrschaftssymbol, das seit Augustus alle Kaiser trugen (M1).*
2. *Gib mit M2 und M3 wieder, wie Augustus seine Herrschaft in Rom sicherte.*
3. *M2 und M3 gehen auf die Erfolge des Augustus ein. Die Verfasser verfolgen aber sehr unterschiedliche Absichten. Erkläre!*

Lerntipp

Eine Statue als Quelle?

Auf die Wirkung kommt es an
Herrscherstandbilder sollen auf die Betrachter wirken. Um sie beurteilen zu können, müssen wir sie zunächst als Ganzes und dann in ihren Einzelheiten betrachten. Wichtig sind Größe, Kopf-, Arm- und Beinhaltung, Blickrichtung, Kleidung und Beigaben. Die Besonderheiten sind nicht zufällig gewählt, sondern sollen etwas Bestimmtes aussagen. Aus ihnen können wir erschließen, wie sich der Herrscher sah und wie er vom Volk gesehen werden wollte.
An der Augustus-Statue fällt auf:

- Augustus war etwa 1,70 m groß. Die Höhe der Statue beträgt aber 2,04 m.
- Augustus trägt einen verzierten Brustpanzer und eine Lanze.
- Die Römer stellten nur ihre Götter barfuß dar.
- Die kleine Figur am rechten Bein soll der Liebesgott *Amor* sein, ein Kind der *Venus*, der Göttin der Liebe und Schönheit und der angeblichen Stammesmutter der Familie von *Caesar* und *Augustus*.

M 1 Augustus.
Kopie einer Statue aus Primaporta bei Rom, nach 20 v. Chr.
Die farbige Rekonstruktion von 1998/1999 geht auf die Marmorstatue zurück, die 1863 in der Villa der Livia, der Frau des Augustus, gefunden wurde und heute in den Vatikanischen Museen in Rom zu sehen ist.
Die Bemalung wurde nach Farbspuren der Originalstatue rekonstruiert. Die Lanze ist hinzugefügt worden.
Augustus trägt einen Brustpanzer, auf dem dargestellt ist, wie der König der Parther dem Kriegsgott Mars die römischen Feldzeichen übergibt. Augustus hatte die Rückgabe der Feldzeichen 20 v. Chr. erreicht, nachdem die Römer sie in einer Schlacht 53 v. Chr. verloren hatten. Um die Hüfte geschlungen hat Augustus einen Feldherrnmantel, seine rechte Hand erhebt er in der Geste einer Ansprache an die Soldaten.

1. *Die Statue wurde wahrscheinlich im Auftrag einiger Senatoren aufgestellt. Beschreibt, was sie den Bürgern aus der Ferne und was sie bei näherer Betrachtung aussagen sollte.*
2. *Vergleiche den Kopf der Statue mit dem „Speerträger" von Polyklet (Abb. 1, Seite 88) und die Geste mit der des „Volksredners" (Abb. 1, Seite 105). Was fällt dir auf?*
3. *Finde heraus, wie Staatsoberhäupter heute öffentlich dargestellt werden. Suche Beispiele!*

Vertiefung

Wo schlug Arminius die Römer?

1 Das Hermannsdenkmal bei Detmold.
Foto, um 2000.
Es ist bis zur Schwertspitze 26 m hoch und steht auf einem ebenso hohen Unterbau. Auf dem Schwert steht: „Deutsche Einigkeit meine Stärke, meine Stärke Deutschlands Macht.“ Bezahlt wurde das 1875 eingeweihte Denkmal mit Spenden der Bürger und des deutschen Kaisers.

2 Der Hinterhalt der Germanen.
Das Foto wurde Pfingsten 2003 im Museum und Park Kalkriese anlässlich der „Römer- und Germanentage“ aufgenommen. Es zeigt den rekonstruierten Wall mit einigen „Germanen“.

Ein Denkmal steht falsch

An Sommerwochenenden wandern viele Touristen nach Hiddesen, einem kleinen Ort in der Nähe von Detmold in Ostwestfalen-Lippe. Ihr Ziel ist das Hermannsdenkmal. Es erinnert an den Sieg der Germanen über die Römer im Jahre 9 n. Chr. Damals hatte der Cheruskerfürst *Arminius*, ein in römischen Diensten stehender Offizier, der später „Hermann“ genannt wurde, den Feldherrn *Varus* mit drei Legionen in eine Falle gelockt und nach drei Tagen besiegt. Die Römer verloren etwa 20 000 Mann und zogen sich danach an den Rhein zurück. Ihre Eroberungspolitik gaben sie trotzdem nicht auf. Geschichtsschreiber haben später die Varus-Schlacht als den Anfang vom Ende der römischen Herrschaft in Germanien dargestellt. Sie sei ein Grund dafür gewesen, weshalb der mittlere und nördliche Teil Deutschlands und Europas nicht römisch wurde.*

Wo genau die unter Arminius kämpfenden Germanen die Römer besiegten, ist noch immer umstritten. Die entscheidende Schlacht fand aber mit Sicherheit nicht da statt, wo das Hermannsdenkmal steht. Archäologen fanden dort keine Spuren eines größeren Kampfes.

Münzen weisen den Weg

Bereits 1884 hatte der Altertumsforscher *Theodor Mommsen* nach der Auswertung von Münzen behauptet, die Schlacht sei in Kalkriese bei Bramsche etwa 20 Kilometer nördlich von Osnabrück geschlagen worden. Seine Kritiker warfen ihm vor, ein paar römische Geldstücke seien kein Beweis für den Untergang von drei Legionen.

Hundert Jahre nach Mommsen zog ein Hobby-Archäologe mit einem Metallsuchgerät über die Wiesen und Felder bei Kalkriese. Er fand 160 Münzen. Das Auffallende daran: Sie alle waren vor 9 n. Chr. geprägt worden. Noch sensationeller war ein anderer Fund: drei knapp 4 cm lange Schleudergeschosse, wie sie römische Soldaten benutzten.

Ende der 1980er-Jahre begannen Wissenschaftler in Kalkriese mit systematischen Grabungen. Sie fanden römische Wurfspieße, Teile von Helmen, Schilden und Pferdegeschirr, Werkzeuge, Münzen, medizinische Instrumente und Alltagsgegenstände – vom Besteck bis zu Spielsteinen. Sie entdeckten auch eine von den Germanen errichtete Wallanlage, die diesen als Hinterhalt diente. Die Funde belegen: Bei Kalkriese fand eine Schlacht statt. Ob es die Varus-Schlacht war, diskutieren Forscher noch immer.

*Siehe dazu die Karte auf Seite 142.

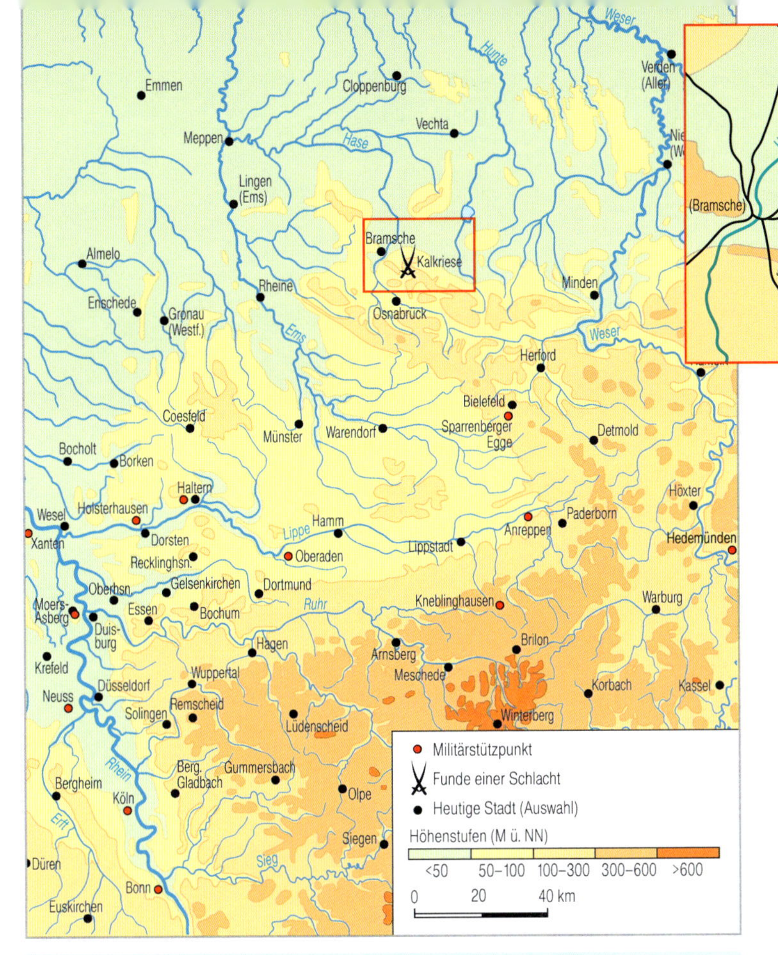

M 1 Lage und landschaftliche Gliederung des Fundplatzes Kalkriese.

M 3 Eiserne, ursprünglich mit Silberblech überzogene Maske.
Teil eines etwa 17 cm hohen Prunkhelms, der vor allem bei Paraden getragen wurde. Links: Kaum zu erkennender Rostklumpen. Rechts: Restaurierter Zustand.

M 4 Alltagsgeld der römischen Soldaten.
Diese in Kalkriese gefundene Kupfermünze (As) wurde 8-3 v. Chr. geprägt.
Sie trägt einen Stempel mit den Buchstaben VAR (= Varus). Varus, der in der Schlacht fiel, war seit 7 n. Chr. Statthalter und Oberbefehlshaber in Germanien. Er wird die mit seinem Kürzel versehenen Münzen an die Soldaten ausgegeben haben.

M 2 Zwei Geschossspitzen, ein Lanzenschuh, drei Lanzenspitzen.
Länge der größten Lanzenspitze: 20,5 cm.

1. *Nennt Gründe, weshalb die Funde des Hobby-Archäologen die Wissenschaftler aufmerksam gemacht haben.*
2. *Betrachtet das Denkmal (Abb. 1, Seite 130) und lest die Bildlegende genau. Erläutert, wie hier die Varus-Schlacht gedeutet wurde.*
3. *Prüft, inwiefern aus den Karten (M 1) abgeleitet werden kann, dass der Ort für einen Überfall besonders geeignet war.*
4. *Überlegt, welche Funde in Kalkriese noch gemacht werden müssten, um zu bestätigen oder zu widerlegen, dass die Varus-Schlacht statt gefunden hat.*

→Lesetipps:
- *Alix Hänsel, Ranulf und die Varusschlacht, Hamm 2006*
- *Wolfgang Korn, Das Rätsel der Varusschlacht. Archäologen auf der Spur der verlorenen Legionen, Hannover 2008*

Leben und Arbeiten in der Stadt

Einsturzrisiko
In Rom lebten im 3. Jh. n. Chr. knapp eine Million Menschen. Die meisten sorgten sich um ein ausreichendes Einkommen, einen sicheren Arbeitsplatz oder eine Wohnung. Grundstücke waren Mangelware. Freistehende Stadthäuser konnten sich nur sehr reiche Familien leisten. Die einfache Bevölkerung lebte auf engstem Raum in großen Mietshäusern. Mauern und Wände bestanden aus dünnem Holz oder Fachwerk, das für Risse anfällig war. Die Bauunternehmer sparten an Ziegelsteinen, Mörtel und Zement. Häufig stürzten Häuser ein. Möglicherweise wurde deshalb im 1. Jh. n. Chr. die Höhe der Mietshäuser in Rom auf etwa 21 m (sechs Stockwerke), später auf rund 18 m begrenzt.

Feuergefahr
Im Erdgeschoss der Stadthäuser lagen Läden mit Werkstätten oder Lagern. In den ersten und zweiten Etagen befanden sich jeweils drei bis fünf Räume, in den höheren Stockwerken wurden sie immer kleiner und dunkler. Es gab kein fließendes Wasser.
Eine ständige Gefahr war das Feuer. Wenn ein Bewohner unvorsichtig mit einer Fackel, einer Kerze oder einem Wärmebecken umging, konnte ein ganzes Stadtviertel in Flammen aufgehen. Die römische Feuerwehr, die unter Augustus aus 7 000 Mann bestand, kam oft zu spät.

1 Rom zur späten Kaiserzeit im 4. Jh. n. Chr.
Rekonstruktionszeichnung auf der Grundlage des Stadtmodells von Italo Gismondi, das 1935 begonnen und erst 1971 fertig wurde.
① **Circus Maximus**: *der älteste und größte Circus in Rom – die Wagenrennbahn war 600 m lang und 150 m breit, hier soll Platz für 225 000 Zuschauer gewesen sein*
② **Palatin**: *bevorzugtes Wohngebiet der Herrscher*
③ **Wasserleitungen** *(Aquädukte) des Kaisers Claudius (1. Jh.)*
④ **Kolosseum** *(siehe Seite 138)*
⑤ **Forum Romanum** *(siehe Seite 126)*
⑥ **Tempel des Iuppiter** *auf dem Kapitol*
⑦ **Thermen des Kaisers Traian** *(Anfang des 2. Jh.)*

2 Rom in der Antike.

Getreide kam per Schiff

Zur Versorgung Roms wurden jährlich etwa 270 000 Tonnen Getreide, meist aus Sizilien, Sardinien, Ägypten und Afrika, eingeführt. Kaiserliche Frachtschiffe brachten Getreide, Wein und Olivenöl nach Ostia, dem Seehafen Roms. Lastkähne transportierten die Waren dann über den Tiber in die Stadt.

→Lesetipp:
Stephan Biesty, Rom. Ein Spaziergang durch die ewige Stadt, München/Wien 2003

M 1 Geschäfts- und Wohnhaus, 2. Jh. n. Chr.
Modell.
In solchen Mietshäusern (lat. insulae), die in Rom noch zwei Stockwerke höher sein konnten, lebte die Masse der städtischen Bevölkerung. Im 4. Jh. gab es in Rom etwa 47 000 solcher Häuser.

M 2 Typische Küche aus dem 1. Jh. n. Chr.
Rekonstruktionszeichnung von Peter Connolly (Ausschnitt), um 1990.
Neben dem Herd befindet sich die Toilette.

M 3 Rom – ein Albtraum?
Der römische Dichter Juvenal (um 60-140 n. Chr.) stellt das Großstadtleben in kritisch drastischen Gedichten (Satiren) dar.

Hier sterben viele, weil Schlaflosigkeit sie krank gemacht hat; denn in welcher Mietwohnung kann man schlafen? Sehr reich muss man sein, um in Rom schlafen zu können. Das ist die Hauptursache des Übels: Wagen biegen in scharfer Wendung um die Straßenecken, die Treiber schimpfen laut, wenn ihre Herde nicht weiter kann [...].
Und sieh nur, mit wie viel Rauch die Überreichung des Essens zum Mitnehmen vor sich geht. Da sind hundert „Gäste“, deren jeder seinen Wärmeapparat [gemeint ist ein kleiner Holzkohleofen] hinter sich hertragen lässt [...].
Auf dem Karren, der dir entgegenkommt, schwankt gefährlich ein langer Fichtenstamm, auf einem anderen Wagen führt man Pinienholz, das hochgetürmt bebt und die Passanten bedroht. Wenn aber ein mit Marmorblöcken beladener Karren umkippt und seine Ladung auf die dichte Menschenmenge ergießt, was bleibt da noch vom Körper übrig? [...]
Betrachte jetzt noch andere Gefahren der Nacht: Wie hoch die Häuser sind, von denen dir ein Dachziegel auf den Schädel fällt, wie oft man ein undichtes oder gesprungenes Gefäß aus dem Fenster wirft, mit welcher Wucht sie auf dem Pflaster ihre Spuren hinterlassen oder sie zerbrechen. Für leichtsinnig magst du gelten oder als einer, der sich vor plötzlichem Unfall nicht vorsehen will, wenn du zum Abendessen ausgehst, ohne dein Testament gemacht zu haben. So viele Gefahren bedrohen dich, wie beleuchtete Fenster offen stehen, unter denen du vorbeigehst. Begnüge dich also mit der kläglichen Hoffnung, dass man wenigstens nur den Inhalt flacher Becken* auf dich ausleert.

Juvenal, Satiren, übers. von Harry C. Schnur, Stuttgart 1969, S. 36 f. (vereinfacht)

**Gemeint sind Nachttöpfe.*

1. *Vergleiche ein römisches Geschäfts- und Wohnhaus (M1) mit einem modernen.*
2. *Betrachte die Abbildung M2 und beurteile den Sachverhalt aus heutiger Sicht.*
3. *Lege eine Liste der Verkehrsteilnehmer an, die in M3 genannt werden.*
4. *Nenne die Gefahren, die einem Fußgänger nach Juvenal (M3) drohten.*
5. *Juvenal (M3) hat Umweltprobleme erkannt. Nenne sie!*

M4 Geschäftsstraße im antiken Pompeji.
Rekonstruktionszeichnung von Peter Connolly, 1979.
Die süditalienische Hafen- und Marktstadt Pompeji wurde 79 n. Chr. durch den Ausbruch des Vulkans Vesuv unter einer zum Teil über 5 m hohen Aschenschicht begraben; etwa 2 000 (von 10 000) Einwohner sollen dabei umgekommen sein. Erst im 18. Jh. wurde die verschüttete Stadt wiederentdeckt. Inzwischen haben Archäologen den größten Teil der Stadt freigelegt. Von Rom abgesehen, gibt es keine andere Stadt, an der sich das antike Leben in seiner Vielfalt besser zeigen ließe, als Pompeji.

→Lesetipps:
- *Josef C. Grund, Asche auf Pompeji, Würzburg 2003*
- *Melanie Rice u. a., Pompeji, Der Untergang einer Stadt, Hildesheim 2007*
- *Simone van der Vlugt, Chloe – Die Zerstörung von Pompeji, München 2006*

M5 Haus in Pompeji.
Rekonstruktionszeichnung, um 1980.

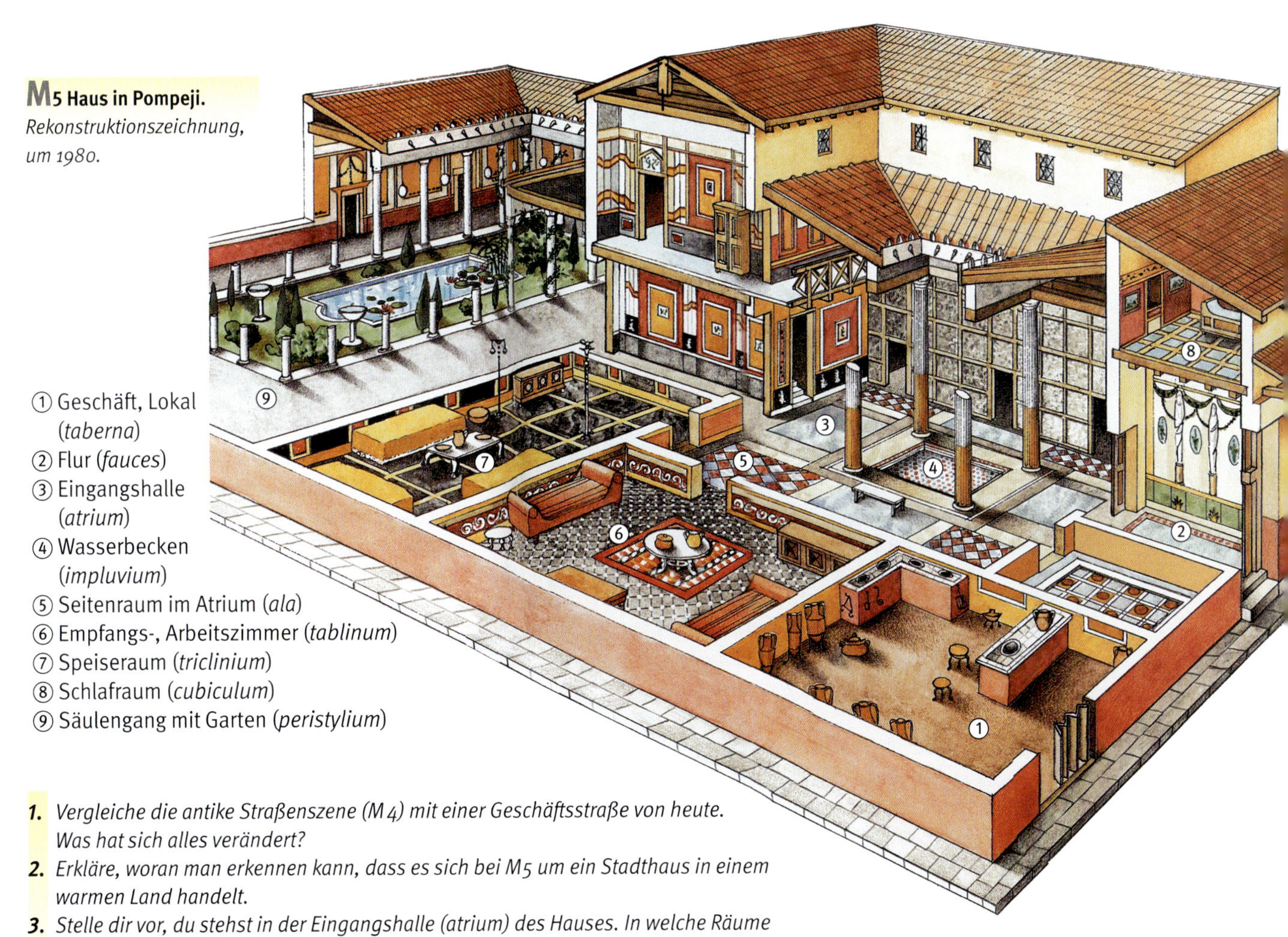

① Geschäft, Lokal (*taberna*)
② Flur (*fauces*)
③ Eingangshalle (*atrium*)
④ Wasserbecken (*impluvium*)
⑤ Seitenraum im Atrium (*ala*)
⑥ Empfangs-, Arbeitszimmer (*tablinum*)
⑦ Speiseraum (*triclinium*)
⑧ Schlafraum (*cubiculum*)
⑨ Säulengang mit Garten (*peristylium*)

1. *Vergleiche die antike Straßenszene (M 4) mit einer Geschäftsstraße von heute. Was hat sich alles verändert?*
2. *Erkläre, woran man erkennen kann, dass es sich bei M5 um ein Stadthaus in einem warmen Land handelt.*
3. *Stelle dir vor, du stehst in der Eingangshalle (atrium) des Hauses. In welche Räume kannst du gehen oder hineinsehen (M5)?*

1 Öffentliche Badeanlage. *Rekonstruktionszeichnung von Peter Connolly, 1979. Die Abbildung zeigt eines von drei großen Bädern in Pompeji. Badende gingen zunächst in einen ① ungeheizten Raum (frigidarium) und nahmen ein kurzes, kaltes Bad. Danach kamen sie in einen ② Warmluftraum (tepidarium). Von dort aus ging es ins ③ caldarium, einen Raum voller Dampf mit heißen Bädern und einem warmen Brunnen zum Waschen, ähnlich der heutigen Sauna. Wer heiß gebadet oder geschwitzt hatte, konnte sich von Masseuren durchkneten lassen und sich im Kaltbad oder im großen Schwimmbecken unter freiem Himmel erfrischen.*

Prüfe, warum die großen Badeanlagen eine Umweltbelastung darstellten.

Umgang mit der Natur

Wasser für Rom

„Die Wassermengen, die in die Stadt geführt werden, sind so groß, dass ganze Flüsse durch die Stadt und die unterirdischen Kanäle strömen, dass nahezu jedes Haus Wasserbehälter und Wasserleitungen hat und reichlich sprudelnde Brunnen besitzt", schrieb der Grieche *Strabon* im 1. Jh. n. Chr. Damals hatte Rom sieben große Fernwasserleitungen, später elf. Die Bevölkerung holte das Wasser aus öffentlichen Brunnen. Im 4. Jh. n. Chr. gab es in Rom davon 1350; ein Brunnen je Hektar Stadtfläche. Nur der Kaiserpalast und die Häuser reicher Bürger hatten Direktanschlüsse.

Viel Wasser verbrauchten die Bäder. Allein in Rom gab es im 4. Jh. n. Chr. neben fast 900 kleinen Badeanstalten elf große *Thermen* (dt. warme Bäder), oft riesige Anlagen mit Baderäumen, Wandelgängen, Läden, Gaststätten, Bibliotheken, Museen, Gärten, Sportplätzen und Parkanlagen.

Das überfließende Brunnenwasser und das verbrauchte Wasser der öffentlichen Badeanstalten, Toiletten und gewerblicher Einrichtungen wurde in ein unterirdisches Kanalsystem geleitet, dessen Zentrum die Cloaca maxima war, eine gewaltige Abwasseranlage in der Stadtmitte. Von dort flossen die Abwässer in den Tiber. Die meisten europäischen Großstädte erhielten erst vor 100 Jahren ein vergleichbares Abwassernetz.

Die Umwelt leidet

Der Städte- und Straßenbau sowie der Bergbau und die Landwirtschaft veränderten die Natur. Kriege verwüsteten die Äcker, denn die Vernichtung von Ernten gehörte zur Kriegsführung. Auch die Nutzung von Rohstoffen schadete der Umwelt. Holz wurde nicht nur für Häuser, Brücken und Schiffe benötigt, sondern auch zum Heizen öffentlicher Bäder und privater Häuser sowie für die Metallverarbeitung.

Um den Bedarf zu decken, entwaldeten die Römer wie schon die Griechen das Landesinnere sowie die Küsten des Mittelmeers. Auch Flusstäler wurden gerodet. Bei starkem Regen riss nun das Wasser das Erdreich mit sich. Der Schlamm lagerte sich an den Mündungen der Flüsse ab. Einige Häfen wie Milet in Kleinasien, Ravenna und Ostia in Italien verlandeten.

Der Abbau von Metallen und Gesteinen veränderte die Landschaft. In Spanien förderten die Römer Silbererze aus über 200 m tiefen Stollen. Was sie nicht wussten: An manchen Orten enthielten die Abraumhalden Schwermetalle wie Blei, die das Wasser, die Pflanzen und die Menschen belasteten.

M1 Wasserver- und -entsorgung in Ostia.
Zeichnung von A. Pascolini, 1980.

M4 Latrine in Ostia, 1. Jh. n. Chr.
Foto von 2000.
In den meisten Wohnungen der großen Mietshäuser (siehe M 1, Seite 134) gab es keine Toiletten. Die Bewohner waren auf öffentliche Latrinen angewiesen. Sie waren über eine Drehtüre zu erreichen und bestanden aus aneinander gereihten Marmorsitzen. Darunter befand sich ein Kanal, dessen Wasser zur Spülung diente. In der Rinne am Boden vor den Sitzen floss Wasser zum anschließenden Händewaschen.

M2 Der Tiber – eine trübe und dreckige Brühe

Der Lehrer und Forscher Karl-Wilhelm Weeber schreibt in einem 1993 veröffentlichten Buch:

Der Tiber dürfte angesichts der hohen Konzentration von Abfällen und Schmutzwasser [...] im Stadtgebiet Roms schon damals eine trübe, dreckige Brühe gewesen sein [...]. Unangenehm – und unhygienisch – wurde es, wenn der Tiber Hochwasser führte. Dann überschwemmten die Fluten des Stromes nicht nur die niedriger gelegenen Stadtgebiete, sondern es bestand auch große Rückstaugefahr: Vieles von dem, was zuvor in die Kanalisation gelangt war, wurde dann auf die Straßen zurückgeschwemmt; keine schöne Vorstellung, wenn man sich klarmacht, dass außer Toilettenrückständen auch Tierhäute, Aas und ähnlich eklige Abfälle wieder auftauchten.

Karl-Wilhelm Weeber, Smog über Attika. Umweltverhalten im Altertum, Zürich/München 1993, S. 126 (vereinfacht)

M3 Umweltschutz im alten Rom

Im 2./3. Jh. n. Chr. gibt es bereits verschiedene Maßnahmen, um die Umweltprobleme in den Griff zu bekommen. Der Rechtsgelehrte Günter Heine schreibt:

Nach dem römischen Recht hatte der Eigentümer eines Grundstückes das Eindringen von Wasser, Rauch usw. vom Nachbargrundstück nur dann zu dulden, wenn es das gewöhnliche Maß nicht überschritt. Der Staat versuchte bereits zu dieser Zeit, mit Verordnungen die Wasser- und Luftverschmutzung in den Griff zu bekommen: So gab es in Rom schon im Jahre 235 eine Verordnung, nach der die Betriebe der Gerber, Ölpresser und Wäscher (mit Harnstoffen) nur jenseits des Tibers liegen durften, dort also, wo keine Wohnsiedlungen standen. Ähnlich durften die Schmelzöfen der Glasfabriken wegen ihrer luftverunreinigenden Abgase nur in einem begrenzten Stadtgebiet angesiedelt werden. Ferner sahen bereits frühe Bauordnungen der Städte Zuzugsbeschränkungen für besonders laute Handwerksbetriebe vor.

Günter Heine, Ökologie und Recht in historischer Sicht, in: Hermann Lübbe/Elisabeth Ströker (Hrsg.), Ökologische Probleme im kulturellen Wandel, München 1986, S. 119 f. (der Text wurde stark vereinfacht)

1. *Gib wieder, in welchen Bereichen die Römer Umweltbewusstsein bewiesen (M1 bis M4).*
2. *Täglich flossen rund 500 000 m³ Trinkwasser in die Stadt Rom. Wie hoch war das Wasserangebot pro Einwohner? Vergleicht den Wert mit heutigen Verhältnissen. Informationen über den Wasserbedarf erhaltet ihr bei eurer Gemeinde- oder Stadtverwaltung.*
3. *Informiert euch über Maßnahmen, die heute zur Reinhaltung der Gewässer getroffen werden.*

1 Das Kolosseum in Rom. *Rekonstruktionszeichnung, um 1980.*
Das Amphitheater (griech. amphi: ringsum) wurde zwischen 72 und 80 n. Chr. gebaut. Der Name „Kolosseum" stammt von einem in der Nähe des Theaters stehenden fast 40 m hohen Standbild (Koloss) eines Kaisers.
Der vierstöckige Bau ist 50,75 m hoch und hat einen Umfang von 524 m. Etwa 50 000 Zuschauer konnten hier den Gladiatorenkämpfen und Tierhetzen zusehen. Bei den Tierhetzen wurden die Löwen, Panther, Bären, Stiere, Elefanten und Nashörner aus den Kellern in die Arena gebracht.
Die Arena konnte auch für kleine „Seeschlachten" mit Wasser geflutet werden.

„Brot und Spiele"

Vergnügungen für die Masse

Die Bürger des Römischen Reiches hatten viel Freizeit. Ihr Kalender sah zahlreiche staatliche und religiöse Feste zu Ehren der Götter und Göttinnen vor. In der Kaiserzeit wetteiferten die Herrscher darum, immer neue Feiertage einzuführen, um ihr Ansehen zu vergrößern. Gab es am Ende der Republik jährlich 65 Feiertage, so waren es in der Mitte des 4. Jh. fast 180.

Meist fanden an den Festtagen Umzüge und Theateraufführungen statt, zumindest in allen größeren Städten des Reiches. Die Masse bevorzugte öffentliche Spiele, deren Eintritt kostenlos war: Im Circus Maximus in Rom fanden die spannendsten Wagenrennen statt. Blutige Gladiatorenkämpfe oder Tierhetzen wurden in allen Amphitheatern des Reiches geboten.

„Brot und Spiele"

Die öffentlichen Spiele waren mehr als ein Vergnügen. Sie waren religiösen Ursprungs und hatten auch eine politische Bedeutung. Augustus und seine Nachfolger übernahmen deshalb die Kontrolle über sie. Während der Kaiserzeit waren die Spiele ein Ersatz für Volksversammlungen. In Gegenwart der Herrscher und der Senatoren erhoben die Zuschauer oft in Sprechchören Forderungen nach Steuererleichterungen oder einer besseren Getreideversorgung. Zeitgenossen behaupteten, das Volk interessiere sich nur für zwei Dinge: „Brot und Spiele" (lat. *panem et circenses*).

2 Das Kolosseum in Rom. *Foto, um 2005.*

M1 Kämpfe zwischen Gladiatoren und Tieren.

Relief aus dem 1. Jh. n. Chr.
Gladiatoren waren Menschen, die in Amphitheatern Kämpfe auf Leben und Tod austrugen. Unter ihnen waren Kriegsgefangene, verurteilte Verbrecher, Sklaven, aber auch Freiwillige, die sich durch hohe Prämien dazu anwerben ließen.
In der Regel gehörten die Gladiatoren einem „Manager", der sie auf seine Kosten trainierte, ausrüstete und dann an Veranstalter „vermietete".
Ein erfolgreicher Gladiator konnte mit Zustimmung des Volkes ein hölzernes Schwert erringen, das ihn von seinem Los befreite. Verwundete Gladiatoren pflegten mit dem Heben des Zeigefingers die Gnade der Zuschauer zu erbitten. Hoben die Zuschauer ihre Fäuste mit dem Daumen nach oben, bedeutete das ihr Wohlwollen, der zur Brust gewendete Daumen sprach das Todesurteil.

M2 Kritisches über Circusspiele

Der in diesem Buch schon häufiger zitierte Seneca schrieb einem Freund:

Durch Zufall bin ich in das Mittagsprogramm des Circus geraten, Scherze erwartend und Witze und etwas Entspannung, damit sich die Augen der Menschen vom Anblick des Menschenblutes ein wenig erholen können. Das Gegenteil ist der Fall: Der lustige Teil fällt weg, und es findet eine bloße Menschenschlächterei statt. Die Kämpfer haben nichts, womit sie sich schützen können. Dem Hieb des Gegners mit ganzem Körper ausgesetzt, schlagen sie auch selbst niemals vergeblich zu. Das ziehen die meisten Zuschauer den üblichen Kampfpaaren, die mit Helm und Schild kämpfen, vor. Wozu eine Rüstung, wozu Fechtkünste? Für sie ist dies alles nur eine Verzögerung des Todes. Morgens wirft man die Menschen den Löwen und Bären zum Fraß vor, mittags ihrem eigenen Publikum! Dies möchte Mörder gegen Mörder kämpfen sehen und hebt den Sieger für einen weiteren Mord auf. Am Schluss steht der Tod aller Kämpfer.

Seneca, ad Lucilium 7,2-6, übers. von Klaus Gast

→ ***Lesetipp:***
Franjo Terhart, Der Sohn des Gladiators. Ein Mitratekrimi aus dem Alten Rom, München 2007

M3 Verzierter Helm eines Gladiators, 1. Jh. n. Chr.

→ ***Lesetipp:*** *Marcus Junkelmann, Gladiatoren. Kämpfer der Arena, Nürnberg 2005*

1. *Schreibe einen Bericht über einen möglichen Besuch des Kolosseums. Benutze dazu die Bildinformationen auf Seite 138 sowie M1 und M2.*
2. *Gib die wichtigsten Kritikpunkte Senecas wieder (M2).*
3. *Untersuche die Absichten der Veranstalter von öffentlichen Spielen.*
4. *Diskutiert, warum das Leben von Menschen im antiken Rom so wenig geachtet wurde.*

1 Bau der Lagermauer und der „Porta Praetoria".
Modell aus dem Museum der Stadt Regensburg.
Die Wehrmauer und die Türme wurden aus behauenen Kalksteinblöcken ohne Mörtel zusammengefügt. Die Mauer ist zwei Meter dick und neun Meter hoch.

Die Römer bei uns und anderswo

Römische Lebensart breitet sich aus

„An die Stelle berüchtigter Einöden sind lachende Kulturen getreten, Kornfelder haben die Wälder, Herden die wilden Tiere verdrängt. Sandwüsten werden bepflanzt, Felsen durchbrochen, Sümpfe getrocknet. Schon gibt es so viele Städte, wie einst nicht einmal Hütten [...]. Überall Anbau, Bevölkerung, staatliche Ordnung, Leben."

So beschrieb der christliche Schriftsteller *Tertullian* Anfang des 3. Jh. die Leistungen der Römer, die für mehrere Jahrhunderte über weite Teile Europas herrschten.

2 Porta Praetoria.
Foto, um 2000.
Das Nordtor des Legionslagers Castra Regina (heute Regensburg).
Von der einst stattlichen Toranlage mit zwei Türmen und zwei Durchfahrten stehen noch das östliche Tor und die westliche Durchfahrt. Weil die Reste 1649 in den Bau des bischöflichen Brauhauses einbezogen wurden, sind sie noch erhalten.

Macht durch Unterwerfung

Um ihre Macht in den eroberten Gebieten zu sichern, unterwarfen oder vertrieben die Römer die bisherigen Bewohner. Aus den besiegten Völkern warben sie später Hilfstruppen zur Unterstützung der eigenen Soldaten an. Die Angehörigen dieser Einheiten erhielten nach 25 Dienstjahren das römische Bürgerrecht. Bis dahin hatten sie viele römische Gewohnheiten übernommen.

Auf dieser Grundlage begann die *Romanisierung*, die Ausbreitung römischer Lebensart. Von Anfang an beteiligten die Römer einflussreiche einheimische Familien an ihrer Herrschaft. Diese übernahmen die fremde Lebensweise, um die Unterschiede zu den neuen Herren auszugleichen.

Die Verleihung der römischen Bürgerrechte an alle freien Bewohner des Reichs im Jahre 212 verstärkte die Romanisierung. Alle Provinzbewohner konnten nun öffentliche Ämter bekleiden. Einige von ihnen wurden Mitglieder des Senats in Rom. Immer mehr Kaiser kamen nicht mehr aus Rom und Italien, sondern aus den Provinzen des Imperiums.

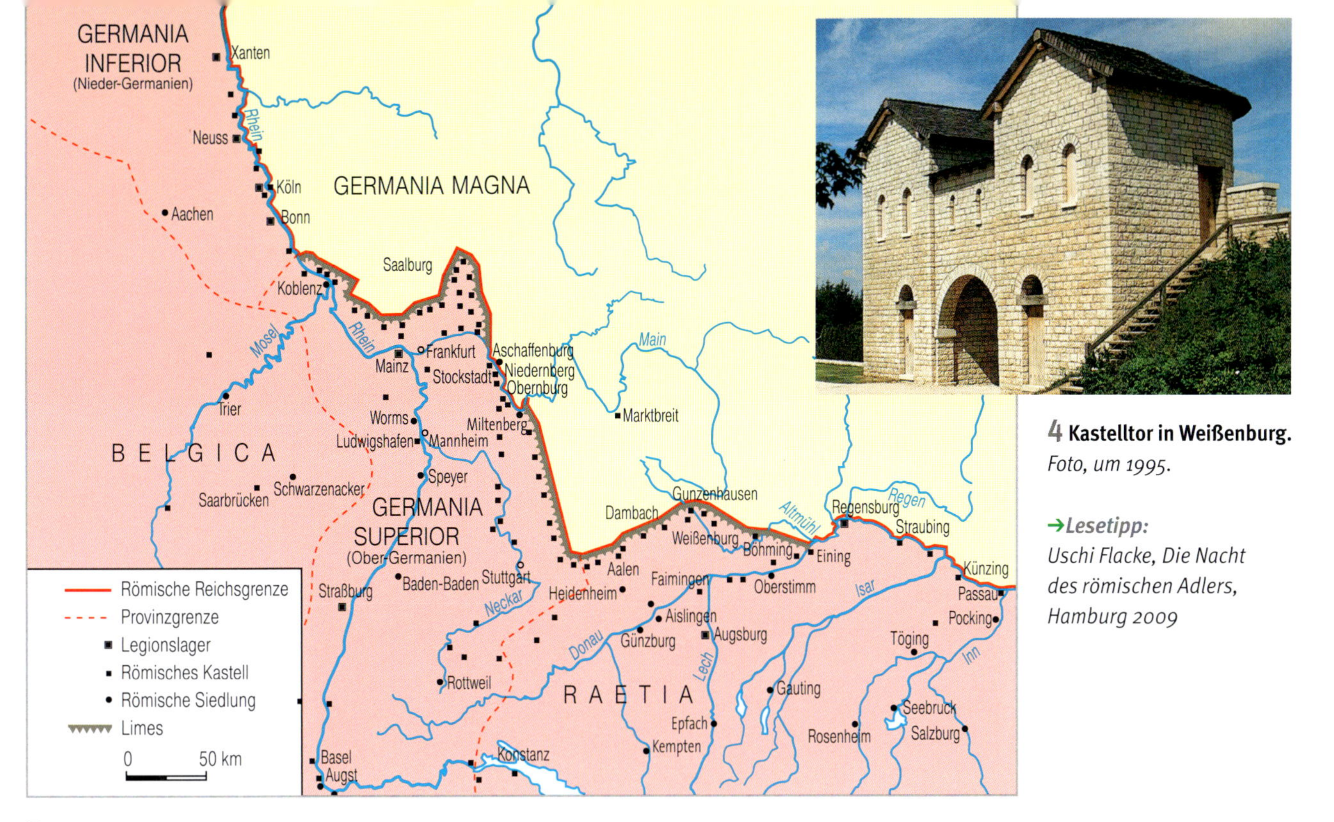

3 **Der Limes um 200 n. Chr.**

4 **Kastelltor in Weißenburg.**
Foto, um 1995.

→ ***Lesetipp:***
Uschi Flacke, Die Nacht des römischen Adlers, Hamburg 2009

Immer mehr Städte

Während die Römer an den Küsten des Mittelmeers bereits befestigte Städte aus der Zeit der griechischen Kolonisation oder des Hellenismus vorfanden, waren solche Ansiedlungen in Mitteleuropa selten. Zur Romanisierung gehörte die *Urbanisierung*, es entstanden also immer mehr Städte (lat. *urbs*: Stadt). Die Zahl ihrer Bewohner übertraf aber nie mehr als fünf bis zehn Prozent der Bevölkerung des Reiches.
Ihre große Bedeutung erlangten die Städte als Mittelpunkte von Verwaltung, Handel und Kultur. In ihnen bauten die Römer Tempel, Theater und Thermen für ihre Soldaten. Hier lernte die einheimische Bevölkerung die fortschrittliche bürgerliche römische Lebensart kennen. Im 5. Jh. sollen in allen Provinzen über 1500 Städte römische Kultur verbreitet haben. Viele hatten mehr als 10 000 Einwohner.

Auf germanischem Gebiet

Die Römer schützten die Grenze ihres Reiches zum Teil durch Wälle und Wachtürme, hinter denen sich militärische Befestigungsanlagen (*Kastelle*) befanden. Mit dem Bau des Limes auf germanischem Gebiet wurde Ende des 1. Jh. begonnen. Er erfüllte seinen Zweck bis ins 3. Jh. und war rund 550 km lang. Etwa 1000 Wachtürme und 100 Kastelle sicherten ihn.

Römisches in Bayern

Teile des heutigen Bayern gehörten zur römischen Provinz *Rätien*, die im 1. Jh. n. Chr. gegründet wurde und ihren Namen vom Volk der *Raeter* bekam. Sie umfasste ursprünglich Gebiete der heutigen Länder Italien, Schweiz, Österreich, Baden-Württemberg und Bayern. Zur Hauptstadt der Provinz machten die Römer *Augusta Vindelicum* (Augsburg). Der Ort lag am Endpunkt einer aus Italien kommenden Fernstraße.

Wozu war der Limes gut?

Der Limes trennte das gut verwaltete und wirtschaftlich erschlossene Römische Reich von dem weniger erschlossenen Siedlungsraum kleinerer Völker. Militärisch war der Limes kein uneinnehmbares Bollwerk, eher eine bewachte Grenzlinie. Über ihn hinweg gab es einen lebhaften Handel. Die angrenzenden Völker lieferten Rohstoffe und erwarben von den Römern Keramik, Bronzegefäße, Schmuck und Waffen.

5 **Wachturm des obergermanischen Limes.**
Rekonstruktionszeichnung von Heike Wolf von Goddenthow, 2005.
Begründe, warum der Eingang sich im Obergeschoss befindet.

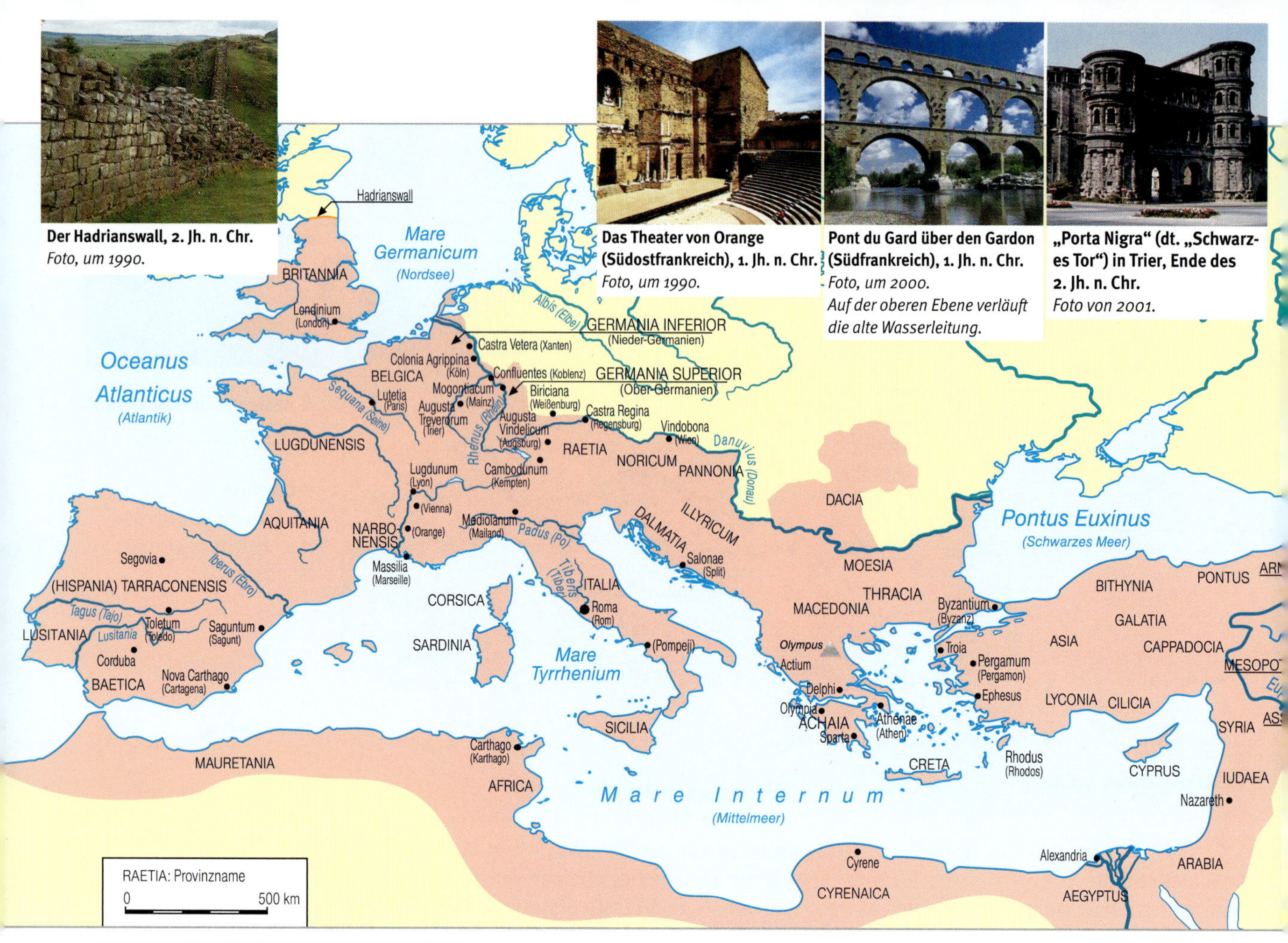

Der Hadrianswall, 2. Jh. n. Chr.
Foto, um 1990.

Das Theater von Orange (Südostfrankreich), 1. Jh. n. Chr.
Foto, um 1990.

Pont du Gard über den Gardon (Südfrankreich), 1. Jh. n. Chr.
Foto, um 2000.
Auf der oberen Ebene verläuft die alte Wasserleitung.

„Porta Nigra“ (dt. „Schwarzes Tor“) in Trier, Ende des 2. Jh. n. Chr.
Foto von 2001.

M1 Das Römische Reich zur Zeit seiner größten Ausdehnung, um 117 n. Chr.

M 2 Britannien wird römisch

Der römische Geschichtsschreiber Tacitus (siehe M3, Seite 128) berichtet in einem seiner Bücher, wie die Römer bei der Übernahme der Herrschaft vorgegangen sind. Prasutagus, der König der Icener, ist im Jahre 59 gestorben und hat seinen Besitz testamentarisch zwischen dem römischen Kaiser und seinen beiden Töchtern aufgeteilt. So hat er sein Land und seine Familie gegen weitere Übergriffe der Römer schützen wollen, aber es ist anders gekommen:

Sein Land und sein Haus wurden wie ein erobertes Gebiet verwüstet. Zuerst wurde seine Frau misshandelt, dann seine Töchter vergewaltigt. Die vorneh-
5 men Icener wurden, als ob die Römer sämtliche Ländereien zum Geschenk erhalten hätten, von ihrem ererbten Besitz vertrieben und die Verwandten des Königs wie Sklaven behandelt. Die-
10 se schmachvolle Behandlung und die Furcht vor noch Schlimmerem veranlassten sie, zu den Waffen zu greifen.

Tacitus berichtet in der Lebensbeschreibung seines Schwiegervaters Agricola, der 77 Statthalter der Provinz Britannien geworden ist, wie dieser die Romanisierung fördert:

Denn um die verstreut und primitiv lebenden Menschen, die infolgedessen
15 leicht zum Krieg geneigt waren, durch Annehmlichkeiten an Ruhe und friedliches Verhalten zu gewöhnen, ermunterte Agricola sie persönlich und unterstützte sie mit staatlichen Mitteln, Tem-
20 pel, öffentliche Plätze und Häuser in der Stadt zu bauen. Er lobte die Eifrigen und tadelte die Säumigen. So trat Anerkennung und wetteiferndes Bemühen an die Stelle des Zwanges. Ferner ließ er
25 die Söhne der Vornehmen ausbilden, wobei er der natürlichen Begabung der Britannier gegenüber dem Lerneifer der Gallier den Vorrang gab.
So kam es, dass die Menschen, die
30 eben noch die römische Sprache ablehnten, nun die römische Redekunst zu erlernen begehrten. Von da an fand auch unser Äußeres Beifall, und die Toga wurde häufig getragen; und all-
35 mählich gab man sich dem verweichlichenden Einfluss des Lasters hin: Säulenhallen, Bädern und erlesenen Gelagen. Und so etwas hieß bei den Ahnungslosen Lebenskultur, während
40 es doch nur ein Bestandteil der Knechtschaft war.

Erster Text: Tacitus, Annalen XIV. 31, übers. von Walther Sontheimer, Stuttgart 1967; zweiter Text: Tacitus, Das Leben des Iulius Agricola 21, übers. von Rudolf Till, Berlin ²1976

1. *Nenne die heutigen Staaten, die ganz oder teilweise auf ehemals römischem Gebiet lagen (M1).*
2. *Beschreibe das Verhalten der Römer gegenüber der einheimischen Bevölkerung (M2).*
3. *Erläutert die Vor- und Nachteile der römischen Herrschaft in den eroberten Gebieten.*
4. *Stellt Informationen über die vier oben abgebildeten Bauwerke zusammen.*

Vertiefung

Latein – die Sprache Europas

Die Römer brachten ihre Schrift und Sprache in die Provinzen mit. Das Lateinische (nach Latium, der Landschaft um Rom benannt) bildete die Grundlage für die Vermittlung der römisch-griechisch geprägten Kultur (Literatur, Philosophie, Religion und Recht). Später sorgte die römisch-katholische Kirche für die weitere Verbreitung der lateinischen Sprache in West- und Mitteleuropa.

I	unus, -a, -um
II	duo, duae, duo
III	tres, tria
IV	quattuor
V	quinque
VI	sex
VII	septum
VIII	octo
IX	novem
X	decem

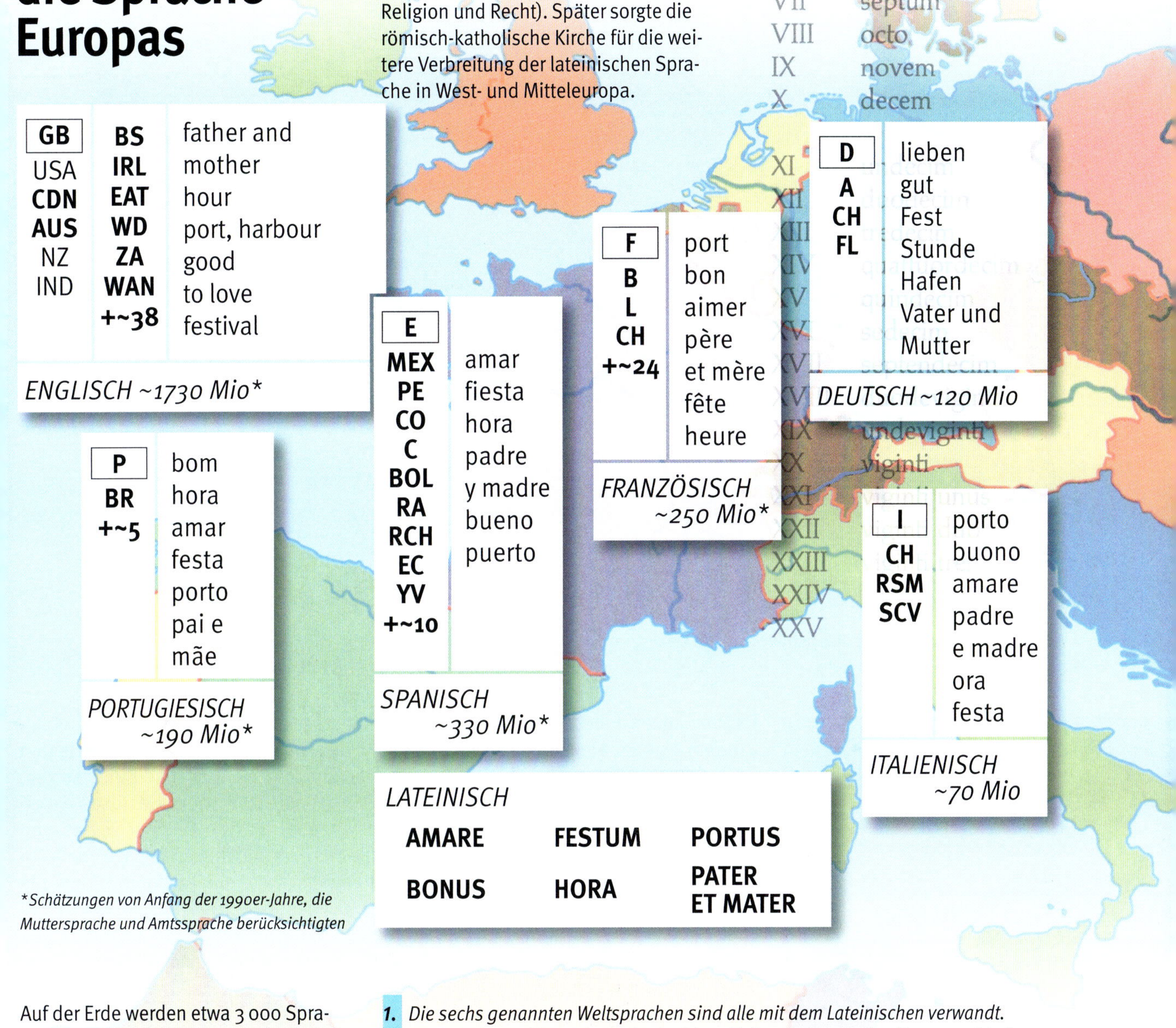

ENGLISCH ~1730 Mio*

GB	**BS**	father and
USA	**IRL**	mother
CDN	**EAT**	hour
AUS	**WD**	port, harbour
NZ	**ZA**	good
IND	**WAN**	to love
	+~38	festival

DEUTSCH ~120 Mio

D	lieben
A	gut
CH	Fest
FL	Stunde
	Hafen
	Vater und
	Mutter

FRANZÖSISCH ~250 Mio*

F	port
B	bon
L	aimer
CH	père
+~24	et mère
	fête
	heure

SPANISCH ~330 Mio*

E	
MEX	amar
PE	fiesta
CO	hora
C	padre
BOL	y madre
RA	bueno
RCH	puerto
EC	
YV	
+~10	

PORTUGIESISCH ~190 Mio*

P	bom
BR	hora
+~5	amar
	festa
	porto
	pai e
	mãe

ITALIENISCH ~70 Mio

I	porto
CH	buono
RSM	amare
SCV	padre
	e madre
	ora
	festa

LATEINISCH

AMARE	**FESTUM**	**PORTUS**
BONUS	**HORA**	**PATER ET MATER**

*Schätzungen von Anfang der 1990er-Jahre, die Muttersprache und Amtssprache berücksichtigten

Auf der Erde werden etwa 3 000 Sprachen gesprochen. Die „romanischen Sprachen" Italienisch, Spanisch, Portugiesisch, Französisch und Rumänisch haben sich direkt aus dem Lateinischen entwickelt. Im Englischen, das als Verkehrssprache in der ganzen Welt verstanden wird, gehen weit mehr als die Hälfte aller Wörter auf das Lateinische zurück. Gut die Hälfte aller Menschen, die schreiben können, schreiben mit lateinischen Buchstaben.

1. *Die sechs genannten Weltsprachen sind alle mit dem Lateinischen verwandt. Prüft, wie eng diese Verwandtschaft jeweils ist, und versucht, die unterschiedlichen Verwandtschaftsgrade aus der Geschichte zu erklären.*
2. *Die in den Kästchen angegebenen Wörter bedeuten in allen sieben Sprachen dasselbe, sie stehen aber in unterschiedlicher Reihenfolge. Ordnet sie in einer Tabelle.*
3. *In der Wissenschaft und Technik, Kunst und Musik dürften euch bereits einige Begriffe begegnet sein, die aus dem Lateinischen stammen, z. B. Medizin (lat. medicus: Arzt) oder Justiz (lat. ius: Recht). Auch in eurer Umgangssprache verwendet ihr mehr Lateinisches als euch vielleicht bisher bewusst war. In dem folgenden Satz findet ihr gleich mehrere Wörter, die aus dem Lateinischen stammen: „Marco hatte im Juli in Religion eine absolut bessere Zensur als Julia." Sucht die Wörter, die auf das Lateinische zurückgehen. Sucht weitere!*

Landwirtschaft und Handel

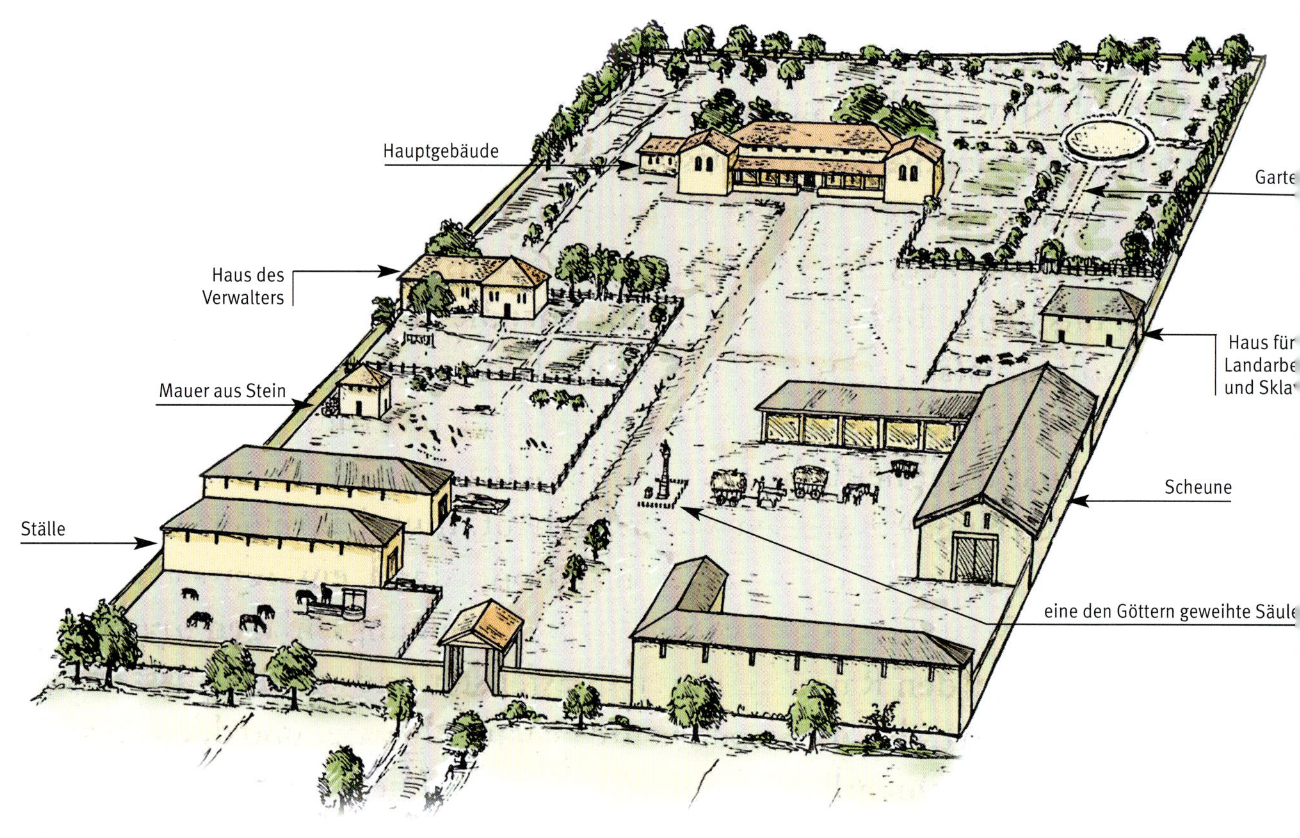

1 Römischer Gutshof (Villa rustica) in Südwestdeutschland.
Rekonstruktionszeichnung, um 1970.

2 Hauptgebäude des römischen Gutshofes von Treuchtlingen-Weinbergshof, 3. Jh.
Das Modell dieser Villa rustica befindet sich im Römermuseum in Weißenburg. Während die Bevölkerung in den nördlichen Provinzen ihre Häuser noch mit Holz und Lehm baute, errichteten die Römer ihre Villen aus Stein, verputzten sie innen und außen und verschönerten sie mit einem farbigen Anstrich und Mosaiken. Außerdem hatten ihre Häuser in der Regel Fensterscheiben und Fußbodenheizungen.

Das Landleben ändert sich

Um den Handel auszuweiten und die Soldaten zu versorgen, bauten die Römer die Landwirtschaft in den Provinzen aus. Dabei nahmen sie den Einheimischen fruchtbares Land weg und ließen Wälder roden.

Die Ernteerträge steigerten die Römer durch Dünger und den eisernen Wendepflug. Sie legten Gärten an und führten Apfel- und Birnensorten, Edelkirschen, Pfirsiche, viele Gemüse-, Salat- und Gewürzpflanzen wie Fenchel, Gurke und Petersilie aus dem Mittelmeerraum ein. Auch der Weinanbau nördlich der Alpen geht auf die Römer zurück. Größere und kräftigere Rinder und Pferde aus Italien ersetzten die einheimischen Tiere. Katzen und kleine Hunde wurden als Haustiere gehalten.

Endlose Straßen

Während die Menschen nördlich der Alpen meist nur für den Eigenbedarf arbeiteten, trieben die Römer längst einen ausgedehnten Handel. Überall in Italien und in den Provinzen ließen die Römer Fernstraßen anlegen. Sie waren streckenweise gepflastert oder geschottert. Im 2. Jahrhundert war das Straßennetz rund 80 000 km lang. In der Kaiserzeit reichten die Verbindungen sogar über die Reichsgrenzen hinaus.

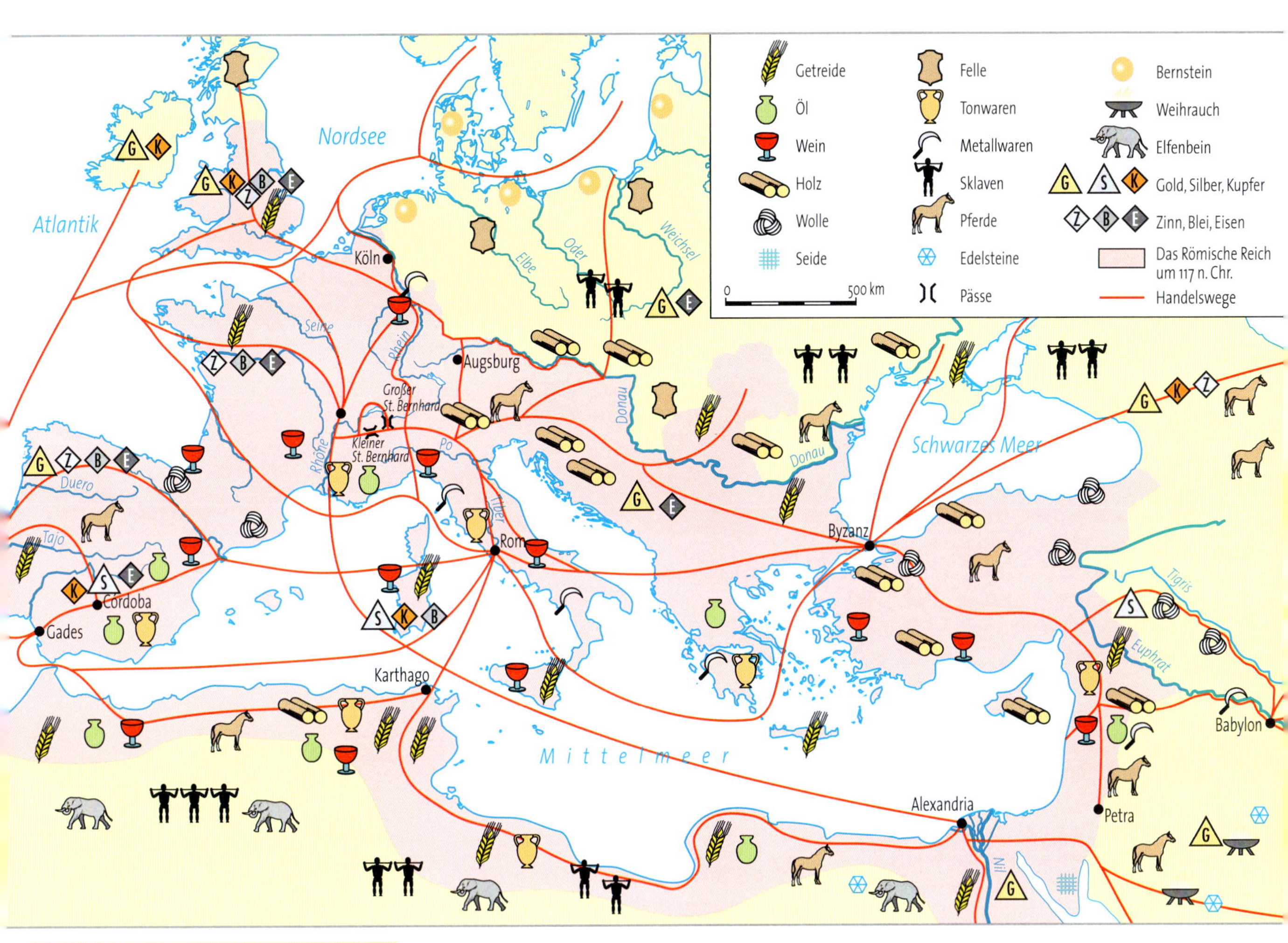

M 1 Fernhandel im Römischen Weltreich (1.-3. Jh.).
Auf den Römerstraßen legte ein Warentransport bis zu 60 km pro Tag zurück.

M 2 Was haben Straßen mit Kultur zu tun?
Der Schriftsteller Tertullian schreibt Anfang des 3. Jh.:

Dieses planmäßig ausgeführte Netz geregelter Straßenanlagen beförderte die allgemeine Sicherheit, erleichterte den Ackerbau, garantierte den Reisenden ein sicheres und bequemes Fortkommen, gewährte dem Handelsverkehr die unberechenbarsten Vorteile, schützte den Frieden des Reichs, ermöglichte den geordneten Gang der großen Verwaltungsmaschine, rief Ansiedlungen hervor und begünstigte auf das wirksamste die Entwicklung der Kultur.

Zit. nach: Ludwig Friedländer, Sittengeschichte Roms, Wien 1934, S. 277

M 3 Reisewagen aus dem 2. Jh.
Rekonstruktion, um 1980.
Der Wagen ist ohne Deichsel 2,60 m lang, 2,35 m hoch und 1,80 m breit.

1. *Nenne Gründe für den Straßenbau (M 1 und M 2).*
2. *Erkläre die Spezialkarte und erläutere die Handelswege (M 1).* Lern-tipp
3. *Gliedere die in M 1 genannten Waren nach landwirtschaftlichen Produkten, Fertigprodukten und Rohstoffen. Stelle fest, woher sie kamen.*

Vertiefung

Kinderspiele

M 1 Spiele für Kinder

Aus einem Lexikonartikel:

Viele heutige Spiele waren schon damals beliebt: Spiel mit Puppen und Tierfiguren, Steckenpferd reiten, auf Stelzen laufen, Reifen treiben, Schaukeln und Wippen, Drachen steigen lassen, Kreisel, Fangen spielen, Blindekuh, Steine auf Wasserflächen hüpfen lassen, Nachspielen von Berufen (Soldat, Richter, Amtsdiener), Huckepack- oder Pferdchenspiel (z. T. mit Kampf), Tauziehen, Ballspiel und – natürlich! – Erwachsenen Streiche spielen wie z. B. ein Geldstück auf dem Boden festkleben und Passanten beim vergeblichen Versuch beobachten, es aufzuheben.
Besonders typisch waren allerlei Kinderspiele mit Nüssen wie das Deltaspiel (Zielwurf möglichst in die Spitze eines aufgemalten Dreiecks) oder das Orcaspiel (Zielwurf in ein Gefäß mit engem Hals), Ratespiele wie gerade oder ungerade Zahl von Nüssen in der Hand oder Erraten der genauen Zahl. Bei einem Geschicklichkeitsspiel ließ man Nüsse von einer schiefen Ebene so herunterrollen, dass untenliegende getroffen wurden. Reines Glücksspiel war das Würfeln mit „Knöcheln", deren vier Seiten Zahlenwerte trugen.

Karl Wilhelm Weeber, Alltag im Alten Rom, Düsseldorf [10]2011, S. 202 (gestrafft und vereinfacht)

M 2 Deltaspiel.

Besorgt euch je Spieler mindestens 15 Haselnüsse (Eicheln oder Kastanien) und einen großen Topf. Zeichnet mit Kreide ein gleichseitiges Dreieck mit einer etwa 1,5 Meter langen Grundlinie auf den Boden. Teilt es in 10 Streifen und beschriftet diese mit Ziffern. Jeder von euch bekommt 5 Nüsse. Reihum werft ihr aus 1,5 Meter Entfernung je eine Nuss pro Runde. Nach jedem Durchgang erhält jeder Spieler aus dem Topf Nüsse entsprechend der Zahl auf dem Streifen, auf dem seine Nuss gelandet ist. Nüsse, die außerhalb des Dreiecks liegen bleiben, zählen nicht und werden in den Topf zurückgelegt. Gewonnen hat, wer nach einer vorher bestimmten Zahl von Spielrunden die meisten Nüsse hat.

M 3 Fünfsteinspiel.

Tonfiguren, um 300 v. Chr.
Gespielt wurde mit „Knöcheln", das waren Spielsteine aus Knochen. Es kam darauf an, fünf Spielsteine in einer bestimmten Folge mit Handfläche und Handrücken zu werfen und zu fangen.

M 4 Würfel und Spielsteine *(rechts).*

Die Teile sind aus Glas und Horn und stammen aus der Römerstadt Cambodunum (Kempten).

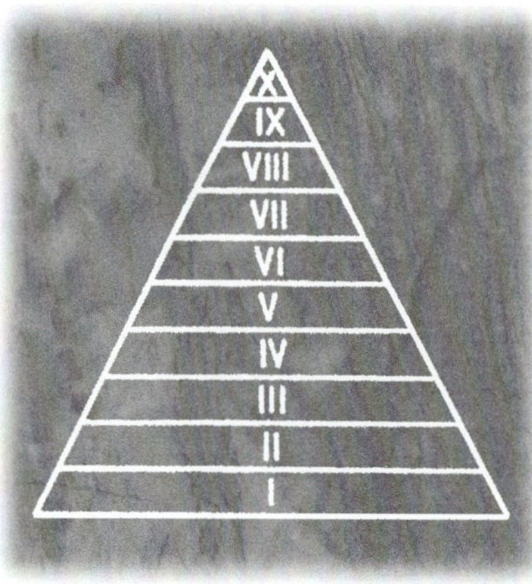

M 5 Ballspiel.

Wandmalerei, 2. Jh. n. Chr.

1. *Findet heraus, welche der in M 1 genannten Spiele noch heute gespielt werden.*
2. *Überlegt, was ihr bei dem „Fünfsteinspiel" (M 3) als „Knöchel" verwenden könntet.*
3. *Probiert die Spiele aus (M 1, M 2 und M 3). Welche gefallen euch am besten? Warum?*

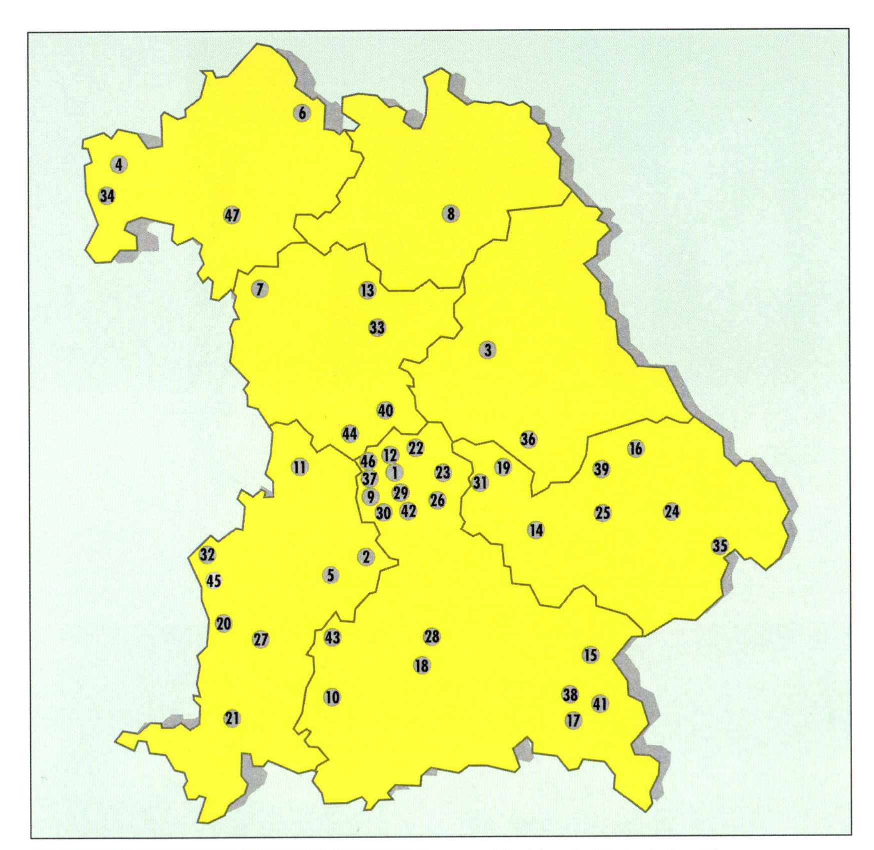

M1 Museen mit archäologischen Funden aus der Vor- und Frühgeschichte und der Römerzeit in Bayern.
Auch in vielen Heimat- und Stadtmuseen sind einzelne Funde aus diesen Zeiten zu sehen.

1 *Adelschlag-Möckenlohe: Römische Villa rustica Möckenlohe*
2 *Aichach: Wittelsbacher Museum Aichach*
3 *Amberg: Vorgeschichtsmuseum der Oberpfalz*
4 *Aschaffenburg: Pompejanum*
5 *Augsburg: Römisches Museum*
6 *Bad Königshofen i. Grabfeld: Vorgeschichtsmuseum im Grabfeldgau*
7 *Bad Windsheim: Vorgeschichtsmuseum Bad Windsheim*
8 *Bayreuth: Archäologisches Museum des Historischen Vereins für Oberfranken e. V.*
9 *Burgheim: Archäologisches Museum*
10 *Denklingen-Epfach: Museum Abodiacum*
11 *Donauwörth: Archäologisches Museum*
12 *Eichstätt: Museum für Ur- und Frühgeschichte*
13 *Erlangen: Antikensammlung der Friedrich-Alexander-Universität Erlangen-Nürnberg*
14 *Essenbach: Archäologisches Museum Essenbach*
15 *Garching a. d. Alz: Archäologische Sammlung Garching/Alz*
16 *Geiersthal-Altnußberg: Burgmuseum Altnußberg*
17 *Grabenstätt: Römermuseum Multerer*
18 *Grünwald: Burgmuseum Grünwald*
19 *Kelheim: Archäologisches Museum der Stadt*
20 *Kellmünz a. d. Iller: Archäologischer Park mit Museumsturm*
21 *Kempten: Archäologischer Park und Cambodunum*
Kempten: Römisches Museum
22 *Kipfenberg: Bajuwaren- und Römermuseum*
23 *Kösching: Archäologisches Museum*
24 *Künzing: Museum Quintana*
25 *Landau a. d. Isar: Niederbayerisches Vorgeschichtsmuseum*
26 *Manching: Kelten-Römer-Museum*
27 *Mindelheim: Südschwäbisches Vorgeschichtsmuseum*
28 *München: Glyptothek*
München: Archäologische Staatssammlung
München: Staatliche Antikensammlung
29 *Nassenfels: Archäologische Ausstellung in der Schule*
30 *Neuburg a. d. Donau: Vorgeschichtsmuseum Neuburg*
31 *Neustadt a. d. Donau-Bad Gögging: Römisches Bademuseum*
Neustadt a. d. Donau-Eining: Römerkastell Abusina
32 *Neu-Ulm: Vorgeschichtsmuseum Neu-Ulm*
33 *Nürnberg: Germanisches Nationalmuseum*
34 *Obernburg a. Main: Römermuseum*
35 *Passau: Römermuseum Kastell Boiotro*
36 *Regensburg-Harting: Archäologisches Museum*
37 *Rennertshofen-Hütting: Archäologisches Museum in der Feldmühle*
38 *Seebruck: Römermuseum Bedaium*
39 *Straubing: Gäubodenmuseum*
40 *Thalmässing: Vor- u. Frühgeschichtliches Museum*
41 *Waging a. See: Bajuwarenmuseum Waging a. See*
42 *Weichering: Archäologisches Museum im Rathaus*
43 *Weil-Pestenacker: Prähistorische Siedlung Pestenacker*
44 *Weißenburg: Römermuseum Weißenburg*
Weißenburg: Römische Thermenanlage
45 *Weißenhorn: Archäologische Sammlung der Stadt Weißenhorn*
46 *Wellheim: Ur-Donautal-Museum*
47 *Würzburg: Martin-von-Wagner-Museum*

Vertiefung

Geschichte in Museen

Orte der Erinnerung

In Museen werden Überreste aus der Vergangenheit gesammelt, untersucht, teilweise in den ursprünglichen Zustand gebracht (*restauriert*) und ausgestellt. Für die Erforschung unserer Geschichte sind die Heimatmuseen besonders interessant. In ihnen finden wir neben Urkunden, Bildern, Kunstgegenständen und Wappen oft auch Möbel, Werkzeuge und Trachten. Sie informieren uns über vergangene Lebensweisen und alte Bräuche.
Neben den allgemeinen Sammlungen gibt es zum Beispiel Spielzeug-, Schul-, Feuerwehr- und Verkehrsmuseen sowie Freilichtmuseen. Zu diesen speziellen Museen zählen auch solche mit archäologischen Funden aus der Vor- und Frühgeschichte oder mit Münzen, Figuren und Ausrüstungsgegenständen aus der Römerzeit.

1. *Legt fest, was in der Klasse vor einem Museumsbesuch besprochen werden sollte und wie ihr euch auf ihn vorbereiten könnt.*
2. *Legt eine Liste mit Museen an, die Schüler eurer Klasse schon besucht haben. Um welche Arten von Museen handelt es sich?*
3. *Findet heraus, welche Museen mit archäologischen Funden es in eurer Umgebung gibt.*
4. *Erarbeitet im Unterricht Verhaltensregeln für einen Museumsbesuch.*

Geschichte erleben

Heute finden Besucher in einigen Museen nicht nur Ausstellungsstücke (Exponate). Sie dürfen auch ausprobieren, wie ihre Vorfahren getöpfert, geschneidert, gewebt oder gekocht haben. Betreuer helfen ihnen und halten Materialien und nachgebildete Werkzeuge bereit.

Wie anschaulich Geschichte sein kann, können wir z. B. im römischen Gutshof von Möckenlohe zwischen Eichstätt und Neuburg a. d. Donau, im Kastell Pfünz oder im Römer-und-Bajuwaren-Museum in Kipfenberg erleben.

In Möckenlohe steht eine seit 1993 wieder hergestellte Villa rustica aus dem 1./2. Jh. n. Chr. Dort erlebt man, wie die römische Landwirtschaft funktionierte. Aufschlussreich ist es sicher, zu sehen und zu schmecken, wie und was die Römer aßen, z. B. „Gulasch mit Aprikosen auf Kuskus" nach einem Rezept des römischen Feinschmeckers *Apicius* (1. Jh. n. Chr.). Im römischen Haustierpark sind Tiere zu sehen, die von den Römern schon vor fast 2 000 Jahren bei uns gehalten wurden.

M2 Korn mahlen in Möckenlohe.
Foto von 1998.

M3 Unterricht im Museum Kipfenberg.
Foto von 2000.

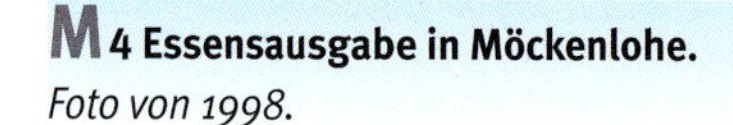

M4 Essensausgabe in Möckenlohe.
Foto von 1998.

M5 Haustierzoo in Möckenlohe.
Foto von 1998.

Verfasst nach dem Besuch einer Villa rustica oder eines Museums einen Bericht über das Erlebte und gestaltet aus den während des Aufenthalts gemachten Fotos ein Poster. Lerntipp

M 6 Haus aus der Steinzeit.
Foto von 1999.
Nachbau im Niederbayerischen Vorgeschichtsmuseum in Landau a. d. Isar. Dort zeigen Fachleute, wie man in der Steinzeit Feuer schlug, Löcher bohrte, Korn mahlte und Stoffe webte. Zu sehen ist auch, wie Brot im steinzeitlichen Backofen gebacken wird.

M 10 Pompejanum in Aschaffenburg.
Foto von 1994.
Beeindruckt von den Ausgrabungen in Pompeji ließ der bayerische König Ludwig I. von 1843 bis 1850 dieses Haus errichten. In ihm stehen römische Bildnisse, Statuen und Marmorwerke. In der Küche, den Wirtschafts- und Wohnräumen sind Gebrauchsgegenstände zu sehen.

M 7 Keltisches Grabhügelfeld in Thalmässing aus dem 5. Jh. v. Chr.*
Foto von 2000.
Das durch den Ackerbau eingeebnete Feld wurde nach Grabungsarbeiten um 1986 wieder aufgeschüttet. Ein Hügel blieb offen. Dort sieht man eine freigelegte Grabkammer. Im ehemaligen Rathaus der Stadt befindet sich eine vor- und frühgeschichtliche Sammlung. In einem eigenen Raum können Schulklassen mit vorgeschichtlichen Werkzeugen experimentieren.
*Zu den Kelten lies die Seiten 186 f.

M 8 Thermen in Weißenburg.
Foto von 1995.
In Weißenburg befinden sich Reste eines Kastells (siehe Seite 141) und der Badeanlagen. Im Römermuseum sind zahlreiche Funde ausgestellt.

M 9 Der Tempelbezirk im Archäologischen Park Cambodunum (Kempten).
Foto von 1999.
Vorn der Altar für die Göttin Epona. Sie beschützte Stall, Pferd und Reiter. Neben dem Tempelbezirk sind Thermen zu sehen.

1. Beantwortet nach einem Museumsbesuch folgende Fragen:
   - Was hat euch besonders gut gefallen?
   - Was habt ihr nicht verstanden?
   - Worüber möchtet ihr mehr wissen?
   - Welche Ausstellungsstücke könnten vielleicht im Kunst- oder Werkunterricht nachgestaltet werden?
2. Versetzt euch in eine/n Zwölfjährige/n aus der Steinzeit, der Kelten- oder Römerzeit, und schreibt ein Erlebnis mit einem Gegenstand auf, den ihr im Museum gesehen habt.

Was war wichtig? – Überprüfe deine Kompetenzen!

Präge dir das Datum ein!

753 v. Chr.	*Rom wird der Sage nach gegründet.*
1. Jh. v. Chr.	*In Rom ändert sich die Herrschaftsordnung: Die Republik wird allmählich zur Monarchie.*
um Christi Geburt	*Zeitalter des Augustus.*

Merke dir folgende Begriffe!

Diktator (lat. *dictator*: der, der zu sagen hat): Um Notlagen zu überwinden, konnte in der Römischen Republik (→ *Republik*) einer der beiden höchsten Beamten (→ *Konsul*) für sechs Monate allein regieren; seinen Anweisungen mussten sich alle fügen.

Kaiserzeit: die von Augustus begründete Zeit, in der das Römische Reich von einem Herrscher allein regiert wurde. Der Titel „Kaiser" ist von dem Namen „Caesar" abgeleitet worden. Er war seit Augustus Bestandteil des Herrschertitels. Mit der Kaiserzeit verloren → *Konsuln*, → *Senat* und Volksversammlungen ihre Mitbestimmungsrechte. Die Kaiserzeit endete im Westen mit der Zerfall des Weströmischen Reiches 476 n. Chr., im Osten mit dem Untergang des Byzantinischen Reiches 1453.

Konsul: einer von zwei Inhabern des höchsten Staatsamtes in der Römischen Republik (→ *Republik*). Sie wurden für ein Jahr gewählt und besaßen im Krieg den Oberbefehl über die Armee. In der römischen → *Kaiserzeit* ernannten die Kaiser die Konsuln, gleichzeitig verloren diese ihre Befugnisse.

Limes (lat. *limes*: die Grenze): die durch Wälle und Wachtürme gesicherte Grenze des Römischen Reiches, hinter der militärische Befestigungsanlagen (Kastelle) lagen. Auf germanischem Gebiet wurde Ende des 1. Jh. n. Chr. mit dem Bau des insgesamt 550 Kilometer langen Limes begonnen.

Patrizier (lat. *patres*: „Väter"): die Nachkommen der ältesten adligen Familien, die zu Beginn der Römischen Republik (→ *Republik*) allein regierten. Sie übernahmen die wichtigsten Staatsaufgaben und stellten die Priester. Gegen ihre Macht kämpften seit dem 5. Jh. v. Chr. die Plebejer, also die römischen Bürger, die keine Patrizier waren. Sie bekamen erst Ende des 3. Jh. v. Chr. nach den sogenannten Ständekämpfen dieselben Rechte wie die Patrizier.

Republik (lat. *res publica*: öffentliche Angelegenheit): Staatsform mit jährlich wechselnder Regierung hoher Beamter, die nach der Vertreibung der etruskischen Könige in Rom um 500 v. Chr. entstand. Sie endete mit der → *Kaiserzeit*.

Senat (lat. *senatus*: Rat erfahrener Politiker): Seine Mitglieder bestimmten die Politik. Senatoren stammten vor allem aus adligen Familien (→ *Patrizier*) und waren vorher Regierungsbeamte. In der → *Kaiserzeit* verloren die Senatoren ihre politische Bedeutung.

1 Augustus mit Bürgerkrone.
Die 57 cm hohe Marmorbüste aus dem 2. Viertel des 1. Jh. n. Chr. ist in der Glyptothek in München ausgestellt.
Augustus lebte von 63 v. bis 14 n. Chr. und war ein Neffe Caesars. Noch unter dem Namen Octavian wurde er nach 31 v. Chr. der „erste Mann im Staat" (lat. princeps). Der Senat verlieh ihm 27 v. Chr. wegen seiner Verdienste den Ehrentitel „Augustus" (der „Erhabene"). Er herrschte weitgehend unbeschränkt und vererbte seine Macht in seiner Familie. Mit Augustus begann die → Kaiserzeit. Der Monat August wurde nach ihm benannt. Spätere Kaiser übernahmen die Bezeichnung „Augustus" in ihren Kaisertitel.

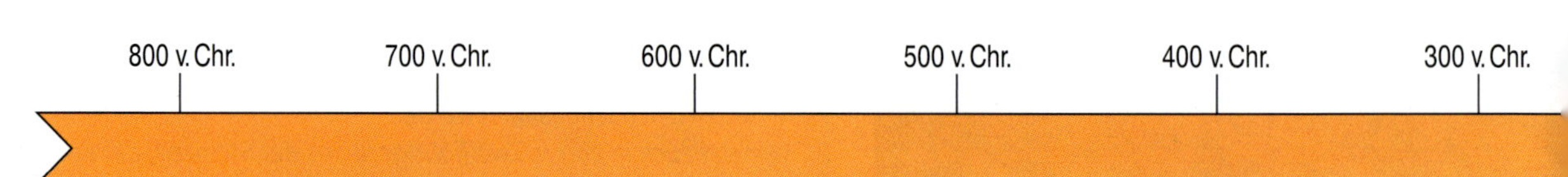

Was war wichtig? – Überprüfe deine Kompetenzen!

Erinnere dich!

Vom Stadtstaat zum Weltreich
Siedlungsspuren auf dem Gebiet des heutigen Rom gibt es seit ungefähr 1000 v. Chr. Unter der Herrschaft etruskischer Könige entwickelte es sich zu einem bedeutenden Stadtstaat. Nach deren Sturz wurde Rom um 500 v. Chr. → *Republik*. Anfangs regierten die → *Patrizier* allein und stellten die → *Konsuln* und den → *Senat*. Im Verlauf der Ständekämpfe trotzten die Plebejer ihnen schrittweise Rechte ab.
Bis zum 3. Jh. v. Chr. erkämpften sich die Römer die Herrschaft über Italien. Später unterwarfen sie ihre Nachbarn. Karthago wurde als Konkurrent im westlichen Mittelmeer ausgeschaltet. Die eroberten Gebiete machten sie zu Provinzen, in denen sie ihre Sprache und Lebensweise verbreiteten (Romanisierung). Die Grenzen des Römischen Reiches sicherten die Römer seit dem 1. Jh. n. Chr. durch den Bau des → *Limes*.
In der römischen Gesellschaft war das älteste männliche Familienmitglied, der „pater familias", das unumschränkte Oberhaupt der Hausgemeinschaft. Nur er durfte wählen und öffentliche Ämter übernehmen. Frauen blieben meist zu Hause. Sklaven, meist Kriegsgefangene, waren für Arbeit und Wirtschaft wichtig.

Von der Republik zur Monarchie
Im 1. Jh. v. Chr. wurde aus der Republik allmählich eine Alleinherrschaft (Monarchie). Dazu trug Caesar bei. Er eroberte Gallien und andere Gebiete und wurde zum → *Diktator* auf Lebenszeit ernannt. Anhänger der alten Republik ermordeten ihn 44 v. Chr. Die Bürgerkriege um Caesars Nachfolge beendete Augustus. Er ließ zwar die republikanischen Einrichtungen bestehen, regierte das Weltreich (Imperium) aber weitgehend allein und begründete so die → *Kaiserzeit*.

2 Auf einem selbstgemachten römischen Wachstäfelchen schreiben.
Foto von 2000.
Im alten Rom schrieben Schüler mit spitzen Griffeln aus Bronze oder Knochen auf Wachstäfelchen. Wollten sie das Geschriebene wieder löschen, wurde das Wachs mit der spatelförmig verbreiterten Oberseite des Griffels wieder geglättet.
Die Griffel kannst du aus Zimmermannsnägeln herstellen. Die Spitze musst du mit einem Hammer vierkantig schlagen und den Nagelkopf (das „Radergummi") flachklopfen. Die Schreibtafeln kannst du aus vier gleich großen Sperrholzplatten (10 bis 20 cm breit, 6 bis 15 cm hoch), zwei Lederschnüren und Kerzenwachs herstellen.
Mit der Laubsäge sägst du zwei Rahmen und zwei Platten aus. Ein Rahmen und eine ganze Platte bilden dann verleimt ein Täfelchen, das du mit Wachs ausgießen musst. Beide Täfelchen sind dann nur noch mit Lederschnüren zusammenzubinden.

Übertrage die Zeitleiste auf zwei Blätter (100 Jahre = 2,5 cm) und füge ein: wann Caesar als Diktator regierte, die Römer Karthago zerstörten, das Kolosseum in Rom eingeweiht wurde, die Varus-Schlacht stattfand und seit wann jährlich zehn Volkstribune gewählt wurden.

Du kannst ...
- *die politischen Verhältnisse in der Römischen Republik erklären.*
- *die besondere Macht des „pater familias" erläutern.*
- *beschreiben, wie Rom sich vom Dorf zu einem Weltreich (Imperium) entwickelte.*
- *Besonderheiten der Kaiserzeit nennen.*

Denke nach! – Urteile kompetent!
Nimm Stellung zu folgender Annahme:
- *Die Römer haben die Kultur der Griechen nur nachgemacht.*

Suche Spuren!
Themen für mögliche Referate:
- *Was ist ein „Weltkulturerbe"?*
- *Der Limes in Bayern*

Tipps:
Infos zu den Themen bieten die Internetseiten der *Deutschen Limeskommission*, des *Vereins Deutsche Limes-Straße* und des *Vereins Limes Cicerones Bayern*.

Außerdem findest Du neben den auf Seite 147 genannten Einrichtungen römische Funde in folgenden Museen:
- *Antikensammlung der Universität Erlangen*
- *Archäologische Staatssammlung, München*
- *Glyptothek, München*
- *Martin-von-Wagner-Museum der Universität Würzburg*

Erworben und vertieft
Du hast in dem letzten Kapitel
- *eine Einführung in die Arbeit mit Comics und historischen Jugendbüchern bekommen und*
- *untersuchen können, was Herrscherstandbilder alles aussagen.*

Darüber hinaus bekamst du weitere Anregungen zum Umgang mit den Lehrbuchtexten, mit Bild- und Textquellen sowie mit Karten, Schaubildern und Rekonstruktionen römischer Bau- und Kunstwerke.

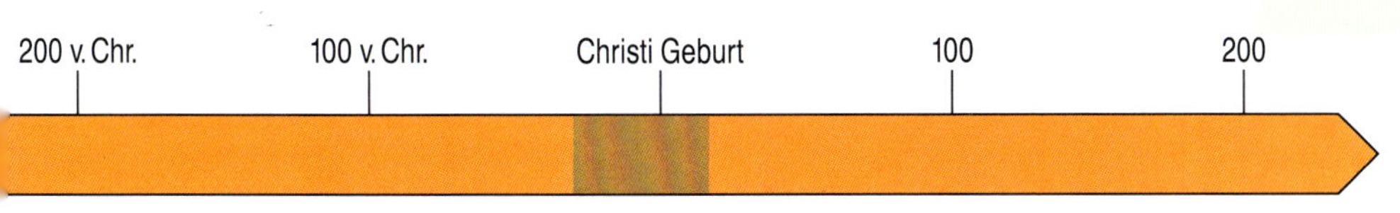

Von der Antike zum frühen Mittelalter

„Kaum vorstellbar …“

Es sieht wirklich fantastisch aus!“, dachte Acilius. Durch sein Fenster konnte er das Forum überblicken.
Alles lief wie am Schnürchen:
Die Massen standen dicht gedrängt in der drückenden Sommerhitze. Sie warteten gespannt auf den Kaiser. Es kam in dieser unruhigen Zeit nicht oft vor, dass ein Herrscher sein zwanzigjähriges Regierungsjubiläum feiern konnte. Nur das ungewöhnliche Schweigen der Menschen verunsicherte Acilius. Lag es an der Hitze? Oder führten sie etwas im Schilde?
Soeben kam der feierliche Zug beim Kolosseum an. Der Senat und alle Vornehmen gaben dem Imperator die Ehre. Alle Priester schritten in dem Festzug mit. Acilius verfolgte ihn mit wachsender Spannung. Nun erschien die kaiserliche Garde. Und dann kam er endlich: Kaiser Konstantin auf seinem prächtigen Feldherrenwagen! Doppelte Reihen von gepanzerten Fußsoldaten und Reitern begleiteten den Kaiser auf beiden Seiten.
Acilius konnte sich an dem beeindruckenden Bild nicht erfreuen. Er hatte nicht vergessen, was ihm seine Spitzel am Abend berichtet hatten: In der Stadt, und nicht nur in den Vierteln der Armen, hatten sie Wandschmierereien mit frechen Anspielungen auf die Person des Kaisers entdeckt. Gipfel der Unverschämtheit war ein Reim, der Konstantin mit dem verhassten Nero verglich. Acilius musste mit Störungen rechnen. Sie zu verhindern, war seine Aufgabe als Konsul, Stadtpräfekt und Kommandant der Prätorianergarde. Er wusste auch, dass er selbst umstritten war: Konstantin hatte ihn, einen Christen, im vergangenen Jahr gegen den Willen der vornehmen Familien Roms in sein Amt berufen.
Nun kann wohl nicht mehr viel passieren, dachte Acilius, gleich würde Konstantin auf dem Kapitol ankommen, um nach alter Sitte die Staatsgötter zu ehren. Das würde die erhitzten Gemüter der Nichtchristen beruhigen.
Doch was war das? Acilius' Adjutant, der den Festzug begleitet hatte, kam atemlos auf ihn zugestürzt: „Ich fass' es nicht … Stell dir vor, der Kaiser stand schon am Fuße des Kapitols, als ein christlicher Bischof sich bis zu seinem Wagen durchkämpfte, auf Konstantin einredete und sich schließlich vor den Wagen warf, um ihn daran zu hindern, die Götter zu verehren.“ „Und der Kaiser? Er hat doch nicht?!“ „Doch er hat! Er ließ anhalten und befahl seinem Wagenlenker umzukehren.
Du kannst dir nicht vorstellen, was dann geschah. Die Stimmung, die sich insgeheim gegen den Kaiser angestaut hatte, entlud sich in einem wahren Tumult. Nichtchristen und Christen gingen wie wild aufeinander los …“

Dieter Brückner

Konstantinsbogen in Rom.
Foto, um 2000.
Der Triumphbogen ist 21 m hoch und fast 26 m breit. Er wurde zu Ehren Kaiser Konstantins zwischen 312 bis 315 n. Chr. errichtet und erinnert an dessen Sieg über Maxentius in der Schlacht bei der Milvischen Brücke 312. Eine Inschrift des Bogens lautet übertragen: „Dem Herrscher Flavius Konstantin, dem größten, frommen und vom Glück begünstigten Kaiser, haben Senat und Volk von Rom […] diesen Bogen, geschmückt mit Siegeszeichen, geweiht.“

1 Mithras tötet einen Stier.
Kultbild aus einem Mithrasheiligtum, um 200 n. Chr.
Fundort: Frankfurt-Heddernheim
Auf dem Bogen sind die zwölf Sternbilder des Jahres zu sehen.

Rom wird christlich

Religionen im Kaiserreich

Die Römer waren in religiösen Dingen tolerant und glaubten an viele Götter und Göttinnen. Ihre Vorstellungen veränderten sich durch den Kontakt mit anderen Kulturen. Schon während der Republik übernahmen sie die griechischen Götter und vereinten sie mit ihren. In der Kaiserzeit kam aus Ägypten die Verehrung der Göttin *Isis* hinzu. Deren Priester verhießen den Gläubigen ein ewiges Leben nach dem Tode. Aus dem Orient kam der Kult des *Mithras*, eines Gottes des Lichtes und der Wahrheit. Diese und andere, nur Eingeweihten zugänglichen Götter- und Mysterienkulte (*Mysterien*: geheime religiöse Feiern) verbreiteten sich im Römischen Reich.

Die verschiedenen religiösen Sitten veränderten die öffentliche Verehrung der Götter, die seit den Anfängen Roms Priesterinnen und Priester ausübten, die von Staatsbeamten beaufsichtigt wurden. In der Kaiserzeit kam die Verehrung des Kaisers hinzu, um die Bewohner des Imperiums an Staat und Herrscher zu binden. Die Kaiser erhielten den Titel „Divius" (dt. „Vergöttlichter") und mussten wie die Götter verehrt werden.

Das Christentum entsteht

Die Römer lernten auch das im 1. Jh. in Palästina entstandene Christentum kennen. Es ging von dem Juden *Jesus* aus. Seine Anhänger nannten ihn „Christus", da sie in ihm den von Gott gesandten Erlöser sahen. Jesus wurde um das Jahr 4 vor Beginn unserer Zeitrechnung geboren. Um das Jahr 30 verurteilten ihn die Römern aus politischen Gründen zum Tod am Kreuz. Nach seinem Tod verkündeten seine Anhänger die Botschaft von der Liebe des einen Gottes, der seinen Sohn Jesus Christus geopfert habe, um die Menschen von ihren Sünden zu erlösen und ihnen nach dem Tod ein ewiges Leben im Paradies zu gewähren. Die ersten Christengemeinden entstanden in Städten. Unter ihren Mitgliedern waren viele Frauen, Angehörige der Unterschichten und Sklaven. Die Christen achteten die Gesetze und zahlten Steuern. Ihre Weigerung, Militärdienst zu leisten, gaben sie bald auf.

Christen in Lebensgefahr

Die Christen lehnten die römischen Götter und den Kaiserkult ab. Sie hielten sich von Festen und Volksbelustigungen fern und feierten ihre Gottesdienste in Privathäusern. Diese Andersartigkeit machte sie zu Außenseitern der römischen Gesellschaft, in den Augen mancher Römer sogar zu Staatsfeinden. Daher wurden sie immer wieder verfolgt. Ein erster Höhepunkt der Christenverfolgung fand unter Kaiser *Nero* statt, der von 54 bis 68 regierte. Damals kam auch der Apostel *Petrus* um. Im Circus, dort, wo heute der Petersdom steht, soll er kopfunter gekreuzigt worden sein.

Nach Nero wurden Christen nur dann bestraft, wenn sie sich vor Gericht zu ihrem Glauben bekannten und sich weigerten, vor dem Bild des Kaisers zu opfern. Um 250 begann eine neue Welle der Verfolgung: Damals wurden die Grenzprovinzen von umherziehenden Völkern verwüstet. Im ganzen Reich litten die Menschen unter Teuerung und Not. Wieder suchte man Schuldige und fand sie in der christlichen Minderheit. Ihre Gottesdienste wurden unter Androhung der Todesstrafe verboten, kirchliche Bauten und Kultgeräte zerstört und christliche Schriften verbrannt. Christ sein war jetzt lebensgefährlich.

→Lesetipps:

- *Christine Schulz-Reiss, Christentum, Hildesheim 2011*
- *Hans Dieter Stöver, Als Rom brannte, München ³2009*

2 Konstantin I. („der Große“).
Nachzeichnung eines Silbermedaillons (Ø 2,5 cm), um 315.
Gezeigt wird der siegreiche Feldherr Konstantin mit Helm und Panzer, Schild und Zepter; seine Rechte hält die Zügel eines Pferdes; am Helmbusch vorne ist eine kleine Scheibe mit dem Christuszeichen. Die griechischen Buchstaben X P stehen für die Abkürzung Chr.: Christus.

3 Das Geheimnis der Christen.
*Grabinschrift aus einer Katakombe. Der Fisch war das Zeichen für die Zugehörigkeit zur christlichen Glaubensgemeinschaft. Das griechische Wort für Fisch heißt ICHTHYS. Hinter diesem Wort verbergen sich die Anfangsbuchstaben der Formel: **I**esous **Ch**ristos **Th**eou (Gottes) **Y**ios (Sohn) **S**oter (Retter).*

„In diesem Zeichen wirst du siegen!“

Unter Kaiser *Diokletian*, der von 284 bis 305 regierte, erlitten die Christen ihre schlimmste, aber auch letzte Verfolgung. Sein Nachfolger *Konstantin I.* verkündete 311 ein *Toleranzedikt**. Zwei Jahre später bestätigte er die Glaubensfreiheit für alle Religionen und begann, den Christen sogar Vorrechte einzuräumen. Kirchlicher Grundbesitz wurde steuerfrei und der Sonntag allgemeiner Feiertag.

Der Überlieferung nach war dies Konstantins Dank für den Sieg gegen seinen Rivalen *Maxentius* im Jahre 312. Ihm sei vor der entscheidenden *Schlacht an der Milvischen Brücke* ein Christuszeichen und die Inschrift „IN HOC SIGNO VINCES“ („In diesem Zeichen wirst du siegen!“) erschienen. Daraufhin habe er das Zeichen der Christen angenommen und gewonnen. Ob Konstantin schon damals Christ wurde, wissen wir nicht. Taufen ließ er sich erst auf dem Sterbebett.

380 bestimmte Kaiser *Theodosius*, seine Untertanen sollten Christen sein. Wer sich nicht daran hielt, konnte bestraft werden. Elf Jahre später, im Jahre 391, verbot er alle heidnischen Kulte. Die Tempel verfielen oder wurden zu Kirchen gemacht. Die Olympischen Spiele galten nun als heidnisch und durften nicht mehr stattfinden. Das Christentum war Staatsreligion geworden; die Christianisierung der Römer hatte begonnen.

***Toleranz**: Duldung, Entgegenkommen; **Edikt**: Erlass des Herrschers*

Organisation macht stark

Der Siegeszug der Christen hing auch mit dem raschen Aufbau einer straffen Organisation zusammen. Bereits Ende des 1. Jh. leitete ein auf Lebenszeit bestellter Vorsteher die zerstreut liegenden Gemeinden und den Gottesdienst. Frauen waren von kirchlichen Ämtern ausgeschlossen. Im 2. Jh. erhielt der Gemeindevorsteher die Bezeichnung *Bischof* (gr. *episcopos*: Aufseher). Er überwachte die Glaubenslehre und galt als alleiniger Vermittler zwischen Gott und den Menschen. Die Geistlichen seiner Gemeinde waren ihm unterstellt.

In größeren Städten gab es einen Bischof, in fast jeder Provinzhauptstadt einen Erzbischof als Vorgesetzten. Die Inhaber der fünf noch von den Aposteln gegründeten Bischofssitze Alexandria, Antiochia, Jerusalem, Konstantinopel und Rom trugen den Ehrentitel *Patriarch* (dt. Stammvater).

Vom römischen Bischof zum Papst

Als die römische Reichsverwaltung in Italien zusammenbrach*, wurden die Bischöfe von Rom zur einzigen Autorität des westlichen Reiches. Mit dem Zuwachs an Einfluss strebten sie auch die Leitung aller Bischöfe an. Sie beriefen sich dabei auf das Christuswort *„Du bist Petrus, und auf diesem Felsen werde ich meine Kirche errichten“* und erklärten Rom zum Zentrum des Christentums. Dagegen protestierten die Bischöfe des Oströmischen Reiches. Sie waren nur bereit, dem römischen Bischof den Ehrentitel *Papst* (lat. *papa*: Vater) zuzugestehen. Sie wollten sich ihm aber nicht unterordnen.

**Darüber mehr auf Seite 161.*

→Lesetipp:
Alois Prinz, Der erste Christ. Die Lebensgeschichte des Apostels Paulus, Weinheim 2010

Nenne Gründe für den Aufstieg des Christentums zur Staatsreligion.

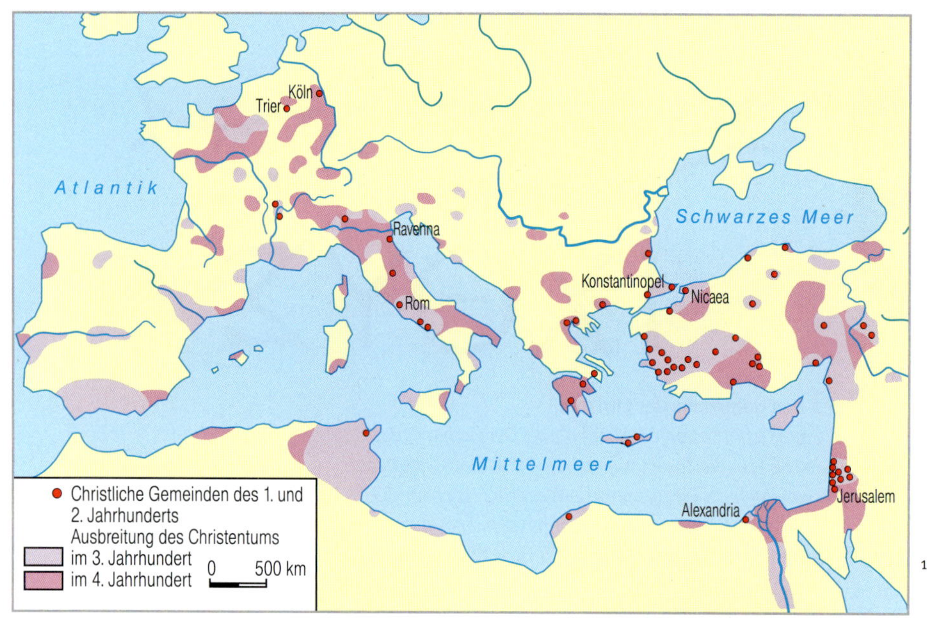

M 1 Ausbreitung des Christentums bis ins 4. Jh.

M 2 Wie steht der Christ zu Kaiser und Staat?
Aus dem Brief des Apostels Paulus (gest. nach 60) an die Christengemeinde in Rom aus dem Jahre 56:

Jedermann unterwerfe sich den Obrigkeiten, denn es gibt keine Obrigkeit außer von Gott [...]. Darum ist es notwendig, sich unterzuordnen, nicht um der Strafe, sondern auch um des Gewissens willen. Aus diesem Grund müsst ihr auch Steuern zahlen [...].

Paulus, Römerbrief 13

M 3 „Christen vor die Löwen"
Der christliche Schriftsteller Tertullian (um 150-230) schreibt:

Wenn der Tiber bis vor die Stadtmauern dringt, wenn der Nil die Felder nicht überschwemmt, wenn die Himmelstore verschlossen bleiben, sodass es nicht regnet, wenn die Erde bebt, wenn Seuchen und Hungersnöte über die Menschen kommen, so heißt es gleich: „Die Christen vor die Löwen!"

Gottfried Guggenbühl (Hrsg.), Quellen zur Geschichte des Altertums, Zürich [3]1964, S. 284

M 4 Hinrichtung eines Verurteilten.
Schale (Ø 18,2 cm) aus Nordafrika, 4. Jh

M 5 Religionsfreiheit
Der Bischof Eusebios (gest. 339) hat das Mailänder Edikt Konstantins I. und seines Mitkaisers Licinius aus dem Jahre 313 überliefert; darin heißt es:

In gesunder und durchaus richtiger Erwägung haben wir also diesen Beschluss gefasst, dass keinem Menschen die Freiheit versagt werden solle, Brauch und Kult der Christen zu befolgen und zu erwählen, dass vielmehr jedem die Freiheit gegeben werde, sein Herz jener Religion zuzuwenden, die er selbst für die ihm entsprechende hält, damit uns die Gottheit in allem die gewohnte Fürsorge und Güte schenken möge.

Hans-Georg Beck (Hrsg.), Leben in Byzanz. Ein Lesebuch, München 1991, S. 216 (vereinfacht)

M 6 Das christliche Bekenntnis wird Gesetz
Theodosius (379-392 Kaiser im Osten, 388-395 im Gesamtreich) regelt im Jahr 380 mit dem weströmischen Kaiser das christliche Bekenntnis durch folgendes Gesetz:

Alle unter Unserer milden Herrschaft stehenden Völker sollen nach Unserem Willen demjenigen Glauben angehören, den der heilige Apostel Petrus [...] den Römern mitgeteilt hat [...]. Wir glauben nämlich nach der Vorschrift der Apostel [...] an die Göttlichkeit des Vaters, des Sohnes und des Heiligen Geistes in gleicher Erhabenheit und in göttlicher Dreieinigkeit. Diejenigen, die diesem Gesetze folgen, sollen den Namen katholische* Christen führen, die übrigen aber, die Wir als töricht und wahnwitzig erklären, sollen als Abtrünnige vom Glauben mit Ehrlosigkeit bestraft und mit dem Zorne Gottes und dann nach Unserer Entscheidung [...] mit einer Strafe belegt werden.

Gottfried Härtel/Frank-Michael Kaufmann (Hrsg.), Codex Justinianus, Leipzig 1991, S. 29 (vereinfacht)

***katholisch** (gr. katholikos): allgemein; für alle*

1. *Erläutere den Paulusbrief (M 2).*
2. *Erkläre die Beobachtung, die Tertullian beschreibt (M 3).*
3. *M 4 zeigt einen zum Tode Verurteilten. Er wurde gefesselt einem Löwen ausgeliefert. Solche öffentlichen Hinrichtungen fanden in einer Arena statt und werden „damnatio ad bestias" (Verurteilung zu den Tieren) genannt. Beurteile diese Art der Bestrafung!*
4. *Überprüfe, wie im Mailänder Edikt die Gleichberechtigung des Christentums begründet wird (M 5). Könnte es noch andere Gründe für das Edikt gegeben haben?*
5. *„Niemand darf wegen seines Glaubens benachteiligt werden", so steht es in unserem Grundgesetz. Erörtert, ob dieser Grundsatz nach dem Erlass von 380 (M 6) zutraf.*

Vertiefung

Jüdische Aufstände

Unter römischer Herrschaft

Israel war um 1000 v. Chr. ein selbstständiges Reich in Palästina. Es zerfiel bald darauf und die jüdische Bevölkerung lebte danach unter Assyrern, Babyloniern, Persern, Seleukiden und Syrern. Zeitweise konnten sie eigene kleinere Herrschaftsgebiete errichten.
Als die Römer 66 v. Chr. Kleinasien besetzten und drei Jahre später Jerusalem eroberten, begann für die Juden ein neuer Abschnitt ihrer Geschichte. Unter den Römern durften sie zunächst ihren Glauben an den „einen Gott Jahwe" sowie ihre Könige behalten. Die Macht behielten aber die römischen Statthalter. Sie galten als bestechlich und grausam. Manche von ihnen wie *Pontius Pilatus*, der Jesus hinrichten ließ, verspotteten den jüdischen Glauben und stachelten das Volk zu Aufständen an, die die Römer dann blutig niederschlugen. Gegen die römische Herrschaft riefen die jüdischen *Zeloten* (dt. „Eiferer") im Namen Gottes zum Widerstand auf.

Der erste jüdische Aufstand

Als der römische Statthalter Teile des Jerusalemer Tempelschatzes forderte, begann 66 n. Chr. der erste Aufstand. Aus ihm wurde ein Krieg: Kaiser Nero schickte seinen Feldherrn *Vespasian* mit 60 000 Soldaten. Dieser Übermacht waren die Juden nicht gewachsen. 70 eroberte Titus, Vespasians Sohn, mit seinen Soldaten Jerusalem. Sie zerstörten den Tempel und verkauften die Überlebenden in die Sklaverei. Der Widerstand dauerte trotzdem an. Erst 73 gelang es den Römern, die letzte jüdische Bergfestung Masada einzunehmen.

Der zweite jüdische Aufstand

Die Region kam nicht zur Ruhe. Immer wieder regte sich Widerstand gegen die römischen Besatzer. 132 begann *Simon bar Kochba*, der sich als Erlöser (*Messias*) ausgab, einen neuen Aufstand. Er weitete sich bis nach Ägypten aus. Kaiser *Hadrian* schlug ihn mit seinen Truppen 135 nieder. Dieser Vernichtungskrieg gegen die Juden zählt zu den schrecklichsten, die Rom je führte. Mehr als eine halbe Million Juden starben.

1 Triumphzug nach der Eroberung Jerusalems.
Relief am Titusbogen auf dem Forum Romanum, nach 81 n. Chr.
Die Darstellung zeigt ein besonderes Beutestück aus dem Jerusalemer Tempel. Nenne es. Siehe dazu Seite 55, M4.

Nach den Aufständen

Vielen Juden flohen während der Kriege aus ihrer Heimat, andere wurden vertrieben oder verschleppt. Sie lebten seitdem in der Verbannung: der *Diaspora*. 135 vereinigten die Römer die Provinzen Judäa und Syria zu *Syria Palaestina*. Der neue Name sollte die Erinnerung an die Juden in diesem Land auslöschen. Die wenigen noch in der Provinz lebenden Juden durften nach Hadrians Tod (138) ihre Religion wieder ausüben. Nur nach Jerusalem durften sie nicht zurück. Das geistliche Oberhaupt der Juden konnte in Palästina bleiben, bis die Römer sein Amt 425 n. Chr. abschafften.

2 „Iudaea capta."
Münze, nach 71.
Unter Kaiser Vespasian und seinen Nachfolgern wurden Münzen für die Provinz Judäa mit der Aufschrift „Iudaea capta" (dt. „unterworfenes Judäa") geprägt. Das Kürzel „SC" steht für „senatus consultum": auf Beschluss des Senats.
Unter der Palme (Symbol für Judäa) steht links der Kaiser mit Lanze und Kurzschwert, rechts hockt eine Frau.
Für wen bzw. was steht diese Figur?

M1 Eine römische Herausforderung

Der jüdische Feldherr und Geschichtsschreiber Josephus berichtet in seiner zwischen 75 und 79 verfassten „Geschichte des jüdischen Krieges“:

Kaiser Gaius* forderte das Schicksal in ungeheuerlicher Weise heraus: Er wollte als Gott gelten und so angeredet werden; er beraubte die Spitze des Staates ihrer besten Männer und ließ schließlich seine Gottlosigkeit auch auf Judäa übergreifen. Er sandte Petronius** mit einem Heer nach Jerusalem und gab den Befehl, im Tempel Standbilder von ihm aufzustellen; falls die Juden das nicht zulassen wollten, solle er alle, die Widerstand leisten, töten und das ganze übrige Volk in die Sklaverei verkaufen. [...] Petronius marschierte bereits mit drei Legionen und vielen syrischen Hilfstruppen von Antiochia*** gegen Judäa heran. Bei den Juden schenkte der eine Teil den Kriegsgerüchten keinen Glauben, die aber doch daran glaubten, waren völlig ratlos, wie man sich verteidigen solle. Bald aber packte die Furcht das ganze Volk, als nämlich das Heer in Ptolemais**** angelangte.

Julius H. Schoeps/Hiltrud Wallenborg (Hrsg.), Juden in Europa. Ihre Geschichte in Quellen, Bd. 1: Von den Anfängen bis zum späten Mittelalter, Darmstadt 2001, S. 64

***Gaius Caesar Germanicus, genannt Caligula**: römischer Kaiser 37-41 n. Chr.*
*****Publius Petronius**: Statthalter von Syrien*
****Stadt in Syrien*
*******Ptolemais** = Akko: nordpalästinensische Hafenstadt*

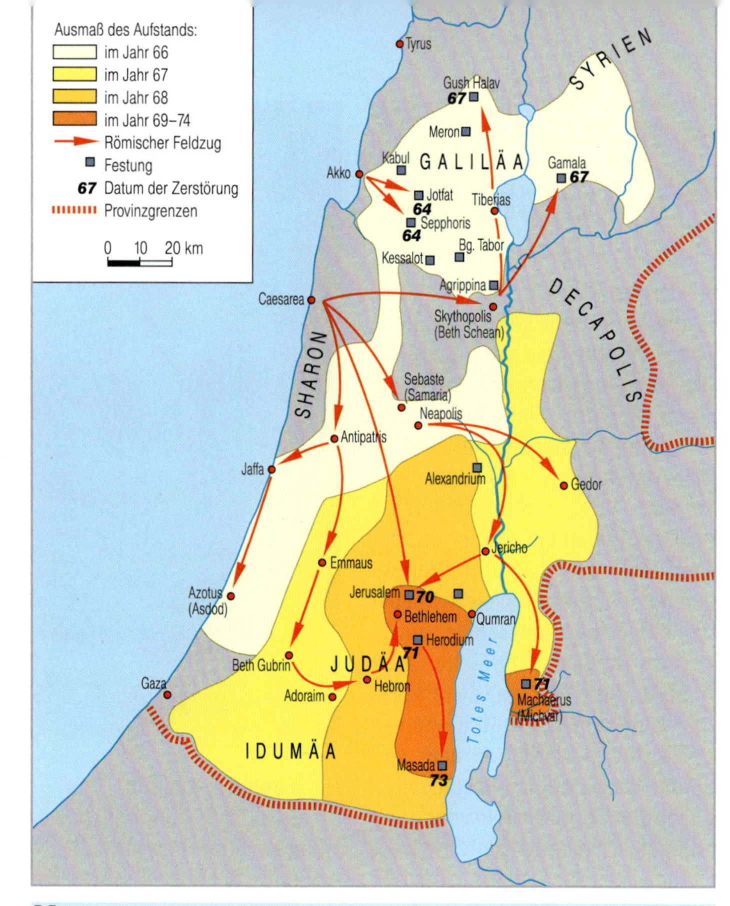

M3 Aufstand in Palästina (66-73).

M2 Jerusalem wird erobert

Cassius Dio, ein römischer Beamter und Geschichtsschreiber, der von 155 bis nach 229 gelebt hat, schreibt in seiner „Römischen Geschichte“:

Titus* wurde mit der Führung des Krieges gegen die Juden beauftragt. Nachdem er anfangs versucht hatte, sie durch Gesandtschaften und Versprechungen zur Unterwerfung zu bewegen, dabei jedoch nichts ausgerichtet hatte, beschloss er, förmlich gegen sie Krieg zu führen. Die ersten Schlachten verliefen unentschieden; dann aber schlug er die Juden und belagerte Jerusalem. Die Stadt hatte drei Mauern, die um den Tempel mitgerechnet. [...]
Bei diesen Kämpfen blieb es natürlich nicht aus, dass auf beiden Seiten viele verwundet, viele auch getötet wurden. Titus selbst wurde von einem Stein an der linken Schulter getroffen und behielt davon eine Schwäche in der Hand. [...]
Die Juden ihrerseits erachteten es als ein großes Glück, um und für ihren Tempel kämpfend das Leben zu lassen. Das Volk hatte sich unten im Vorhof, der Hohe Rat auf den Treppen, die Priester aber im Tempel aufgestellt. Und so gering auch ihre Zahl gegen die Übermacht war, so wurden sie doch nicht eher überwunden, als bis ein Teil des Tempels in Brand geriet. Jetzt stürzten sie sich freiwillig in die Schwerter der Feinde, töteten einander selbst oder sprangen ins Feuer. Allen erschien es kein Tod, sondern ein Sieg, Heil und Seligkeit, unter den Trümmern ihres Tempels begraben zu werden.
Gleichwohl machte man Gefangene, darunter auch ihren Anführer Bar Giora**, der allein beim Triumph mit dem Leben büßen musste. So wurde also Jerusalem gerade am Saturnustag***, der auch den heutigen Juden noch heilig ist, erobert. Seit dieser Zeit musste jeder, der den Gebräuchen seiner Väter treu blieb, jährlich dem Iuppiter Capitolinus zwei Denare**** entrichten.

Julius H. Schoeps/Hiltrud Wallenborg (Hrsg.), Juden in Europa, a. a. O., S. 64

***Flavius Vespasianus Titus**: röm. Feldherr und Kaiser 79-81 n. Chr.*
*****Simeon bar Giora**: Anführer der Juden*
*****d. h. am Sabbat*
*******Denar**: röm. Silbermünze; im 1. Jh. verdiente ein Arbeiter ca. 1 Denar am Tag.*

1. *Untersucht die Ursachen für den jüdischen Aufstand (M 1).*
2. *Stellt euch vor, ihr hättet während des Aufstands gelebt. Verfasst als römische oder jüdische Zeitzeugen einen Bericht darüber (M 2 und M 3).*

Rom in Gefahr

Soldaten werden Kaiser

Schon Augustus regierte das Reich allein. Das änderte sich unter seinen Nachfolgern nicht. Dem Senat blieb die Aufgabe, die Kaiser zu bestätigen, die entweder durch Geburt oder Testament der Vorgänger zu neuen Herrschern bestimmt worden waren. Auch dieses Recht verlor der Senat. Ab dem Ende des 2. Jh. entschieden meist die Heerführer in den kaiserlichen Provinzen oder die etwa 10 000 Prätorianer der Palastgarde, wer Kaiser sein sollte. Die Herrscher stützten ihre Macht auf die Grenzarmee, die sie mit Solderhöhungen, Schenkungen und anderen Vergünstigungen belohnten.

Eine Krise nach der anderen

Allein im Laufe des 3. Jh. herrschten weit über 40 Kaiser. Dazu kamen doppelt so viele, die mit ihren Soldaten versucht hatten, die Macht an sich zu reißen. Das Reich hatte viele Probleme:

- Von Norden und Osten drangen immer häufiger fremde Völker ins Reich ein. Es wurde schwieriger, die Tausende von Kilometern lange Reichsgrenze zu sichern.
- In den Grenzregionen litten Handel, Handwerk und Landwirtschaft. Die Folge waren geringere Steuereinnahmen.
- Die steigenden Kosten für die Armee belasteten die Staatskasse.
- Der häufige Herrscherwechsel verhinderte eine langfristig angelegte Politik.

Keine Lösung in Sicht

Um die Probleme in den Griff zu bekommen, erhielten alle freien Reichsbewohner 212 die *Bürgerrechte*. Sie konnten Verträge abschließen und über Grundeigentum verfügen, durften an den Volksversammlungen teilnehmen und öffentliche Ämter bekleiden. Kaiser *Caracalla* (211-217) bürdete ihnen aber zugleich Pflichten auf: Militärdienst und Steuern. Eine Lösung der Schwierigkeiten erreichte er nicht. Steuern und Preise stiegen.

Der Kaiser – „Herr und Gott“

In der Krise wollten die Herrscher ihr Kaisertum festigen. *Diokletian*, den seine Soldaten 284 zum Kaiser ausgerufen hatten, bezeichnete sich als „Herr und Gott“ (lat. *dominus et deus*). Er und seine Nachfolger fühlten sich keinem Menschen mehr verantwortlich. Aus dem Prinzipat war der *Dominat* geworden.

1 Vierkaisergruppe. *Die Figurengruppe (Höhe 1,30 m) befindet sich heute an der Fassade des Markusdoms in Venedig. Sie zeigt vermutlich Kaiser Diokletian und seine drei Mitkaiser Maximian, Galerius und Constantius I. Chlorus, die von 293 bis 305 gemeinsam das Römische Reich regierten.*

Für ihre Untertanen rückten die Kaiser in fast unerreichbare Ferne. Wer als Untertan vor den Kaiser treten durfte, musste sich vor ihm auf die Erde werfen und den Saum seines Gewandes küssen.

Vier Männer regieren ein Reich

Diokletian hatte erkannt, dass unter den schwierigen Bedingungen ein Herrscher das riesige Reich nicht allein regieren konnte. Deshalb teilte er es in vier Verwaltungseinheiten (Präfekturen). In ihnen sollten vier Männer, zwei Kaiser und zwei Unterkaiser, die kaiserliche Macht ausüben (gr. *tetrarchia*: Viererherrschaft). Jeder von ihnen regierte seinen Teil von einer militärisch günstig gelegenen Stadt aus: Mailand, Trier, Sirmium (in der Nähe des heutigen Belgrad) und Nikomedia (Kleinasien) wurden Zentren des Reiches.* Rom hatte aufgehört, Hauptstadt des Weltreichs zu sein.

*Diese Zentren findest du auf der Karte M 1, Seite 162.

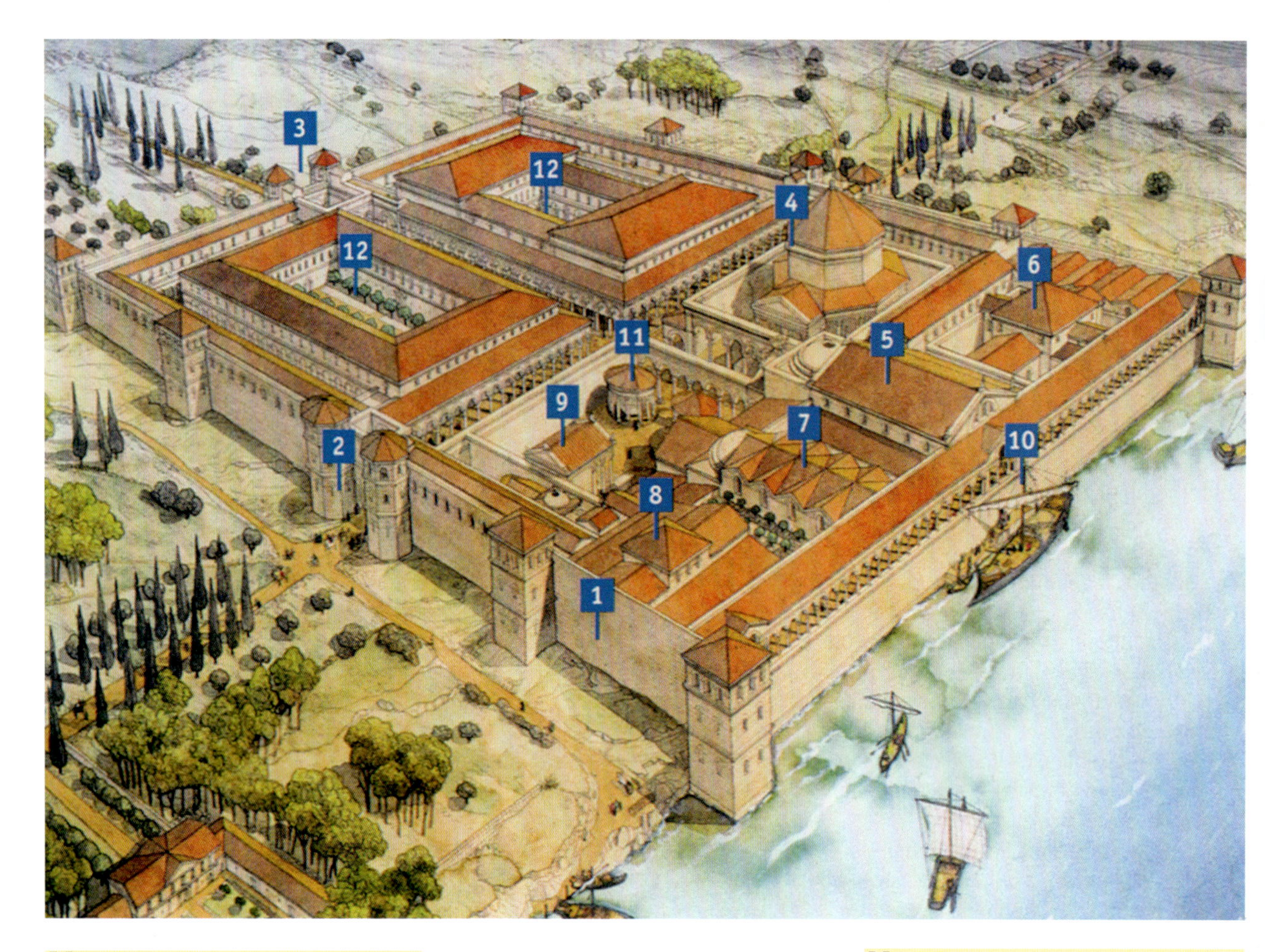

M 1 Das römische Bürgerrecht – eine Auszeichnung?
Der Geschichtsschreiber Cassius Dio (155-nach 235) berichtet über die Umstände, die im Jahre 212 zur Verleihung des römischen Bürgerrechtes an alle freien Reichsbewohner geführt haben:

Caracalla war ein Freund der Verschwendung seinen Soldaten gegenüber [...]. Er war gewohnt, alle Menschen ringsum zu berauben und aufzureiben, nicht zum 5 wenigsten die Senatoren. Denn abgesehen von den goldenen Kränzen, die er als steter Sieger über irgendwelche Feinde öfters forderte [...], abgesehen von den Proviantlieferungen, die von uns in 10 großen Mengen und bei allen Gelegenheiten, teils umsonst, teils auch noch unter eigenem Aufwand eingetrieben wurden, die er alle seinen Soldaten zukommen ließ oder auch verhökerte, von 15 den Geschenken, die er von reichen Privatleuten wie auch von den Gemeinden zusätzlich forderte, von den sonstigen Steuern, die er neu einführte, und von dem Zehnten, den er anstelle des Zwan- 20 zigsten für Freilassungen, für Erbschaften und alle Schenkungen erhob [...], abgesehen von dem Bürgerrecht, das er allen Untertanen des Römischen Reiches, angeblich als eine Auszeichnung, 25 tatsächlich aber in der Absicht verlieh, dadurch seine Einkünfte zu vermehren, da nämlich die Nichtbürger die meisten dieser Abgaben nicht zu entrichten brauchten: Außerdem mussten wir ihm, 30 sooft er von Rom verreiste, mitten auf den Wegstrecken, auch wenn sie noch so kurz waren, Gebäude aller Art und kostspielige Absteigequartiere auf unsere eigenen Kosten errichten lassen, in 35 denen er niemals wohnte, nein, von denen er vermutlich nie ein einziges zu Gesicht bekam.

Walter Arend (Bearb.), Altertum. Geschichte in Quellen, München ³1978, S. 698

M 2 Der Kaiserpalast von Split.
Rekonstruktionszeichnung von 2003. Kaiser Diokletian zog nach seiner Abdankung 305 in diesen Palast an der dalmatischen Küste (heute Kroatien). Die Anlage umfasst eine Fläche von 215 x 180 m und folgt dem Grundmuster des römischen Militärlagers (siehe M 1, Seite 117). Die heutige Altstadt von Split ist zum Teil in die Ruinen des Palastes hineingebaut.

1 *Festungsartige Außenmauer der Palastanlage;* **2** *und* **3** *Haupteingänge;* **4** *Grabmal (Mausoleum) Diokletians, das bereits zu seinen Lebzeiten errichtet wurde;* **5** *Eingangshalle zu den Wohngebäuden Diokletians;* **6** *Speisesaal und Empfangshalle;* **7** *Thronsaal des Kaisers;* **8** *Privaträume Diokletians mit Badeanlage;* **9** *Tempel des Gottes Iuppiter, des Schutzgottes Diokletians;* **10** *Anlegestelle für Schiffe;* **11** *kleiner Rundtempel;* **12** *Kasernen für die kaiserliche Leibwache, Verwaltungsgebäude*

1. *Fasst zusammen, warum die Herrschaft der Soldatenkaiser als Belastung empfunden wurde (M 1).*
2. *Nenne die Funktionen, die der Kaiserpalast erfüllen sollte (M 2).*

Warum zerfällt das Reich?

„Die Barbaren kommen!“
Dieser Schreckensruf ertönte in der Kaiserzeit am Limes immer häufiger. Ständig zogen mehr Menschen aus ihrer nord- und ostmitteleuropäischen Heimat nach Süden und Westen auf die Grenzen des Römischen Reiches zu: die *Germanen*. So nennen wir zusammenfassend jene Völker (Stämme), die bis zum 1. Jh. v. Chr. vor allem im Ost- und Nordseeraum lebten.
Eine wachsende Bevölkerung sowie der Wunsch nach besseren Lebensverhältnissen führten um 300 zu Wanderungen von bislang ungekanntem Ausmaß. Einige germanische Völker wie die Franken, Friesen und Alamannen drangen in benachbarte Landschaften ein und ließen sich dort nieder. Andere durchquerten ganz Europa und den Norden Afrikas. Ende des 4. Jh. spitzte sich die Lage zu: Die Hunnen aus Zentralasien zerstörten um 375 die Herrschaft der Goten am Schwarzen Meer. Damit erreichte die Völkerwanderung ihren Höhepunkt.

Eindringlinge und Verbündete
Von den Hunnen getrieben, baten die Goten um Aufnahme in das Römische Reich. Als Gegenleistung boten sie militärische Hilfe an. Kaiser *Valens*, der von 364 bis 378 regierte, ging darauf ein. Doch die Eingliederung der Goten scheiterte. Unruhen brachen aus. In der *Schlacht bei Adrianopel* (378) schlugen die Goten die Römer. Wenige Jahre später wurden die Goten doch noch Verbündete Roms. Dafür erhielten sie das Recht, im Reich einen eigenen Staat zu errichten.

Das Reich zerfällt
Die Neuorganisation des Reiches von 395 in einen östlichen und einen westlichen Herrschaftsbereich bereitete das Ende der Reichseinheit vor. *Ostrom* blieb nach dem Abzug der Goten von den Wirren der Völkerwanderung weitgehend verschont.
Um 450 herrschten die weströmischen Kaiser nur noch über Italien, Mittelgallien, die Provence und Dalmatien. Über weite Teile ihres Imperiums bestimmten germanische Völker. Dazu bedrohten weiterhin die Hunnen das Reich. In der *Schlacht auf den Katalaunischen Feldern* (451) gelang es den Römern nur mit romanisierten Kelten (Galliern) und verbündeten Westgoten, Burgundern und Franken, *Attilas* Reiterheere zum Rückzug zu bewegen. Das war das Ende für das Hunnenreich, das sich von Südrussland bis zum Rhein erstreckt hatte.

1 Spangenhelm aus Krefeld-Gellep, 2. Viertel des 6. Jh.
Der 18 cm hohe und vergoldete Helm wurde 1962 in einem fränkischen Kammergrab in Gellep gefunden. Heute befindet er sich im Niederrheinischen Landschaftsmuseum des Museumszentrums Burg Linn in Krefeld.
Die Römer verschenkten solche wertvollen Helme an germanische Heerführer, die für sie im römischen Heer dienten.

Soldaten machen ihn zum Herrscher
476 zerbrach das Weströmische Reich. *Odoaker*, Sohn eines fremden Fürsten und römischer Offizier, setzte Kaiser *Romulus Augustulus* (*Augustulus*: dt. „Kaiserchen“ – wegen seines jugendlichen Alters) ab. Seine Soldaten riefen ihn zum König aus. Odoaker verzichtete auf den Kaisertitel, erkannte die Oberhoheit des oströmischen Kaisers an und beschränkte seine Herrschaft auf Italien.
In Ostrom ließ sich der Heerführer der Ostgoten, *Theoderich*, mit dem Krieg gegen Odoaker beauftragen, fügte ihm Niederlagen zu und sorgte schließlich für seine Ermordung. Daraufhin wurde Theoderich König der Goten und kaiserlicher Regent in Italien.

Untersuche, ob die „Völkerwanderung“ die alleinige Ursache für den Zerfall des Römischen Reiches war.

→Lesetipp:
Michael Schmauder, Die Völkerwanderungszeit, Nürnberg 2003

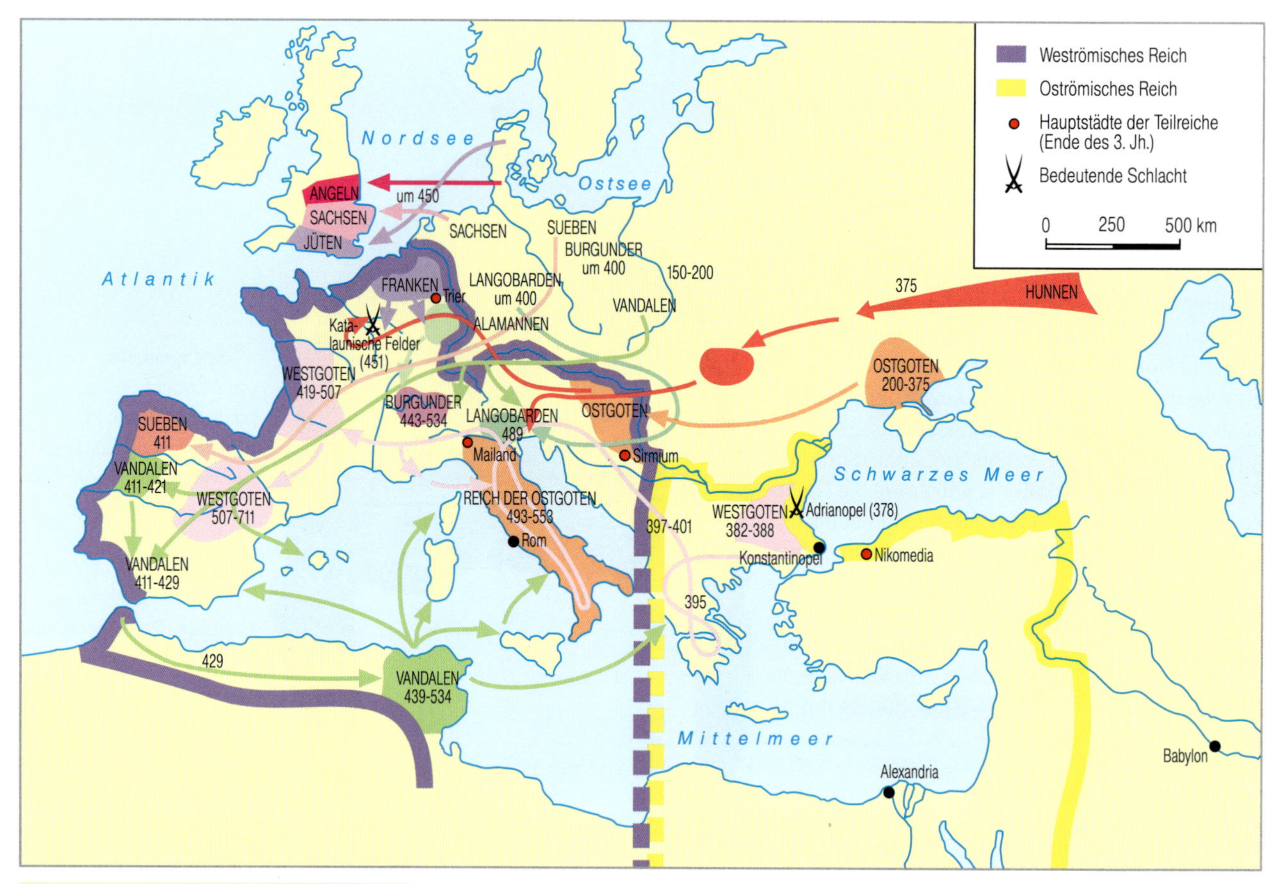

M 1 Völkerwanderung und Reichsgründungen (3.-6. Jh.).
Wir sprechen zwar von „den" Germanen, doch sind darunter verschiedene kleine Völkerschaften bzw. Stämme zu verstehen die sich während ihrer „Wanderungen" ständig veränderten.
Nebenbei: Das römische „Britannia" wurde damals von Angeln, Sachsen und Jüten erobert und aus „Britannia" wurde „England" (=„Angel-Land").

M 2 Schreckensnachricht

Der spätrömische Geschichtsschreiber Ammianus Marcellinus (4. Jh.) schreibt:

Es verbreiteten sich schreckliche Nachrichten von Völkern im Norden, die neue Bewegungen in Gang gesetzt hatten, welche größer als gewöhnlich waren:
5 In das gesamte Gebiet, das sich [...] bis zum Schwarzen Meer erstreckt, ergieße sich eine Masse von Barbaren unbekannter Herkunft, die von ihren Wohnsitzen durch plötzliche Gewalt vertrieben
10 worden seien und zusammen mit ihren Angehörigen die Donau entlang hin- und herstreifen. Unsere Leute nahmen das zunächst aus dem Grund auf die leichte Schulter, weil sie gewohnt wa-
15 ren, aus jenen fernen Gegenden von Kriegen nur zu hören, wenn sie schon wieder beendet oder eingeschlafen waren. Doch dann kamen immer zuverlässigere Nachrichten von den Ereignissen,
20 deren Bestätigung die Ankunft von Stammesgesandten lieferte, die flehentlich und beschwörend darum baten, dass ihr heimatlos gewordenes Volk diesseits des Flusses Aufnahme finde.

Zitiert nach: Klaus Rosen, Die Völkerwanderung, München [4]2009, S. 16

M 3 Schandtaten

Ammianus (siehe M 2) berichtet, mit welchen Verbrechen die Völkerwanderung verbunden gewesen ist:

Sie verübten alle Schandtaten zugleich: Raub und Mord, Blutvergießen und Brand sowie die Vergewaltigung freier Menschen. Damals konnte man die
5 grausamsten Dinge erleben, die man nur mit Seufzen betrachten und berichten kann: Frauen, starr vor Schreck, die mit knallenden Peitschenhieben weggetrieben wurden, darunter auch
10 Schwangere mit Ungeborenen, die, noch bevor sie das Licht erblickten, viel Böses ertragen mussten; daneben kleine Kinder, die sich an ihre Mütter klammerten [...]. Dazwischen ein Bürger, der
15 eben noch reich und frei war, und sich nun über dich, Fortuna*, du Unbarmherzige und Blinde, beklagte, die du ihn einem blutrünstigen Sieger überließest, nachdem er in einem kurzen Augenblick
20 seines Vermögens und seiner lieben Angehörigen beraubt und aus seinem Haus verjagt wurde, das er in Schutt und Asche versinken sah, um dann Glied um Glied zerfleischt oder unter Schlägen
25 und Folterqualen versklavt zu werden.

Zitiert nach: Klaus Rosen, Die Völkerwanderung, a. a. O., S. 17

***Fortuna**: römische Glücks- und Schicksalsgöttin*

1. *Nenne die heutigen Gebiete, durch die die Goten, Alamannen, Franken und Sachsen zogen (M 1).*
2. *Prüfe, ob Ammianus alle Ursachen für die Wanderungsbewegung nennt (M 2). Zähle weitere Gründe auf.*

Vertiefung

Zusammenbruch und Neubeginn zwischen Donau und Alpen

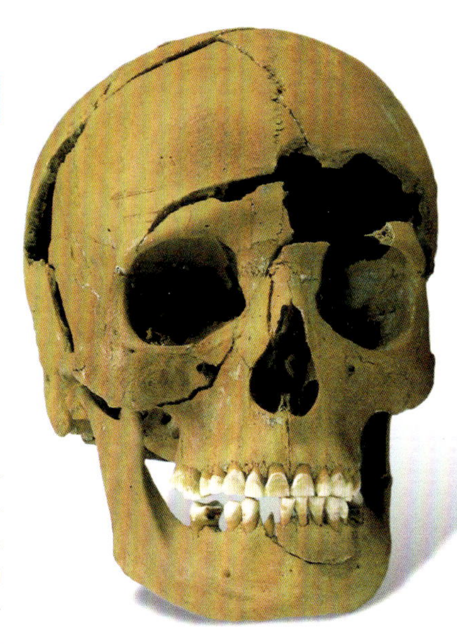

1 Schädel einer im 3. Jh. erschlagenen Frau.
Der zertrümmerte Schädel wurde mit einem weiteren Schädel in einem Brunnen eines römischen Gutshofs bei Regensburg gefunden. Eine Untersuchung ergab, dass die Frau durch Schwerthiebe getötet und anschließend skalpiert worden war.

Flucht aus der Provinz

Um die Mitte des 5. Jh. konnte die römische Armee auch zwischen Donau und Alpen ihre Herrschaft nicht mehr aufrechthalten. Als nach 476 die Unterstützung aus Rom ausblieb und aus den Provinzen selbst nichts mehr zu holen war, flohen viele Soldaten und Beamte aus dem Gebiet.

Severin hilft

Im heutigen Niederbayern übernahm der aus Italien stammende Mönch *Severin* die Provinzverwaltung. Er kümmerte sich um die Versorgung der Menschen mit dem Nötigsten. Als auch dies dort nicht mehr gelang, organisierte er um 480 ihre Flucht donauabwärts in das noch sichere heutige Niederösterreich. Doch der Zusammenbruch der römischen Herrschaft im Donauraum war nicht mehr aufzuhalten. Im Jahr 488 forderte Rom die Provinzbevölkerung auf, das Land zwischen Donau und Alpen zu räumen und sich nach Italien zu begeben. Severin war damals bereits tot. Die Flüchtlinge nahmen seine Leiche mit nach Italien; später wurde Severin heiliggesprochen.

Ein rätselhafter Stamm

Zwischen Donau und Alpen sowie Lech und Enns siedelten im 6. Jh. die *Bajuwaren*. Die Historiker nehmen an, dass sich dieser Stamm erst nach dem Abzug der Römer gebildet hat. Und zwar aus Teilen der germanischen Völker, die schon im 5. Jh. von der Elbe (Südböhmen: Baia) an die Donau gezogen waren, und der zurückgebliebenen Bevölkerung. Diese „Männer aus Baia" setzten sich gegen die benachbarten Slawen durch und errichteten Anfang des 6. Jh. in dem nun herrschaftslosen Gebiet eine beständige neue Herrschaft.

Das Herzogtum Bayern entsteht

Die Bajuwaren wurden von einem *Herzog* (Heerführer) aus der adligen Familie der *Agilolfinger* geführt, deren genaue Herkunft unbekannt ist.
Die Hauptaufgaben des Herzogs waren, ein Heer aufzustellen und Recht zu sprechen. Nach germanischer Sitte waren die waffenfähigen Männer, mit denen der Herzog das Land sicherte, seine Gefolgschaft. Sie erhielt von ihm als Gegenleistung Ackerland. Die Mitglieder der Gefolgschaft wurden als „Freie" bezeichnet. Aus der Masse der Freien ragte der Adel heraus. Er verfügte über den größten Landbesitz und hatte durchsetzen können, dass seine Aufgaben (Ämter) erblich wurden. Der wachsende Einfluss des Adels schränkte im Laufe der Zeit die Macht des Herzogs ein.
Zu den Unfreien zählten Knechte und Mägde. Sie mussten für die Freien arbeiteten und konnten verschenkt oder verkauft werden. Anders als die Sklaven der Antike durften sie aber nicht willkürlich misshandelt werden.

2 Bajuwaren des 7. Jh.
Rekonstruktionszeichnung von Kurt Zeller und Werner Hölze, um 1988.

Beschreibt Ausrüstung und Kleidung des Mannes und der Frau.
Welche Materialien und Arbeiten waren zur Herstellung erforderlich?

1 Der Kaiser vor Christus.
Mosaik aus der Hagia Sophia (Ausschnitt). Konstantin I. ließ die „Hagia Sophia“ (dt. „Kirche der göttlichen Weisheit“) in Konstantinopel bauen. Das Gotteshaus wurde 532 in Brand gesteckt. Noch im selben Jahr ordnete Kaiser Justinian den Wiederaufbau an.

Von Rom nach Byzanz

Das Oströmische Reich

Zur endgültigen Teilung des Römischen Reiches trug bereits Kaiser *Konstantin I.* bei. Er hatte die alte griechische Stadt Byzantion zur Hauptstadt gemacht. Ihr Name bezeichnete später das Oströmische Reich: *Byzanz*. Byzantion war eine ideale Brücke zu den reichen Ostprovinzen Kleinasien, Syrien und Ägypten und Schnittpunkt wichtiger Handelsstraßen zwischen Mittelmeer, Schwarzem Meer, Europa, Afrika, Indien und China. Die Stadt erhielt den Namen des Herrschers: *Konstantinopel* (heute Istanbul). 330 wurde sie eingeweiht. Konstantinopel erhielt zahlreiche Paläste, Kirchen, eine gewaltige Arena für Wagenrennen und wurde zur bedeutendsten Festung der damaligen Zeit ausgebaut.

Der letzte Versuch

Im Jahre 527 wurde *Justinian* oströmischer Kaiser. Sein Regierungsprogramm lautete: „Wir glauben, dass Gott uns die Wiedergewinnung aller der Länder gewähren wird, die einst die Römer von einem Ozean bis zum anderen besessen haben.“ In langen Kriegen gegen die Vandalen in Afrika, die Ostgoten in Italien und die Westgoten in Südspanien konnten seine Truppen die römische Herrschaft dort neu errichten. Das Ziel, die Grenzen des gesamten Reiches wiederherzustellen, erreichte Justinian nicht.

Der Kaiser als Statthalter Christi

Justinian ging es nicht nur um die Rückgewinnung der verlorengegangenen Gebiete und die Wiederherstellung (lat. *renovatio*) der Reichseinheit. Er wollte einen einheitlichen christlichen Staat schaffen. In seinem Reich sorgten er und seine Nachfolger dafür, dass Politik und Religion, Staat und Kirche eine Einheit bildeten. Sie regierten allein und unumschränkt und betrachteten sich als Statthalter Christi auf Erden. Sie glaubten, für die Reinheit der christlichen Lehre, die *Orthodoxie* (*orthodox*: rechtgläubig), verantwortlich zu sein. Den Bischöfen erteilten sie Weisungen wie ihren Beamten.

Das „zweite Rom“

Byzanz übernahm das römisch-hellenistische Erbe und war bis weit in das Mittelalter seinen europäischen Nachbarn kulturell weit überlegen. Es wurde als „zweites Rom“ bezeichnet.
Seine Herrscher verstanden sich als einzige wirkliche Kaiser und missbilligten Versuche, im Westen ein eigenständiges Kaisertum zu errichten. Ebenso lehnte es der Patriarch von Byzanz, der oberste Geistliche der orthodoxen Kirche, ab, den Papst als Oberhaupt der Christen anzuerkennen. Hinzu traten die sprachlichen Unterschiede. Während im Osten Griechisch als Amts- und Kirchensprache benutzt wurde, verwendete man im Westen das Lateinische. Die griechisch-orthodoxe Kirche grenzte sich damit immer mehr von der römisch-katholischen ab.
Trotz dieser Abwehrhaltung und seiner Randlage beeinflusste Byzanz die Geschichte Europas stark. Das Gesetzbuch Justinians prägt bis heute unsere Rechtsprechung.* In vielen Ländern wurde die byzantinische Kunst nachgeahmt. Später wurden mehrere slawische Völker von Byzanz aus zum orthodoxen Christentum bekehrt: Die griechischen Mönche *Kyrillos* und *Methodios* begannen damit im 9. Jh. Sie predigten in der slawischen Volkssprache und verbreiteten den griechisch-orthodoxen Glauben.

**Lies dazu das folgende Kapitel.*

M 1 Kaiser Justinian mit Gefolge.
Mosaik aus der im Jahre 547 geweihten Kirche San Vitale in Ravenna (Format: 2,70 x 4,10 m). Die oberitalienische Stadt war von der Mitte des 6. Jh. bis ins 9. Jh. byzantinischer Vorposten in Italien.

M 2 Aus Gottes Vollmacht regieren wir

Auszüge aus der 533 fertiggestellten Gesetzessammlung Justinians:

Aus Gottes Vollmacht regieren wir das Reich, das uns von der himmlischen Majestät übertragen wurde, führen wir Kriege mit Erfolg, sichern Frieden und halten den Bau des Staates aufrecht.
Was ist größer, was geheiligter als die kaiserliche Majestät? Wer ist so hochmütig, das Urteil des Fürsten zu verachten, wenn die Gesetzgeber festgelegt haben, dass kaiserliche Entscheidungen die volle Kraft des Gesetzes besitzen? [...]
Nicht als Nebensache behandeln wir die Schlaflosigkeit, sondern wenn wir die Tage daransetzen und die Nacht zum Tage machen, wenden wir sie dazu an, damit unsere Untertanen sich wohlbefinden, frei von jeder Sorge, da wir die Sorge für alle auf uns nehmen.

Franz G. Maier (Hrsg.), Byzanz, Frankfurt a. M. 1973, S. 54 f. und Walter Arend (Bearb.), Altertum. Geschichte in Quellen, München ³1978, S. 831 (vereinfacht)

M 3 Zweck der kaiserlichen Mühen

Der byzantinische Geschichtsschreiber Prokopios, ein Zeitgenosse Justinians, schreibt:

Er hatte sozusagen kein Schlafbedürfnis und sättigte sich auch nie an Speise und Trank. Nur mit den Fingerspitzen und ganz nebenbei nahm er die Speisen und hatte dann schon genug. [...] Vielfach blieb er zwei Tage und zwei Nächte ohne Nahrung [...]. Er schlief gelegentlich eine Stunde, den Rest der Nacht verbrachte er mit dauerndem Umhergehen [...]. Das dauernde Wachen, Mühen und Sichquälen nahm er einzig und allein zu dem Zwecke auf sich, täglich grässlichere Übel für die Untertanen auszuhecken. Er war, wie gesagt, außerordentlich scharfsinnig im Ersinnen und schnell im Ausführen ruchloser Taten, sodass bei ihm sogar die Vorzüge der Natur zum Schaden der Untertanen ausschlugen.

Walter Arend (Bearb.), Altertum, a. a. O., S. 831 (leicht vereinfacht)

1. *Beschreibe, mit welchen Mitteln Kaiser und Bischof hervorgehoben wurden (M 1). Nenne die Gegenstände, die der Kaiser und die – vom Betrachter aus – rechts neben ihm stehenden Personen in ihren Händen halten. Wozu dienten sie wahrscheinlich?* Lerntipp
2. *Erkläre, was den Soldaten auf der linken Bildseite als christlichen Krieger kennzeichnet. Siehe dazu Abb. 2 auf Seite 155.*
3. *Vergleiche die Haltung des Kaisers auf M 1 mit der auf Abb. 1, Seite 164.*
4. *Prüfe, ob Justinians Auffassung vom Herrscheramt (M 2) mit M 3 und dem Dominat (siehe dazu Seite 159) übereinstimmt.*

Vertiefung

Recht in Rom

1 Nachbildung einer Tafel mit Vorschriften aus dem Zwölf-Tafel-Gesetz.
Die um 450 v. Chr. auf dem Forum Romanum aufgestellten Tafeln wurden im 4. Jh. v. Chr. vernichtet. Aus Abschriften konnten sie rekonstruiert werden. Die hier abgebildete Tafel enthält Anweisungen für einen Prozess: „Wenn ein Kläger einen Beklagten vor Gericht ruft, muss der Beklagte vor Gericht erscheinen. Wenn er nicht kommt, soll ein Zeuge hinzugezogen werden. Dann soll der Kläger den Beklagten ergreifen. Wenn der Beklagte Ausflüchte macht oder fliehen will, soll der Kläger ihn festnehmen.“
Wer ist heute zuständig für die Ergreifung eines Beschuldigten?

Die private und die öffentliche Ordnung
Überlieferte Sitten und Gesetze bestimmten das Zusammenleben der Römer. Ihr erstes schriftlich festgehaltenes Recht ist das *Zwölf-Tafel-Gesetz*. Es regelte
- den Ablauf eines Prozesses;
- die Rechte des Einzelnen in der Familie, bei Erbschaften und in Fragen des Eigentums;
- das Treueverhältnis zwischen Patron und Klient;
- das Strafrecht und das Strafmaß, z. B. Schadensersatz bei Diebstahl, Todesstrafe für öffentliche Beleidigungen oder bestechliche Richter;
- das Verbot der Ehe zwischen Patriziern und Plebejern.

Diese Rechtssätze hatte man aufgeschrieben und veröffentlicht, weil sich die Plebejer damit vor einer willkürlichen Auslegung des Rechts durch die Patrizier schützen wollten.

Die Gesetze ändern sich
Das Zwölf-Tafel-Gesetz blieb über Jahrhunderte die Grundlage des Rechts aller römischen Bürger, doch wurde es ständig weiterentwickelt. Während der Republik erließen Magistrate und Volksversammlungen laufend Gesetze und Bestimmungen. Im Kaiserreich durfte nur noch der Herrscher neues Recht setzen. Die Römer erklärten ihre alten Gesetze oder Bestimmungen nie für ungültig, sondern ergänzten sie durch zusätzliche, in der Praxis entwickelte Rechtsgrundsätze.

Die Bedeutung des Römischen Rechts
Eine Zusammenfassung aller gültigen Rechtsvorschriften gab Kaiser Justinian 528 n. Chr. in Auftrag. Er ließ das Römische Recht sammeln, wie es sich seit dem Zwölf-Tafel-Gesetz durch Gesetzgebung, Rechtspraxis und Auslegung der Rechtsgelehrten entwickelt hatte. Nachdem die Rechtsvorschriften durchgesehen, widersprüchliche Regeln beseitigt und vereinheitlicht worden waren, wurde die Sammlung 533 n. Chr. veröffentlicht und für verbindlich erklärt.
Dieses umfangreiche Werk beeinflusste die europäische Rechtslehre. Seit dem 11. Jh. dienten Teile davon der Ausbildung von Juristen. Ende des 16. Jh. wurde das Werk erstmals vollständig unter dem Titel *Corpus iuris civilis* (dt. Sammlung bürgerlichen Rechts) gedruckt. Viele heutige Rechtsvorstellungen in Europa sowie in den von hier aus beeinflussten außereuropäischen Gebieten wie Südamerika, Ägypten und Japan gehen auf das „Corpus iuris“ zurück. Keinen anderen Bereich hat das römische Denken so sehr geprägt wie das Recht.

2 Justitia.
Münze aus der Zeit Kaiser Hadrians, der von 117-138 herrschte. Die Umschrift lautet: „Kaiserliche Gerechtigkeit“.
Nennt Gründe, weshalb Münzen mit solchen Motiven geprägt wurden.

M 1 Recht und Gerechtigkeit

Der Rechtsgelehrte Ulpian, der um die Wende vom 2. zum 3. Jh. n. Chr. in Rom gelebt hat, veröffentlicht zahlreiche Schriften. In einem Werk versucht er zu bestimmen, was Recht ist und welche Aufgabe die Rechtskundigen (Juristen) haben.

Wer sich mit dem Recht befassen will, muss zunächst wissen, woher das Wort „Recht" stammt. Es hat nämlich seinen Namen von der Gerechtigkeit; denn [...] 5 das Recht ist die Kunst des Guten und Angemessenen. Daher könnte man uns als Priester bezeichnen: Wir dienen ja der Gerechtigkeit [...], indem wir das Angemessene vom Unangemessenen ab- 10 sondern, das Erlaubte vom Unerlaubten trennen und die Menschen nicht nur durch die Furcht vor Strafen, sondern auch durch den Ansporn von Belohnungen gut zu machen suchen.

Manfred Fuhrmann/Detlef Liebs (Hrsg.), Exempla Iuris Romani – Römische Rechtstexte, München 1988, S. 12

M 2 Römische Rechtsgrundsätze

Im „Corpus iuris civilis" finden sich folgende Grundsätze römischer Rechtsgelehrter:

1. Was unter Zwang zustande gekommen ist, wird für ungültig erklärt.
2. Auf bloße Verdachtsmomente hin jemanden zu verurteilen, geht nicht an.
3. (5) In Zweifelsfällen muss der Richter für den Angeklagten entscheiden.
4. Die größere Würde liegt beim Mann.
5. Keine Strafe ohne Gesetz.
6. Derjenige muss den Beweis erbringen, (10) der etwas behauptet, nicht der, der leugnet.

Walter Arend (Bearb.), Altertum, a. a. O., S. 845 f. (vereinfacht)

M 3 Kaiser Justinian und die Gerechtigkeit.

Buchmalerei aus Sizilien, 12. Jh.
Die Figur der Gerechtigkeit zeigt dem Kaiser ein Gesetzbuch. Auf den Seiten steht das Bibelzitat: „Wehe denen, die den Frevler [Verbrecher, Übeltäter] freisprechen um der Geschenke willen!"

M 4 Rechtsgrundsätze heute

1. Wer zur Abgabe einer Willenserklärung durch Drohung gezwungen worden ist, kann die Erklärung anfechten.
Bürgerliches Gesetzbuch, § 123

2. Eine Tat kann nur bestraft werden, wenn die Strafbarkeit gesetzlich bestimmt ist, bevor die Tat begangen worden ist.
Grundgesetz, Artikel 103.2

3. Niemand darf wegen seines Geschlechtes, seiner Abstammung, seiner Rasse, seiner Sprache, seiner Heimat und Herkunft, seines Glaubens, seiner religiösen oder politischen Anschauungen benachteiligt oder bevorzugt werden.
Grundgesetz, Artikel 3.3

4. Der Versuch eines Verbrechens ist stets strafbar.
Strafgesetzbuch, § 23,1

5. Sind trotz Anhaltspunkten keine bestimmten Feststellungen möglich, so ist von der dem Angeklagten günstigsten Tatsachengestaltung auszugehen.
Entscheidungssammlung des Bundesgerichtshofes in Strafsachen, Bd. 19, S. 33

1. *Beschreibt die Aufgaben der Rechtskundigen nach Ulpian (M 1).*
2. *Vergleicht die Bestimmungen aus dem „Corpus iuris civilis" (M 2) mit den Rechtsgrundsätzen der Gegenwart (M 4). Arbeitet Übereinstimmungen und Abweichungen heraus.*
3. *Denkt euch einen Fall aus, wo der Verstoß gegen einen der Rechtsgrundsätze (M 2) zu Ungerechtigkeiten führt.*
4. *Erläutert die Buchmalerei M 3. Berücksichtigt das Zitat in der Legende.*

Mönche, Nonnen und Klöster

1 Benedikt von Nursia überreicht die Regel an Abt Johannes von Monte Cassino.
Bild aus einer im 10. Jh. entstandenen Handschrift des Klosters Monte Cassino. Links hinter Benedikt ist ein Engel zu sehen. Erläutere, was damit ausgedrückt werden soll.

→Lesetipp:
Annette Adelmeyer, Das Leben im Kloster, Fulda 2007

Die Einsamkeit suchen

In Ägypten, Palästina und Syrien zogen im 3. Jh. fromme Männer und Frauen in die Wüste. Sie wollten in Armut und allein den Versuchungen des Teufels widerstehen und das ewige Leben gewinnen.

Aus diesen in der Einsamkeit lebenden Christen (*Eremiten*) entwickelte sich das Mönchtum: die Lebensform der Nonnen und Mönche*. Die, die sich in Gruppen zusammenschlossen, lebten unter der Leitung eines Abtes (von lat. *abbas*: Vater) oder einer Äbtissin in einem Kloster (von lat. *claustrum*: Verschluss, abgeschlossener Bereich). Allein oder gemeinsam widmeten die Mönche und Nonnen ihr ganzen Leben Gott. Diese religiöse Lebensweise breitete sich seit Mitte des 4. Jh. auch im Weströmischen Reich aus.

„Bete und arbeite!"

Als Gründer des westlichen Mönchtums gilt *Benedikt von Nursia*. Er soll um 529 auf dem Monte Cassino in Süditalien ein Kloster errichtet haben. Die nach Benedikt (von lat. *benedictus*: der Gesegnete) benannte Ordensregel für das Klosterleben (*Regula Benedicti*) fordert von den Mönchen, sich fest an ein Kloster zu binden, dem Abt bedingungslos zu gehorchen und gottgefällige Werke zu tun. Zusammengefasst wurde seine Regel mit dem Leitsatz: *„Ora et labora"* („Bete und arbeite!"). Sie fand im 9. Jh. die Anerkennung der Päpste und galt lange Zeit für alle Klöster des Abendlandes.

Die Glocke gliedert den Tag

Bereits zwei Stunden nach Mitternacht – im Winter später – und noch siebenmal am Tag riefen die Klosterglocken Nonnen und Mönche zu Gebet, Gesang und Andacht. Da Nichtstun als Feind der Seele galt, mussten sie tagsüber zwischen den Gottesdiensten für das Kloster arbeiten oder geistliche Schriften lesen. Im Sommer versammelten sie sich täglich bis zu dreimal zum Essen. Im Winter und während der Fastenzeit** gab es oft nur eine Mahlzeit. Während des Essens wurde aus der Bibel vorgelesen, sonst herrschte Schweigen. Wollte man um etwas bitten oder etwas Wichtiges mitteilen, benutzte man eine Zeichensprache.

Zutritt verboten!

Lebensraum der Mönche und Nonnen war die *Klausur* (von lat. *claudere*: ab-[ver-]schließen). Sie bestand aus der Kirche, dem Schlafsaal (*Dormitorium*), dem Speisesaal (*Refektorium*) und dem Versammlungsraum (*Kapitelsaal*). Fremde durften nicht in diese Räume.

Innerhalb der Klostermauern gab es Gärten mit Heilkräutern, Gemüse und Obst, Werkstätten und Viehställe, oft auch eine Mühle.

Klöster nahmen Pilger und Reisende auf und richteten Häuser für Alte, Schwache und Kranke ein.

Ohne Klöster keine Kultur

Bedeutende Klöster hatten Schulen, Bibliotheken, Schreib- und Malstuben (*Skriptorien*) sowie künstlerische Werkstätten. Hier wurden Mönche und Nonnen sowie die Söhne und Töchter adliger Familien ausgebildet und religiöse, wissenschaftliche (heilkundliche) und literarische Texte verfasst. In mühevoller Arbeit schrieb man hier Werke griechischer und römischer Schriftsteller ab und gestaltete prächtige Bücher für den Gottesdienst.

Die Klöster waren die wichtigsten Bildungsstätten des Mittelalters. Sie gaben das Wissen der Antike weiter.

***Mönch**: *Das Wort kommt aus dem Griechischen: monachós ist der allein Lebende. Die weibliche Entsprechung ist die Nonne.*

****Fastenzeit**: *die 40-tägige Vorbereitungszeit der Christen auf Ostern, in der an das Leiden und Sterben Jesu Christi erinnert wird. In dieser Zeit soll u. a. auf bestimmte Speisen wie Fleisch verzichtet werden.*

M 1 Werkzeuge der guten Werke

Auszüge aus der von Benedikt von Nursia nach 529 verfassten Klosterregel:

Vor allem Gott den Herrn lieben aus ganzem Herzen, aus ganzer Seele und mit aller Kraft. Sodann den Nächsten wie sich selbst. Weiter: nicht töten, nicht ehebrechen, nicht stehlen, nicht sündhaften Begierden nachgeben, kein falsches Zeugnis geben, alle Menschen ehren. Auch keinem andern antun, was man nicht selbst erdulden möchte.

Sich selbst verleugnen, um Christus nachzufolgen. Den Leib züchtigen, der Sinneslust nicht nachgeben, das Fasten lieben.

Arme erquicken, Nackte bekleiden, Kranke besuchen, Tote begraben, in der Trübsal zu Hilfe eilen, Trauernde trösten. Mit dem Treiben der Welt brechen [...]. Böses nicht mit Bösem vergelten. Kein Unrecht tun, das zugefügte Unrecht aber mit Geduld ertragen. Die Feinde lieben [...].

Nicht stolz sein, nicht der Trunksucht ergeben sein, nicht ein Vielfresser sein, nicht schlafsüchtig sein, nicht träge sein [...].

Vor dem Tage des Gerichtes in Furcht sein. Vor der Hölle zittern. Nach dem ewigen Leben mit der ganzen Hingabe seines Herzens sich sehnen [...]. Seinen Mund vor böser und verderblicher Rede bewahren. Vieles Reden nicht lieben [...].

Den Eigenwillen hassen. Den Befehlen des Abtes in allem gehorchen [...]. Die Älteren ehren, die Jüngeren lieben [...]. Gehorsam ohne Zögern ist der vorzüglichste Grad der Demut.

Müßiggang ist ein Feind der Seele. Deshalb müssen sich die Brüder zu bestimmten Zeiten der Handarbeit und zu bestimmten Zeiten wiederum der Lesung göttlicher Dinge widmen. [...] Wenn immer möglich, soll das Kloster so angelegt sein, dass alles Notwendige, das heißt Wasser, Mühle, Garten und Werkstätten [...] innerhalb der Klostermauern sich befinden. So brauchen die Mönche nicht draußen umherzugehen, was für ihre Seelen durchaus nicht zuträglich ist.

Hans Urs von Balthasar, Die großen Ordensregeln, Einsiedeln [7]1994, S. 197ff.

M 4 Kritik aus den eigenen Reihen

Der Mönch Lambert von Hersfeld schreibt im 11. Jh.:

Einige Mönche hatten keinen Eifer für göttliche Dinge und lebten nur für Geld und Erwerb. Um Abteien und Bistümer zu erhalten, lagen sie in unverschämtester Weise den Fürsten in den Ohren, und zu kirchlichen Ehrenstellen suchten sie nicht wie unsere Väter auf dem Wege der Tugenden, sondern auf dem abschüssigen Pfad der Schmeichelei [...] zu gelangen. Für ein armseliges Ämtlein versprachen sie täglich ganze Goldberge [...]. Die Welt wunderte sich über die Quellen solcher Geldströme und konnte es nicht fassen, wie sich die Schätze [...] bei einfachen Leuten anhäufen konnten, die [...] der Menschheit vorlogen, dass sie außer einer bescheidenen Verpflegung und Kleidung nichts besäßen.

Johannes Bühler, Klosterleben im Mittelalter, Frankfurt a. M. 1989, S. 179 f.

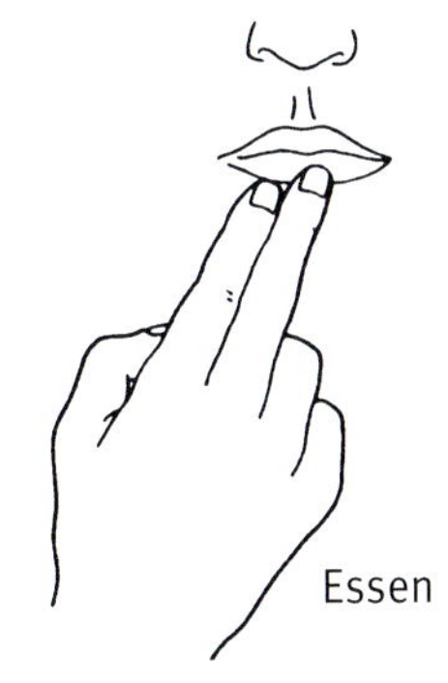

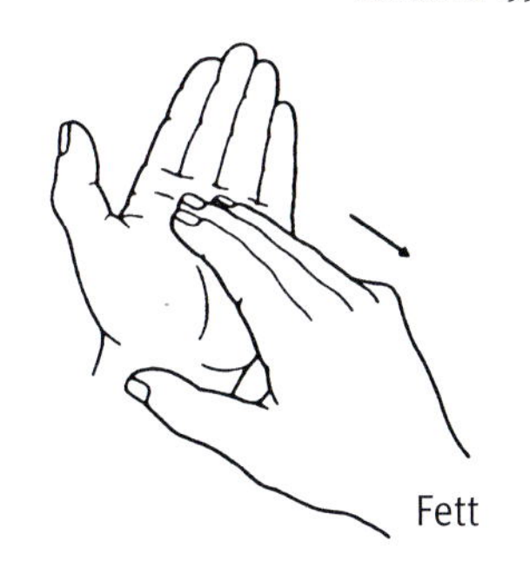

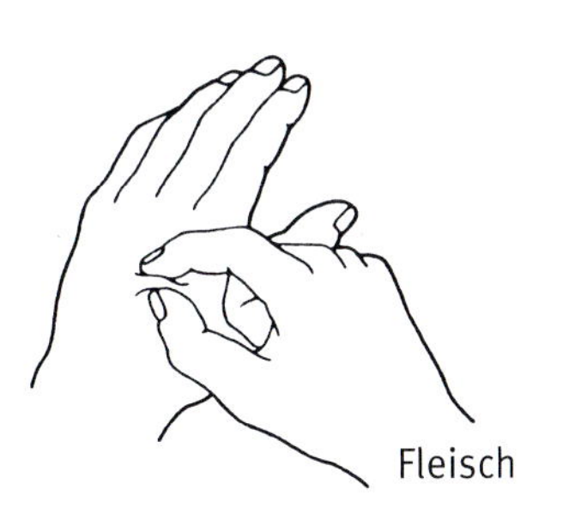

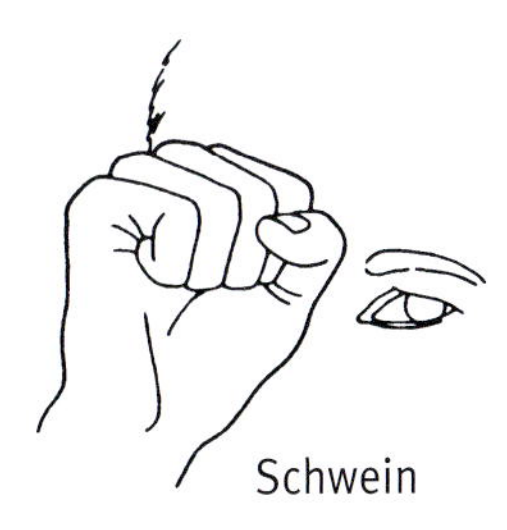

M 2 Aus der Zeichensprache der Mönche.

Die Benediktinerregel schrieb vor, dass in der Kirche, im Schlafraum und im Speisesaal geschwiegen wurde. Wollte man sich dennoch verständigen, so geschah das mithilfe der Zeichensprache.

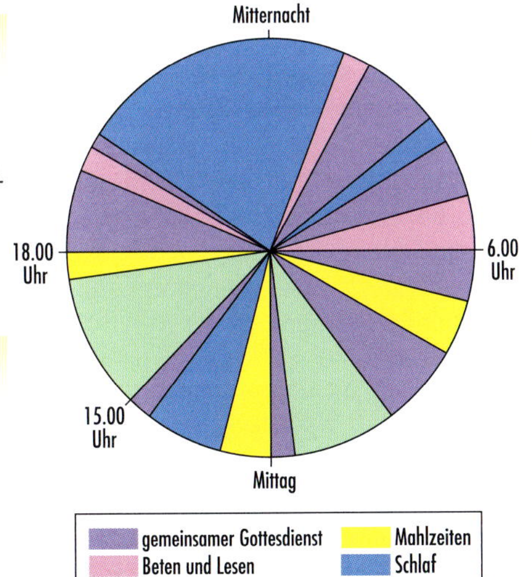

M 3 Tagesablauf im Kloster.

Der Ablauf richtete sich nach Sommer- und Winterzeit.

1. *Die Regel des Benedikt wurde mit dem Leitspruch „Ora et labora“ (dt. Bete und arbeite!) zusammengefasst. Erkläre diese Formulierung.*
2. *Prüfe, welche Regeln Benedikts (M 1) nicht nur für Nonnen und Mönche gelten sollten. Begründe deine Auswahl.*
3. *Bilde aus den Zeichen (M 2) einen Satz. Er beginnt mit den Worten „Wir essen ... “.*
4. *Der Tagesablauf sollte Demut, Gehorsam und Disziplin fördern (M 3). Erläutere diese Aussage.*
5. *Nennt die Kritikpunkte Lamberts von Hersfeld (M 4).*

Die Franken kommen

1 Der Frankenkönig Childerich.
Rekonstruktionszeichnung der Kleidung und Waffen nach Patrick Périn, um 1998. Childerichs Ausrüstung stammte aus römischen Beständen. Die Gewandspange aus Gold erhielt er als hoher römischer Beamter. Der goldene Siegelring weist ihn als anerkannten König verbündeter Truppen aus. Bei den germanischen Völkern durften nur die Vornehmen lange Haare tragen. Sie galten als Ausdruck von Lebenskraft und Macht.

3 Die Eroberungen Chlodwigs I.

Fränkische Könige

Die Franken waren ursprünglich mehrere Völker. Sie hatten sich seit dem 3./4. Jh. vom Mittel- und Niederrhein nach Südwesten ausgebreitet. An ihrer Spitze standen Könige. Sie wollten selbstständig sein und verbanden sich mit ihren Gefolgschaften nur zu gemeinsamen Verteidigungs- oder Angriffsunternehmungen.

Das Wort „franci“ bedeutete wohl ursprünglich „die Wilden“ und „die Kühnen“. Später bekam es die Bedeutung „die Freien“. Tatsächlich lebten die frühen Franken im 4./5. Jh. entweder als unterworfene Völker oder als Verbündete der Römer.

481/82 folgte *Chlodwig* mit 16 Jahren seinem Vater *Childerich* auf den Thron. Beide stammten aus dem Königsgeschlecht der *Merowinger*. Chlodwig besiegte den letzten römischen Statthalter in Gallien (486) und unterwarf die Alamannen. Aus dem fränkischen Kleinkönigtum war ein großes Reich geworden.

Erarbeite aus der Darstellung eine Übersicht mit den Daten und Ereignissen, die für die Reichsbildung der Franken wichtig waren.

Bündnis mit dem Papst

Die Reichsbildung der Franken festigte Chlodwig mithilfe des Glaubens. Um 498 ließ er sich in Reims taufen. Mit seinem Bekenntnis zum Christentum beseitigte er den Glaubensgegensatz zwischen den Franken und den unterworfenen Christen der ehemaligen römischen Provinz. Damit sicherte sich Chlodwig die Unterstützung der christlichen Führungsschicht bei der Verwaltung des eroberten Landes.

Da 476 das Weströmische Reich erloschen war, fand die christliche Kirche nun in dem fränkischen König und seinen Nachfolgern neue Schutzherren. Der Papst, das Oberhaupt der römisch-katholischen Kirche, erklärte die Franken zu „Gottes eigenem Volk“. Könige aus dem Geschlecht der Merowinger regierten bis ins 8. Jh. das Reich der Franken.

M 1 „Heil dem neuen Konstantin!"

Chlodwig soll Weihnachten 498 in Reims getauft worden sein. Weder das Datum noch die genauen Umstände sind verlässlich überliefert. Bischof Gregor von Tours (um 538-594) berichtet uns eine Generation später darüber. Die folgende Erzählung geht auf sein Geschichtswerk zurück.

Das festlich geschmückte Gotteshaus war erfüllt vom gleichmäßigen Murmeln der Priester, die Bittpsalmen beteten, und dem Flüstern der Gefolgschaft des Königs. Weihrauchwolken und duftende Kerzen verbreiteten ihren Wohlgeruch. Bischof Remigius richtete mit lauter Stimme das Wort an alle Anwesenden: „Wir preisen den Namen des allmächtigen Gottes! Wir loben ihn, da es ihm gefallen hat, unseren König Chlodwig zu erleuchten und aus der Dunkelheit des Unglaubens in das Licht des wahren Glaubens zu führen.
O Herr, Du hast ihm Deine Allmacht geoffenbart. Im Augenblick der höchsten Bedrängnis hast Du ihn und sein Heer vor dem sicheren Untergang gerettet, als er zu Dir flehte und Dich um Hilfe bat ..."
Es war ganz still geworden, als die Taufhandlung begann. Und als dann der König in das Taufbecken stieg, sagte Remigius leise, aber bestimmt: „Beuge still deinen Nacken und verehre nun, was du bisher verachtet hast, und ächte jetzt, was du bisher verehrt hast!"
Königin Chrotechilde sah zu ihrem Gemahl hinüber. Mit unbewegter Miene ließ er die Worte des Bischofs, die Salbung mit Öl und das dreimalige Untertauchen im Taufbecken über sich ergehen. Ob Chlodwig sich die Worte Remigius' zu Herzen nehmen würde? Sie kannte ihn gut genug, um zu wissen, dass er nicht der Mann war, der ohne Vorteil etwas unternahm. Die Königin erinnerte sich nur allzu genau an ihre vielen vergeblichen Versuche, ihren Mann zum katholischen Glauben zu bekehren, und an seine oft schroffen Ablehnungen. Sie wusste auch, dass er sich erst zum Katholizismus hatte bekennen wollen, als sicher war, dass sein Gefolge diesen Schritt auch tun würde. Doch ihr Drängen hatte ja nun mit Gottes Hilfe endlich zum Erfolg geführt.
Die plötzlich lauter werdende Stimme des Bischofs riss die Königin aus ihren Gedanken. Er hatte seine Ansprache offensichtlich gerade beendet und schloss mit dem Ausruf „Heil dem neuen Konstantin!", in den die Priester und das Gefolge des Königs einstimmten.

Erzählt von Dieter Brückner nach: Wolfgang Lautemann (Bearb.), Mittelalter. Reich und Kirche, München [2]1978, S. 26-28

M 2 „Die Taufe Chlodwigs."

Gemälde (145 x 188 cm) von François-Louis Dejuinne, 1837.

1. *Erkläre, weshalb Chlodwig mit dem römischen Kaiser Konstantin I. verglichen wurde (M 1).*
2. *Erörtert, weshalb das Geschichtswerk Gregors (M 1) keine genaue Quelle für die Taufe Chlodwigs ist.*
3. *Das Gemälde M 2 befindet sich in fast allen französischen Schulbüchern. Beschreibt es gemeinsam und nennt mögliche Gründe, warum es zur Bebilderung des Themas immer wieder genommen wird.*
4. *Führt ein Rollenspiel auf, in dem Chlodwig seinem Gefolge erklärt, weshalb es sinnvoll sei, sich taufen zu lassen.*

1 **Wo Bonifatius wirkte.**

2 **Bursenreliquiar, um 650.**
Diese Tasche für eine Reliquie
ist 8,9 cm hoch, 8,6 cm breit und 5,6 cm tief. Sie besteht aus Lindenholz und ist mit vergoldetem Kupferblech verziert. Der kleine Ring auf der linken Seite zeigt an, dass die Burse ursprünglich einmal von Missionaren an einer Kette um den Hals getragen wurde.
Sie gehörte zum Altar der Kirche von Ennabeuren und befindet sich heute im Diözesanmusem in Rottenburg am Neckar.

****Reliquien** *sind Überreste von Christus oder den Heiligen, meist Knochen, Haare oder Kleidungsstücke. Sie galten als wundertätig und dienten der Abwehr schädlicher oder teuflischer Einwirkungen. Außerdem waren sie ein Zeichen für die Verbindung mit der Gemeinschaft der Heiligen. Sie wurden in Kirchen und Altären aufbewahrt, als Amulette getragen oder in „Bursen" auf Missionsreisen mitgenommen, um bei der Bekehrung der Ungläubigen zu helfen.*

Macht und Mission

Neue Christen, neues Land

„Gehet hin und verkündet allen Völkern das Wort Gottes" – mit diesem Auftrag aus dem Neuen Testament zogen im 7. und 8. Jh. Mönche aus Irland und England als *Missionare* in das Reich der Franken. Denn die meisten Menschen jenseits der früheren Grenzen des Römischen Reiches verehrten noch immer heidnische Götter.
Die Mönche missionierten im Auftrag des Papstes und mit dem Einverständnis der Herrscher. Sie tauften vor allem die Bewohner der von den Franken eroberten Gebiete, richteten Bistümer ein und gründeten Klöster. Damit halfen sie den fränkischen Königen, ihre Herrschaft in dem wachsenden Reich durchzusetzen.

Der „Apostel der Deutschen"

Unter den zahlreichen Missionaren war auch der aus England stammende Mönch *Bonifatius* (um 672/675-754). Noch unter dem Namen *Winfrid*, dessen beide Silben „Freude" und „Friede" bedeuten, begann der aus einer vornehmen Familie kommende Benediktiner, die germanischen Völker zu missionieren. Den Namen *Bonifatius* (dt. *Wohltäter*) erhielt er wohl vom Papst, der ihn zum Erzbischof von Mainz ernannte. Bonifatius missionierte, gründete zahlreiche Klöster und richtete viele Bistümer ein. 754 zog der etwa 80-jährige Bonifatius nochmals nach Friesland. Dort sollen ihn Räuber erschlagen haben. Seine Leiche wurde in Fulda bestattet. Ab dem 12. Jh. nannte man ihn den „Apostel der Deutschen".

Bayern wird christlich

Schon der erste namentlich bekannte Bayernherzog *Garibald* (er starb um 593), seine Familie und sein Gefolge haben sich zum christlichen Glauben bekannt. Die meisten Bajuwaren waren aber noch Heiden. Im 7. Jh. kamen Missionare. Sie tauften die Bajuwaren, gründeten christliche Gemeinden und ließen Kirchen und Klöster bauen. Deshalb mussten die drei später heiliggesprochenen Bischöfe *Rupert* von Salzburg, *Emmeram* von Regensburg und *Korbinian* von Freising im frühen 8. Jh. wohl nicht mehr nur als Missionare wirken. Sie festigten den Glauben im Land. Die Grenzen der Bistümer Regensburg, Freising, Passau und Salzburg hatte um das Jahr 740 Bonifatius mit dem Papst festgelegt.
Im 8. Jh. überzog ein immer dichteres Netz von Klöstern das Land. Die Herzöge und andere Adlige hatten sie nach dem Vorbild der Missionare gegründet.

M 1 Missionsauftrag

Am 15. Mai 719 erteilt Papst Gregor II. Bonifatius diesen Auftrag:

Es erfordert deinen Eifer und die uns vorliegende, aufrichtige und erprobte Kenntnis deines Glaubens, dass wir dich zum Mitdiener an der Verbreitung des Wortes
5 Gottes erheben, um den gottlosen Völkern den Glauben zu bringen. Wir befehlen, dass du zu allen Völkern, die im Irrtum des Unglaubens befangen sind, dich schleunigst aufmachst und den Namen
10 Christi überzeugend verbreitest.

Wolfgang Lautemann/Manfred Schlenke (Bearb.), Geschichte in Quellen, Bd. 2: Mittelalter, München [2]1978, S. 42 f. (gestrafft und vereinfacht)

M 2 Empfehlung des Papstes

Im Dezember 722 schreibt Papst Gregor II. an den fränkischen Herrscher Karl Martell:

Da wir erfahren haben, dass du bei vielen Gelegenheiten frommen Sinn bewiesen hast, so teilen wir mit, dass wir diesen unseren Bruder Bonifatius entsandt
5 haben, um den Völkern von germanischem Stamme und in verschiedenen Gegenden östlich des Rheins zu predigen, die in heidnische Irrlehren verfallen sind oder bisher noch in der Finsternis
10 der Unkenntnis stecken. Zu diesem Zwecke empfehlen wir ihn deinem höchst gnädigen Wohlwollen, auf dass du ihn immer unterstützen mögest, wenn es nötig ist, und ihn gegen alle
15 Feinde schützest, denen du im Herrn ja überlegen bist. Und was du auch immer in heiligem Eifer hierfür aufwendest, das wirst du mit Gottes Hilfe zurückerhalten. Denn Gott hat seine heiligen Apostel zur
20 Erleuchtung der Völker bestimmt, und er hat gesagt, dass ihn selber aufnehme, wer jene beherberge.

Nach: Wolfgang Lautemann/Manfred Schlenke (Bearb.), Geschichte in Quellen, Bd. 2: Mittelalter, a. a. O., S. 44 (gestrafft und vereinfacht)

M 3 Über Bonifatius

In einer Lebensbeschreibung des Bonifatius aus dem späten 8. Jh. heißt es:

Bonifatius unternahm es, im Beisein der Gottesknechte, bei Geismar eine Eiche von seltener Größe, die mit ihrem alten heidnischen Namen die Donar-Eiche*
5 hieß, zu fällen. Als er nun entschlossen einige Axthiebe gegen den Baum geführt hatte – es stand aber eine große Heidenmenge dabei, die den Feind ihrer Götter heftig verfluchte –, da zerbarst
10 die Eiche in vier Teile, und vier gewaltig große, gleich lange Stücke waren zu sehen, ohne dass die dabeistehenden Brüder mitgeholfen hatten.
Bei diesem Anblick priesen die Heiden,
15 die zuvor geflucht hatten, den Herrn, ließen von ihrem früheren bösen Willen ab und glaubten.

Johannes Bühler, Das Frankenreich. Nach zeitgenössischen Quellen, Leipzig 1923, S. 416 f. (gestrafft und vereinfacht)

***Donar**: einer der wichtigsten altgermanischen Götter; ihm war die Eiche geweiht*

M 4 Bonifatius fällt die Donar-Eiche.
Glasfenster von Agnes Mann in der St.-Bonifatius-Kirche zu Hünfeld bei Fulda, um 1970.

Bonifatiusstraße

M 5 Straßenschild.
Foto von 2004.

1. *Nenne die Gründe für den Missionsauftrag (M 1).*
2. *Erkläre, weshalb Bonifatius unter den besonderen Schutz Karl Martells gestellt wurde (M 2).*
3. *Beschreibe, was die Menschen glaubten, bevor sie zum Christentum bekehrt wurden (M 3).*
4. *Erörtert, warum Bonifatius eine Kirche aus dem Holz der Donar-Eiche errichten ließ (M 3).*
5. *Zeichne die in M 3 beschriebene Szene – das Fällen der Donar-Eiche – im Stil von M 4.*
   Füge zu den Personen Sprechblasen ein, in die du ihre möglichen Gedanken und Worte einträgst.

Der Islam – eine neue Religion

1 Geburt Mohammeds.
Persische Miniatur, 15. Jh. Da der Islam die Darstellung heiliger Personen verbietet, ist das Gesicht Mohammeds „leer“.
Die gekrönten Häupter auf dem Bild erinnern an ein christliches Fest. Kennst du es?

Mohammed – Prophet und Politiker

Nach arabischen Quellen aus dem 9. und 10. Jh. wurde *Mohammed* (arab. *Muhammad*) um 570 in Mekka geboren. Nachdem er früh seine Eltern verloren hatte, lebte er zunächst als Hirte und lernte weder schreiben noch lesen. Später unternahm er mit seinem Onkel Handelsreisen, wurde Kaufmann in Mekka und heiratete eine reiche Witwe.
Mit etwa 40 Jahren hatte Mohammed in einer Höhle bei Mekka eine göttliche Eingebung (*Offenbarung*): Ein Engel befahl ihm, Allahs Willen zu verkünden. Als Prophet* lehrte er die Menschen, nur noch an Allah zu glauben. Die Gottesvorstellungen der Juden und Christen hielt er für unvollständig. Allah sei der einzige Gott. Mohammed wurde Gründer des Islam. Das Wort meint die völlige Hingabe an Allahs Willen. Nur wer sie zeigte, sollte als Muslim gelten.
In Mekka stieß Mohammed zunächst auf Ablehnung. Er und seine Anhänger wurden verspottet und verfolgt. Deshalb zog Mohammed 622 nach Medina, wo sich bereits einige Einwohner zum neuen Glauben bekannten. Mit dieser Auswanderung (arab.: *Hedschra*) beginnt die islamische Zeitrechnung. In Medina ließ Mohammed die erste Moschee errichten. Er war nicht nur Prophet, sondern auch weltlicher Herrscher. Die Verbindung von Religion und Staat kennzeichnet den Islam bis heute.

Die Religion des Islam

Nach der Lehre des Islam ist Allah Schöpfer des Himmels und der Erde. Er weiß alles und begleitet das Leben der Gläubigen. Er ist ihr Richter und verlangt nach ihrem Tod Rechenschaft über ihre Taten. Die Frommen kommen in die Gärten des Paradieses, die Sünder in die Hölle. Jeder Muslim beweist Allah seinen Gehorsam durch den Glauben und die Erfüllung der Regeln des Zusammenlebens, die ihm die Heilige Schrift der Muslime, der *Koran*, auferlegt. Der Koran besteht aus den Offenbarungen, die Mohammed empfangen und mündlich verkündet hatte. Die von seinen Zuhörern überlieferten Worte wurden aber erst nach dem Tod des Propheten zum Koran zusammengestellt.

Der Islam ist gespalten

Nach Mohammeds Tod 632 spalteten sich die Muslime: Die *Schiiten* (von arab. *Schia*: Partei) erkannten nur die Nachkommen des 661 ermordeten *Ali* als Nachfolger des Propheten (*Kalifen*) an. Er war ein Vetter und Schwiegersohn Mohammeds. Die *Sunniten* machten neben dem Koran die *Sunna*, eine im 8. Jh. aufgezeichnete Sammlung aller von Mohammed überlieferten Aussprüche, Entscheidungen und Verhaltensweisen, zum Maßstab ihres Handelns. Sie bilden heute die Mehrheit der Muslime.

***Prophet**: *Verkünder göttlicher Wahrheiten*

M 1 „Lob sei Gott, dem Herrn der Welten"

Der Koran enthält die göttlichen Offenbarungen an Mohammed, aufgeteilt in 114 Suren (Kapitel).
Ein gläubiger Muslim soll den Koran nur in Arabisch lesen, ganz gleich, welche Muttersprache er spricht.
Die erste Sure des Korans ist das wichtigste Gebet der Muslime.

Lob sei Gott, dem Herrn der Welten,
Dem Barmherzigen, dem Erbarmer,
Dem König des Gerichtstages.
Dich beten wir an, und zu Dir flehen wir
5 um Hilfe,
Führe uns den geraden Weg,
Den Weg derer, denen Du gnädig bist,
Nicht derer, denen Du zürnst, und nicht
der Irrenden.

Annemarie Schimmel, Der Islam. Eine Einführung, Stuttgart 1990, S. 29

M 2 Die fünf Säulen des Islam

Der Koran schreibt jedem Muslim folgende fünf Pflichten vor:

- Das Glaubensbekenntnis: „Ich bezeuge, dass es keine Gottheit außer Gott gibt und dass Mohammed der Gesandte Gottes ist."
- Die Pflichtgebete: Die täglichen Gebetszeiten sind die Stunde vor Sonnenaufgang, der Mittag, Nachmittag, nach Sonnenuntergang und bei Einbruch der Nacht.
- Das Almosengeben: eine genau geregelte Steuer, deren Erträge zu verwenden sind für Arme, Bedürftige, die steuereinziehenden Beamten und anderes mehr.
- Das Fasten: Während des ganzen Ramadan (der 9. Monat des islamischen Kalenders) darf von Morgengrauen bis Sonnenuntergang nicht gegessen, getrunken, geraucht, kein Wohlgeruch genossen und kein Geschlechtsverkehr gepflegt werden. Ausnahmen für Reisende, Schwangere, Kranke sind möglich.
- Eine Pilgerfahrt nach Mekka.

M 3 Hof der Großen Moschee in Mekka mit der Kaaba.

Foto, um 1980.
*Für die Araber war die **Kaaba** (dt. Würfel) schon vor dem Islam eine heilige Stätte verschiedener Götter gewesen. Mohammed machte sie zum Hauptheiligtum der Muslime. Noch heute betet jeder Muslim in Richtung der Kaaba nach Mekka.*
*Die **Moschee** (dt. „Ort, an dem man sich niederwirft") ist Gebets- und Versammlungsort der islamischen Gläubigen. Dort finden Gemeindeversammlungen statt, und es wird dort Religionsunterricht erteilt. Darüber hinaus war – und ist zum Teil noch heute – die Moschee der wichtigste Ort der politischen Information und Meinungsbildung.*
Ursprünglich rief der Muezzin (dt. Künder, Ausrufer) vom Minarett, dem Turm der Moschee, fünfmal am Tage in arabischer Sprache zum Gebet (siehe M 2). Heute übernehmen oft Lautsprecher diese Aufgabe.

M 4 „O Belebender!"

In der islamischen Welt kommt der arabischen Schrift eine besondere Bedeutung zu, da mit ihr der Koran vermittelt wird. Die Gestaltung der Schriften gilt daher fast als religiöse Handlung und besondere Kunstform (Kalligrafie: Kunst des schönen Schreibens). Die vorliegende Fassung gilt als einer der 99 schönsten Namen Allahs.

1. *Vergleiche die erste Sure des Korans (M 1) mit dem christlichen Glaubens-bekenntnis.*
2. *Erörtert die Schwierigkeiten der Muslime, in einer christlichen Umwelt, ihre religiösen Pflichten zu erfüllen (M 2).*

1 Die Mittelmeerwelt um 750.

Historiker sprechen von einer „Dreiteilung der Mittelmeerwelt" im 8. Jh. Erläutere diese Aussage. Kläre zuvor, von welcher „Einheit" sie ausgehen.

Der Islam breitet sich aus

Von Arabien bis Europa

Als Mohammed 632 starb, stand Arabien unter seiner Herrschaft und bekannte sich zum Islam. Seine Nachfolger dehnten den arabischen Herrschaftsbereich aus. Im Osten erreichten ihre Heere Nordindien und Zentralasien, im Westen drangen ihre Krieger über die iberische Halbinsel (Spanien) bis ins Reich der Franken vor. In der *Schlacht bei Tours und Poitiers* wurden sie im Jahre 732 von fränkischen Truppen besiegt. Während die christlichen Geschichtsschreiber dies als Erfolg der „Europäer" darstellten, hielten die muslimischen Historiker die Schlacht für unbedeutend. Auch im Südosten wurde um 740 das Vordringen der Araber vorübergehend gestoppt. Erst im 9. Jh. setzten sie ihre Expansion fort, eroberten Sizilien und weitere Gebiete.

Was waren die Gründe für die Eroberungen?

Die Motive für die arabische Expansion wurden lange im Islam gesehen. Dabei wurde auf den Koran verwiesen, der jeden Muslim verpflichtet, sich für die Sache Gottes einzusetzen (arab. *Dschihad*). Aber nicht nur die Mission war anfangs ausschlaggebend für die Eroberungen, sondern auch die Aussicht auf reiche Beute und der Wunsch, den arabischen Machtbereich auszudehnen.

Keine Einheit

Obwohl Schrift, Sprache und Glauben für den Zusammenhalt der Araber sorgten, war die muslimische Welt keine Einheit. Von Anfang an hatte es Kriege um die rechtmäßige Nachfolge Mohammeds gegeben und je größer der muslimische Herrschaftsbereich wurde, desto häufiger kam es zu inneren Konflikten. Dabei kam es gelegentlich auch zu Kriegszügen, in denen Muslime und Christen gemeinsam gegen ihre jeweiligen Glaubensbrüder kämpften, um die Interessen ihrer Herrscher durchzusetzen.

Juden, Christen und Muslime

Im Juli 710 begann die Eroberung der iberischen Halbinsel, die später von den Arabern als *al-Andalus* bezeichnet wurde. Vier Jahre später stand fast die gesamte Halbinsel unter muslimischer Herrschaft. Nur im Norden regierten noch christliche Herzöge.

Gegenüber den Juden und Christen waren die muslimischen Eroberer nachsichtig. Sie mussten zwar die neue Herrschaft anerkennen, durften aber ihren Glauben behalten. Dafür hatten sie besondere Abgaben zu zahlen und Verhaltensregeln zu befolgen. Das entspannte Verhältnis zwischen Muslimen, Juden und Christen änderte sich erst, als im 11. Jh. die christlichen Herrscher begannen, die arabischen Gebiete zurückzuerobern.

Ein reiches Land

Auf der iberischen Halbinsel soll es zu Beginn der muslimischen Herrschaft nur drei Pflanzen gegeben haben: den Olivenbaum, den Feigenbaum und den Rebstock. Die Araber ergänzten diesen Bestand durch viele Nahrungs- und Nutzpflanzen wie Baumwolle, Reis, Zuckerrohr, Artischocken, Aprikosen, Orangen, Datteln und Spargel. Ihr Anbau wurde erst durch ein aus Persien übernommenes und weiterentwickeltes Bewässerungssystem möglich.

Die Eroberer bauten die alten römischen Straßen und Brücken aus und verbesserten die Wasserversorgung. Sie förderten Bodenschätze wie Gold, Silber, Eisenerze, Zinn und Kupfer, stellten Glas und Keramik, Papier, Lederwaren und Stahlklingen her und verkauften Rohstoffe und Fertigwaren in muslimische und christliche Länder.

Im 10. Jh. war Córdoba eine der reichsten Städte auf dem europäischen Kontinent. Hier lebten etwa eine halbe Million Menschen. Es gab 300 Moscheen, 50 Krankenhäuser, 900 öffentliche Badehäuser, zahlreiche Schulen und Bibliotheken. Gelehrte und Künstler schufen in Andalusien eine hochstehende jüdisch-arabische Literatur und Wissenschaft, die auch das Abendland beeinflussten.

M1 Betsaal der Moschee von Córdoba.
Foto, um 1990.
785 wurde mit dem Bau einer Moschee an der Stelle einer christlichen Kirche begonnen. Sie wurde mehrfach erweitert. Im 13. Jh. wandelte man sie in eine christliche Kirche um. Der hier zu sehende „Säulenwald" des Betsaals stammt aus dem 10. Jh.

M2 Ein Friedensvertrag

Die muslimischen Eroberer schließen im April 713 mit Teudemir, dem christlichen König von Murcia, einen Vertrag, in dem sie ihm Folgendes zusichern:

1. Weder für ihn noch für einen seiner Leute werden Änderungen seines jetzigen Status zu seinen Gunsten oder Ungunsten verfügt.
2. Er wird nicht enteignet.
3. Er und seine Leute werden weder getötet noch versklavt, weder von ihren Frauen und Kindern getrennt noch wegen ihrer Religion behelligt.
4. Ihre Kirchen werden nicht verbrannt, Devotionalien* nicht daraus geraubt.

Das gilt, solange er [Teudemir] sich an unsere Vereinbarungen hält.
Er genießt den Vertragsschutz:

1. Gegen Überlassung von sieben Städten.** [...]
2. Er darf keinen, der vor uns flieht, aufnehmen, er darf keinen Gegner von uns aufnehmen, er darf keinen Schützling von uns bedrohen.
3. Er darf keine Nachrichten unserer Feinde, die ihm zur Kenntnis gelangen, verheimlichen.
4. Er und seine Leute müssen alljährlich folgende Abgaben entrichten: einen Dinar***, vier Zentner Weizen, vier Zentner Gerste, vier Fässer Most, vier Fässer Essig, zwei Fässer Honig und zwei Fässer Öl. Sklaven entrichten von alledem die Hälfte.

Wilhelm Hoenerbach, Islamische Geschichte Spaniens, Zürich/Stuttgart 1970, S. 54 f. (vereinfacht)

***Devotionalien**: *dem Glauben dienende Gegenstände*
***Es folgen die Namen der Orte.*
*****Dinar**: *Silbermünze; die Kopfsteuer*

M3 Über die „Toleranz" der Araber

Arnold Hottinger über die arabische Kultur in Spanien:

Nach der später endgültig formulierten allgemeinen Regel waren Christen und Juden als Angehörige einer „Religion des Buches" berechtigt, ihre Religion weiter auszuüben und ein normales Zivilleben zu führen, solange sie eine Kopfsteuer entrichteten und sich an gewisse Vorschriften hielten, die bezweckten, die Überlegenheit des Islam und seiner Gläubigen als Staatsvolk gegenüber den beschützten Religionen, den sogenannten Dhimmi, zu gewährleisten und zu dokumentieren.
Dies waren: kein Neubau von Kirchen und Synagogen, nur ihre Instandhaltung; kein Militärdienst für die Dhimmi; keine Pferde als Reittiere; keine allzu prächtigen Gewänder; keine Regierungsposten etc. Auch die Heirat muslimischer Frauen war dem Dhimmi untersagt, weil diese dadurch den Ungläubigen untertan geworden wären. Das Umgekehrte, die Heirat einer Jüdin oder Christin durch einen Muslim, war möglich. Doch wenn eine Stadt durch Waffengewalt eingenommen wurde, ohne dass ihre Bewohner sich vor deren endgültigem Sieg den Muslimen unterworfen hätten, galt es als zulässig, die Männer zu töten und die Frauen und Kinder zu versklaven.

Arnold Hottinger, Die Mauren. Arabische Kultur in Spanien, Zürich 1995, S. 46

M4 „Welch ein Schmerz!"

Ein adliger Christ aus Córdoba schreibt um 856:

Vergiftet durch die arabische Beredsamkeit beachten alle unsere jungen Christen [...] die Bücher der Muslime mit höchster Aufmerksamkeit, lesen sie mit größter Spannung und diskutieren über sie höchst interessiert. Sie sammeln sie mit größter Sorgfalt und werben für sie [...], während sie die Schönheit der kirchlichen Literatur nicht beachten und auf den Reichtum der Kirche, der direkt aus dem Paradies stammt, herabsehen, als wäre er die schändlichste Sache der Welt. Welch ein Schmerz! Die Christen sind ihrer eigenen Sprache nicht mächtig, [...] und unter Tausenden findet man kaum einen, der einen einfachen Brief an einen Freund in gutem Latein schreiben könnte.

Hagen Schulze/Ina Ulrike Paul (Hrsg.), Europäische Geschichte. Quellen und Materialien, München 1994, S. 41

1. *Nenne mögliche Gründe, warum die Muslime kaum an der Missionierung der Eroberten interessiert waren (M 2).*
2. *Erörtert, ob die Araber gegenüber Christen und Juden „tolerant" waren (M 2 und M 3).*
3. *Erläutere M 4. Was sagt die Quelle über das Verhältnis zwischen Muslimen und Christen aus?*

Was war wichtig? – Überprüfe deine Kompetenzen!

Merke dir folgende Begriffe!

Christentum: auf Jesus Christus zurückgehende monotheistische Religion. Im Römischen Weltreich (Imperium Romanum) wurde das Christentum nach 391 n. Chr. zur alleinigen → *Staatsreligion*. Das Christentum teilte sich im → *Mittelalter* in einen katholischen und griechisch-orthodoxen Bereich auf.

Islam: Anfang des 7. Jh. von Mohammed gegründete Religion. Das arabische Wort bedeutet die völlige Hingabe der gläubigen Muslime an ihren Gott Allah. Nur derjenige, der diese Hingabe zeigt, gilt als Muslim.

Mittelalter: in der europäischen Geschichte die Zeitspanne von etwa 500 bis 1500. Die mittelalterliche Kultur entwickelte sich auf den Grundlagen der Antike, germanischen Traditionen und des → *Christentums*.

Mönchtum (griech. *monachos*: allein lebend): Menschen, die ein ausschließlich religiös bestimmtes Leben führen wollen, werden Mönche oder Nonnen und gehen in ein Kloster. Grundlage des abendländischen Mönchtums wurde die seit dem 7. Jh. überlieferte Benediktinerregel.

Reichsbildung der Franken: Die Siege der Franken über die römischen Statthalter in Gallien, die Taufe des fränkischen Königs Chlodwig und dessen Bindung an den Papst in Rom bildeten um 500 n. Chr. die Voraussetzungen zur Bildung des Reiches der Franken.

Staatsreligion: eine von den Herrschern für ihre Untertanen festgelegte Form des Glaubens. Ende des 4. Jh. wurde das → *Christentum* im Römischen Weltreich (Imperium Romanum) zur Staatsreligion erklärt. In den muslimischen Staaten ist der → *Islam* bis heute eine Art Staatsreligion.

Völkerwanderung: umfangreiche Wanderungsbewegungen von germanischen Völkern, die ihren Lebensmittelpunkt dauerhaft verlagerten (Migration). Zwischen dem 3. und 6. Jh. n. Chr. drangen sie in die römischen Provinzen ein. Gründe dafür waren Klimaverschlechterungen im Norden, Bevölkerungswachstum, der Einfall der Hunnen sowie die wirtschaftliche Anziehungskraft des Römischen Reiches. Die Anführer der germanischen Völker gründeten auf römischem Boden neue Herrschaftsgebiete. Sie waren oft nur von kurzer Dauer. Die Völkerwanderung trug zum Zerfall des Römischen Reiches bei.

Erinnere dich!

Von der verfolgten zur bevorzugten Religion

In der römischen Kaiserzeit kam es zu Verfolgungen der Christen, da sie den Glauben an viele Götter (Polytheismus) und den Kaiserkult als unchristlich ablehnten. Erst Konstantin I. erkannte das → *Christentum* 313 n. Chr. als gleichberechtigte Religion an. Unter Kaiser Theodosius wurde es 391 n. Chr. alleinige → *Staatsreligion*. Die Christianisierung des Römischen Reiches begann.

Zerfall des Römischen Reiches

Während der → *Völkerwanderung* verließen immer mehr Menschen ihre Heimat in Nord- und Ostmitteleuropa. Sie suchten bessere Lebensbedingungen oder waren von anderen Völkern wie den Hunnen vertrieben worden. Über den Limes drangen sie in das Römische Reich ein. 395 n. Chr. wurde es in ein Ost- und ein Weströmisches Reich aufgeteilt. Im Osten übernahm Konstantinopel das römisch-hellenistische Erbe und wurde zum „zweiten" Rom. Das weströmische Kaisertum endete 476 n. Chr.

Zwei christliche Reiche entstehen

Im Oströmischen Reich (Byzanz) unterstand die griechisch-orthodoxe („rechtgläubige") Kirche dem Kaiser. Er betrachtete sich als Statthalter Christi auf Erden und sorgte dafür, dass Politik und Religion, Staat und Kirche eine Einheit bildeten.
Im Weströmischen Reich hatte der Bischof von Rom die Schwäche der Staatsgewalt genutzt und große Macht erworben. Als Papst beanspruchte er die Führung aller Christen.
Nachdem die Franken den letzten römischen Statthalter beseitigt hatten, verbündete sich ihr König Chlodwig mit dem Papst und ließ sich und sein Gefolge taufen. Damit leitete er die → *Reichsbildung der Franken* ein.
In dieser Zeit des Umbruchs entwickelte das → *Mönchtum* seine besondere Bedeutung. Es trug dazu bei, dass die antike Kultur im → *Mittelalter* fortlebte und das Christentum verbreitet wurde.

Begegnung mit dem Islam

Anfang des 7. Jh. verkündete Mohammed auf der arabischen Halbinsel eine neue Religion: den → *Islam*. Unter seinen Nachfolgern, den Kalifen, reichte das muslimische (zum Islam gehörige) Herrschaftsgebiet von Indien bis nach Spanien. 732 wurde das Vordringen der Araber ins Reich der Franken aufgehalten (Schlacht bei Tours und Poitiers).
In muslimisch regierten Gebieten auf der iberischen Halbinsel wurden Juden und Christen geduldet. Dort entstand durch gegenseitigen Austausch eine hoch entwickelte Kultur.

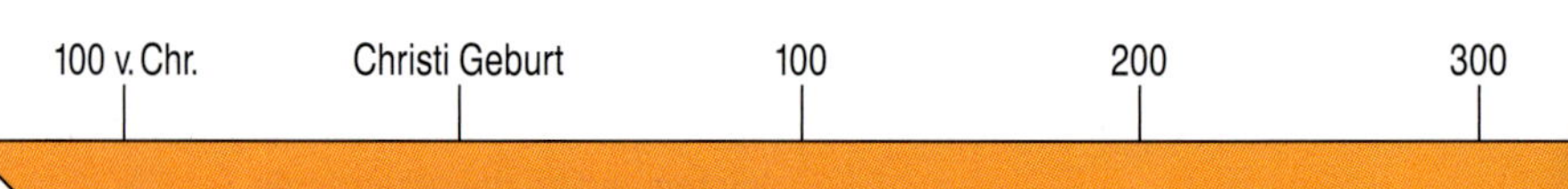

Was war wichtig? – Überprüfe deine Kompetenzen!

1 Merowingische Kirche in Herrsching am Ammersee.
Foto, um 1998.
1982 gruben Archäologen ein frühmittelalterliches Gräberfeld mit vierzehn Einzelgräbern aus der Zeit zwischen 620/30 bis 700 in Herrsching am Ammersee aus. Im Zentrum der Gräber fanden sie das Fundament einer kleinen Kirche. Sie wurde 1995/96 nach den Maßen der Fundamente rekonstruiert.

Du kannst ...
- *beschreiben, wie Rom christlich wurde.*
- *mehrere Gründe für den Zerfall des Römischen Weltreiches angeben.*
- *die drei „Erben Roms“ bei der Aufteilung der Mittelmeerwelt benennen.*

Denke nach! – Urteile kompetent!
- *Überlege, inwiefern Judentum, Christentum und Islam gemeinsame Wurzeln unserer heutigen europäischen Kultur sind.*

Suche Spuren!
Thema für eine Internetrecherche:
- *Weltenburg – das älteste Kloster Bayerns*

Tipps:
Webseiten der Benediktinerabtei Weltenburg und des Hauses der Bayerischen Geschichte (Stichwort: Klöster in Bayern). Weitere Informationen findest du in Museen, die auch Gegenstände aus der römischen Zeit und dem Frühmittelalter zeigen (siehe auch die Hinweise auf Seite 147). Besonders interessante Sammlungen haben:
- *Stadtmuseum Freilassing*
- *Historisches Museum der Stadt Regensburg*
- *Archäologischer Park in Herrsching am Ammersee*
- *Römer und Bajuwaren Museum, Kipfenberg*
- *Niederbayerisches Vorgeschichtsmuseum, Landau*
- *Bajuwarenmuseum Waging am See (Traunstein)*

Erworben und vertieft
Du hast in dem letzten Kapitel neue Anregungen zum Umgang mit Text- und Bildquellen sowie themenbezogenen Karten und antiken Bau- und Kunstwerken erhalten.

Christliche Vornamen

Viele Vornamen gehen zurück auf die Namen von Märtyrern und Märtyrerinnen. Sie starben als „Zeugen des Glaubens“.

Name/Tag	***wann und wo sie lebten***	***wie sie starben***	***ihre Kennzeichen***
Andreas 30. November	Judäa und Griechenland, 1. Jh.	durch Kreuzigung	Andreas-Kreuz
Barbara 4. Dezember	Kleinasien, 3. Jh.	durch das Schwert ihres Vaters	Turm, Schwert
Georg (Jörg, Jürgen) 23. April	Libyen, um 310	gevierteilt und enthauptet	Drache
Katharina (Katrin, Katja) 25. November	Alexandria, um 300	enthauptet	Rad mit Messern und Nägeln
Markus (Marco, Mark) 25. April	Alexandria, 1. Jh.	mit einem Seil zu Tode geschleift	Löwe
Stephan 26. Dezember	Judäa, 1. Jh.	gesteinigt	Buch, Palme

1. *Informiert euch, was über die genannten Zeugen des Glaubens erzählt wird.*
2. *Stellt die Bedeutung und Herkunft eurer Vornamen fest.*

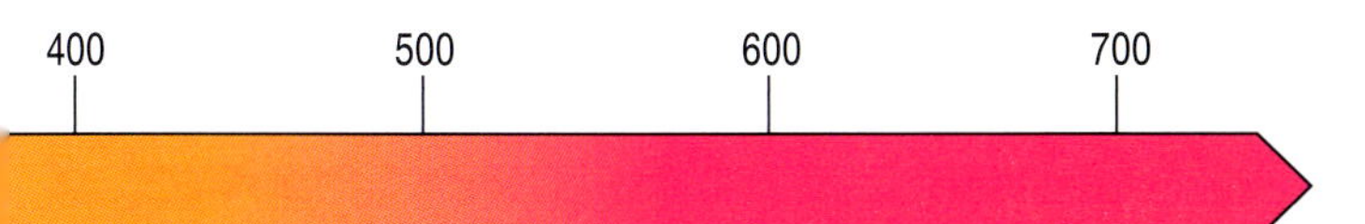

Übertrage die Zeitleiste auf zwei Blätter (100 Jahre = 2,5 cm) und füge ein: wann das Imperium Romanum in einen westlichen und einen östlichen Herrschaftsbereich geteilt wurde, die Hedschra begann und Chlodwig sich taufen ließ.

Jahrgangsstufenbezogene Vertiefungen

Unterwegs mit Boot und Wagen

1 Fellboot.
Rekonstruktion eines 2,5 m langen Fellbootes aus Flechtwerk und Rinderfellen von 1981. Die ersten Boote dieser Art gab es vor 9 000 Jahren.

Transportprobleme gelöst

Als die Menschen sesshaft wurden und Handel trieben, reichte es bald nicht mehr, Lasten mit Astgabeln oder Matten zu schleifen oder zu ziehen, um Holz für den Hausbau, Material für die Großsteingräber oder Waren von einem Ort zum anderen zu transportieren.* Unsere Vorfahren lösten die Probleme meisterhaft: Sie bauten Boote und erfanden Rad und Wagen.

** Siehe dazu die Abb. 2 auf Seite 56.*

2 Ein Schiff wird beladen.
Zeichnung nach einer Vorlage von 1450 v. Chr.
Die Ägypter fuhren mit ihren 40 bis 50 m langen Segelschiffen auf dem Nil und entlang der Küsten auf dem Meer. Die erste Hochseefahrt soll 2400 v. Chr. stattgefunden haben.
Eine Rekonstruktionszeichnung eines griechischen Frachtschiffes findest du auf Seite 87.

Boote, Flöße, Segler

Auf den Binnengewässern setzten sie seit der Steinzeit Boote und Flöße ein. Dabei spielten Einbäume (ausgehöhlte Baumstämme) und Fellboote über Jahrtausende eine wichtige Rolle. Die Ägypter bauten bereits richtige Frachtsegler. Für die Griechen und Römer war der Seeweg die günstigste Möglichkeit, Massengüter wie Getreide, Wein, Olivenöl und Keramik zu transportieren. In ihren Provinzen setzten die Römer auch Binnenschiffe ein. Die Donau und der Rhein mit ihren Nebenflüssen waren für sie die wichtigsten Verkehrswege.

3 Römisches Weinschiff.
Grabmal eines Weinhändlers, Neumagen (Rheinland-Pfalz), 3. Jh. n. Chr.
Solche Flussschiffe konnten etwa 60 t Fracht aufnehmen.

Karren und Wagen

Die ersten zweirädrigen Karren und vierrädrigen Wagen wurden vor rund 5 000 Jahren gebaut. In Deutschland, Dänemark, den Niederlanden und anderen europäischen Staaten fand man Wagenteile, die genauso alt sind wie die Wagen aus dem Vorderen Orient. Sie belegen, dass Rad und Wagen an mehreren Orten der Welt etwa gleichzeitig erfunden wurden.** Auch die Ägypter kannten Rad und Wagen, benutzten für den Landtransport besonders schwerer Lasten aber auch Schlitten.
Menschen, Ochsen oder Maultieren zogen Karren und Wagen. Sie brauchten Wege und Brücken. In Moor- oder Sumpfgebieten legten schon die Steinzeitmenschen kilometerlange Bohlenwege an. Ein festes Straßennetz mit Brücken errichteten erst die Griechen und Römer.

*** Lies dazu nochmals Seite 26.*

M 1 Mit dem Schlitten transportiert.
Ägyptische Grabmalerei, um 2000 v. Chr.
Die Schlitten glitten auf vorbereiteten Rampen, die mit feuchtem Nilschlamm bestrichen wurden.

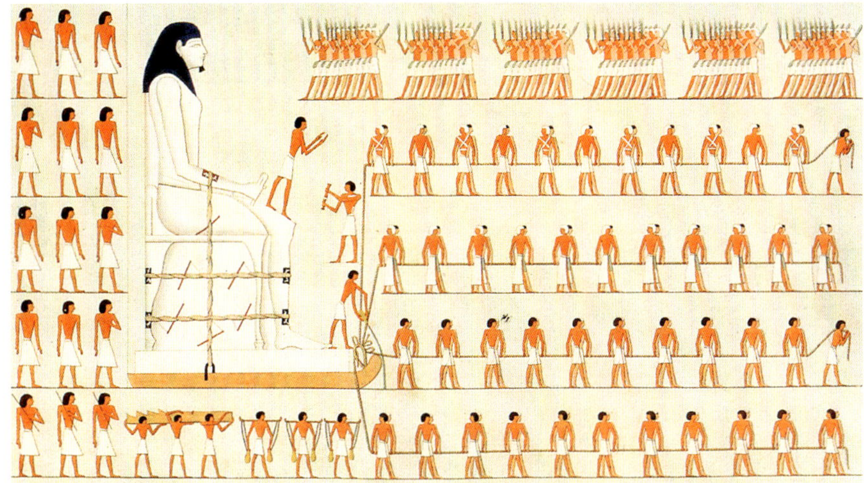

M 3 Prunkwagen aus Syrien.
Das Modell stammt aus dem 3. Jt. v. Chr., es ist aus Kupfer, 21,8 cm lang und 6,2 cm hoch.

M 2 Wege durch das Moor.
Foto, um 2000.
Diese Pfahlweg wurde um 4680 v. Chr. im heutigen Landkreis Vechta (Niedersachsen) angelegt.

M 4 Griechischer Lastwagen mit zwei Maultieren.
Vasenmalerei, um 550 v. Chr.

→Lesetipp:
Peter James/Nick Thorpe, Keilschrift, Kompass, Kaugummi. Die Enzyklopädie der frühen Erfindungen, Köln 2010

M 5 Römische Straße.
Foto aus Klais (Landkreis Garmisch-Partenkirchen) von 2001.
Die Abbildung eines römischen Reisewagen findest du auf Seite 145.

1. *Beschreibt die auf M 1 dargestellte Transportweise. Vergleicht sie mit den auf den Seiten 35 und 56 gezeigten Beförderungsarten.*
2. *Sucht weitere Abbildungen von Transportfahrzeugen aus der Frühgeschichte und der Antike. Gestaltet ein Poster, das die Bedeutung dieser Fahrzeuge erkennen lässt.* Lerntipp
3. *Stellt euch unser Leben ohne Rad und Wagen vor. Worauf müsstet ihr verzichten?*

Höhlen, Hütten und Häuser

1 Wo der Neandertaler gefunden wurde.
Zeichnung der Neanderhöhle bei Düsseldorf, um 1835.
Höhlen und Felsdächer wurden zu allen Zeiten von Menschen bewohnt. Als Wohnraum dienten meistens nur die Eingangspartie und der Höhlenvorplatz, da die Innenräume zu feucht und zu dunkel waren.

Wo und wie die Menschen früher wohnten

Seit unsere Vorfahren in Afrika die Bäume verließen und sich die Savannen Afrikas, später sogar die von der Eiszeit geprägten Gebiete Europas und Asiens als Lebensraum erschlossen, wurde die Frage der Behausung für sie immer wichtiger. Denn sie benötigten Schutz vor Feinden und einen Platz, an den sie sich bei Regen, Kälte, Hitze und Unwetter zurückziehen und an dem sie ihre Kinder aufziehen konnten.
Die Frage, wo ein solcher Wohnplatz am besten errichtet wurde, wie und aus welchen Materialien er gebaut wurde und wie er schließlich aussehen sollte, haben die Menschen in den verschiedenen Epochen unterschiedlich beantwortet.

1 See, Altwässer, Fluss
2 versumpfte Auen mit Schilfdickicht, Ried sowie Weidengebüs
3 Vegetation in Tallage, meist Weidengebüsch und -dickicht
4 artenreiche Auenwälder mit Erlenbruch
5 lichter Eichen- und Buchsbaumwald mit Eibenbestand
6 vorwiegend Gebüschfluren mit Buchsbaum, Feuerdorn, Flied Kornelkirsche, Hasel, Berberitze, Wacholder usw.
7 offene Steppenwiesen
× Lagerplatz

2 Bilzingsleben – der älteste Wohnplatz im heutigen Deutschland.
Siedlungsspuren und Schädelfunde deuten darauf hin, dass im heutigen Bilzingsleben in Thüringen bereits vor 400 000 Jahren Menschen siedelten.

3 Hütten von Bilzingsleben.
Rekonstruktionsversuch, um 2000.
Archäologen nehmen heute an, dass die Menschen damals in mit Schilf und Zweigen abgedeckten Hütten wohnten, die einen Durchmesser von 3 bis 4 m hatten.
Vergleicht die Hütten mit den Zelten der Eiszeitjäger (siehe M 1 und M 2 auf Seite 20).

M 1 Siedlung Çatal Hüyük in Anatolien (Türkei).
Computersimulation von Burkhard Detzler, um 1996.
Diese jungsteinzeitliche Ansiedlung entstand vor etwa 9 000 Jahren und gilt als eine der ältesten Städte der Welt. (Zur Lage siehe die Karte auf Seite 25.) Die Zahl der Bewohner wird auf bis zu 10 000 geschätzt. Die Häuser wurden aus luftgetrockneten Lehmziegeln errichtet, die Wände und das Dach mit Lehm verputzt. Die Grundfläche dieser Häuser beträgt durchschnittlich 6 x 4,5 m, die Höhe 3 m. Im Gegensatz zu den später entstandenen Städten an Euphrat und Tigris gab es in Çatal Hüyük keine großen öffentlichen Bauten wie Tempel. Die Siedlung hatte keine Straßen und großen Plätze, der „Verkehr“ lief über die flachen Dächer der einstöckigen Häuser.

M 2 Siedlung in Regensburg-Harting.
Modell eines Wohnplatzes (Ausschnitt), um 1980.
In Mitteleuropa wurden vor etwa 8 000 Jahren erstmals Häuser errichtet. Sie waren zwischen 25 und 35 m lang, 6 bis 8 m breit und vermutlich 5 m hoch. Die Wände dieser Langhäuser bestanden aus lehmverputztem Flechtwerk. Ein Dorf hatte in der Regel vier bis sechs Häuser.

→Exkursionstipps:
- *Federseemuseum, Bad Buchau (Kreis Biberach)*
- *Pfahlbaumuseum, Uhldingen-Mühlenhofen-Unteruhldingen*

M 3 Pfahlbaudorf in Unteruhldingen am Bodensee.
Foto von 1996.
Am Bodensee sind zwischen 4000 und 850 v. Chr. Pfahlbauten nachgewiesen. Diese Häuser waren etwa 4 x 6 m groß. Sie standen zum Schutz vor Hochwasser auf langen Holzpfählen am Ufer, aber nicht – wie lange Zeit angenommen – mitten im Wasser. Außer diesen Häusern gab es auch Pfahlbauten, deren Fußboden direkt auf der Erde lag.

Stellt euch vor, ihr lebt in einer Wildbeuterfamilie in einer Höhle (siehe Abb. 1, Seite 182) und kommt auf einer Wanderung zu einer der abgebildeten Siedlungen (M 2 oder M 3). Berichtet euren Freunden, wie die Menschen dort wohnten.

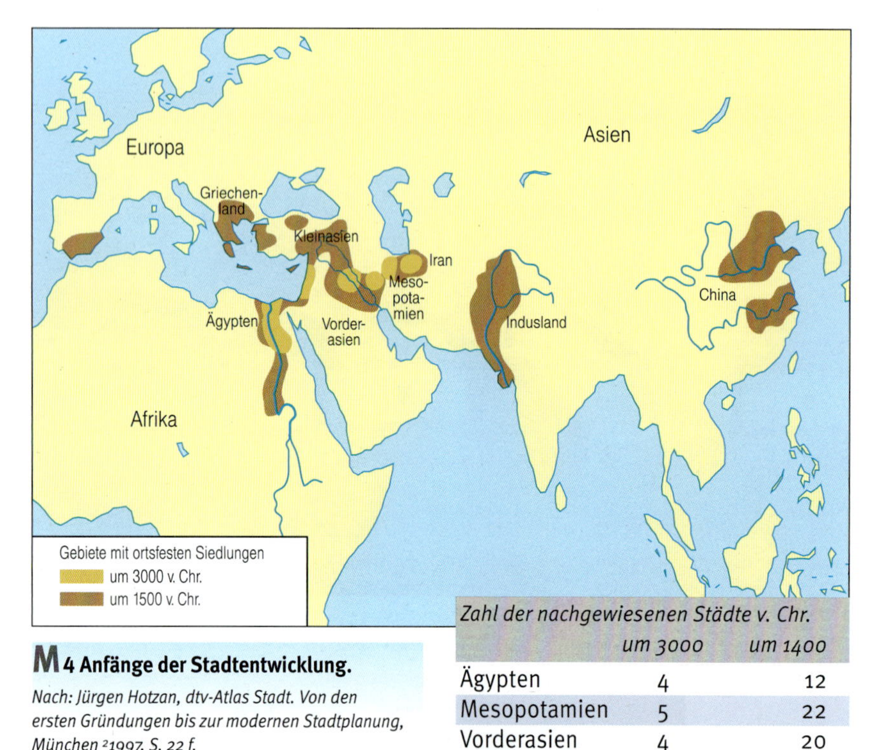

M 4 Anfänge der Stadtentwicklung.

Nach: Jürgen Hotzan, dtv-Atlas Stadt. Von den ersten Gründungen bis zur modernen Stadtplanung, München [2]1997, S. 22 f.

Zahl der nachgewiesenen Städte v. Chr.	*um 3000*	*um 1400*
Ägypten	4	12
Mesopotamien	5	22
Vorderasien	4	20
Iran	2	5
Kleinasien	–	9
Kreta	–	4
Griechenland	–	10
Indusland	–	10

M 6 Grundriss der Stadt Ur in Mesopotamien im 3. Jt. v. Chr.

Rekonstruktionsversuch, um 1980.
In Ur lebten zeitweise mehr als 30 000 Menschen. Oben links ist der quadratische Tempelbereich zu sehen.

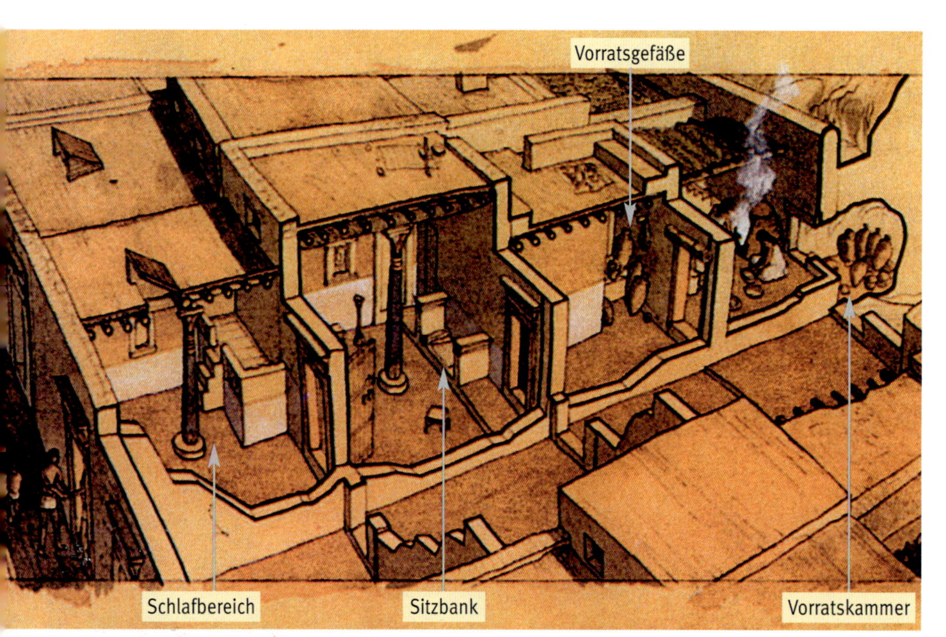

M 5 Haus einer ägyptischen Siedlung, um 1500 v. Chr.

Rekonstruktionszeichnung von Jean-Claude Golvin, 2002.
In Deir el Medineh (Theben) legten Archäologen etwa 70 solcher Häuser frei, die ältesten entstanden um 1525 v. Chr., die jüngsten um 1070 v. Chr. Handwerker und Arbeiter, die die Grabanlagen der Pharaonen bauten, bewohnten sie. Die Häuser waren zwischen 20 und 70 qm groß.

1. *Nennt Gründe, weshalb die Menschen sich an bestimmten Orten niedergelassen haben. Seht euch dazu M 4, die Karte des Lagerplatzes von Bilzingsleben (Abb. 2, Seite 182) und die Karte Ägyptens (Abb. 1, Seite 36) genau an.*
2. *Vergleicht den Grundriss und Aufriss des ägyptischen Arbeiterhauses (M 5) mit dem Häuserblock aus Priene aus dem 5. Jh. v. Chr. (siehe Abb. 1, Seite 82) und einem römischen Geschäfts- und Wohnhaus (M 1, Seite 134). Nennt die Unterschiede der Bauweise.*
3. *Findet die Unterschiede zwischen M 6 und dem Grundriss von Alexandria (M 3, Seite 96) heraus.*
4. *Bereits um 3000 v. Chr. gab es Städte in Vorderasien (Jericho), Mesopotamien (Ur) und im Iran (Susa). Tragt Informationen über Einwohnerzahl, Anlage und Merkmale einiger Städte zusammen und erstellt ein Poster.* Lerntipp

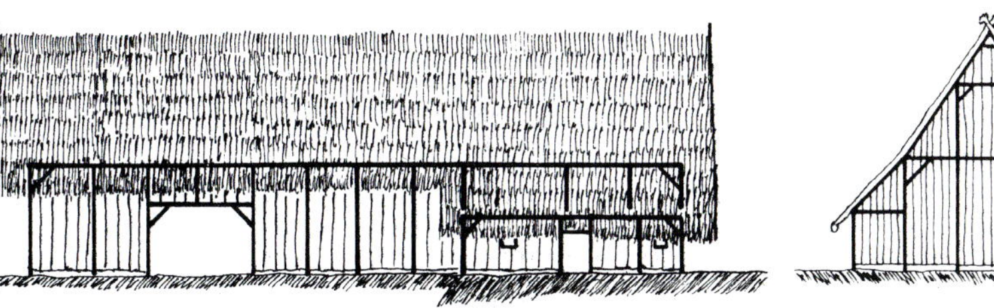

M 7 Bajuwarisches Haus aus dem 7. Jh.
Modell und Zeichnungen, um 1988.
Die in der zweiten Hälfte des 7. Jh. in Kirchheim bei München angelegten Häuser waren etwa 6 m breit und bis zu 20 m lang und vermutlich 8 bis 10 m hoch.

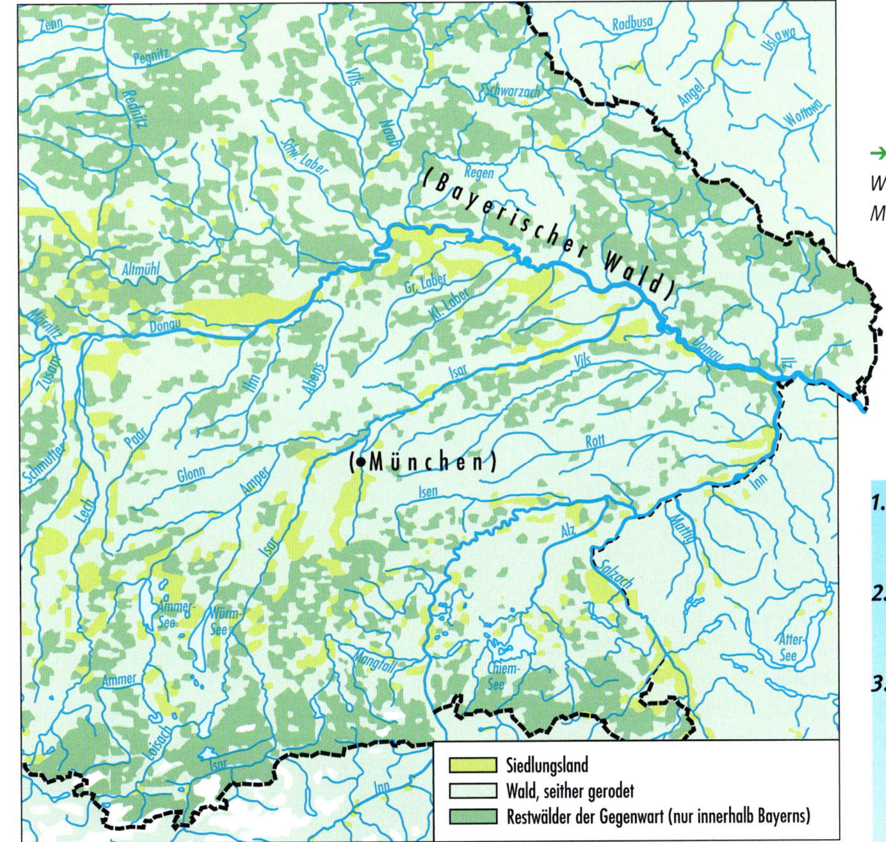

M 8 Siedlungsland und Wald im Land der Bajuwaren im 6. Jh.

*→**Lesetipp:** Susanna Partsch, Wie die Häuser in den Himmel wuchsen, München 1999*

1. *Nennt die Materialien, mit denen die Häuser der Bajuwaren gebaut wurden (M 7).*
2. *Vergleicht M 7 mit einem römischen Gutshof (siehe Abb. 1, Seite 144). Nennt die auffallendsten Unterschiede.*
3. *Ortsnamen mit dem Bestandteil „walch"/„walchen"/„welsch"/„welschen" deuten auf Orte hin, in denen auch nach 488 Römer lebten. Ortsnamen auf „-ham", „-heim" oder „-ing" deuten auf germanisch-bajuwarische Ortsgründungen hin. Sucht in einem Atlas Orte mit solchen Namen in Bayern.*

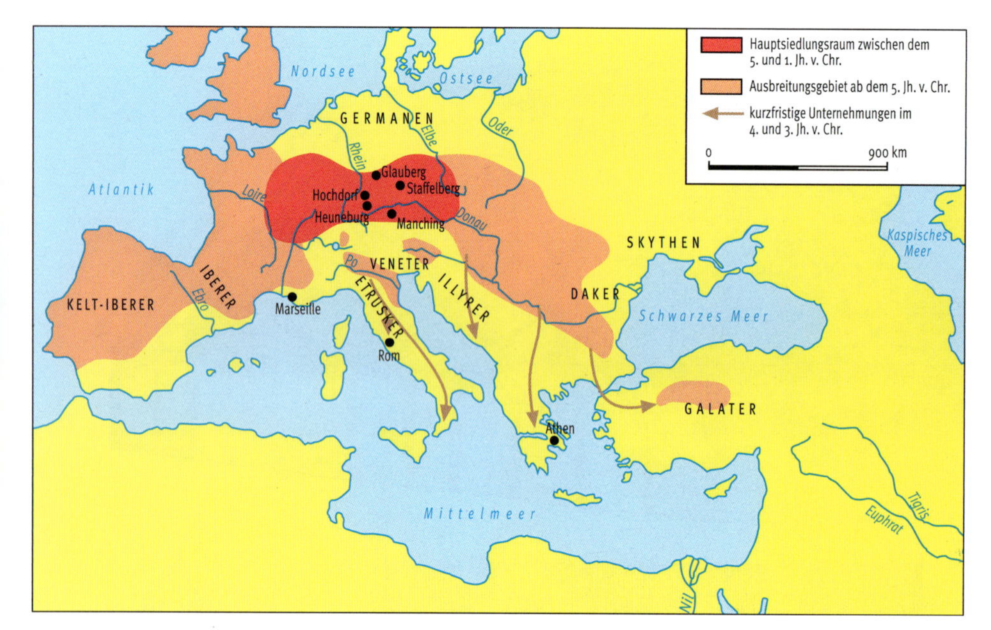

1 **Wo die Kelten lebten.**

Keltische Verhältnisse

Archäologische Funde zeigen, dass es unter den Kelten Menschen mit hohem und niedrigem Ansehen gab. An der Spitze der keltischen Stämme standen Anführer, die später von Geschichtsschreibern als „Fürsten“ bezeichnet wurden. Sie erhielten nach ihrem Tod Hügelgräber. Das sind Grabkammern unter aufgeschütteten Erdhügeln.*

Zu den einflussreichsten Mitgliedern der keltischen Bevölkerung gehörten die *Druiden* („die sehr Weisen“). Diese Männer und Frauen galten als Mittler zwischen den Göttern und den Menschen. Sie spendeten den Göttern im Auftrag der Gemeinschaft Opfer, sprachen Recht, erzogen die Jugend und befassten sich mit Heilkunst, Sternenkunde und Zukunftsdeutung.

Als Zeichen der keltischen Religion gelten die „Viereckschanzen“. Ihre Reste finden sich in Süddeutschland und Nordfrankreich.

*Siehe Seite 149, M 7.

Tapfere Kelten

Wer waren die Kelten?

Die ältesten schriftlichen Informationen über die Kelten, die nördlich der Alpen lebten, stammen von griechischen Gelehrten aus dem 6./5. Jh. v. Chr. Genaueres über sie erfahren wir aber erst von den Römern ab dem 1. Jh. v. Chr. Sie nannten die Kelten „Galli“ oder „Celtae“. Anlass für die Berichte über sie waren meist Kriege. Der Name bedeutet wohl so viel wie „die Tapferen“.

Auf ihren Kriegszügen, Wanderungen und Handelsreisen fanden die Kelten den Kontakt zum Mittelmeerraum. Von den Griechen und Römern lernten sie, wie man befestigte Höhensiedlungen und Städte anlegt. Die Heuneburg bei Sigmaringen und Manching bei Ingolstadt sind bedeutende Beispiele dafür. Sie lagen an wichtigen Handelswegen.

Zu den besonderen Fähigkeiten der Kelten gehörte die Verarbeitung von Eisen. Sie verbesserten die Erzgewinnung und -verarbeitung. Ihre Eisenwaren waren überall begehrt. Mit ihren eisernen Werkzeugen konnten die Felder besser bestellt, die Hausarbeit erleichtert und die Handwerksarbeit verfeinert werden. Keltische Schwerter galten als besonders scharf. Außerdem handelten die Kelten mit Salz, Fellen und Menschen. Eine Schrift entwickelten sie nicht. Deshalb wird die Geschichte der Kelten noch zur Vor- und Frühgeschichte gerechnet, genauer zur Eisenzeit.

2 **Staffelberg bei Bad Staffelstein (Oberfranken).**
Luftbild, um 1990.

3 **„Viereckschanze“ bei Laibstadt in Mittelfranken.**
Luftbild von 1982.
Die Anlagen galten lange Zeit als „heilige Plätze“, auf denen die Kelten ihren Göttern dienten und opferten, darunter auch Menschen. Inzwischen erklärten Archäologen, dass sie auch ganz gewöhnliche Siedlungsplätze sein könnten.

Seit Anfang des 20. Jh. werden Luftbilder als Hilfsmittel der archäologischen Forschung eingesetzt. Beschreibt, was auf dem Luftbild zu erkennen ist.

Erinnerungen

Die Kelten errichteten im 3./2. Jh. v. Chr. nördlich der Alpen die ersten stadtartigen Siedlungen. Sie entstanden auf Bergrücken oder an wichtigen Verkehrswegen. Oft gab es in ihrer Nähe Rohstoffe wie Erze oder Salz. Die Römer nannten sie *oppida* (von lat. *oppidum*: „befestigter Ort“).

Eine Reihe von Ortsnamen erinnert noch heute an keltische Ursprünge, z. B. Kandern und Istein. Keltisch sind auch die Flussnamen Rhein, Ruhr, Main, Neckar, Donau, Lech und Isar.

In einer keltischen Stadt

Den besten Eindruck vom „städtischen“ Leben der Kelten in Europa vermittelt das Oppidum bei Manching. Das 380 Hektar große Siedlungsgebiet liegt bei Ingolstadt. Es wurde von einer sieben Kilometer langen Stadtmauer umgeben. Hier lebten 5 000 bis 10 000 Menschen.

Obwohl erst zwölf Hektar des Siedlungsgebietes untersucht worden sind, geben schon die bisherigen Funde Hinweise auf das Leben seiner Bewohner. Dort standen mehrere Heiligtümer, viele Wohnhäuser und bäuerliche Betriebe sowie zahlreiche Werkstätten. Offensichtlich gab es richtige Handwerkerviertel, in denen sich Schmiede, Gerber und Töpfer niedergelassen hatten. Sie haben nicht nur für den eigenen Bedarf, sondern auch für fremde Abnehmer produziert. Überreste belegen, dass die Kelten Goldschmiedearbeiten ausführten und Armreifen aus Glas herstellen konnten. Münzfunde beweisen, dass sie vom Tauschhandel zur Geldwirtschaft übergegangen waren. Die Anregung dazu erhielten die Kelten im 3. Jh. v. Chr. von den Griechen.

Nach der Mitte des 1. Jh. v. Chr. verlor das Oppidum bei Manching an Bedeutung. Als die Römer 15 v. Chr. das Alpenvorland eroberten, standen nur noch Reste der verfallenen Stadtmauer. Warum die Menschen die Stadt verlassen hatten, wissen wir bis heute nicht.

4 Rohstoffe und Handelswege um 800 v. Chr.

5 Werkzeuge aus keltischen Werkstätten, 2. bis 1. Jh. v. Chr.
Foto, um 2000.
An welche Werkzeuge erinnern die Vorlagen?

6 Osttor des Oppidums bei Manching.
Modell, um 1990.

→ ***Exkursionstipp:*** *Kelten-Römer-Museum, Manching*

→ ***Lesetipp:*** *Anne Bernhardi/Birgit Fricke, Die Kelten. Verborgene Welt der Barden und Druiden, Hildesheim 2010*

M 1 Ein sensationeller Fund

1977 entdeckt eine Lehrerin im Eberdinger Ortsteil Hochdorf im Landkreis Stuttgart ein besonderes Grab. Es wird ausgegraben und untersucht. Der Grabhügel ist 6 m hoch und hat einen Durchmesser von etwa 60 m. In der 11 x 11 m großen Kammer des Hauptgrabes liegt der Leichnam eines etwa 40-jährigen Mannes. Er ist um 550 v. Chr. bestattet worden. Bei dem Toten und in seiner Grabkammer findet man unter anderem:

- eine fahrbare bronzene Totenliege
- einen Halsring aus Goldblech, einen goldenen Armreif
- Spangen aus Gold und Bronze, Goldbänder von Schuhen
- einen goldverzierten Bronzedolch
- einen Hut aus Birkenrinde
- einen Nagelschneider, einen Holzkamm und ein Rasiermesser aus Eisen
- einen Köcher mit Pfeilen und drei Angelhaken
- einen mit Eisenteilen beschlagenen vierrädrigen Wagen sowie Zaumzeug und Pferdegeschirr
- ein Speiseservice aus Bronze für neun Personen
- ein Trinkhorn mit Goldblechverzierung und acht einfachere Trinkhörner
- einen mit Löwen verzierten Bronzekessel, der offensichtlich aus Griechenland stammt und 500 Liter fasst
- fünf Bernsteinperlen

Angaben zusammengestellt nach: Jörg Biel, Der Keltenfürst von Hochdorf, Stuttgart [4]1998, S. 61 ff.

M 2 Die Grabkammer von Hochdorf während der Ausgrabung.
Foto um 1978.
Am oberen Bildrand ist die Totenliege, im Vordergrund der zusammengebrochene Wagen zu sehen.

→***Lesetipp:*** *Simone Stork/Franziska Mattlinger, KEL TOI: Mit Fionn auf Spurensuche, Eberdingen 2011 (Schriftenreihe des Keltenmuseums Hochdorf, Bd. 9)*

M 3 Nachbau der Grabkammer von Hochdorf.
Foto, um 1985.

1. *Nennt die Fundstücke, die auf Fernhandel schließen lassen (M 1).*
2. *Erläutert die Grabbeigaben (M 1). Unterscheidet zwischen den persönlichen Dingen und den Gegenständen, die die besondere Stellung des Toten zeigen sollten.*
3. *Legt eine Liste der Materialien an, aus denen die Fundstücke hergestellt wurden (M 1).*
4. *Prüft, welche Materialien die Archäologen und Restauratoren beim Nachbau der Grabkammer ergänzen mussten (M 1 und M 2).*

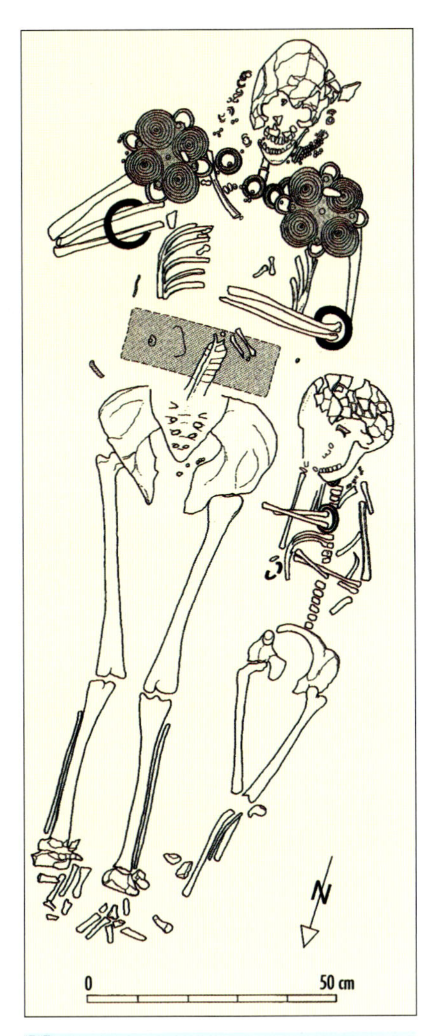

M 4 Die „Bernsteinfrau" und ihr Kind.
Zeichnung der Fundstücke, die 1988 in einem Hügelgrab bei Niedererlbach im Isartal gemacht wurden. Archäologen fanden heraus, dass die Frau im 6. Jh. v. Chr. lebte und etwa 30 Jahre alt war, als sie starb. Sie ist zusammen mit ihrem etwa 6- bis 7-jährigen Kind bestattet worden.

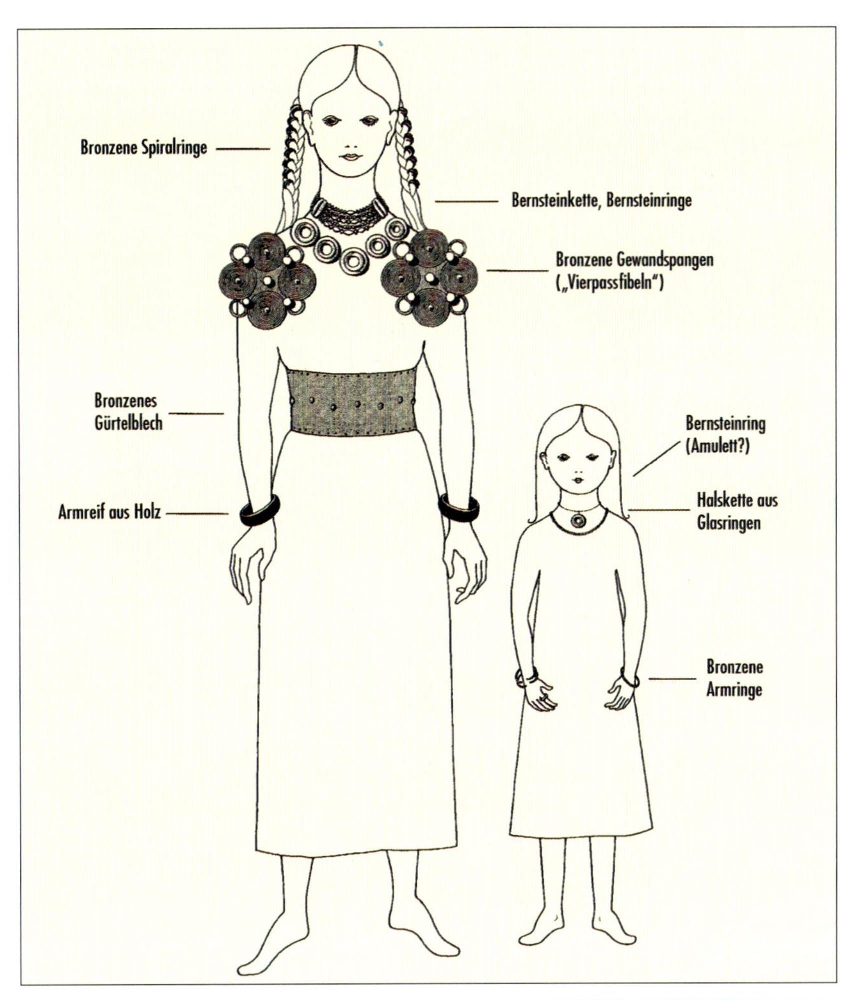

M 5 Die rekonstruierte Kleidungen der „Bernsteinfrau" und ihres Kindes.

M 6 Kette der „Bernsteinfrau".

1. *Fibeln hielten das Gewand zusammen und waren gleichzeitig Schmuckstücke. Nenne Gegenstände, die diese Funktion heute erfüllen.*
2. *Prüft, ob Bernstein aus keltischen Gebieten stammt (siehe Abb. 1, Seite 186). Welche Schlüsse könnt ihr daraus ziehen?*
3. *Informiert euch über die Muster und Farben der keltischen Kleidung. Hinweise findet ihr bei den Asterix-Figuren (siehe Seite 122). Übertragt danach die Zeichnung M 5 in euer Heft und malt sie bunt aus.*
4. *Erfindet zur „Bernsteinfrau" eine Geschichte, die im 6. Jh. v. Chr. spielt.*

Leben nach dem Tod?

1 Hockerbestattung.
Foto von 1995.
In Göttingen-Grone (Niedersachsen) wurde dieses Grab 1995 entdeckt. Es ist etwa 7 000 Jahre alt.
Die Gebeine des etwa 50 Jahre alten Mannes wurden in der für die damalige Kultur typischen Totenhaltung aufgefunden: auf der linken Körperseite liegend, beide Beine angezogen, die Arme vor der Brust angewinkelt, die Hände am Kinn. Nach der Haltung mit „angehockten" Beinen wird diese Totenlage „Hockerbestattung" genannt. Hinter dem Kopf steht ein zerbrochenes Gefäß, vor dem Kinn liegen Feuersteinklingen.

2 Ein ägyptisches „Totengericht".
Teil einer Sargmalerei, um 800 v. Chr.

Der Tod ist nicht das Ende

Schon die Steinzeitmenschen hofften, nach ihrem Leben auf der Erde in eine andere Welt überzuwechseln. Die Vorstellungen der Menschen davon, wie das Weiterleben im Jenseits aussehen könnte, sind vielfältig und änderten sich im Laufe der Zeit. Sie waren abhängig von den Glaubensvorstellungen und Lebensverhältnissen.

Eine Bestattung in der Jungsteinzeit

Etwa 30 Männer, Frauen und Kinder kommen vor 7 000 Jahren über einen schmalen Pfad zu einer kleinen Lichtung. Vor einer frisch ausgehobenen Grube bleibt die Gruppe stehen. Die Angehörigen tragen den bekleideten Leichnam nach vorne. Sorgfältig betten sie ihn in „Hockerstellung" ins Grab: den Kopf nach Osten, der aufgehenden Sonne zugewandt. Danach legen sie dem Toten wertvolle Gegenstände ins Grab: zehn Feuersteinklingen in einem Behälter aus Leder, eine aus Felsgestein geschliffene Hacke und ein Tongefäß mit Nahrung. Nachdem das Grab mit Erde aufgefüllt ist, gehen die Menschen still wieder in ihre Siedlung zurück. So oder so ähnlich könnte sich ein Begräbnis in der Jungsteinzeit abgespielt haben. Warum die Menschen damals so handelten, wissen wir bis heute nicht genau.

Religiöse Vorstellungen der alten Ägypter

Die alten Ägypter hatten eine vielfältige Götterwelt (Polytheismus) und besondere Vorstellungen vom Tod und dem Leben danach. Jeder Verstorbene musste während eines „Totengerichts" den Göttern sein Leben erzählen. Sein Herz wurde dazu auf eine Waage gegen das Symbol der *Maat* (= Wahrheit, Gerechtigkeit und Ordnung), eine Feder, abgewogen. Hatte der Verstorbene ein schlechtes Leben geführt, wurde er von einem Monstrum mit Krokodilskopf, Löwenrumpf und Nilpferdhinterteil verschlungen und damit endgültig getötet. War seine Lebensführung gut und gerecht, kam er in die Welt der Götter, in der er sein Leben ohne Schrecken, Streit und Sorgen weiterführen durfte.

1. *Außer dem Menschen hat kein anderes Lebewesen religiöse Ideen hervorgebracht. Sprecht über diese Behauptung und tragt mögliche Gründe dafür zusammen. Beachtet dabei die Darstellung und Abb. 1.*
2. *Vergleicht Abb. 2 mit M 1 auf Seite 52 f. und beschreibt, welche Szene des „Totengerichts" hier dargestellt wird.*

3 Der Totenfährmann Charon.
Zwei Schattengestalten schreiten auf Charon zu. Detail eines römischen Sarkophages, 3. Jh. n. Chr.

Griechische Vorstellungen

Wie die Ägypter glaubten auch die Griechen an viele Götter. Über das Leben nach dem Tod hatten sie allerdings eigene Vorstellungen. Für sie stiegen die Verstorbenen in das finstere Reich der Toten unter der Erde, wo sie zunächst ein willenloses Schattendasein führten. Ihre Seelen setzte der Fährmann Charon über die Flüsse hinweg, die die Unterwelt umgeben. Drei Totenrichter erwarteten die Verstorbenen. Sie prüften ihr Leben und entschieden: Die Frommen kommen in den vom Strom des Vergessens (*Lethe*) umflossenen „Himmel" (*Elysium*). Die Frevler, die die Götter missachtet haben, werden dagegen in das von einer dreifachen Mauer umschlossene Schattenreich (*Tartaros*) gestoßen, das von einem Feuerstrom umgeben ist.

Hausaltar und Staatskult bei den Römern

Die Menschen im Römischen Weltreich glaubten daran, die Göttinnen und Götter gnädig stimmen zu können. Durch Gebete und Opfer hofften sie, Gefahren abzuwehren und Fehler wiedergutzumachen.
Die vornehmen Familien, die die Priester und Priesterinnen stellten, hatten ihre Hausgötter: die *Laren*. Sie behüteten Flure und Wege. Die *Penaten* wachten über die Vorratskammer. Sie wurden täglich an einem Hausaltar verehrt.
Neben diesen privaten Glaubenspraktiken gab es öffentliche Religionshandlungen. So wurden beispielsweise die Götter vor Kriegsentscheidungen befragt. Deren Willen deuteten *Auguren* beispielsweise aus dem Fressverhalten heiliger Hühner. Der Glaube der Römer war stark auf das Diesseits gerichtet. Er sollte die Familie sichern und den Staat stärken.

Römische Jenseitsvorstellungen

Die Römer aus angesehenen Familien ließen ihren Verstorbenen prunkvolle Grabmäler errichten, in die sie Geschirr, Schmuck, Öllampen, Spiegel oder Münzen legten.
Ihre Vorstellungen vom Jenseits waren nicht so anschaulich wie die ägyptischen oder griechischen. Eines stand für die Römer allerdings fest: Die Seele ist unsterblich. Sie stellten sich vor, dass sie wie ein Vogel im menschlichen Körper gefangen ist und nach dem Tod davonfliegt. Um in den Himmel zu gelangen, war es notwendig, sich im Leben tadellos zu verhalten. Sonst musste die Seele auf der Erde ziellos umherirren.

Was Juden, Christen und Muslime glauben

Die Christen glauben – wie die Juden und die Muslime – nur noch an einen einzigen Gott (*Monotheismus*). Ihr religiöses Handeln richten sie auf das Leben nach dem Tod aus. Gemeinsam ist den drei Religionen die Vorstellung von der Unsterblichkeit der Seele, die nach dem Tod aufersteht. Der Verstorbene wird beim Jüngsten Gericht von Gott entweder belohnt oder bestraft. Der Gute kommt in das himmlische Paradies, der Schlechte in die Hölle.

4 Hausaltar aus Pompeji, 1. Jh. n. Chr.
In der Mitte des Bildes steht das Familienoberhaupt, der „pater familias", in der Toga, die er zum Opfern über den Kopf gezogen hat. In der Linken hält er ein Weihrauchkästchen, in der Rechten eine Spendenschale. Neben ihm tanzen zwei Hausgötter. Die Schlange stellt den Schutzgott (genius) des Hausherrn dar.

Lerntipp
Gestaltet ein Poster, auf dem Gemeinsamkeiten und Unterschiede der verschiedenen Jenseitsvorstellungen einander gegenübergestellt sind.

M1 Odysseus in der Unterwelt

Im elften Gesang der „Odyssee“ von Homer (siehe Seite 67) steigt Odysseus in die Unterwelt hinab:

Und weiter sah ich den Tantalos in harten Schmerzen, stehend in einem See, der aber schlug ihm bis ans Kinn. Und er gebärdete sich, als ob ihn dürste, und konnte ihn doch nicht erreichen, um zu trinken. Denn sooft der Alte sich bückte und zu trinken strebte, sooft verschwand das Wasser, zurückgeschlürft, und um seine Füße wurde die schwarze Erde sichtbar [...]. Und hochbelaubte Bäume gossen ihm Frucht über das Haupt herab: Birnen, Granaten und Apfelbäume mit glänzenden Früchten, und Feigen, süße, und Oliven in vollem Saft: Doch sooft der Greis sich aufrichtete, um sie mit den Händen zu ergreifen, riss sie ein Wind zu den schattigen Wolken.

Homer, Die Odyssee, deutsch von Wolfgang Schadewaldt, Reinbek 1958, S. 153

M2 Gute Seelen – schlechte Seelen

Der römische Staatsmann Cicero (106-43 v. Chr.) schreibt in seinem Werk „De re publica“ (dt. „Vom Gemeinwesen“):

Aber das Beste, das es gibt, sind die Bemühungen um das Wohl des Vaterlandes. Lässt du deine Seele davon umtreiben und übst du sie darin, wird sie schneller an diesen Sitz und an ihre Wohnstätte fliegen. [...]
Denn die Seelen derer, die sich den leiblichen Gelüsten hingegeben und sich gleichsam als deren Diener angeboten haben und unter dem Trieb ihrer ungezügelten, den sinnlichen Lüsten frönenden Leidenschaften göttliches und menschliches Recht verletzt haben, schweben, den Körpern entronnen, unmittelbar um die Erde herum und kehren an diesen Ort erst zurück, wenn sie in vielen Jahrhunderten umhergetrieben worden sind.

Cicero, De re publica 6,29, übersetzt von Karl Büchner, Stuttgart 2001

M5 Die Himmelfahrt Mohammeds.
Buchillustration von 1436.

M3 Gierig nach Unsterblichkeit?

Der römische Gelehrte Plinius d. Ä. (22/23 bis 79 n. Chr.) meint in seiner „Naturkunde“:

Welche Substanz hat aber die Seele an sich? Aus welchem Stoff besteht sie? Wo ist ihr denkendes Bewusstsein? Wie sieht, hört oder fühlt sie? Welchen Gebrauch macht sie davon, oder was ist, ohne diese Eigenschaften, ihr Vorzug? Wo endlich ist ihr Sitz und wie groß ist die Zahl der Seelen oder Schatten seit so vielen Jahrhunderten? Alles dies sind gehaltlose Auswüchse kindischer Schwärmerei und der zum Tode verurteilten Menschennatur, die gierig nach Unsterblichkeit ist.

Rolf Rilinger (Hrsg.), Leben im Alten Rom. Ein Lesebuch, München 1989, 255 f.

M4 Christus kommt in den Himmel.
Elfenbeinschnitzerei, um 400 n. Chr. (Ausschnitt).
Unten: Drei Frauen sehen den auferstandenen Christus.
Oben rechts: Gott reicht Christus seine Hand und holt ihn in den Himmel.

1. *Findet eine andere Überschrift für M1.*
2. *Auch Sisyphos musste in der Unterwelt leiden. Informiert euch über ihn. Schreibt einen kurzen Bericht über das Leben im Hades.*
3. *Vergleicht die Ansichten Ciceros und Plinius' über die Seele (M2 und M3). Versucht, sie zu erklären.*
4. *Über das Leben nach dem Tod findet ihr in der Bibel und im Koran Hinweise. Vergleicht sie und stellt sie in einer Tabelle gegenüber.*
   Bibelstellen: Mt. 25,31-46; Joh. 5,24-32; 1. Kor. 15,42-57; Röm. 2.
   Koranstelle: 56. Sure.
5. *Informiert euch bei muslimischen Mitschülern oder im Religionsunterricht über die Himmelfahrt Mohammeds. Erklärt M5 und beschreibt die Unterschiede zu M4.*

Grundwissen der Jahrgangsstufe 6

Daten

Angegeben sind alle die im Grundwissen des Lehrplans genannten Daten.

seit etwa 10 000 v. Chr.	*Menschen werden sesshaft und gründen Siedlungen.*
um 3 000 v. Chr.	*In Ägypten entsteht eine Hochkultur.*
5. Jh. v. Chr.	*In der Polis Athen setzt sich die Herrschaft des Volkes (Demokratie) durch. In dieser Zeit entstehen bedeutende Werke der Kunst, Literatur und Philosophie.*
753 v. Chr.	*Rom wird der Sage nach gegründet.*
1. Jh. v. Chr.	*In Rom ändert sich die Herrschaftsordnung; die Republik wird allmählich eine Monarchie.*
um Christi Geburt	*Zeitalter des Augustus.*

Begriffe

Angegeben sind alle die im Grundwissen des Lehrplans genannten Daten.

Altsteinzeit: erster Abschnitt der Geschichte, der vor etwa 2,5 Millionen Jahren begann. Damals zogen die Menschen ihrer Nahrung hinterher und lebten vom Jagen und Sammeln. Sie lernten, das Feuer zu gebrauchen und Werkzeuge und Waffen aus Stein, Knochen und Holz herzustellen. Diese Lebens- und Wirtschaftsform änderte sich in der → *Jungsteinzeit*.

Antike (lat. *antiquus*: alt): in der europäischen Geschichte die Zeit von etwa 1000 v. Chr. bis ins 5. Jh. n. Chr., in der die Griechen und Römer den Mittelmeerraum beherrschten und kulturell prägten.

Aristokratie (griech. *aristos*: Bester; *kratia*: Herrschaft = „Regierung der Besten"): Ordnung des Zusammenlebens, in der die Abstammung von einer vornehmen Familie (Adel) Voraussetzung für die politische Macht war.

Christentum: auf Jesus Christus zurückgehende monotheistische Religion (→ *Monotheismus*). Im Römischen Weltreich (Imperium Romanum) wurde das Christentum nach 391 n. Chr. zur alleinigen → *Staatsreligion*. Das Christentum teilte sich im → *Mittelalter* in einen katholischen und griechisch-orthodoxen Bereich auf.

Demokratie (griech. *demos*: Volk; *kratia*: Herrschaft): Herrschaft des Volkes über sich selbst. In Athen konnten sich seit Mitte des 5. Jh. v. Chr. alle einheimischen und wehrfähigen Bürger an der Regierung und Rechtsprechung beteiligen; bei Wahlen und Abstimmungen entschied die Mehrheit der Stimmen.

Diktator (lat. *dictator*: der, der zu sagen hat): Um Notlagen zu überwinden, konnte in der Römischen Republik (→ *Republik*) einer der beiden höchsten Beamten (→ *Konsul*) für sechs Monate allein regieren; seinen Anweisungen mussten sich alle fügen.

Hellenismus: Zeit zwischen dem 3. und 1. Jh. v. Chr., in der unter dem Einfluss Alexanders des Großen die griechische Architektur, Kunst und Sprache über den ganzen Mittelmeerraum und Nordasien verbreitet wurden.

Hieroglyphen (griech. *hieros*: heilig; *glyphe*: Eingeritztes): Schriftzeichen der alten Ägypter, die Laute, Buchstaben und Zeichen wiedergeben.

„Ilias" und **„Odyssee"**: Der Dichter und Sänger Homer, der im 8. Jh. v. Chr. lebte, erzählt in der „Ilias" vom Krieg der Griechen gegen Troia und in der „Odyssee" von den Irrfahrten des Odysseus nach der Eroberung Troias. Seine Dichtung beeinflusste die europäische Literatur von der → *Antike* bis zur Gegenwart.

Islam: Anfang des 7. Jh. von Mohammed gegründete Religion. Das arabische Wort bedeutet die völlige Hingabe der gläubigen Muslime an ihren Gott Allah. Nur derjenige, der diese Hingabe zeigt, gilt als Muslim.

Judentum: Bezeichnung für die Religion des „Volkes Israel" sowie aller Menschen, die der jüdischen Gemeinschaft durch Geburt oder Glauben angehören. Der jüdische Glaube ist die älteste monotheistische Religion (→ *Monotheismus*) und beeinflusste → *Christentum* und → *Islam*.

Jungsteinzeit: Abschnitt der Geschichte, der in Mitteleuropa nach der letzten Eiszeit etwa 10 000 v. Chr. beginnt und in dem sich Menschen von wandernden Jägern und Sammlern zu sesshaften Ackerbauern und Viehzüchtern entwickelten.

Kaiserzeit: die von Augustus begründete Zeit, in der das Römische Reich von einem Herrscher allein regiert wurde. Der Titel „Kaiser" ist von dem Namen „Caesar" abgeleitet worden. Er war seit Augustus Bestandteil des Herrschertitels. Mit der Kaiserzeit verloren → *Konsuln*, → *Senat* und Volksversammlungen ihre Mitbestimmungsrechte. Die Kaiserzeit endete im Westen mit der Zerfall des Weströmischen Reiches 476 n. Chr., im Osten mit dem Untergang des Byzantinischen Reiches 1453.

Konsul: einer von zwei Inhabern des höchsten Staatsamtes in der Römischen Republik (→ *Republik*). Sie wurden für ein Jahr gewählt und besaßen im Krieg den Oberbefehl über die Armee. In der römischen → *Kaiserzeit* ernannten die Kaiser die Konsuln, gleichzeitig verloren diese ihre Befugnisse.

Limes (lat. *limes*: die Grenze): die durch Wälle und Wachtürme gesicherte Grenze des Römischen Reiches, hinter der militärische Befestigungsanlagen (Kastelle) lagen. Auf germanischem Gebiet wurde Ende des 1. Jh. n. Chr. mit dem Bau des insgesamt 550 Kilometer langen Limes begonnen.

Mittelalter: in der europäischen Geschichte die Zeitspanne von etwa 500 bis 1500. Die mittelalterliche Kultur entwickelte sich auf den Grundlagen der → *Antike*, germanischen Traditionen und des → *Christentums*.

Mönchtum (griech. *monachos*: allein lebend): Menschen, die ein ausschließlich religiös bestimmtes Leben führen wollen, werden Mönche oder Nonnen und gehen in ein Kloster. Grundlage des abendländischen Mönchtums wurde die seit dem 7. Jh. überlieferte Benediktinerregel.

Monotheismus (griech. *monos*: allein; *theos*: Gott): Glaube an einen einzigen Gott. Beispiele: → *Judentum*, → *Christentum* und → *Islam*. Das Gegenteil des Monotheismus ist der → *Polytheismus*.

Olympische Spiele: Seit etwa dem 11. Jh. v. Chr. fanden im griechischen Olympia regelmäßig Feiern zu Ehren der Götter statt, zu denen auch Sportwettkämpfe gehörten. Die Teilnehmer waren wehrfähige Männer. 394 n. Chr. wurden die Olympischen Spiele von den Christen als heidnischer Brauch verboten. 1896 fanden die ersten Olympischen Spiele der Neuzeit in Athen statt.

Patrizier (lat. *patres*: „Väter"): die Nachkommen der ältesten adligen Familien, die zu Beginn der Römischen Republik (→ *Republik*) allein regierten. Sie übernahmen die wichtigsten Staatsaufgaben und stellten die Priester. Gegen ihre Macht kämpften seit dem 5. Jh. v. Chr. die Plebejer, also die römischen Bürger, die keine Patrizier waren. Sie bekamen erst Ende des 3. Jh. v. Chr. nach den sogenannten Ständekämpfen dieselben Rechte wie die Patrizier.

Pharao: zunächst der Name des Königspalastes; seit dem 2. Jt. v. Chr. einer der Titel des ägyptischen Herrschers. Pharaonen galten als gottähnlich und waren die weltlichen und geistlichen Herrscher der alten Ägypter.

Polis: zunächst die griechische Bezeichnung für eine Burg und die dazugehörige Siedlung, ab etwa 800 v. Chr. für einen Ort, der aus einem städtischen Zentrum und Umland bestand. Das Zentrum war geschützter Wohnort, Sitz der Regierung und Mittelpunkt der religiösen Feiern (Tempel). Auf dem Umland wurde die Nahrung für die Einwohner angebaut. Im 5. Jh. v. Chr. gab es rund 700 griechische Stadtstaaten (Poleis).

Polytheismus (griech. *poly*: viel; *theos*: Gott): Glaube an viele Götter. Die alten Ägypter, Griechen und Römer verehrten zahlreiche Götter. Das Gegenteil des Polytheismus ist der → *Monotheismus*.

Pyramide: Grabmal über einer quadratischen Grundfläche mit dreieckigen, spitz zulaufenden Seiten. Solche Anlagen wurden zwischen 3000 und 1500 v. Chr. nur für die Pharaonen (→ *Pharao*) erbaut, danach konnten auch andere Ägypter Pyramiden errichten lassen. Unabhängig von den ägyptischen Vorbildern entstanden später in Kambodscha (Asien), Mittel- und Südamerika Tempelpyramiden.

Quellen: Texte, Bilder, Gegenstände (Überreste) und mündliche Überlieferungen, aus denen wir Kenntnisse über die Geschichte gewinnen. Sie sind die Grundlage für die Geschichtsschreibung.

Reichsbildung der Franken: Die Siege der Franken über die römischen Statthalter in Gallien, die Taufe des fränkischen Königs Chlodwig und dessen Bindung an den Papst in Rom bildeten um 500 n. Chr. die Voraussetzungen zur Bildung des Reiches der Franken.

Republik (lat. *res publica*: öffentliche Angelegenheit): Staatsform mit jährlich wechselnder Regierung hoher Beamter, die nach der Vertreibung der etruskischen Könige in Rom um 500 v. Chr. entstand. Sie endete mit der → *Kaiserzeit*.

Senat (lat. *senatus*: Rat erfahrener Politiker): Seine Mitglieder bestimmten die Politik. Senatoren stammten vor allem aus adligen Familien (→ *Patrizier*) und waren vorher Regierungsbeamte. In der → *Kaiserzeit* verloren die Senatoren ihre politische Bedeutung.

Staatsreligion: eine von den Herrschern für ihre Untertanen festgelegte Form des Glaubens. Ende des 4. Jh. wurde das → *Christentum* im Römischen Weltreich (Imperium Romanum) zur Staatsreligion erklärt. In den muslimischen Staaten ist der → *Islam* bis heute eine Art Staatsreligion.

Völkerwanderung: Umfangreiche Wanderungsbewegungen von germanischen Völkern, die ihren Lebensmittelpunkt dauerhaft verlagerten (Migration). Zwischen dem 3. und 6. Jh. n. Chr. drangen sie in die römischen Provinzen ein. Gründe dafür waren Klimaverschlechterungen im Norden, Bevölkerungswachstum, der Einfall der Hunnen sowie die wirtschaftliche Anziehungskraft des Römischen Reiches. Die Anführer der germanischen Völker gründeten auf römischen Boden neue Herrschaftsgebiete. Sie waren oft nur von kurzer Dauer. Die Völkerwanderung trug zum Zerfall des Römischen Reiches bei.

Wo steht was?

*Auf den mit einem * gekennzeichneten Seiten findest du Erklärungen der Begriffe.*

Wer steht wo?

*Auf den mit einem *gekennzeichneten Seiten findest du eine kurze Lebensbeschreibung der Person.*

Bildnachweis

Agentur Alitude, Paris – S. 57; Ägypten und ägyptisches Leben im Altertum, Hildesheim 1987, S. 608 – S. 180; Ägyptisches Museum / Gestaltung Ott + Stein, Berlin – S. 59; Ägyptisches Museum, Kairo – S. 38, 39, 40, 41, 42, 44 (2), 45 (2), 46, 49, 50, 51 (2), 181, 190; Andromeda, Oxfordshire – S. 3, 89; Archäologische Staats-sammlung, München – S. 129; Archäologischer Park Cambodunum, Kempten – S. 149; Archäologisches Museum im BMW-Werk, Regensburg – S. 183; Archiv für Kunst und Geschichte, Berlin – S. 7, 35, 88, 94, 99, 115, 126, 159, 192; Archiv für Kunst und Geschichte / Peter Connolly, Berlin – S. 114, 134, 135 (2), 136; Archiv für Kunst und Geschichte / G. Degeorge, Berlin – S. 137; Archiv für Kunst und Geschichte / H. Kraft, Berlin – S. 23; Archiv für Kunst und Geschichte / E. Lessing, Berlin – S. 7, 60/61, 92, 112, 157, 191; Archiv für Kunst und Geschichte / Warner Brothers / BAILEY, Alex / Al, Berlin – S. 66; Archivio dell' Abarria, Montecassino – S. 168; Badisches Landesmuseum, Karlsruhe – S. 156; Bayerische Landsamt für Denkmalpflege / Abt. Luftbild-Archäologie, München – S. 186; Bayerische Staatsbibliothek, München – S. 9, 192; Bayerisches Landesamt für Denkmalpflege, München – S. 141, 189; Biblioteca Nationale Marciana, Venedig – S. 167; Bibliothèque Nationale de France, Paris – S. 119; Bridgeman Giraudon, Paris – S. 75, 142; British Museum, London – S. 37, 43, 50, 51, 52/53, 54, 55, 69, 72, 77, 103; Cinetext, Frankfurt – S. 125; Citadelles & Mazenod, Paris – S. 110; B. Coleman, Uxbridge / Ch. Bormingstone – S. 29; T. Corr Colorific, London – S. 29; Alfredo Dagli Orti, Paris – S. 165; B. Deter, München – S. 183; Deutsches Archäologisches Institut, Rom – S. 104; Deutsches Brotmuseum, Ulm – S. 27; Deutsches Schifffahrtsmuseum, Bremerhaven – S. 180; Deutsches Uhrenmuseum, Inv.-Nr. 17-0028, Feuchtwangen – S. 8; Diözesanmuseum, Rottenburg – S. 172; M. Eberlein, Regensburg – S. 163; Les Editions Albert René, Paris – S. 122; D. Evers, Wiesbaden-Neurod – S. 20; Fiorenzo Faccini, Die Ursprüng der Menschheit, Stuttgart 2006, S. 100, 101 – S. 16 (2); Flemming Bau, Stuttgart – S. 56; C. Focke, Bassum – S. 8; Fotolia – S. 89; K. Gast, Barsinghausen – S. 109; J. C. Golvin, Metropolen der Antike, Stuttgart: Theiss 2005, S. 68/69 – S. 65; J. Gurch, Washington – S. 6 (2); R. Hajdu, Stuttgart – S. 188; Chr. Hillaire, Pierlatte – S. 22; W. Höpfner/E.L. Schwandtner, Haus und Stadt im klassischen Griechenland, München 1994, S. 414 – S. 82 (2); F. Hohmann, Bad Kissingen – S. 97; G. Hoube, Paris – S. 48; Institut für Urgeschichte, Tübingen – S. 22; Interfoto, München – S. 175; L. Jakob-Rost (Hrsg.), Das vorderasiatische Museum / Staatl. Museen, Berlin 1992 – S. 7, 32/33; Jerusalem Museum, Jerusalem – S. 157; M. L. Katzer, Arlington Vermont – S. 86 (3); Kelten-Römer-Museum, Manching – S. 187; Kestner-Museum, Hannover – S. 107; Kunsthistorisches Museum, Wien – S. 127; H. Lade, Frankfurt – S. 57; Landesamt für Denkmalpflege Baden-Württemberg, Stuttgart – S. 188; Landesamt für Denkmalpflege / E. Keller, München – S. 181; Landesamt für Denkmalpflege, Schloss Seehof, Memmelsdorf – S. 25; Landesmuseum für Denkmalpflege Hessen, Wiesbaden – S. 17; Landesmuseum für Natur und Mensch, Oldenburg – S. 26, 181 (2); Leben in der Jungsteinzeit, Römisch-Germanisches Museum, Köln 2004, S. 40 – S. 24; K. Leidorf, Buch am Erlbach – S. 186; H. Leppin, Die erste Demokratie. Athen im 5. Jh. v. Chr., Hildesheim: Gerstenberg Verlag 2004 – S. 79; D. Mania, Jena – S. 15; Mauritius images / age, Mittenwald – S. 152/153; Mauritius images / G. Rossenbach, Mittenwald, S. 138; Mauritius images / F. Waldhäusl, Mittenwald – S. 142; The Metropolitan Museum of Art, New York – S. 84; Musée de Châtillon sur Seine, Paris, © G. Dagli Orti, Paris – S. 74; Musée National du Louvre, Paris – S. 181, 184; Musée Nationaux, Paris – S. 64, 191; Musée Nationaux, Tarent – S. 85; Musei Vaticani Monumenti, Rom – S. 118; Museo Archeologico, Rom – S. 105; Museo Histórico de Mallorca, Palma de Mallorca – S. 87; Museum für Ur- und Frühgeschichte, Weimar – S. 26; Museum für Vor- und Frühgeschichte, Frankfurt - S. 154; Museum, Ulm – S. 23; National Archaeological Museum, Athen – S. 67; Nationalmuseum, Beirut – S. 91; Neanderthal-Museum, Mettmann – S. 12/13, 15, 18, 182; Niederbayerisches Vorgeschichtsmuseum, Landau – S. 149, 189; Niedersächsisches Landesverwaltungsamt, Institut für Denkmalpflege, Hannover – S. 190; Niedersächsisches Landesamt für Denkmalpflege, Hannover – S. 17; Niedersächsisches Landesmuseum, Hannover – S. 15; Das Österreichische Parlament, Wien – S. 106; Pfahlbau-Museum, Unteruhldingen – S. 183; Prähistorische Staatssammlung, München – S. 185, 187; R. Polidori, Das antike Libyen, Köln 1999 (Éditions Mengès, Paris 1998), S. 203 – S. 70; Preußischer Kulturbesitz, Berlin – S. 166; Preußischer Kulturbesitz / Antikensammlung, SMB, Berlin – S. 64, 83; Preußischer Kulturbesitz / Antikensammlung, SMB, Johannes Laurentius, Berlin – S. 71; Preußischer Kultur-besitz / RMN /Gérard Blot, Berlin – S. 171; Preußischer Kulturbesitz / Scala, Berlin – S. 95; R. Riedl, Herrsching – S. 179; Reiss-Museum, Mannheim – S. 161; Rheinisches Landesmuseum, Trier – S. 142, 180; Römer-Museum, Heidelberg – S. 49; Römer-Museum, Weißenburg – S. 144; Römisch-Germanisches Museum, Köln – S. 128, 145; Rosgarten-Museum, Konstanz – S. 19 (2); E.S. Ross, San Francisco – S. 29; Scala, Florenz – Einband, 100/101, 108, 121, 123; H. Schareika, Stuttgart – S. 134; K. Schauer, Hameln – S. 182 (2); A. und J. Scheibert, Olten – S. 55; H. Schmidt, Karlsruhe – S. 149; O. Seehauser, Bozen – S. 31 (2); U. Seidler, Schelldorf – S. 148 (4), 151, 202; W. Spitta, Regensburg – S. 140; St. Bonifatius-Kirche, Hünfeld/Fulda – S. 173; Staatliche Antikensammlung und Glyptothek, München – S. 76, 84, 150; Staatliche Münzsammlung, München – S. 93; Stadtarchäologie, Kempten – S. 146 (2); Stadtarchiv, Aschaffenburg – S. 149; Stadtarchiv, Weißenburg – S. 149; Stern Verlag, Hamburg – S. 31; Südtiroler Archäologiemuseum, Bozen – S. 28; Südtiroler Archäologiemuseum, Foto: A. Ochsenreiter, Bozen – S. 28; Ullstein-Bild, Berlin – S. 177; Varusschlacht im Osnabrücker Land / Museum und Park Kalkriese, Braunsche-Kalkriese – S. 130, 131(4); I. Wandmacher, Bad Schwartau – S. 56; F. Wendler, Weyarn – S. 6, 24; WMG-Lippe, Detmold – S. 130; ZDF, HR Kultur/Wissenschaft, Foto: J. Prillwitz, Redaktion Geschichte und Gesellschaft, Mainz – S. 21; Zefa, Düsseldorf – S. 34.

Schaubilder erklären

In einem Schaubild lässt sich übersichtlich darstellen, wie ein Staat oder eine Gesellschaft aufgebaut waren und vieles mehr. Es kann gut Zusammenhänge und Beziehungen zwischen Teilen eines Ganzen darstellen.
Beispiel Verfassung: Sie legt fest, wer regiert, also die Macht im Staat hat, wie der Staat aufgebaut ist, welche Rechte und Pflichten die Bürger haben.
Überlege zunächst, an welcher Stelle des Schaubildes du am besten mit der Beschreibung beginnst. Halte auch danach eine sinnvolle Reihenfolge ein. Wichtig sind die Beziehungen zwischen den Bestandteilen eines Schaubildes. Beachte die verwendeten Zeichen. Manchmal ist die Form des Schaubildes wichtig für die Deutung.
Prüfe, welche Begriffe du erklären solltest.
Mögliche Arbeitsfragen:

1. Welche Ämter und Einrichtungen werden erwähnt? Wer hat Zugang zu ihnen, wer nicht?
2. Welche Teile der Bevölkerung werden genannt, welche nicht?
3. Wer arbeitet mit wem zusammen? Wobei?
4. Wer hat welche Aufgaben, Rechte oder Pflichten?
5. Wer hat wie viel Macht? Ist jemand von der Macht ausgeschlossen?

Schreibe die Antworten jeweils auf, ordne sie auf einem Stichwortzettel und präge sie dir ein. Trage die Ergebnisse möglichst frei vor.

Lies dazu auch den Lerntipp auf Seite 47.

Internet für Einsteiger

Informationen per Mausklick
Das Internet ist ein weltweites Netz (*www: World Wide Web*), das Millionen von Computern verbindet. Es enthält Daten aller Art: Texte, Grafiken, Bilder, Filme oder Tonaufnahmen.
Für den Geschichtsunterricht können Informationen aus Wörterbüchern und Nachschlagewerken ebenso wichtig sein wie Mitteilungen von Museen, Universitäten und Bibliotheken, die im Internet veröffentlicht worden sind. Viele öffentliche und private Einrichtungen stellen auf *Startseiten* ihr Web-Angebot vor. Angegebene *Links* (Querverweise) führen dann zu weiteren *Websites*. Wenn man sich per Mausklick von einer Seite zur nächsten hangelt, nennt man das „surfen".

Finden, was man sucht
Fehlt einem die Adresse für eine gewünschte Information, braucht man eine Suchmaschine. In dieses spezielle Programm tippt man möglichst genaue Stichwörter ein. Sonst brechen zu allgemeine Informationen über einen herein. Ein Suchprogramm durchkämmt nur einen Teil des Internets. Findet es nicht das Gewünschte, können andere Suchmaschinen beauftragt werden.

Downloading mit Lesezeichen
Inhalte einer Website können auf den eigenen Computer kopiert werden. Das nennt man Herunterladen (*Downloading*). Webadressen, die regelmäßig abgefragt werden sollen, können als Lesezeichen oder Favoriten abgespeichert werden. Sie sind damit leicht wiederzufinden.

Vorsicht ist Pflicht
Da weltweit jeder seine Angebote unkontrolliert ins Internet stellen kann, sind sie stets kritisch zu prüfen, beispielsweise mithilfe neuerer Nachschlagewerke (*Lexika*). Alle Mitteilungen aus dem Internet müssen wie Zitate aus Büchern nachgewiesen werden, damit andere sie auch nachlesen können. Abgesehen davon: Surfen ist nicht kostenlos! Außerdem: Informationen allein bringen nicht viel. Erst der gekonnte Umgang mit ihnen ermöglicht Erkenntnisse.

Selbst im Internet aktiv
Auch eigene Arbeitsergebnisse können auf einer Website präsentiert werden. Über *E-Mail* (elektronische Post) kann man auf dem Computer geschriebene Briefe und andere Texte weltweit an bestimmte Empfänger verschicken. Per Mausklick geht das blitzschnell.